エーベル｜バーナンキ｜クラウショア
マクロ経済学
Macroeconomics
11th Edition

［上］
マクロ経済理論 編

A.B.エーベル｜B.S.バーナンキ｜D.クラウショア=著
徳永澄憲｜髙橋秀悦｜伊多波良雄｜谷口洋志｜大越利之｜細谷圭=訳

日本評論社

Authorized translation from the English language edition, entitled *MACROECONOMICS*, 11TH EDITION, ANDREW B. ABEL, BEN S. BERNANKE, DEAN CROUSHORE, published by Pearson Education, Inc, Copyright © 2024, 2020, 2017 by Pearson Education, Inc. or its affiliates, 221 River street, Hoboken, NJ 07030.

All rights reserved. No part of this book may be reproduced or transmitted in any form or by any means, electronic or mechanical, including photocopying, recording or by any information storage retrieval system, without permission from Pearson Education, Inc.

JAPANESE language edition published by NIPPON HYORON SHA CO., LTD. Copyright © 2024. Japanese translation rights arranged with PEARSON EDUCATION, INC. through Tuttle-Mori Agency, Inc., Tokyo, Japan.

Andrew B. Abel　　　　Ben S. Bernanke　　　　Dean Croushore

著者紹介

アンドリュー・B・エーベル (Andrew B. Abel)
ペンシルベニア大学ウォートン・スクール。
ペンシルベニア大学ウォートン・スクールのロナルド・ローゼンフェルド教授(金融論)および経済学部教授。プリンストン大学で学士号を優秀な成績で取得,MIT(マサチューセッツ工科大学)で博士号(Ph.D.)を取得。シカゴ大学とハーバード大学で教鞭をとった後,1986年からウォートン・スクールの教授。その間,テルアビブ大学やエルサレムのヘブライ大学で客員教授。主たる研究分野は,財政政策,資本形成,金融政策,資産価格,および社会保障。これらの分野で多くの優れた著作があるとともに,これらの専門学術誌の編集委員を務めている。アルフレッド・P・スローン・フェロー,計量経済学会フェロー,ジョン・ケネス・ガルブレイス賞を受賞。また,フィラデルフィア連邦準備銀行の客員研究員,議会予算局の経済諮問委員会の委員,社会保障審議理事会の仮定・方法に関する技術諮問パネルの委員も務めた。さらに,NBER(全米経済研究所)のリサーチ・アソシエイトであり,またカーネギー・ロチェスター・NYU会議シリーズの諮問委員会の委員でもある。

ベン・S・バーナンキ (Ben S. Bernanke)
ブルッキングス研究所。
現在,ブルッキングス研究所経済研究プログラム特別フェロー。2006年2月から2014年1月まで連邦準備制度理事会議長。それ以前は,2005年6月から2006年1月まで大統領経済諮問委員会委員長,2002年8月から2005年6月まで連邦準備制度理事。公務に就く前は,プリンストン大学でハワード・ハリソン&ガブリエル・スナイダー・ベック経済学・公共問題教授を務めた。ハーバード大学で経済学の学士号を首席(アルリン・ヤング賞とジョン・H・ウィリアムズ賞の受賞)で取得後,MIT(マサチューセッツ工科大学)で博士号(Ph.D.)を取得。1979年,スタンフォード大学経営大学院で教鞭をとった後,1985年からプリンストン大学教授,1996年から2002年まで同大学経済学部長,その間MITで2度の客員教授,さらにニューヨーク大学で客員教授を務め,学士課程,経営学修士(MBA・MPA)課程,博士(Ph.D.)課程で教鞭をとった。マクロ経済学,マクロ経済史,ファイナンスの分野で60以上の優れた著作がある。

iv

　バーナンキは連邦準備制度の客員研究員やアドバイザーを務めている。グッゲンハイム・フェローや計量経済学会フェローであると共に，アルフレッド・P・スローン研究フェロー，フーバー研究所ナショナル・フェロー，全米科学財団グラジュエイト・フェロー，NBER（全米経済研究所）リサーチ・アソシエイトなどさまざまな栄誉に輝いている。彼は，2022年に銀行と金融危機に関する研究でノーベル経済学賞を受賞。AER（アメリカン・エコノミック・レビュー誌）の編集委員としても活躍。

ディーン・クラウショア（Dean Croushore）
リッチモンド大学 ロビンズ・ビジネススクール。

リッチモンド大学経済学部教授，およびリグスビー・フェロー。オハイオ大学で学士号，オハイオ州立大学で博士号を取得。1984年にペンシルベニア州立大学で教鞭開始。5年間務めた後にフィラデルフィア連邦準備銀行に移り，副総裁兼エコノミストを務めた。フィラデルフィア連銀での14年間の職務では，マクロ経済セクションの監督，連銀総裁および理事会に対する経済状況の説明と金融政策の策定に関する助言，経済に関する記事の執筆，予測担当者を対象とした2つの全国調査の実施，金融政策の現在の問題の研究などを行った。FRBでは，専門的予測家調査（廃止されたASA/NBERの調査を引き継ぎ復活させた）を創設し，マクロ・エコノミストのためのリアルタイム・データセットを開発した。彼は2003年に，リッチモンド大学で学界に復帰。最近の研究の焦点は予測であり，データの改訂がどのように金融政策，予測，およびマクロ経済研究に影響を及ぼすかなどである。貨幣と銀行に関する主要な経済誌の掲載論文や教科書など，著作多数。また，複数の専門学術誌の副編集長，フィラデルフィア連邦準備銀行の客員研究員（2004年〜現在），およびコロンビア大学ビジネススクールの非常勤准教授（2013〜2020年）。

訳者序文

　1992年に出版されたA. B. エーベル／B. S. バーナンキ著『マクロ経済学』の初版は，アメリカの大学のみならず世界中の大学の教師によってマクロ経済学のテキストとして幅広く採用され，多くの教師と学生から好評を得て，その後着実に版を重ねた。第6版からはリッチモンド大学のディーン・クラウショア教授が加わり，A. B. エーベル／B. S. バーナンキ／D. クラウショア著『マクロ経済学』としてさらに版を重ね，現在第11版である。本書はこの最新の第11版（2024年）の日本語版である。この最新版の刊行直後に日本語版を出版することができ，訳者一同大変喜ばしく思っている。
　ペンシルベニア大学ウォートン・スクールのエーベル教授は投資理論や金融理論の分野の重鎮として活躍する経済学者である。バーナンキ教授はマクロ経済理論や物価安定の数値目標を明示する「インフレ・ターゲット」や金融危機の研究で世界的に注目されている経済学者であると共に，2005年6月に大統領経済諮問委員会（CEA）委員長，2006年2月に連邦準備制度理事会（FRB）議長に就任し，実際にアメリカの経済・金融政策の舵をとった。これらの功績により2022年にノーベル経済学賞を受賞している。リッチモンド大学ロビンズ・ビジネススクールのクラウショア教授は，フィラデルフィア連邦準備銀行で副総裁兼エコノミストを務めた経験を活かし，現在は経済予測と金融政策の分野で活躍する経済学者である。
　本書の特徴は，原著序文でも述べられているように，第一に，米国と日本をはじめとする先進国経済だけでなく発展途上国経済を対象に，現実のマクロ経済問題を幅広く取り上げ，それらを分析するために新しい理論やモデルの開発を避け，その代わりに，経済学の核となる考え方（生産関数，現在の消費と将来のための貯蓄とのトレードオフ，および需要・供給分析など）の幅広い応用可能性を強調している点である。さらに，これらの核となる考え方を用いて，長期・短期分析，閉鎖・開放経済分析，および古典派・ケインジアンの分析など，本書で紹介するすべてのマクロ経済分析を包含する理論

的枠組みを構築している．第二に，本書を通じてバランスのとれた配置とプレゼンテーションがなされている点である．それはマクロ経済理論とマクロ経済政策，長期と短期の経済分析にあらわれている．マクロ経済学には古典派とケインジアンの間に論争があり，ともすれば古典派かケインジアンのどちらかに偏る傾向があるが，本書は双方が共有する幅広い共通領域に着目しバランスよく記述されている．共通点を浮き彫りにするために，(1) 古典派とケインジアンの意見の相違が少ない長期の経済分析に注意を払うと共に，(2) 短期の経済分析でも，まず古典派とケインジアンを共に含む一般的な枠組み（第8章の IS-LM／AD-AS モデル）を構築し，その後にこのモデル用いてバランスよく古典派とケインジアンのマクロ経済理論を展開している．第三に，学生に「経済学者（エコノミスト）のように考えることができる方法」を習得させるために，「応用例」でどのように経済理論を利用すれば経済問題が解けるかを学ばせ，「データとリサーチにふれよう」では実際のデータの活用法を学ばせている．さらに，学生の理解を助ける「要約表」，章末において「章の要約」，「キーワード」，「キーダイアグラム」，「重要方程式」および3つのタイプの問題が配置されており，学生諸君は本書を学習することにより経済学者（エコノミスト）のように経済問題が解けるようになるであろう．

　今回の日本語版では，原著者の了承を得て，原著を2分冊にし，上巻をマクロ経済理論編，下巻をマクロ経済政策編とした．上巻のマクロ経済理論編には，原著の第Ⅰ部（第1章と第2章）と第Ⅱ部（第3章～第7章），さらに原著の第9章（IS-LM／AD-AS モデル）を日本語版の第8章として収めた．下巻のマクロ経済政策編には，原著の第Ⅲ部（第8章，第10章と第11章）と第Ⅳ部（第12章～第15章），および付録Aと重要用語を収めた．すなわち，日本語版の上巻はマクロ経済学の核となる長期と短期の基本理論モデルを説明したマクロ経済理論編であり，下巻は景気循環，金融・財政政策，および国際経済政策などのマクロ経済政策を論じたマクロ経済政策編である．上巻に原著第9章を日本語版の第8章として収めた理由は，(1) 学生にとっては，長期と短期のマクロ経済理論を集中的に学ぶことができ，(2) 教員にとっては，上・下巻の分量が均等になり，しかも各学期の講義分量にほぼあたるので，上巻をマクロ経済理論，下巻をマクロ経済政策のテキストとして利用でき，集中的に講義することができるからである．

本書を教科書として利用するとともに，章末の「章の要約」や「キーダイアグラム」，「キーワード」で基本概念を整理し，さらに復習問題（抄訳），演習問題（抄訳），およびマクロ経済データを使った演習問題（抄訳）をコツコツと自分で解き，ぜひ経済学者（エコノミスト）のように現実の経済問題を分析し，経済問題に対して政策提言ができるようになっていただけることを切望する次第である。

翻訳の分担は次の通りである。徳永澄憲（原著序文，第1章～第3章，第7章，第8章，付録A），伊多波良雄（第4章，第5章，第15章），谷口洋志（第6章，第12章），大越利之（第9章，第14章），細谷圭（第10章，第11章），髙橋秀悦（第13章，第15章，重要用語）。また，日本のデータを用いた図表作成では，麗澤大学客員研究員の沖山充氏の協力を得た。

2024年7月

訳者一同

原著序文

原著第 11 版の変更点

原著第 11 版における変更点の概要は以下の通りである．変更点の詳細については，次節を参照されたい．
■ パンデミックにおける個人貯蓄の変化に関する分析の追加（第 2 章）
■ ギグ・エコノミーの発展についてのより詳細な説明（第 3 章）
■ 失業率の代替的な指標 U-3，U-6 に影響を与えたパンデミックと金融危機の比較（第 3 章）
■ パンデミックの消費へのインパクトに関する新たな応用分析（第 4 章）
■ 2021 年の M1 の定義変更に関する議論（第 7 章）
■ 時系列の比較が不可能なので，M1 の流通速度に関する議論を削除（第 7 章）
■ 2020 年のパンデミック不況の異常な状況に関する議論（第 8 章）
■ FRB が 2020 年に打ち出した柔軟なインフレ・ターゲットとその後のインフレ率の上昇に関する議論を追加（第 12 章）
■ 貨幣乗数に関する議論の削除（第 14 章）
■ 大恐慌における貨幣乗数に関する応用例を削除（第 14 章）
■ 手元現金に関する議論の削除（第 14 章）
■ パンデミックにおける金融政策に関する分析を追加（第 14 章）
■ 豊富な準備高を持つ連邦準備の新たな運営方法に関する議論の追加（第 14 章）
■ 量的緩和とインフレに関する応用例を削除（第 15 章）

新規かつ改訂されたトピック

中級マクロ経済学の授業の教える内容と教え方が，近年まったく変わって

きた。本書の初版から第 10 版は，このマクロ経済学の内容と教授法に関して先導的な役割を果たし，大きく貢献した。第 11 版も，以下のような新しくかつ改訂されたトピックを含む幅広いマクロ経済問題や考え方をカバーしている。

- **長期の経済成長** 経済成長率は生活水準を決定するうえで中心的な役割を果たすため，成長およびそれに関連する問題に第Ⅱ部の多くをあてる。まず，生産性（第 3 章）や貯蓄率と投資率（第 4 章）など，成長に寄与する要因について論じ，次に，第 6 章で，成長会計やソロー・モデルなどのツールを用いて，成長プロセスの本格的な分析に入る。成長に関連するトピックとしては，長期的な生活水準を決定する要因，1990 年代の生産性の回復などがある。
  新規のカバレッジ： 2020 年のパンデミックとその貯蓄への影響に関する議論（第 2 章），パンデミックの労働供給と失業率への影響（第 3 章），パンデミックの消費支出への影響（第 4 章）。
- **景気循環** 景気循環に関する分析は，理論的な分析よりむしろ事実を踏まえることから行う。すなわち，第 8 章では，アメリカの景気循環の歴史を説明し，次にさまざまな重要な経済変数の観察された周期的行動（「景気循環の事実」）を説明する。第 8 章，第 10 章，第 11 章では，景気循環に関する古典派とケインジアンの対照的な理論を，各理論が事実をどの程度説明できるかによって評価する。
  新規のカバレッジ： 2020 年のパンデミック不況とその余波について，他の不況と比較しながら論じる（第 9 章）。
- **金融政策と財政政策** 本書のほぼすべての章において，理論と応用の両面からマクロ経済政策の効果について考察されている。政策の適切な使い方に関して，古典派（第 10 章），ケインズ主義（第 11 章），およびマネタリスト（第 14 章）の見解を紹介している。
  新規または大幅な改訂のカバレッジ： 連邦準備の新しい柔軟なインフレ・ターゲット戦略を論じる（第 12 章）。第 14 章を大幅に変更し，豊富な準備金を用いた FRB の新しい金融政策モデルを説明し，パンデミックに用いられた新しい金融政策の手段を論じている。

■ **労働市場の問題** 雇用，失業，および実質賃金に関連する問題に細心の注意を払う。第3章で，早めに労働市場における基本的な需給モデルを説明し，失業についても説明する。さらに第12章では，インフレと失業のトレードオフ，失業の費用，および失業を減少させるための政府の政策について説明する。労働市場に関するその他のトピックとしては，効率賃金（第11章），限界税率および平均税率の変更が労働供給に及ぼす影響（第15章）などがある。

新規のカバレッジ： 2020年のパンデミック後の労働力率の最近の動向について論じている（第3章）。

■ **データの利用** 本書全体を通して，われわれはマクロ経済データとその利用方法，分析方法を強調している。「データとリサーチにふれよう」と呼ばれる多くのボックスでは，マクロ経済データの説明を提供している。ほぼすべての章の終わりに配置されている「マクロ経済データを使った演習問題」では，学生はマクロ経済理論とそれがどのように世の中に適用されるかを理解するためにデータ操作をしながら分析の実地経験を積むことができる。

新規のカバレッジ： 連邦準備によるマネーサプライの尺度M1の再定義と，そのデータを用いて，貨幣が経済にどのような影響を及ぼすかについての資料を追加する（第7章）。

■ **モデリング** この教科書の中心となるテーマは，学生が世界の経済を理解するために利用できる完全なマクロ経済モデルを開発することである。第II部の第3章から第7章では，各モデルを構築し，第III部の第8章から第11章では，各々のモデルをまとめて完全な一般的なモデルを開発する。

新しい教材： 準備高が豊富な場合の準備市場に関する連邦準備の新しいモデルと，銀行の準備残高に利子率が果たす役割についての議論を追加する（第14章）。

プログラム紹介

2006年2月から2014年1月まで，ベン・バーナンキは連邦準備制度理事

原著序文　*xi*

会（FRB）の議長を務めた。連邦倫理規則により，第6版，第7版，第8版の執筆は禁じられていたが，最近の第9版，第10版，第11版では実質的な貢献を果たしている。

第11版を準備する段階で，われわれは，特に世界的なパンデミックとそれに対処するために連邦準備が採用した多くの新しいツールに焦点をあて，本書を新鮮にかつ最新にすることを主たる目的とした。加えて，ほとんどの章の末尾にあるデータを用いた実証的な問題は，学生をセントルイス連邦準備銀行のウェブサイトにあるFREDデータベースの適切なデータに誘導している。このデータベースは頻繁に最新のデータに更新され，無料で利用できるので，学生諸君はマクロ経済学のコース修了後も使い続けられる最新のデータソースに慣れ，使いこなせるようになる。

教育と学習の課題を解決する

第11版では，教師や学生の教育・学習上の課題を解決するのに役立ってきた本書の長所を以下のようにさらに強化している。

- **実世界での応用**　教師にとっての長年の課題は，学生が教科書で展開されている経済学の考え方を積極的に活用させることである。本書では，2007年から2011年にかけての住宅危機や2008年の金融危機，生産性の伸びの鈍化と回復，社会保障制度や連邦予算が直面する課題，グローバリゼーションがアメリカ経済に及ぼす影響，2008年の金融危機と2020年のパンデミックに対応するために用いられた金融政策への新たなアプローチなど，現実世界の諸問題を説明するために経済学の概念がどのように活用できるかを，豊富な応用例を用いて示している。第11版では，新しい応用例だけでなく，旧版の優れた応用例や分析も更新されている。
- **現代を幅広くカバー**　マクロ経済学は当初から，短期的な変動や安定化政策に重点をおく従来のコースでは許されない，より広範なマクロ経済問題を調査し理解したいという学生の要望に応えてきた。本書は，このような伝統的なトピックを現代的に説明するだけでなく，長期的な経済成長の決定要因，貿易収支と金融の流れ，労働市場，政策決定の制度的枠

組みなど，他の重要なマクロ経済問題についても詳しく説明している。

■ **革新的な教育法**　第11版でも，過去の版と同様に，学生諸君の学習，理解，および研究を助けるためのさまざまなツールを提供している。これらのツールには，曲線のシフトを示すために色を使い詳細なフルカラーグラフ，選択した章の末尾にある数値問題，章末の復習や自己テスト教材などがあり，学生の学習と理解を助け定着に寄与している。とくに，FREDから定期的に送られてくる実世界のデータを用いる問題は，自分で簡単に実証分析ができる実践的な問題である。

■ **一連の核となる経済学の考え方を重視**　われわれは幅広いトピックを扱っているが，各々の問題について新しいモデル・理論を開発することは避けている。その代わりに，経済学の核となる考え方（生産関数，今日の消費と明日のための貯蓄のトレードオフ，需給分析など）は幅広く応用可能であることを強調している。そして，これらの核となる考え方を用いて，本書で紹介するすべてのマクロ経済分析（長期と短期，開放経済と閉鎖経済，古典派とケインジアン）を包含する理論的枠組みを構築する。

■ **バランスの取れたプレゼンテーション**　マクロ経済学は，プレゼンテーションの最適な方法を決定するのがなかなか難しいほど多くの論争から成り立っている。それらの論争は（古い，新しい，およびネオ）古典派とケインジアンとのあいだの哲学的な考えの違いから生じたものであり，ときどき論争は2つの学派のあいだに存在する広範な共通の立場を覆い隠すこともある。そこで，共通の立場を次のように強調する。第一に，（古典派とケインジアンがほぼ同意する）長期の問題に多大な注意を払う。第二に，1つの一般的な枠組みでもって，短期の経済変動に対する古典派とケインジアンの分析を行う。これは，賃金と物価がいかにすばやく調整されるかという仮定に対してこの2つのアプローチの間に違いがあることを示している。失業に関する探索と効率賃金モデルの解釈のような見解の相違がある場合は，両方の見解を示すとともに，批判点も併記する。このバランスのとれたアプローチは，学生にとっては現代のマクロ経済学におけるすべての最もよい考えを学ぶことができるという便益が得られると同時に，古典派かケインジアンに傾いている教師にとっ

ては本書にもとづいて容易に講義をすることができる。

エンプロイアビリティ・スキルの開発

　急速に変化する就職市場で学生が成功するためには，キャリアの選択肢を認識し，さまざまなスキルを身につけるにはどうすればよいかを知る必要がある。『マクロ経済学（第11版）』では，次のようなスキルの育成に重点をおいている。

■ **マクロ経済データを使った演習問題**　『マクロ経済学（第11版）』のほぼすべての章における章末の問題は，学生にマクロ経済データベースからデータをダウンロードさせ，理論的な考え方を説明するためにデータを操作させる。これらの問題により学生は，さまざまな実証的な演習を行いながら，雇用者が価値を見出すデータによる実地経験を積む機会を得る。この演習問題は，セントルイス連邦準備銀行 FRED®サイトと直接やり取りし，新しいデータが入手可能になるので自動的に更新される。

■ **応用例**　各章の応用例をみれば，重要な問題を理解するうえで，学生はどのように経済理論を利用すればよいかがわかる。「応用例」で扱われるトピックの例としては，大不況における失業期間の長期化（第3章），株価の好不況がマクロ経済に及ぼす影響（第4章），税還付に対する人々の反応（第4章），国際債務国としてのアメリカ（第5章），最近のアメリカの生産性の成長の急上昇（第6章），2008年の原油価格ショック（第9章），景気循環のカリブレーション（第10章），インフレ目標，最後の貸し手，名目金利にゼロ下限があるかどうか（第14章），サプライサイド経済学（第15章）などがある。

■ **データとリサーチにふれよう**　これらのボックスは，経済研究の新展開をさらに深く洞察すると共に，経済の新展開を常に把握するためのガイドとなる。これらのボックスの研究トピックには，インフレの測定におけるバイアス（第2章），失業の代替指標（第3章），資本投資と株式市場の間のリンク（第4章），アメリカドルの海外への流出（第7章），DSGEモデルおよび古典派とケインジアンの論争（第10章），ルーカス批判（第

12章),および財政刺激パッケージの経済へのインパクト(第15章)などがある。経済を常に把握するためには,どのデータが入手可能か,またその長所と短所を理解する必要がある。われわれは,労働市場データ(第3章),国際収支データ(第5章),および為替レート(第13章)など,主要なマクロ経済データがどこにあり,どのように解釈すればよいかを一連のボックスで提供する。

フレキシブルな構成

第11版は,以前の版と同様にフレキシブルな構成を維持している。第Ⅰ部(第1章～第2章)では,マクロ経済学の分野を紹介し,そして,経済の測定に関する問題を論じる。第Ⅱ部(第3章～第7章)では,生産性,貯蓄,投資,貿易収支,経済成長,およびインフレを含む長期の問題に焦点をあてる。第Ⅲ部(第8章～第11章)は,短期の経済変動および安定化政策に関する研究に充てる。最後に,第Ⅳ部(第12章～第15章)では,政策決定に関する問題と諸制度をかなり詳細に検討する。本書の最後の付録Aでは,いくつかの役に立つ代数やグラフに関する分析道具を解説する。

中級マクロ経済学を担当する教師は,自分の授業に何をとり入れるかについて異なった選好をもっているし,その選択は学生の経歴や学期の長さによってしばしば制約を受ける。そこで,本書の構成はさまざまなニーズに対応している。この本をどのように使うかを計画する際,教師は次の点を考慮するとよいだろう。

■ **核となる章**　次の章はどの授業でも取り入れることを薦める。
第1章　イントロダクション
第2章　国民経済の測定と構造
第3章　生産性,産出量,および雇用
第4章　消費,貯蓄,および投資
第7章　資産市場,貨幣,および物価
第9章　*IS-LM*/*AD-AS*モデル:マクロ経済分析の一般的な枠組み

第1章と第2章は，国民所得勘定を含むマクロ経済学に対するイントロダクションである。第3章，第4章，第7章，および第9章の4つの章は，本書の分析の核となる章である。すなわち，第3章では労働市場を分析し，第3章と第4章では財市場について詳述する。第7章では資産市場について論じ，第9章では，これら3つの市場を一般均衡モデルとしてまとめ，(古典派かケインジアンかどちらかの立場で) 短期の分析に利用する。

■ **追加する章** 上記の核となる6つの章を含んだシラバスに対して，教師は自分の選好や必要性に応じて，他の章をさまざまな形で組み合わせることができる。以下は，いくつかの可能な選択である。

短期に焦点をあてる場合： 短期の問題（景気循環の変動や安定化政策）を強調したい教師は，第5章と第6章を省いても差し支えない。第1章と第2章のイントロダクションの部分からいきなり景気循環と *IS-LM/AD-AS* モデルを導入した第8章と第9章に進むことも可能である。その場合，第8章と第9章は章ごとに完結しているが，第3章から第7章までをスキップする教師はさまざまな行動関係や均衡条件に関する背景を説明しなければならないであろう。

古典派を強調する場合： 現代の古典派に力点をおいて講義をしたい教師には，第Ⅱ部のすべての章を授業にとり入れることを薦める。第Ⅲ部の第8章から第10章までは，古典派の景気循環理論の部分である。他の興味深い章は，フィリップス曲線に関するフリードマン=フェルプスの解釈（第12章），金融政策における信頼性の役割（第14章），そして多数世代にわたるリカードの等価定理（第15章）である。

ケインズ学派を強調する場合： ケインズ学派を強調したい教師は，第10章（古典派の景気循環理論）を省くかもしれない。前述したように，もし短期に焦点をあてたいならば，第5章（開放経済下の完全雇用分析）と第6章（長期の経済成長）を省いても差し支えない。

国際に焦点をあてる場合： 第5章では，完全雇用の枠組みによって開放経済下における貯蓄，投資，および貿易収支の関係を論じる。一方，第13章では，短期的には完全雇用から乖離する可能性をもった開放経済モ

デルにおける為替レート決定とマクロ経済政策を議論する。第5章は役にたつが，必ずしも第13章を理解するうえで必要ではない。国内経済に焦点をあてるコースでは，この両章を省いても差し支えない。

謝辞

教科書は，著者や共著者の孤独な事業ではなく，むしろ何十人もの熟練した献身的な人々との共同プロジェクトである。第11版の制作に携わったシニア・コンテンツ・プロデューサーの Carrie Sharp，この版を最初から最後まで導いてくれたシニア・コンテンツ・アナリストの Thomas Hayword には，特に感謝の意を表したい。また，ストレイブ社のプロジェクト・マネージャーの Kelly Murphy，デジタル・コンテンツ・チーム・リードの Noel Lotz にも，彼らの努力，心遣い，そして技術に対して感謝する。また，本書の第11版の草稿に対して貴重なコメントをくださったレビューアーや同僚の方々にも謝意を表したい。

Ugur Aker, *Hiram College*
Krishna Akkina, *Kansas State University*
Terence J. Alexander, *Iowa State University*
Edward Allen, *University of Houston*
Richard G. Anderson, *Lindenwood University*
David Aschauer, *Bates College*
Martin A. Asher, *The Wharton School, University of Pennsylvania*
David Backus, *New York University*
Daniel Barbezat, *Amherst College*
Reza Bavafa, *University of Southern California*
Parantap Basu, *Durham University*
Valerie R. Bencivenga, *University of Texas*
Haskel Benishay, *Kellogg Graduate School of Management, Northwestern University*
Charles A. Bennett, *Gannon University*
John F. Berdell, *DePaul University*
Joydeep Bhattacharya, *Iowa State University*
David Black, *University of Toledo*
Robert A. Blewett, *Saint Lawrence University*
Scott Bloom, *Missouri State University*
Bruce R. Bolnick, *Nathan Associates*
David Brasfield, *Murray State University*

Viacheslav Breusov, *Alliance Bernstein*
Audie Brewton, *Northeastern Illinois University*
Stacey Brook, *University of Iowa*
Nancy Burnett, *University of Wisconsin, Oshkosh*
Maureen Burton, *California Polytechnic University, Pomona*
John Campbell, *Harvard University*
Kevin Carey, *The World Bank*
J. Lon Carlson, *Illinois State University*
Wayne Carroll, *University of Wisconsin, Eau Claire*
Arthur Schiller Casimir, *Western New England University*
Stephen Cecchetti, *Brandeis University*
Paul Chambers, *University of Central Missouri*
Anthony Chan, *JPMorgan Chase*
Leo Chan, *Utah Valley University*
S. Chandrasekhar, *Indira Gandhi Institute of Development Research*
Henry Chappell, *American University of*

原著序文 xvii

Sharjah
Jen-Chi Cheng, *Wichita State University*
Menzie Chinn, *University of Wisconsin*
K. A. Chopra, *State University of New York, Oneonta*
Nan-Ting Chou, *University of Louisville*
Jens Christiansen, *Mount Holyoke College*
Reid W. Click, *George Washington University*
John P. Cochran, *Metropolitan State College of Denver*
Juan Carlos Cordoba, *Iowa State University*
Steven R. Cunningham, *University of Connecticut*
Waclaw Dajnowiec, *Ryerson University, Chang School*
Bruce R. Dalgaard, *Carleton College*
Betty C. Daniel, *University at Albany—SUNY*
Joe Daniels, *Marquette University*
Edward Day, *University of Central Florida*
Luis De Araujo, *Michigan State University*
Robert Dekle, *University of Southern California*
Greg Delemeester, *Marietta College*
Wouter J. Den Haan, *London School of Economics*
Johan Deprez, *Texas Tech University*
James Devine, *Loyola Marymount University*
Wael William Diab, *Broadcom*
Peter Dohlman, *International Monetary Fund*
Patrick Dolenc, *Keene State College*
David Doorn, *West Chester University of Pennsylvania*
Allan Drazen, *University of Maryland*
Robert Driskill, *Vanderbilt University*
Bill Dupor, *Federal Reserve Bank of St Louis*
Donald H. Dutkowsky, *Syracuse University*
James E. Eaton, *Bridgewater College*
Janice C. Eberly, *Northwestern University*
Andrew Economopoulos, *Ursinus College*
Alejandra Cox Edwards, *California State University, Long Beach*
Martin Eichenbaum, *Northwestern University*
Carlos G. Elias, *Radford University*
Kirk Elwood, *James Madison University*
Abel Embaye, *University of Arkansas*
Sharon J. Erenburg, *Eastern Michigan University*
Christopher Erickson, *New Mexico State University*

James Fackler, *University of Kentucky*
Steven Fazzari, *Washington University*
J. Peter Ferderer, *Macalester College*
Abdollah Ferdowsi, *Ferris State University*
David W. Findlay, *Colby College*
Thomas J. Finn, *Wayne State University*
Charles C. Fischer, *Pittsburg State University*
John A. Flanders, *Central Methodist College*
Juergen Fleck, *Hollins College*
Adrian Fleissig, *California State University, Fullerton*
R. N. Folsom, *San Jose State University*
Kevin Foster, *City University of New York*
J. E. Fredland, *U.S. Naval Academy*
James R. Gale, *Michigan Technological University*
Edward N. Gamber, *Congressional Budget Office*
William T. Ganley, *Buffalo State College*
Charles B. Garrison, *University of Tennessee, Knoxville*
Kathie Gilbert, *Mississippi State University*
Roger Goldberg, *Ohio Northern University*
Joao Gomes, *The Wharton School, University of Pennsylvania*
Fred C. Graham, *Federal Housing Finance Agency*
John W. Graham, *Rutgers University*
Stephen A. Greenlaw, *University of Mary Washington*
Alan F. Gummerson, *Florida International University*
A. R. Gutowsky, *California State University, Sacramento*
David R. Hakes, *University of Northern Iowa*
Michael Haliassos, *Goethe University Frankfurt*
George J. Hall, *Brandeis University*
John C. Haltiwanger, *University of Maryland*
James Hamilton, *University of California, San Diego*
David Hammes, *University of Hawaii*
Reza Hamzaee, *Missouri Western State University*
Robert Stanley Herren, *North Dakota University*
Charles Himmelberg, *Goldman Sachs*
Barney F. Hope, *California State University, Chico*

Fenn Horton, *Naval Postgraduate School*
Christopher House, *University of Michigan*
E. Philip Howrey, *University of Michigan*
John Huizinga, *University of Chicago*
Nayyer Hussain, *Rockland Community College*
Syed Muhammad Hussain, *Virginia Commonwealth University*
Steven Husted, *University of Pittsburgh*
Matthew Hyle, *Winona State University*
Matteo Iacoviello, *Boston College*
Selo Imrohoroglu, *University of Southern California*
Kenneth Inman, *Neustar College*
Liana Jacobi, *University of Melbourne*
Zuzana Janko, *San Francisco State University*
Philip N. Jefferson, *Swarthmore College*
Urban Jermann, *The Wharton School, University of Pennsylvania*
Charles W. Johnston, *Baker College*
Barry E. Jones, *Binghamton University*
Paul Junk, *University of Minnesota*
James Kahn, *Yeshiva University*
George Karras, *University of Illinois, Chicago*
Roger Kaufman, *Smith College*
Adrienne Kearney, *University of Maine*
James Keeler, *Kenyon College*
Patrick R. Kelso, *West Texas State University*
Kusum Ketkar, *Seton Hall University*
F. Khan, *University of Wisconsin, Parkside*
Jinill Kim, *Korea University*
Robert King, *Boston University*
Ruby P. Kishan, *Texas State University*
Milka S. Kirova, *Saint Louis University*
Nobuhiro Kiyotaki, *Princeton University*
Michael Klein, *Tufts University*
Peter Klenow, *Stanford University*
Kenneth Koelln, *University of North Texas*
Douglas Koritz, *Buffalo State College*
Eugene Kroch, *Villanova University*
Corinne Krupp, *University of North Carolina, Chapel Hill*
Kishore Kulkarni, *Metropolitan State College of Denver*
Krishna B. Kumar, *University of Southern California*
Andre Kurmann, *Drexel University*
Maureen Lage, *Miami University*
John S. Lapp, *North Carolina State University*

G. Paul Larson, *University of North Dakota*
Sven R. Larson, *Skidmore College*
James Lee, *Fort Hays State University*
Junsoo Lee, *University of Alabama*
Keith J. Leggett, *Davis and Elkins College*
Carol Scotese Lehr, *Virginia Commonwealth University*
John Leyes, *Florida International University*
Xuan Liu, *East Carolina University*
Ming Chien Lo, *University of Virginia*
Mary Lorely, *Syracuse University*
Cara Lown, *Federal Reserve Bank of New York*
Richard MacDonald, *St. Cloud State University*
Thampy Mammen, *St. Norbert College*
Linda M. Manning, *University of Missouri*
Michael Marlow, *California Polytechnic State University*
Kathryn G. Marshall, *Cal Poly San Luis Obispo*
Patrick Mason, *Florida State University*
Ben Matta, *New Mexico State University*
Stephen McCafferty, *Ohio State University*
J. Harold McClure, Jr., *Thomson Reuters*
Ken McCormick, *University of Northern Iowa*
John McDermott, *University of South Carolina*
Michael B. McElroy, *North Carolina State University*
Randolph McGee, *University of Kentucky*
Michael McPherson, *University of North Texas*
William Melick, *Kenyon University*
Stephen M. Miller, *University of Nevada, Las Vegas*
Tim Miller, *Denison University*
Bruce Mizrach, *Rutgers University*
Tommaso Monacelli, *Bocconi University*
Basil Moore, *Wesleyan University*
W. Douglas Morgan, *University of California, Santa Barbara*
Jon Nadenichek, *California State University, Northridge*
K. R. Nair, *West Virginia Wesleyan College*
Emi Nakamura, *Columbia University*
Aimee Narcisenfeld, *The Bullis School*
John Neri, *University of Maryland*
Alexandra Nica, *University of Iowa*
Jeffrey Nugent, *University of Southern California*

原著序文　xix

Maurice Obstfeld, *University of California, Berkeley*
Stephen A. O'Connell, *Swarthmore College*
William P. O'Dea, *State University of New York, Oneonta*
Heather O'Neill, *Ursinus College*
Athanasios Orphanides, *Massachusetts Institute of Technology*
Spencer Pack, *Connecticut College*
Walter Park, *American University*
Randall Parker, *East Carolina University*
Allen Parkman, *University of New Mexico*
David Parsley, *Vanderbilt University*
James E. Payne, *University of New Orleans*
Rowena Pecchenino, *National University of Ireland Maynooth*
Peter Pedroni, *Williams College*
Mark Pernecky, *St. Olaf College*
Christopher Phelan, *University of Minnesota*
Kerk Phillips, *Brigham Young University*
Paul Pieper, *University of Illinois, Chicago*
Andrew J. Policano, *University of California, Irvine*
Richard Pollock, *University of Hawaii, Manoa*
Jay B. Prag, *Claremont McKenna College*
Kojo Quartey, *Monroe County Community College*
Vaman Rao, *Western Illinois University*
Neil Raymon, *University of Missouri, Columbia*
Colin Read, *SUNY Plattsburgh*
Michael Redfearn, *Citigroup*
Robert R. Reed, *University of Alabama*
Charles Revier, *Colorado State University*
Patricia Reynolds, *International Monetary Fund*
Jack Rezelman, *State University of New York, Potsdam*
Robert Rich, *Federal Reserve Bank of New York*
Libby Rittenberg, *Colorado College*
Helen Roberts, *University of Illinois, Chicago*
Kenneth Rogoff, *Harvard University*
Rosemary Rossiter, *Ohio University*
Glenn Rudebusch, *Federal Reserve Bank of San Francisco*
Benjamin Russo, *University of North Carolina, Charlotte*
Heajin Heidi Ryoo, *La Trobe University*
Plutarchos Sakellaris, *Athens University of Economics and Business*
Christine Sauer, *University of New Mexico*
Perihan Saygin, *University of Florida*
Edward Schmidt, *Randolph–Macon College*
Stacey Schreft, *Scout Investments*
Scott Schuh, *West Virginia University*
Daria Sevastianova, *University of Southern Indiana*
William Seyfried, *Rollins College*
Tayyeb Shabbir, *Wharton School, University of Pennsylvania*
Andrei Shevchenko, *Michigan State University*
Virginia Shingleton, *Valparaiso University*
Dorothy Siden, *Salem State University*
Scott Simkins, *North Carolina A&T State University*
Tara Sinclair, *George Washington University*
Abdol Soofi, *University of Wisconsin, Platteville*
Nicholas Souleles, *The Wharton School, University of Pennsylvania*
David E. Spencer, *Brigham Young University*
Don Stabile, *St. Mary's College*
Richard Startz, *University of California, Santa Barbara*
Gabriel Talmain, *University of Glasgow*
Bryan Taylor, *Global Financial Data*
Susan Washburn Taylor, *Millsaps College*
M. Dek Terrell, *Louisiana State University*
Henry S. Terrell, *University of Maryland*
Willem Thorbecke, *George Mason University*
Stephen J. Turnovsky, *University of Washington*
Michael Twomey, *University of Michigan, Dearborn*
Michael Ulan, *U.S. Department of State*
Victor Valcarcel, *Texas Tech University*
Dietrich Vollrath, *University of Houston*
Ronald Warren, *University of Georgia*
Chong K. Yip, *Chinese University of Hong Kong*
Carlos Zarazaga, *Southern Methodist University*

第10章で使用した雇用の創出と喪失に関するデータを提供してくれたメリーランド大学の John Haltiwanger、第9章で使用した失業率と就職率に関

するデータを提供してくれたフィラデルフィア連邦準備銀行の藤田茂に感謝する。また，各章末のマクロ経済データを使った演習問題で引用したFREDデータベースの利用を支援してくれたセントルイス連邦準備銀行の元リサーチ・ディレクター，故 Robert H. Rasche に感謝したい。

　最後に，Mark Gertler, Rick Mishkin, Steve Zeldes には初版に対して貴重な助力をいただき感謝したい。また，ペンシルバニア大学，プリンストン大学，リッチモンド大学の数名の学生には，自由意志によるものではないが，この教科書の作成に快く協力してくれた。感謝したい。最後に，最も重要なこととして，忍耐とサポートをしてくれた家族に感謝する。本書を彼らに捧げる。

A. B. エーベル
ウィンウッド, PA

B. S. バーナンキ
ワシントン, DC

D. クラウショア
リッチモンド, VA

目　次

著者紹介 … iii
訳者序文 … v
原著序文 … viii

第Ⅰ部　マクロ経済学の基礎

第1章　イントロダクション─────────3

1.1　マクロ経済学とは何か ……………………………………… 3
　　　長期の経済成長／景気循環／失業／インフレーション／国際経済／マクロ経済政策／集計

1.2　マクロ経済学者の役割 ……………………………………… 21
　　　マクロ経済予測／マクロ経済分析／マクロ経済研究／データ開発

データとリサーチにふれよう：経済理論の開発と検証……………… 26

1.3　なぜマクロ経済学者は見解が一致しないのか …………… 27
　　　古典派対ケインジアン／マクロ経済学への統一的アプローチ

章の要約………………………………………………………………… 34
キーワード／復習問題／演習問題／マクロ経済データを使った演習問題

第2章　国民経済の測定と構造─────────39

2.1　国民所得勘定：生産，所得，および支出の測定 ………… 40
　　　なぜ3つのアプローチは等しいのか

2.2　国内総生産（GDP） ………………………………………… 44
　　　生産面アプローチから見たGDP／支出面アプローチから見たGDP／所得面アプローチから見たGDP／民間部門と政府部門の所得

データとリサーチにふれよう：国民所得・生産勘定………………… 45

データとリサーチにふれよう：天然資源，環境，および国民所得勘定

　　　　 ……………………………………………………………………… 48
2.3　貯蓄と富 ……………………………………………………… 61
　　　総貯蓄の計測／民間貯蓄の利用／貯蓄と富の関係
2.4　実質 GDP，物価指数，およびインフレーション ………… 71
　　　実質 GDP／物価指数／応用例：連邦準備の望ましいインフレ測定
データとリサーチにふれよう：コンピューター革命と連鎖ウエイト
GDP ………………………………………………………………… 79
データとリサーチにふれよう：CPI インフレーションは生計費の上昇
を過大評価するのか？ …………………………………………… 81
2.5　利子率 ………………………………………………………… 87
章の要約 …………………………………………………………… 91
キーワード／重要方程式／復習問題／演習問題／マクロ経済データを使っ
た演習問題

第Ⅱ部　長期と短期の経済分析

第3章　生産性，産出量，および雇用 ―――― 99
3.1　経済はどれだけ生産するのか：生産関数 ………………… 101
　　　応用例：アメリカ経済の生産関数と生産性の成長／生産関数の形
　　　状／資本の限界生産力／労働の限界生産力／供給ショック
3.2　労働需要 ……………………………………………………… 113
　　　労働の限界生産力と労働需要：例／賃金の変化／労働の限界生産
　　　力と労働需要曲線／労働需要曲線のシフト要因／総労働需要
3.3　労働供給 ……………………………………………………… 125
　　　所得と余暇のトレードオフ／実質賃金と労働供給／**応用例**：ギグ・
　　　エコノミーの規模とは？／労働供給曲線／総労働供給
3.4　労働市場の均衡 ……………………………………………… 135
　　　完全雇用産出量／**応用例**：オイルショック時の産出量，雇用と実質
　　　賃金
3.5　失業 …………………………………………………………… 140
　　　失業の計測／雇用状態の変化／どれだけ長く失業するのか？／応
　　　用例：失業継続期間と 2007-2009 年の景気後退／失業者がつねに

目次　xxiii

　　　　存在する理由／**応用例**：労働供給の最近の動向
　　データとリサーチにふれよう：労働市場データ……………… 143
　　データとリサーチにふれよう：失業率の代替的な指標……… 151
　3.6　産出量と失業の関係：オークンの法則……………………… 154
　章の要約………………………………………………………………… 157
　キーダイアグラム１／キーダイアグラム２／キーワード／重要方程式／復習問題／演習問題／マクロ経済データを使った演習問題
　補論 3.A　オークンの法則の成長率形式…………………………… 166

第4章　消費，貯蓄，および投資 ───────── 169
　4.1　消費と貯蓄………………………………………………………… 171
　　　　個人の消費と貯蓄決定／現在所得の変化の影響／期待将来所得の変化の影響／**応用例**：2020年のパンデミック景気後退が消費に及ぼす影響／富の変化の影響／実質利子率の変化の影響／財政政策／**応用例**：消費者は税還付にどのように反応するか
　　データとリサーチにふれよう：利子率………………………… 184
　4.2　投資………………………………………………………………… 193
　　　　望ましい資本ストック／望ましい資本ストックの変化／**応用例**：税の投資に及ぼす影響を測る／望ましい資本ストックから投資へ／在庫投資と住宅投資
　　データとリサーチにふれよう：投資と株式市場……………… 210
　4.3　財市場の均衡……………………………………………………… 212
　　　　貯蓄・投資図／**応用例**：株価高騰と暴落のマクロ経済的影響
　章の要約………………………………………………………………… 224
　キーダイアグラム３／キーワード／補論のキーワード／重要方程式／復習問題／演習問題／マクロ経済データを使った演習問題
　補論 4.A　消費と貯蓄の理論モデル………………………………… 232
　　　　消費者はどれだけ余裕があるか：予算制約／消費者は何を欲するか：消費者の選好／消費の最適水準／所得と富の変化の消費と貯蓄に及ぼす影響／実質利子率と消費・貯蓄決定

第5章　開放経済における貯蓄と投資────259
5.1　国際収支……………………………………………………261
経常収支／金融収支／経常収支と金融収支の関係／対外純資産と国際収支／**応用例**：国際的債務国としてのアメリカ

データとリサーチにふれよう：国際収支表……………………266

5.2　開放経済における財市場の均衡……………………………274
5.3　小国開放経済における貯蓄と投資…………………………276
小国開放経済における経済的ショックの影響

5.4　大国開放経済における貯蓄と投資…………………………283
応用例：グローバリゼーションのアメリカ経済への影響／**応用例**：アメリカにおける経常収支赤字の最近の傾向

5.5　財政政策と経常収支…………………………………………291
重要な要素：国民貯蓄の反応／政府財政赤字と国民貯蓄／**応用例**：双子の赤字

章の要約……………………………………………………………297
キーダイアグラム4／キーダイアグラム5／キーワード／重要方程式／復習問題／演習問題／マクロ経済データを使った演習問題

第6章　長期の経済成長────305
6.1　経済成長の源泉………………………………………………307
成長会計／**応用例**：生産性向上の長期的な波動／**応用例**：アメリカの生産性上昇のリバウンド

6.2　長期的成長：ソロー・モデル………………………………320
ソロー・モデルの構築／長期的生活水準の基本的決定要因／経済モデル，内生変数，および外生変数／**応用例**：中国の成長

6.3　内生的成長理論………………………………………………344
6.4　長期的生活水準を引き上げるための政府の政策…………347
貯蓄率に影響を及ぼす政策／生産性上昇率を高めるための政策／**応用例**：アメリカにおける所得分布の変化

章の要約……………………………………………………………353
キーワード／重要方程式／復習問題／演習問題／マクロ経済データを使っ

た演習問題

第7章 資産市場，貨幣，および物価 ─── 359
- 7.1 貨幣とは何か ··· 360
  - 貨幣の機能
- データとリサーチにふれよう：捕虜収容所での貨幣 ··· 362
- データとリサーチにふれよう：貨幣集計量 ··· 365
- データとリサーチにふれよう：すべてのドルはどこへ行ったのか？ ··· 366
- 7.2 ポートフォリオ配分と資産需要 ··· 369
  - 期待収益／リスク／流動性／満期までの期間／資産の種類とその特性／資産需要
- データとリサーチにふれよう：2007年から2011年の住宅危機 ··· 377
- 7.3 貨幣需要 ··· 380
  - 物価水準／実質所得／利子率／貨幣需要関数／貨幣需要に影響を与える他の要因／**応用例**：ビットコインと暗号通貨／流通速度と貨幣数量説
- 7.4 資産市場均衡 ··· 394
  - 資産市場均衡：集計の仮定／資産市場の均衡条件
- 7.5 貨幣成長とインフレーション ··· 398
  - **応用例**：移行期のヨーロッパ諸国における貨幣の成長とインフレーション／インフレ率と名目利子率／**応用例**：インフレ期待の測定
- 章の要約 ··· 407
- キーワード／重要方程式／復習問題／演習問題／マクロ経済データを使った演習問題

第8章 IS-LM／AD-AS モデル：マクロ経済分析の一般的な枠組み ─── 413
- 8.1 FE線：労働市場の均衡 ··· 415
  - FE線をシフトさせる要因
- 8.2 IS曲線：財市場の均衡 ··· 417

IS 曲線をシフトさせる要因
　　8.3　*LM* 曲線：資産市場の均衡‥‥‥‥‥‥‥‥‥‥‥‥‥‥‥‥ 423
　　　　利子率と非貨幣資産の価格／貨幣需要とマネーサプライの均等／
　　　　LM 曲線をシフトさせる要因
　　8.4　完全な *IS-LM* モデルにおける一般均衡‥‥‥‥‥‥‥‥‥‥ 433
　　　　IS-LM の枠組みの応用：一時的な不利な供給ショック／**応用例：
　　　　2008 年の原油価格ショック**
　　8.5　物価の調整と一般均衡の達成‥‥‥‥‥‥‥‥‥‥‥‥‥‥‥ 439
　　　　マネーサプライ拡張の効果／*IS-LM* モデルの古典派版とケインジ
　　　　アン版
　　データとリサーチにふれよう：金融政策分析のための計量モデルとマ
　　クロ経済予測‥‥‥‥‥‥‥‥‥‥‥‥‥‥‥‥‥‥‥‥‥‥‥‥ 440
　　8.6　総需要と総供給‥‥‥‥‥‥‥‥‥‥‥‥‥‥‥‥‥‥‥‥‥ 449
　　　　総需要曲線／総供給曲線／*AD-AS* モデルにおける均衡／*AD-AS*
　　　　モデルにおける貨幣の中立性
　章の要約‥‥‥‥‥‥‥‥‥‥‥‥‥‥‥‥‥‥‥‥‥‥‥‥‥‥‥ 460
　キーダイアグラム 6／キーダイアグラム 7／キーワード／復習問題／演習
　問題
　補論 8.A　*IS-LM*／*AD-AS* モデルを解くための計算演習‥‥‥‥‥ 469
　補論 8.B　*IS-LM* モデルの数学的説明‥‥‥‥‥‥‥‥‥‥‥‥‥ 473
　　　　労働市場／財市場／資産市場／*IS-LM* モデルの一般均衡／*AD-AS*
　　　　モデル／総需要曲線／総供給曲線／短期均衡と長期均衡

索引 ‥‥ 483
訳者紹介 ‥‥ 488

要約表 1	総貯蓄の計測	63
要約表 2	追加的に雇用するときの便益と費用の比較	119
要約表 3	総労働需要曲線をシフトさせる要因	124
要約表 4	総労働供給曲線をシフトさせる要因	134
要約表 5	望ましい国民貯蓄の決定要因	189
要約表 6	望ましい投資の決定要因	209
要約表 7	ある国の国際的な貿易と貸付の同じ指標	271
要約表 8	長期的生活水準の基本的決定要因	333
要約表 9	貨幣需要のマクロ経済決定要因	386
要約表 10	完全雇用（FE）線をシフトさせる要因	417
要約表 11	IS 曲線をシフトさせる要因	421
要約表 12	LM 曲線をシフトさせる要因	429
要約表 13	AD 曲線をシフトさせる要因	454

下巻目次

第 III 部　景気循環とマクロ経済政策
　第 9 章　景気循環
　第 10 章　古典派の景気循環分析：市場均衡のマクロ経済学
　第 11 章　ケインズ主義：賃金と価格の硬直性のマクロ経済学
第 IV 部　マクロ経済政策：政策環境と制度
　第 12 章　失業とインフレーション
　第 13 章　開放経済における為替レート，景気循環，およびマクロ経済政策
　第 14 章　金融政策と中央銀行
　第 15 章　政府支出と財源調達
付録 A　有用な分析ツール
訳者あとがき
索引

第1部
マクロ経済学の基礎

第1章
イントロダクション

学習の目的
1.1 マクロ経済学で扱われる主要な問題を要約する。
1.2 マクロ経済学者の活動と目的を説明する。
1.3 古典派とケインジアンのマクロ経済学へのアプローチを区別する。

1.1 マクロ経済学とは何か

　マクロ経済学（macroeconomics）とは，一国の経済全体を分析対象にし，国民経済の構造やパフォーマンス，および経済のパフォーマンスを改善するために政府が採用する政策を研究する学問である。具体的にマクロ経済学者が取り組んでいる中心的な問題には，次のようなものがある。

■ **一国の長期の経済成長の決定要因は何か。** 1870年におけるノルウェーの1人当たり所得はアルゼンチンよりも少なかった。しかし今日では，ノルウェーの1人当たり所得はアルゼンチンよりも4倍以上高い。なぜ，ある国の経済が急速に成長し，国民の生活水準が急速に改善する一方で，他の国の経済は相対的に停滞しているのか。

■ **一国の経済活動が変動する原因は何か。** アメリカ経済は，COVIDパンデミックが2020年初めに全世界経済を襲うまでは，2007年末から2009年半ばまでの深刻な景気後退後，経済史上最長の途切れることのない経済成長を享受した。2020年第2四半期には，アメリカ史上最大の落ち込みである31％以上の産出量の下落を経験し，一方第3四半期には，米国史上最大の上昇である33％以上の産出量の増加を経験した。なぜ経済は，好景気の時期と不景気の時期との間を揺れ動きながら，時に短期的に急激な変動を起こすのか。

■ **失業の原因は何か。**1930年代では，アメリカにおける労働力の4分の1が失業していた。それから10年後の第2次世界大戦の期間には，失業は労働力の2%以下であった。なぜ，失業率は時として非常に高い水準にまで達するのか。なぜ好景気の時期でさえも，労働力のある部分が失業するのか。

■ **物価上昇の原因は何か。**アメリカのインフレ率は，1970年代にはクリーピング・インフレと呼ばれる状態であったが，1980年代の初めにはインフレ率が年率10%を超え，1980年代の中頃には年率4%以下にまで下がった。1990年代後半には年率2%以下にまで下がった。さらに，ドイツのインフレの経験はもっと極端であった。ドイツは最近の10年間では，低インフレの名声を得ているが，第1次世界大戦に敗れた後には18カ月間（1922年7月～1923年12月）で物価が数十億倍になるという極端なインフレを経験した。何がインフレの原因であり，それを解決するために何をするべきであるのか。

■ **グローバルな経済システムの一部であることが国民経済にどのような影響を及ぼすのか。**1990年代の後半において，アメリカ経済は世界の経済成長を押し上げる原動力であった。2007年から2009年にかけてアメリカ経済が深刻な落ち込みに陥ったとき，世界の他のほとんどの国はそれに続いた。国際貿易や国際借入といった国家間の経済的なつながりが，個々の経済や世界経済全体のパフォーマンスにどのような影響を及ぼすのか。

■ **政府の政策は国民経済のパフォーマンスを改善するために用いることができるのか。**1980年代から1990年代にかけて，アメリカ経済の産出量，失業率，およびインフレ率の変動は，1960年代や1970年代に比べてはるかに小さくなった。経済学者の中には，経済パフォーマンスの改善に関して，政府の優れた政策を評価する者もいる。2008年の金融危機では，連邦準備制度と連邦政府は，銀行やその他の金融機関の破綻を防ぐために特別な措置をとった。しかし，一部の経済学者は，こうした措置は経済を安定化させようとするあまり行き過ぎたものであり，その代償として金融機関のリスクテイクを高めるインセンティブを生み出してしまったと批判した。また，2009年の景気後退が終わった後も失業率が何年も高

止まりしたことから，連邦準備は十分な措置を講じていなかったと批判する経済学者もいた。経済政策は，経済をできるだけ繁栄させ，そして安定させるためにどのように行うべきであるのか。

マクロ経済学は，政治家，報道関係者，および大衆がつねに討論し，実際上かなり重要である上記の問いに対する解答を提供しようとするものである。本節の残りの部分では，これらの重要なマクロ経済問題をより詳細に検討する。

長期の経済成長

発展途上国を旅行したことがある読者であれば，アメリカのような国との生活水準の違いを観察せずにはいられないだろう。豊かな国の最貧層の人々が経験している貧しい食事，住居，およびヘルスケアの問題は，しばしば発展途上国の人々にとってはごくあたりまえのことである。マクロ経済学の観点からいえば，先進国と発展途上国の違いは，先進国は歴史のある時点で，長期間にわたり急激な経済成長を経験したが，発展途上国は持続的な成長を一度も経験したことがないか，または経済成長期が経済後退期によって相殺されてきたかのどちらかである，ということである。

図1.1は，1869年以降におけるアメリカ経済の産出量の成長を簡潔に示している[1]。この記録は印象深いものである。過去152年のあいだに，アメリカの財・サービスの年間産出量は150倍以上に増加した。しかし，このアメリカ経済のパフォーマンスは特異なものでなく，この期間に他の先進国も同じような経験をしており，そしてその中にはより高い成長率を記録したケースもある。先進国経済の産出量の急激な増加は，現代史の主要な事実の1つであるとともに，それは非常に大きな政治的，軍事的，社会的，さらに文化的な意味合いをもっている。

アメリカ経済の長期的な成長は，1つには利用可能な労働者が恒常的に増

---

[1] 図1.1の産出量は，実質国民総生産（実質GNP）と実質国内総生産（実質GDP）と呼ばれる2つの大変よく似た概念で計測されたものであり，両者とも毎年のインフレ修正した実質生産額を計測したものである。産出額の計測については，第2章で詳細に論じる。

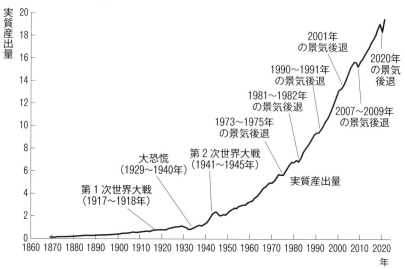

図 1.1　アメリカ経済の実質産出量（1869〜2021 年）
この図では，アメリカ経済の産出量が 1929〜2021 年の期間では実質国内総生産（実質 GDP）で計測されており，1929 年以前では実質国民総生産（実質 GNP）で示されている。両ケースとも 2012 年基準の財・サービスの額である（第 2 章を参照）。全期間の産出量の急激な上昇トレンドと大恐慌期（1929〜1940 年），第 2 次世界大戦期（1941〜1945 年），そして 1973〜1975 年，1981〜1982 年，1990〜1991 年，2001 年，2007〜2009 年，および 2020 年の景気後退期の急激な変動に留意してほしい。
出所：1869〜1928 年の GNP は，クリスティーナ・ローマー（Christina D. Romer）の"The Prewar Business Cycle Reconsidered: New Estimates of Gross National Product, 1869〜1908," *Journal of Political Economy*, 97, 1,（February 1989）, pp.22-23; 1929〜2021 年の GDP は，セントルイス連邦準備銀行の FRED データベース *fred.stlouisfed.org/series/GDPCA*。ローマーからのデータは基準を 2012 年価格に再計算した。

加したという人口増加の結果である。しかし，その他の重要な要因として，ある一定の労働量の投入で生産される総産出量の増加があげられよう。労働投入 1 単位当たり（たとえば労働者 1 人当たり，または労働 1 時間当たり）の産出量を**平均労働生産性**（average labor productivity）と呼ぶ。図 1.2 は，雇用労働者 1 人当たりの産出量として定義された平均労働生産性が 1900 年以降どのように変化したかを示している。2021 年には，アメリカの平均的な

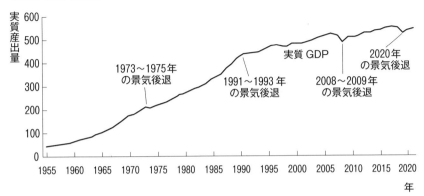

図 1.1J 日本の実質 GDP (1955～2022 年)
この図は 1955 年以降の日本経済の実質 GDP を示している。1970 年代初めまでの高度成長期と 1980 年代後半から実質 GDP の成長率は加速したが，1990 年代以降その成長率は鈍化した。特に，1973～75 年，1991～93 年，2008～09 年，および 2020 年の景気後退期の急激な変化に留意してほしい。
出所：内閣府経済社会総合研究所，*https://www.esri.cao.go.jp/jp/sna/kakuhou/kakuhou_top.html*。

労働者は，年間労働時間が少なくなったにもかかわらず，20 世紀初めの平均的な労働者よりも約 8 倍も多く生産している。今日の典型的な労働者はより生産性が高いため，アメリカ人は 1 世紀前よりもはるかに高い生活水準を享受している。

アメリカ経済の長期間にわたる生産性の伸びには目をみはるものがあるが，生産性の伸びは時代によって大きく異なる。1949 年から 1973 年までの期間には，労働者 1 人当たり産出量は年率 2.6％で成長したが，1973 年から 1995 年の期間にはわずか年率 1.1％の成長であった。1995 年から 2007 年の期間における労働者 1 人当たり産出量の成長率は，年率 1.9％であったが，より最近の 2007 年から 2021 年の期間では年率 1.3％の成長率にとどまった。

産出量の成長率，特に労働者 1 人当たりの産出量の成長率が最終的に国家が豊かになるのか，または貧しくなるのかを決定するので，何が成長を決定するのかを理解することはマクロ経済学の最も重要な目標の 1 つである。残念ながら，なぜ経済が成長するのかを説明することはやさしいことではない。

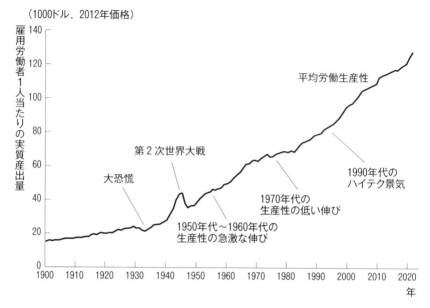

図1.2 アメリカにおける平均労働生産性（1900～2021年）
平均労働生産性（雇用労働者1人当たりの産出量）は年とともに上昇し，戦時期の生産額の増加を反映し第2次世界大戦期（1941～1945年）はピークであった。生産性は1950年代と1960年代において急激に伸びたが，1970年代にはゆっくりとしか上昇しなかった。そして，1990年代半ばに再び上昇した。生産性の計測にあたって，産出量は図1.1と同じものを用いている。
出所：1900～1947年については，14歳以上の労働者の雇用（単位は千人）であり，その雇用のデータの出所は，*Historical Statistics of the United States*, Colonial Times to 1970, p.126; 1948年以降については，16歳以上の労働者の雇用（単位は千人）であり，出所はFREDデータベース *fred.stlouisfed.org/series/CE16OV*。平均労働生産性は産出量を雇用で割ったものであり，産出量は図1.1と同じものである。

たとえば，資源が乏しい日本や韓国は戦争で疲弊したにもかかわらず，なぜ高い成長率を達成することができ，一世代または二世代のうちに先進国になることができたのであろうか。一方，ベネズエラのような資源の豊富なラテンアメリカ諸国はなぜ，ここ数十年不安定な成長，またはマイナス成長を経験したのであろうか。マクロ経済学者は何が経済成長率を決定するのかという問いに対して完璧な答えをもっていないが，いくつかの考えを示すことが

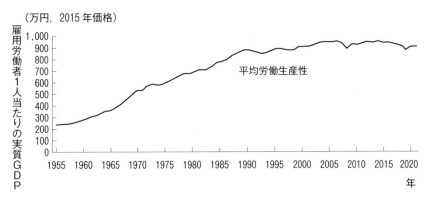

図 1.2J　日本における平均労働生産性（1955〜2022 年）
平均労働生産性（雇用労働者 1 人当たりの実質 GDP）は 1950 年代と 60 年代において急激に伸びたが，それ以降の 70 年代と 80 年代においてはゆっくりとしか伸びていない。さらに 90 年代と 2000 年代では伸びは鈍化し，2010 年代はほぼ横ばいであった。世界的な金融危機の 2008〜09 年とパンデミック景気後退の 2020 年では平均労働生産性は大きく低下した。
出所：雇用者は総務省統計局「労働力調査」，実質 GDP は図 1.1J と同じものである。平均労働生産性は実質 GDP を雇用者数で割ったものである。

できる。たとえば，本書で詳しく論ずるが，たいていのマクロ経済学者は，貯蓄率と投資率が成長にとって重要であると信じている。また，技術革新やその他の要因によって機械や労働者の生産性が向上する速度も，成長の重要な決定要因である。

景気循環

　図 1.1 におけるアメリカの産出量の変遷を見れば，産出量の伸びがなめらかでなく，つねに山と谷があることに気づくであろう。最も目立つのは，大恐慌と第 2 次世界大戦を含む 1929 年から 1945 年の期間である。大恐慌の最初の局面である 1929〜1933 年の経済崩壊の期間に，アメリカ経済の産出量は 30％近く下落した。1939〜1944 年の期間にはアメリカは第 2 次世界大戦に参戦し，軍備生産を拡大し，産出量はほぼ 2 倍近くに増大した。1945 年以降，アメリカの産出量の変動は 1929〜1945 年の期間ほど激しくはなかった。

しかし第2次世界大戦後には，1960年代や1990年代のようにかなり急激な経済成長があった時期と，1973～1975年，1981～1982年，1990～1991年，2007～2009年，および2020年のように，ある年から次の年にかけて実際に産出量が減少した時期とが存在した。

マクロ経済学者は，短期の経済活動の急激な縮小と拡大を記述するのに**景気循環**（business cycle）という用語を用いる[2]。国全体の産出量が減少したり，または非常にゆっくりと成長するといった景気循環の下降局面を**景気後退**（recession）と呼ぶ。景気後退が比較的穏やかであっても，多くの人々にとって景気後退は厳しい経済状況を意味する。景気後退はまた，政治的にも大きな関心事である。なぜなら，ほとんどすべての政治家は再選を望んでいるし，再選の可能性は国の経済が後退している時期よりも拡大している時期のほうが高いからである。マクロ経済学者は，景気循環の原因が何かを推測したり，何ができ，または何をなすべきかを決めることに多大な努力を払っている。本書において，われわれは景気循環のさまざまな特徴を述べ，さらに循環的な変動に対する代替的な説明を比較し，そして循環経路に影響を与える政策オプションの評価を行う。

失業

景気後退の1つの重要な側面は，通常，景気後退期には**失業**（unemployment），すなわち働くことができ積極的に求職活動を行うが職を見つけることができない人々の数が増加することである。失業問題は，経済成長や景気循環とともに，マクロ経済学における第3番目に重要な問題である。

失業の計測で最も知られているのが失業率であり，それは失業者数を労働力人口（労働している人または求職活動をしている人の合計数）で割った数字である。図1.3は過去1世紀と四半世紀にわたるアメリカの失業率の推移を示している。失業率が最も高く，失業期間が最も長びいたのは1930年代の大恐慌のときである。1933年の失業率は24.9％にもなり，4人の潜在労働者のうち1人しか職を見つけることができなかった。反対に，第2次世界大

---

[2] より正確な定義は第9章で行う。景気循環には，クリスマス前後に生ずる経済活動の増大といった単に数カ月続く経済変動は入れない。

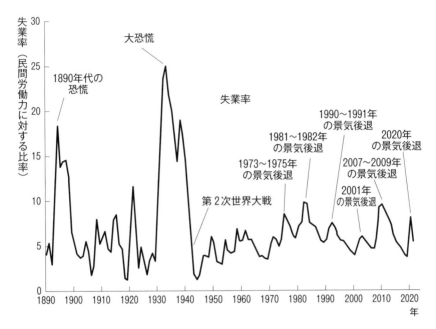

図 1.3 アメリカにおける失業率（1890〜2021 年）
1890 年からの毎年の失業者の民間労働力（軍の人々を除く）に対する比率を示している。失業率がピークに達したのは 1890 年代の恐慌期と 1930 年代の大恐慌期であり，最低水準にあったのは 1920 年と第 2 次世界大戦期であった。第 2 次世界大戦以降では，最も高い失業率は 1981〜1982 年，2007〜2009 年と 2020 年の景気後退期に生じた。
出所：民間失業率（1947 年以前は 14 歳以上の人々であり，1947 年以降は 16 歳以上の人々を対象）の 1890〜1947 年の出所は，*Historical Statistics of the United States, Colonial Times to 1970*, p.135。1948 年以降の出所は，FRED データベース *fred.stlouisfed.org/series/UNRATE*。

　戦中に起きた大規模な経済活動の拡大は失業を大幅に減少させ，1944 年の戦時ブームのピークにおいて失業率は 1.2％の水準であった。

　戦後，景気後退によって失業が大幅に増大している。たとえば，1981〜1982 年の景気後退期では，アメリカの失業率は 10.8％に達し，2007〜2009 年の景気後退期では，失業率は 10.0％に上昇し，2020 年のパンデミック景気後退期では，失業率は 14.7％に達した[3]。しかしながら，図 1.3 からわかるように，経済活動が最も拡大した期間でさえも失業率はゼロになることはなかっ

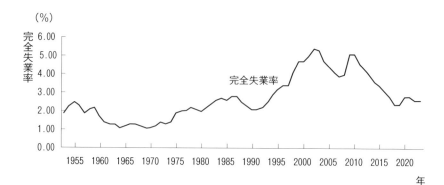

図 1.3J　日本における失業率（1953～2023 年）
1950 年代半ばから 1973 年まで失業率の低下傾向が続いたが，1970 年代半ば以降，失業率の上昇傾向が続いた。1980 年代後半から 90 年代初めにかけて低下したが，その後再度上昇し始め，2000 年初めには 5％を超えた。2010 年代に入り失業率は低下傾向を示していたが，2020 年のパンデミック景気後退により失業率は若干上昇した。
出所：総務省統計局，労働力調査，*https://www.stat.go.jp/data/roudou/index.html*。

た。景気後退期がなく経済成長が 10 年以上続いた後の 2020 年の 2 月でも，失業率は 3.5％であった。経済全体がうまくいっているときでさえも，なぜ失業率がかなり高いままなのかは，マクロ経済学における重要な問いの 1 つである。

インフレーション

　ほとんどの財・サービスの価格が時間を通じて上昇しているとき，経済は**インフレーション**（inflation，または**インフレ**と呼ぶ）を経験しているといわれる。図 1.4 はアメリカの消費者が過去 2 世紀にわたって直面した物価の平均水準の指標を示している[4]。第 2 次世界大戦以前では，1812 年の戦争期間，南北戦争期間，そして第 1 次世界大戦期間のような戦時期にインフレーションが起こったことに留意してほしい。これら戦時期のインフレーションが起

---

[3] 2020 年 4 月の失業率は 14.7％であったが，図 1.3 に示した失業率は，年データ（各年の 12 カ月間の平均失業率）のみを示しているため，これほど高くはない。2020 年における失業率は年率 8.1％であった。

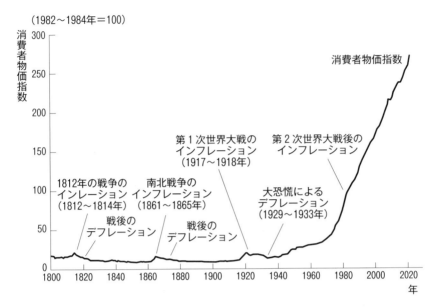

図 1.4 アメリカにおける消費者物価（1800〜2021 年）
第 2 次世界大戦以前では，消費者が直面した平均物価水準は比較的横ばいにとどまっていた。しかも，物価の上昇というインフレ期間は，物価が下落するというデフレの期間によって相殺された。しかし，第 2 次世界大戦以降，消費者物価は急激に上昇し，10 倍になった。この図の平均物価水準は消費者物価指数あるいは CPI（第 2 章を参照）によって計測したものである。CPI は消費財・サービスの固定の組み合わせまたはバスケットの購入費用を，基準年（この場合では 1982〜1984 年）の同じ財・サービスの購入費用で割って百分率で表したものである。したがって，2021 の CPI が 271 であるということは，1982〜1984 年における消費財・サービスのバスケットの購入費用 100 ドルが 2021 年では 271 ドルであるということである。
出所：1800〜1946 年（1967 = 100）の消費者物価指数の出所は，*Historical Statistics of the United States, Colonial Times to 1970*, pp.210-211 であり，1947 年以降については，出所は FRED データベース *fred.stlouisfed.org/series/CPIAUCSL*。1947 年以前のデータは基準を 1982〜1984 = 100 とし調整した。

14　第Ⅰ部　マクロ経済学の基礎

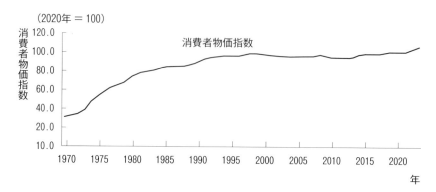

図 1.4J　日本における消費者物価（1970～2023 年）
1970 年以降，80 年代半ばにかけて日本の消費者物価指数は急激に上昇し約 2 倍になった。1990 年代半ばから 2010 年代初めにかけて消費者物価指数は横ばいか下落局面を示しており，デフレ傾向を示している。
出所：総務省統計局，消費者物価指数，https://www.stat.go.jp/data/cpi/1.html。

こった後には，たいていの財・サービスの価格が下落する**デフレーション**（deflation，または**デフレと呼ぶ**）の期間が続いた。これらのインフレーションとデフレーションとが相殺しあう期間があったので，長期にわたって物価水準はほとんど一定であった。たとえば，第 1 次世界大戦が終焉する頃（1918 年）の物価は，1 世紀以上も前の 1800 年とほぼ同じ水準であった。

アメリカにおける最後で大幅なデフレーションは，1929～1933 年における大恐慌の初期の段階に起こった。それ以来，1990 年代と 2000 年代のインフレ率はかなり低かったが，デフレーションを相殺することなくインフレーションが通常の状態になった。図 1.4 は消費者物価が第 2 次世界大戦以降急激に上昇し，10 倍にもなったことを示している。

ある期間（多くは 1 年間）における平均物価水準の変化率の上昇を**インフ**

---

[4] この指標を消費者物価指数または CPI と呼ぶ。これらは第 2 章で論ずるが，概念的には，CPI は消費財やサービスのある固定の組み合わせ，または「バスケット」の購入費用を測定するものである。しかしながら，200 年間という長期にわたる消費者物価指数を計測するには，多くの妥協が必要である。たとえば，CPI として採用される財・サービスのバスケットは，図 1.4 に示される全期間を通じて文字通り同じものではなく，異なる時期に利用可能な消費財・サービスの異なる組み合わせを反映するために定期的に入れ換えられる。

レ率（inflation rate）と呼ぶ。たとえば，消費者物価のインフレ率が年率10％であれば，消費者が購入する品目の価格が年率で平均して10％上昇していることになる。インフレ率は時間の経過や国によって劇的に異なる。たとえばスイスのような低インフレ国では年率1～2％であり，1990年代初めの旧ソ連に属する国々，トルクメニスタン，カザフスタン，グルジア，クリギスタンなどのようなハイパーインフレーションや極端なインフレを経験している国では年率1,000％またはそれ以上となっている。価格が毎日あるいは毎時間ごとに変わるようなインフレ率が極端に高水準にある場合には，経済はうまく機能しない。高インフレによって貨幣の購買力が急速になくなるため，人々はお金を受け取るとすぐに全部使ってしまうようになる。

国際経済

今日，主要な経済はすべて**開放経済**（open economy）であり，他の国の経済と広範な貿易・金融関係を持つ経済である。それとは対照的に，**閉鎖経済**（closed economy）は世界の他の国々と経済的な交流を持たない。マクロ経済学者は各国経済間の繋がりをよりよく理解するために，国際貿易や国際借入のパターンを研究している。たとえば，マクロ経済学の重要なトピックとして，国際貿易と国際借入との関係が，景気循環をある国から他国へどのように伝達させるのか，という問いがある。

経済学者の関心を集めるもう1つの国際的な問題は，貿易不均衡の問題である。図1.5は，アメリカの財・サービスの輸出と輸入の長期的な動向を示している。アメリカの輸入は外国で生産され，アメリカ国民が購入した財・サービスである。一方，アメリカの輸出はアメリカで生産され，外国の国民に売られた財・サービスである。国際貿易の相対的な重要性を示すために，図1.5は輸出と輸入がアメリカの総生産に占める割合を示している。対総産出量比率で見る現在の輸出と輸入は，大恐慌と第2次世界大戦による経済の混乱からの貿易の回復と，国家間の経済的相互依存が強まる傾向にあることを反映し，1950～1960年代よりも大きな比率を示している。しかし，1世紀前に輸出と輸入がすでに経済全体の規模に対して重要な位置を占めていたことに留意してほしい。

16　第Ⅰ部　マクロ経済学の基礎

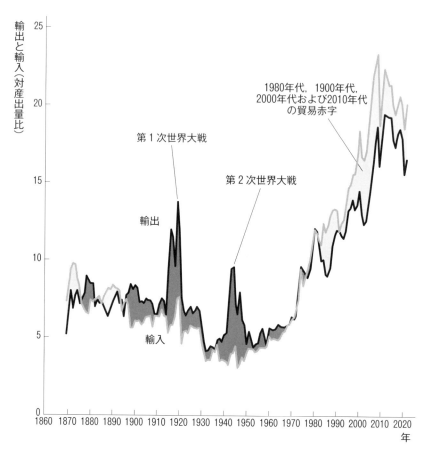

図1.5　アメリカにおける輸出と輸入（1869〜2021年）
アメリカの輸出（黒い線）と輸入（灰色の線）を示しており，対総産出量比率で表示されている。毎年輸出と輸入は等しくなる必要はない。20世紀のほとんどの期間では，アメリカの輸出は輸入を超えていた（濃い灰色の領域）が，1980年代，90年代および2000年代の期間では，アメリカの輸出は輸入より減少し（薄い灰色の部分），貿易赤字が続いている。
出所：1869〜1959年間の財・サービスの輸出額および輸入額は *Historical Statistics of the United States , Colonial Times to 1970*, pp. 864-865。1960以降については経済分析局（BEA）ウェブサイト，*bea.gov/iTable/index_ita.cfm*, Table 1.1。名目産出量（1869〜1928年）は，Christina D. Romer, "The Prewar Business Cycle Reconsidered: New Estimates of Gross National Product, 1869-1908" *Journal of Political Economy*, 97,1（February 1989）, pp.22-23。1929以降についてはFREDデータベース *fred.stlouisfed.org/series/GDPA*。

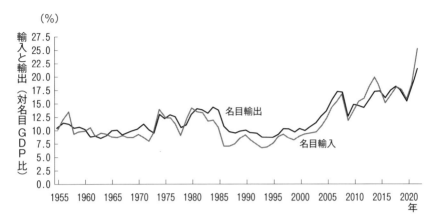

図 1.5J　日本における輸出と輸入（1955～2022 年）
1955 年から 2022 年までの日本の輸出と輸入の対 GDP 比を示している。1960 年代半ばから 1970 年代の期間と 1980 年代初めから東日本大震災が発生した 2011 年までの期間では，日本の輸出は輸入を超えて貿易黒字が続いたが，2011 年以降，日本の輸出は輸入より減少し貿易赤字が続いている。
出所：内閣府経済社会総合研究所，*https://www.esri.cao.go.jp/jp/sna/kakuhou/kakuhou_top.html*。

　図 1.5 からわかるように，輸出と輸入は毎年等しくなる必要はない。たとえば，第 1 次世界大戦と第 2 次世界大戦の後で，アメリカの輸出は輸入を上回っていた。なぜならば，アメリカは経済が戦争で打撃を受けた国々に対して大量の物資を送ったからである。輸出が輸入を上回るとき**貿易黒字**（trade surplus）が生まれる。しかし，図 1.5 が示すように，1980 年代におけるアメリカの輸出は輸入に対して大きく下回り，この傾向は 1990 年代，2000 年代，2010 年代まで続いている。この最近の輸出に対する輸入超過，すなわち**貿易赤字**（trade deficit）は，政策立案者や報道関係者からかなりの注目をあびた。この貿易不均衡の原因は何か。これはアメリカ経済にとって，あるいはアメリカの貿易相手国の経済にとって悪いことなのか。この問題はマクロ経済学者が答えようとする重要な問題の 1 つである。

18　第I部　マクロ経済学の基礎

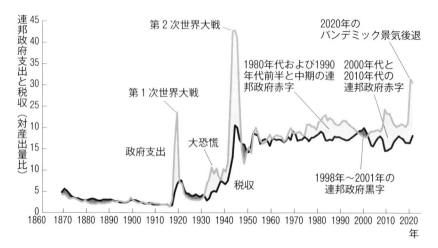

図 1.6　アメリカにおける連邦政府支出と税収（1869〜2021 年）
アメリカの連邦政府支出（灰色の線）と連邦政府税収（黒い線）は，対総産出量比率で示されている。財政赤字（薄い灰色の部分）は税収に対する政府支出の超過であり，財政黒字（濃い灰色の部分）は支出に対する税収の超過である。政府部門の全経済に対する割合は第 2 次世界大戦以降増加し，大幅な財政赤字（薄い灰色の部分）は 2 つの世界大戦期間，大恐慌期間，および 1970 年代半ば以降のほとんどの期間で生じた。ただし，大幅な黒字となった 1998 年から 2001 年までの期間とパンデミック景気後退 2020 年を除く。
出所：連邦支出と受取に関しては，1869〜1929 年は *Historical Statistics of the United States, Colonial Times to 1970*, p.1104, 1930〜2017 年は *Historical Table, Budget of the U.S. Government,* Table 1.2, *www.whitehouse.gov/omb/historical-tables*。名目産出量（1869〜1929 年）は，図 1.5 と同じ出所。

マクロ経済政策

　一国の経済パフォーマンスは，その国の天然資源や人的資源，資本ストック（建物，機械，ソフトウェア，知的財産），技術，および個人的にも集団的にも国民によってなされる経済的選択などの多くの要因に依存する。また政府が行うマクロ経済政策は，経済パフォーマンスに影響を与えるもう 1 つの極めて重要な要因である。
　マクロ経済政策は経済全体のパフォーマンスに影響を与える。マクロ経済政策には，財政政策と金融政策という 2 つの主要な政策がある。**財政政策**

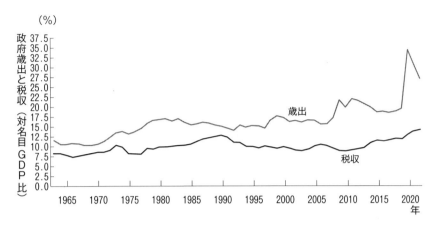

図 1.6J　日本における政府歳出と税収（1963～2022 年）
1963 年から 2022 年までの日本の政府歳出と税収の対 GDP 比を示している。1973 年の第 1 次オイルショック以降 1980 年代初めまで歳出は増加傾向を示したが，80 年代半ばから 90 年代半ばまで低下した。90 年代後半から長期停滞を脱するためにふたたび増加し，東日本大震災が発生した 2011 年とパンデミック景気後退に陥った 2020 年に歳出は急増した。一方，税収は 90 年代のバブル崩壊以降横ばい状態が続き，政府の財政赤字は拡大傾向を示している。
出所：歳出に関しては，財務省の以下のサイトからダウンロード。
https://www.mof.go.jp/policy/budget/reference/statistics/data.htm。
税収に関しては，国税庁の以下のサイトからダウンロード。
https://www.nta.go.jp/publication/statistics/kokuzeicho/jikeiretsu/01.htm。

（fiscal policy）は，国・州・地域レベルで決定される，政府の支出と租税に関連する政策である。**金融政策**（monetary policy）は，国のマネーサプライ（貨幣供給量）の増加率を決定するもので，中央銀行として知られる政府機関の管理下で行われる政策である。アメリカの中央銀行は**連邦準備制度**（Federal Reserve System）である。これは連邦準備（Fed）とも呼ばれる。

　アメリカにおける最近の主要なマクロ経済政策問題の 1 つは財政政策に関するものである。1990 年代後半には大幅な連邦財政黒字が生じたが，その後，2001 年から 2008 年までは国内総生産（GDP）の平均 2 ％，2009 年から 2011 年までは 8 ％以上という巨大な連邦財政赤字に転落してしまった。連邦予算の最近の動向を長期的な視点から見ると，図 1.6 のようになる[5]。この

図は過去 152 年間の連邦政府の支出と税収のデータを示しており，経済全体との関連でこれらの重要性を示すために，政府支出，租税収入，および政府財政赤字・黒字を対総産出量比率で表したものである．

図 1.6 における 2 つの明確な特徴は，第 1 次世界大戦と第 2 次世界大戦における軍備増強が引き起こした政府支出と財政赤字の急拡大である．第 2 次世界大戦期間中には，連邦政府支出が総産出量の 43% を超える時期があった．大幅な財政赤字はまた 1930 年代の大恐慌の期間中にも生じた．なぜならば，経済立て直しのために，政府が政府雇用プログラムなどさまざまなプログラムに対する支出を拡大させたからである．また，明らかに，第 2 次世界大戦以降，政府部門の規模が大きくなっている．つまり，対総産出量比で示した政府支出と租税収入を 1940 年のそれと比べると，大幅に上方にシフトしているし，2 つの変数はゆっくりとした上方トレンドを示している．図 1.6 はまた，政府がパンデミック景気後退の影響を緩和しようとしたため，2020 年の財政赤字が大幅に増加したことを示している．

1980 年代と 1990 年代前半から半ばにかけての大規模かつ持続的な連邦財政赤字が平和な比較的繁栄している時期に生じたことは，歴史的にみて異例なことであった．また，1980 年以降の大幅な政府の財政赤字は，同期間中に起こったアメリカの大幅な貿易赤字と緊密な繋がりがあった（図 1.5 を見よ）．実際，政府の財政赤字と貿易赤字は「双子の赤字」と呼ばれていた．これらの赤字は関連しているのだろうか．もしそうであるならば，何をすべきであるのか．これらの問いもまたマクロ経済学の重要な研究対象である．

政府財政赤字と貿易赤字との間に関連性がある可能性は，マクロ経済学における重要な側面を示している．つまり，マクロ経済の問題や課題は相互に関連していることが多い．このため，マクロ経済の問題，たとえば政府の財政赤字が及ぼす影響などの問題を単独で研究することは，一般的に十分ではない．その代わり，マクロ経済学者は通常，1 つの部門や市場の変化が経済全体の行動に影響を与えると認識しており，経済を完全なシステムとして研究する．

---

[5] 政府支出には，軍事物資の購入および政府公務員の給料のような財・サービスに対する政府購入と，社会保障費のような個人に支払われる政府給付の両方が含まれる．

集計

　経済学を広義に2つの領域に分けると，1つがマクロ経済学であり，もう1つはミクロ経済学である。マクロ経済学とミクロ経済学は多くの基本的な経済学的な考え方と方法を共有しているが，研究する経済のレベルに違いがある。ミクロ経済学者は，個々の消費者，労働者および企業の行動に焦点をあてており，個々の経済主体それ自体は大変小さいので，国全体の経済に対するインパクトを分析することはなかなか困難である。一方，マクロ経済学者は，経済のなかに存在している多くの異なる財，企業や市場を厳密に区別しないで，その代わりに国全体の経済に焦点をあてる。たとえば，分析をするうえで，マクロ経済学者は消費者がマイクロソフトの Xbox か，それともソニーの PlayStation を買うのか，牛肉か鶏肉か，ペプシかコークのどちらを買おうとも関心を示さない。その代わり，総消費と呼ばれる全体総額を得るために，すべての財・サービスに対する消費支出を足し合わせ，この総消費に関心を示す。経済全体の総額を得るために，個々の経済変数を足し合わせる過程を**集計**（aggregation）と呼ぶ。集計量を利用し，総消費，総投資，および総産出量という集計量を強調することが，マクロ経済学をミクロ経済学と区別する点である。

1.2　マクロ経済学者の役割

　マクロ経済学者は自分たちの技術をどのように利用するのか，そして集めた全データと開発した経済理論を利用して，何をするのか。マクロ経済学者は，経済学を教えること以外に，経済予測，マクロ経済分析，基礎的研究，政府・非営利団体・民間企業のためのデータ開発など，幅広いさまざまな活動を行っている。

マクロ経済予測

　多くの人々は，経済学者は経済のパフォーマンスを予測することに多くの時間を費やしていると信じている。実際には，比較的少数の予測専門家を除

けば，予測の仕事はマクロ経済学者が行うことの一部分でしかない。マクロ経済学者が予測を強調しない理由の1つは，概して予測を行うことが得意でないからである。予測が難しいのは，経済がどのように機能するのかということをわれわれが完全に理解していないからだけではなく，将来の経済動向に影響を及ぼす可能性のある̇すべての要因（その大部分は厳密には非経済的なもの）を考慮することが事実上不可能であるからである。経済予測の専門家が，経済の行方を予測しようとする際に，答えなければならない質問をいくつか挙げてみよう。外国での出来事が，今後数年間にわたる軍事支出に対する議会の承認にどのような影響を与えるのだろうか。農業地域で深刻な干ばつが発生し，それが世界の商品市場に影響を及ぼすのか。今後，生産性は，企業によるコンピューター技術の導入が進んだ1990年代後半から2000年代前半のように急速に上昇するのだろうか。これらの問いに対する答えはきわめて不確実であるから，マクロ経済予測の専門家はただ1つの予測を提示するということはほとんどない。その代わり，通常は「最も可能性の高い」予測に「楽観的」と「悲観的」の代替的シナリオを組み合わせる。

　マクロ経済学では経済活動の正確な予測ができないという事実は，マクロ経済学が研究する価値のない研究分野であることを意味するのだろうか。そう考える人々もいるかもしれないが，その人々は不合理な基準で判断している。気象学は，今週末は間̇違̇い̇な̇く̇晴れるのかという問いに代表されるように，予測が困難な分野であるが，気象学者はたとえば地球のオゾン層の破壊を発見し，その危険性を指摘するのに貢献したりしており，気象学は多くの有用な知識が存在する分野の1つである。同様に，心臓専門医は患者が心臓発作を引き起こすかどうか，またいつそれが起こるのかについて通常は予測できない。できるとすればその確率について語るのみである。気象学者や医者と同様に，経済学者は難しいシステムを取り扱っている。複雑さゆえ完全な理解を得ることは難しく，システムの行動を予測することはさらに難しい。大多数のマクロ経済学者は何が起こるかを予側するよりもむしろ，起こったできごとを分析し解釈すること（マクロ経済分析），あるいは経済全般の構造を理解しようとすること（マクロ経済研究）に従事している。

マクロ経済分析

　マクロ経済の分析者たちは経済を観察し，現在の経済事象の意味を考察する。エコノミストの多くは銀行や大企業などの民間部門で雇用されている。彼らは，一般的な経済動向が会社の金融投資，事業拡大の機会，および製品の需要などにどのように影響を及ぼすのかを明らかにしようとする。民間企業のなかには，マクロ経済分析に特化し，有償で顧客を支援する企業もある。
　中央政府や地方政府，世界銀行や国際通貨基金のような国際機関を含む公的部門も，多くのマクロ経済分析者を雇用している。公的部門の経済分析者の主たる役割は政策決定の助けをすること（たとえば，いろいろなマクロ経済問題を評価する報告書を作成したり，可能な政策オプションを特定し評価したりすること）である。アメリカの政策立案者のうち，たとえば金融政策を決定する担当者は連邦準備制度が雇った数百人の博士号取得のエコノミストの力を借りているし，また大統領は経済諮問委員会や多数の省庁の専門家から助言を受けている。連邦議会議員はマクロ経済分析をするとき議会予算局から頻繁に情報を得る。また，経済政策立案者が政府以外の民間や学界のマクロ経済学者から助言を得ることもよくあることである。

マクロ経済研究

　マクロ経済研究には，抽象的で数学的な分析から，心理学的実験，日々の経済活動のランダム性を表す乱数をコンピューターで生成するシミュレーション・プロジェクトまで，驚くほど多様な形態がある。それにもかかわらず，すべてのマクロ経済研究の目標は，経済がどのように機能しているのかという問いに対して一般的な回答を示すことにつきる。成功した研究から得られた経済に対する一般的な洞察によって，特定の経済問題や政策，または状況の分析に関する基礎が形成される。
　なぜマクロ経済研究が重要であるのかを見るために，あなたが国際通貨基金（IMF）のエコノミストであり，アフリカのジンバブエにおいて高インフレ率抑制支援の仕事に従事しているとしよう。その場合，何をもとに助言すればよいのであろうか。あなたは基本的には，他の国々が過去においてどの

ようなインフレ抑制策を行ったか，その結果はどうであったか，その結果が政策を採用したその国の特徴にいかに依存していたのかといったことなどを知っていなければならない。とくに，いま分析しようとしている状況が，これまでのどの事例とも同じでないならば，その国のインフレの原因を特定し理解するには，ある理論モデルが必要となる。歴史的な事例を分析しゼロから自分自身で理論モデルを構築し解決しようとすると，何年もかかるかもしれない。継続的な研究活動の利点は，分析に必要な理論やアイデアの多くが，すでに本や専門誌に掲載されていたり，あるいは未発表の形で流通されていたりし，利用できるという点である。マクロ経済研究は，経済分析・予測のような活動に対してその基礎を与えるものであるから，マクロ経済学全体を引っ張るエンジンそのものである。

　マクロ経済研究は，主に大学や非営利機関（全米経済研究所（NBER），ブルッキングス研究所，およびAEIなど），さらに公的部門（政府や国際機関）において行われている。とくに，公的部門においては，経済分析とマクロ経済研究の区分はここで説明したよりもずっと曖昧なものである。というのは，多くの経済学者は，ジンバブエのインフレ問題のような特定の問題の分析と，インフレ全般の分析のようなより基本的なマクロ経済研究の間を行き来しているからである。

経済理論　マクロ経済研究はどのように行われるのか。他の多くの分野と同様に，マクロ経済研究も主に理論の構築と検証を通じて進められる。**経済理論**（economic theory）とは，論理的な枠組みで構成された経済に関する一組のアイデアである。ほとんどの経済理論は**経済モデル**（economic model）によって表現される。経済モデルは経済のある側面を単純化して記述したもので，通常は数学的な形式で表現される。経済学者は，経済モデルまたは経済理論を次の4つの基準に当てはめて評価する。

1. その仮定は合理的なものであり，現実的なものであるか。
2. 現実の問題を研究するにあたり，十分に理解しやすく，取り扱いやすいか。
3. **実証分析**（empirical analysis）によって検証可能な含意をもっているか。

すなわち，その経済理論の結論を現実に得られたデータと比較することによって評価できるか。
4. 経済理論の結論とデータから得られた結論とを比較するとき，理論から得られた結論はデータから得られた結論と整合性があるか。

経済学に限らず，どのようなタイプの理論やモデルであれ，それが有用であるためには，これらの基準に対する答えが「イエス」でなければならない。しかし残念ながら，経済学者が，特定のモデルを評価する際に必ずしも意見が一致するとは限らない。その結果，ある経済状況をモデル化する最善の方法について論争が続くこともある。

経済理論や経済モデルを開発し，検証する際の主なステップの要約を「データとリサーチにふれよう：経済理論の開発と検証」で示す。

データ開発

経済データの収集はマクロ経済学の重要な部分であり，多くのエコノミストがデータ開発過程にかかわっている。アメリカだけでなく，他の主要先進国では，数千の経済変数に関するデータが収集され，分析されている。産出量や物価水準の測定などの重要なマクロ経済データに関してはすでに例示したが，より詳しくは第2章において説明する。マクロ経済のエコノミストは経済データを使って，経済の現状を評価し，予測をし，政策の選択肢を分析し，そしてマクロ経済理論を検証する。

ほとんどの経済データは中央政府，たとえばアメリカでは，国勢調査局，労働統計局，経済分析局のような機関，および連邦準備のような中央銀行によって収集され公表されている。しかし，データの規模が大きくなるにつれて，これらの活動は民間部門でも行われるようになってきている。たとえば，マーケティング会社や民間の経済予測会社は経済データの重要な収集者であり，利用者であり，そして販売者でもある。本書では，「データとリサーチにふれよう」と名づけたボックスの多くで，主要なマクロ経済データについて述べ，さらにそれらがどのように収集され，どこで入手できるのかを説明している。また，他の「データとリサーチにふれよう」のボックスでは，マク

データとリサーチにふれよう
経済理論の開発と検証

　経済理論を開発し検証する過程を例示するために，自宅から職場まで，そして職場から自宅まで通勤するときに人々がとるルートを説明する経済理論を開発するとしよう。たとえば，この理論は，計画中の住宅開発が交通パターンにどのような影響を及ぼすかを懸念する交通政策立案者にとって有用であろう。以下にその手順を示そう。

第1段階　研究の問いを記述する。
例：ラッシュ時の都市における交通の流れは何によって決まるのか。

第2段階　経済的な設定および経済主体の行動を記述する暫定的な仮定を立てる。これらの仮定は単純であると同時に，問題の最も重要な側面を捉えている必要がある。
例：経済的な設定は都市の地図によって描写される。通勤者は運転時間を最小にするルートを選ぶという行動の仮定をおく。

第3段階　経済理論の結論を導出する。
例：自宅と職場とのあいだの運転時間を最小にするルートを都市の地図を使って作図する。

第4段階　経済理論の結論とデータから得られる結論を比較するために**実証分析**を行う。
例：(1) 自宅の立地，(2) 職場の立地，そして (3) 通勤に使うルートを特定するために通勤者を対象とした調査を実施する。そして，モデルによって予想されたルートが通勤者調査で報告されたルートと概ね同じかどうかを判断する。

第5段階　比較した結果を評価する。

理論がデータによく合う場合：その理論を使って，経済的な設定，あるいは経済政策が変化するならば，何が起こるかを予測する。
例：運転時間最小化の仮定を採用して，開発地域の住民がどのルートを採用するであろうかを推測することによって新住宅開発の交通効果を評価する。

理論がデータにほとんど合わない場合：新しいモデルをつくり，最初から出発する。そして，第2段階から第5段階までを繰り返す。
例：暫定的な行動仮定を次のように変更する：通勤者は運転に費やす時間ではなく，運転しなければならない**距離**を最小にするルートを選ぶ。

> 理論がデータに適度に合致している場合：部分的に成功した理論ですませるか，または仮定を追加したモデルで部分修正するかを決め，そして，第3段階から第5段階までを繰り返す。
> 例：運転時間最小化の仮定を，もし運転時間が数分以内しか増加しないのであれば，通勤者はあまり景色がよくないルートよりも景色がよいルートを選ぶであろう，と修正する。この修正した仮定のモデルを検証するために，どのルートの景色がよいか（たとえば，湖を通過するルート），どのルートの景色がよくないか（たとえば，ごみ捨て場を通過するルート）を決定しなければならない。

ロ経済研究のトピックや問題について説明している。

　データ収集や準備過程の多くは決まりきった仕事である。しかし，データの提供者は費用を抑えつつ，できるだけ有用な数字を提供したいと考えているので，主要なデータ収集プロジェクトの編成は，通常，多くの熟練専門家の共同作業となる。データ提供者は，誰がどのようにデータを利用しようとしているのかという情報にもとづいて，どのようなデータを収集すべきかを決定しなければならない。彼らは，経済活動の測定が経済理論の示す「資本」や「労働」などの抽象的な概念に対応するよう配慮しなければならない。加えて，データ提供者は，個々の企業や人々の情報を明らかにする可能性のあるデータの機密性を保証しなければならない。国勢調査局のような大規模なデータ収集機関では，データ収集を始める前に，経済学者や統計学者がこれらの問題を徹底的に分析する[6]。

1.3　なぜマクロ経済学者は見解が一致しないのか

　多くの分析者やデータ収集者，および研究者の長いあいだの努力によってマクロ経済現象の理解は格段に進んだ。しかし，どのようなマクロ経済問題であっても，ニュース・メディアはその問題に対して正反対の立場を主張する経済学者を見つけることができるようである。なぜマクロ経済学者はこれ

---

[6] データ収集機関が直面する問題の議論に関しては，以下を参照。キース・ホール（Keith Hall, 元労働統計局長），"The Challenges of Producing Economic Data for the 21st Century," 議会前の証言, June 12, 2012, 以下のサイトからダウンロード可能である。*www.mercatus.org/publication/challengesproducing-economic-data-21st-century*。

ほどまでに見解が対立するのであろうか[7]。

　マクロ経済学者間の意見の不一致の問題は，ある程度誇張されがちである。それは大衆やメディアが最も困難で論争の的となる問題を取り上げる傾向があるためである。加えて，経済政策や経済的パフォーマンスがこれほど広範な興味や関心を引くという事実も，議論の激しさを助長している。他の分野での論争以上に，マクロ経済学における論争は，研究室よりもむしろ公の場で行われる傾向がある。ただ，マクロ経済学者のあいだに重要な見解の相違が存在することは確かであるが，マクロ経済学には実質的に意見の一致をみる多くの領域もある。

　われわれは，なぜマクロ経済学者の見解が一致しないのかという問いに対して，経済政策の実証的分析と規範的分析という重要な区別をもち出すことによって答えることができる。経済政策の**実証的分析**（positive analysis）は，政策の経済的帰結を検証するが，どの帰結が望ましいかという問いは発しない。一方，経済政策の**規範的分析**（normative analysis）は，この問いに対する答えを示し，ある政策が用いられるべきかどうかを判断しようとするものである。たとえば，ある経済学者が5％の所得税減税の経済への影響を評価してほしいと尋ねられた場合，返答には実証的分析が必要である。しかし，所得税を5％減税すべきかどうかを尋ねられた場合は，経済学者の返答には規範的な分析が必要となる。この規範的分析には，経済がどのように機能するかについての経済学者の客観的，科学的な理解だけではなく，経済学者個人の価値判断，たとえば，政府部門の適切な規模や望ましい所得再分配額なども含まれる。

　経済学者は，ある問題の実証的分析の結果には同意するが，価値観の違いから規範的な部分には同意しないかもしれない。価値観の相違があることもまた他の分野と共通である。物理学者は，原子炉がメルトダウンした場合の結果（実証的分析）に関して完全に見解は一致するであろう。しかし，新しい原子力発電所を建設すべきかどうか（規範的な問い）については，物理学

---

　[7] マクロ経済学者はしばしば互いの意見を異にするようにみえるだけでなく，時には自分たちの意見に対しても同意できないと非難されることもある。ハリー・トルーマン大統領は，一方だけの立場に立つ経済学者，すなわち，「一方では…，他方では，…」といわない経済学者が欲しいといって，多くの政策担当者の不満を代弁した。

者のあいだで意見が大きく食い違うかもしれない。

しかしながら,見解の不一致は実証的な問題でも起こるかもしれない。これらの違いは経済学において重要である。マクロ経済学では,つねに多くの学派が存在し,経済がどのように機能するのかという問いに対して,それぞれ異なる見方を提示している。例にあげられるのは,本書で議論するマネタリズムとサプライサイド経済学である。しかし,マクロ経済学における実証的問題のうち最も重要かつ永続的な見解の相違は,古典派アプローチとケインジアン・アプローチという2つの主要な学派に関わるものである。

古典派対ケインジアン

古典派アプローチとケインジアン・アプローチは,マクロ経済学における2つの主要な潮流である。ここでは,2つのアプローチの違いについて簡単に説明するが,本書の後半でより詳しく説明する。

古典派アプローチ 古典派アプローチの起源は,少なくともスコットランド出身の有名な経済学者アダム・スミスまで,2世紀以上さかのぼる。スミスは1776年に古典的名著『諸国民の富』を出版し,そのなかで「見えざる手」の概念を提唱した。**見えざる手**(invisible hand)の概念とは,もし自由な市場があり,個々人が自らの最大利益にもとづいて経済活動を行えば,経済全体がうまく機能するというものである。スミスが述べているように,市場経済において個人が自らの利益を追求すれば,「見えざる手」によって経済におけるすべての人の一般的厚生が最大になるように導かれるのである。

しかし,われわれはスミスの主張を鵜呑みにすべきではない。見えざる手が働いていると言っても,市場経済では誰も飢えたり不満を感じたりしないわけではない。自由市場は,干ばつや戦争,または政情不安の影響から国家を守ることはできない。スミスの分析では,人々の間に最初に富が分配されることを前提としていたから,見えざる手によって富める人と貧しい人とのあいだに存在する富の不平等を排除できない。むしろ,見えざる手の考え方は,ある国の資源(天然資源,人的資源,そして技術的資源)と富の初期分配が与えられれば,自由な市場を利用することで,人々はできるだけ経済的

により豊かになる，というものである。

　見えざる手の考え方の有効性は，ある重要な仮定に依存する。金融市場，労働市場，および財・サービス市場など，経済のさまざまな市場が，最低賃金や金利の上限といった障害なしに，円滑に機能しなければならない。とくに，賃金と価格は，需要量と供給量が等しくなるように，瞬時に調整されなければならない。阻害要因がない市場では，需要量と供給量を等しくすることで，市場は**均衡**（equilibrium）状態になる。つまり賃金や価格が変化する圧力がない状態である。需要量が供給量を上回る市場では，市場を均衡させるために価格が上昇しなければならない。人々が買いたいと思うよりも多くの財が入手可能な市場では，市場を均衡させるために価格は下落しなければならない。

　賃金や価格の伸縮性は，見えざる手の考え方にとって極めて重要である。なぜなら，自由市場体制において，賃金や価格の変化が経済における人々の行動を調整するシグナルとなるからである。たとえば，海外で戦争が起こり，石油輸入が途絶えたと想定しよう。この供給量の減少が石油価格を押し上げる。石油価格が上昇すれば，国内の石油供給会社は石油をより多く汲み上げ，さらにより多くの油井を掘削することが利益につながる。一方，より高い石油価格によって，国内消費者は石油を節約し，代替エネルギー源に転換しようとする。代替エネルギー源に対する需要の増加は，その価格を上昇させ，その生産を刺激する。このように，政府による価格統制のような阻害要因がなければ，価格の調整は，自由市場経済が最初の供給途絶に建設的かつ協調的に対応するのに役立つ。

　マクロ経済学における**古典派アプローチ**（classical approach）は，人々が自分自身の経済的自己利益を追求し，そしてすべての市場において均衡が達成されるように，価格が瞬時に合理的に調整するというスミスの基本的な仮定の上に成り立っている。この2つの仮定を基礎として，古典派アプローチの信奉者たちは，データと整合的で，かつ本章の冒頭で提起した問いに答えるために使用できるマクロ経済モデルを構築しようとする。

　古典派アプローチを採用することは，ある強い政策的含意をもつ。古典派の仮定は見えざる手がうまく機能することを意味するから，古典派経済学者はしばしば（規範的な命題として）政府は経済においてせいぜい限定的な役

割しかもつべきではないと主張する。また，積極的な命題として，古典派経済学者は，政府の政策はその掲げた目標を達成する上で効果がないか，あるいは逆効果になるとしばしば主張する。したがって，たとえば，ほとんどの古典派経済学者は，景気循環をなくすために政府が積極的に行動すべきでないと信じている。

ケインジアン・アプローチ　古典派アプローチに比べ，**ケインジアン・アプローチ**（Keynesian apploach）は比較的最近のものである。このアプローチを最初に提唱したのは，イギリスの経済学者，ジョン・メイナード・ケインズで，1936年に刊行した『雇用・利子および貨幣の一般理論』のなかでこのアプローチを説明している。この本はアダム・スミスの『諸国民の富』が出版されてから160年後に発表されたものである。1936年といえば，世界は大恐慌に苦しんでおり，前代未聞の高い失業率が何年ものあいだ世界のほとんどの経済を苦しめており，自由市場の見えざる手はまったく機能していないように思われた。1936年の時点では，古典派理論はデータとほとんど一致しておらず，新しいマクロ経済理論の出現が待たれていた。ケインズがその理論を生み出したのである。

　ケインズはその著書のなかで，高止まりする失業率について説明した[8]。彼はこの説明を，古典派の仮定とは根本的に異なる賃金と価格の調整に関する仮定にもとづいて行った。各々の市場で均衡を達成するために賃金と価格がすばやく調整するという古典派の伝統的な仮定の代わりに，ケインズは，賃金や価格はゆっくりと調整するという仮定をおいた。賃金や価格がゆっくりと調整するということは，市場が長期間にわたって均衡から外れている状態，すなわち需要量と供給量が一致しない状態になることを意味する。つまり，ケインジアンの理論では，企業の雇用したい人数と働きたい人数が等しくなるように賃金と価格がすばやく調整しないから，失業が持続することになる。

　高水準の失業に対するケインズの解決策は，政府が財・サービスの購入を増加し，産出に対する需要を高める，というものであった。ケインズはこの

---

[8] 実際，ケインズはその著書のなかで失業について多くの説明をしており，「ケインズが本当に意味したこと」についての論争が続いている。ケインズが意味したことについてのわれわれの解釈は，ケインズの主たる信奉者が採用したものである。

政策によって失業が減少すると主張した。なぜなら,生産物に対するより高い需要を満たすために,企業はより多くの労働者を雇用しなければならないからである。加えて,ケインズは,新しく雇用された労働者はより多くの所得を得ることができ,それが産出に対する新たな需要を生み出し,さらにそれが新しい雇用を生み出すと主張した。より一般的にいえば,古典派とは対照的に,ケインジアンは見えざる手に懐疑的であり,マクロ経済のパフォーマンスの向上には政府の役割が必要であると主張する。

古典派とケインジアンとの論争の展開　大恐慌が多くの経済学者の古典派アプローチへの信頼を大きく揺るがしたため,ケインジアン・アプローチが第2次世界大戦から1970年までマクロ経済理論・政策を支配してきた。ケインズ主義の影響力の絶頂期には,経済学者たちは,マクロ経済政策を巧みに利用することで,政府がインフレや景気後退を回避しながら経済成長を促進できると広く信じていた。マクロ経済学の主要な問題はほぼ解決済であり,あとは細部を補うだけであると思われた。

　しかしながら,1970年代になって,アメリカ経済は高水準の失業と高インフレの共存,いわゆる**スタグフレーション**(stagflation),すなわち景気停滞とインフレーションに苦しめられた。この経験は,大恐慌が伝統的な古典派アプローチに対して懐疑を抱かせた以上に,経済学者と政策立案者の伝統的なケインジアン・アプローチに対する信頼を弱めた。加えて,物価と賃金はゆっくりと調整され,その結果,市場は均衡から外れるというケインジアンの仮定には確固たる理論的基礎がないと批判された。ケインジアン・アプローチが攻撃を受ける一方で,経済理論の発展によって,多くの経済学者にとって古典派マクロ経済学はより興味深くより魅力的なものになった。ケインズ主義が戦後初期に謳歌したような優位性を古典派マクロ経済学は達成できなかったが,1970年代初期から始まった現代版古典派アプローチがマクロ経済研究者のなかで大きな復活を遂げた。

　過去30年間,両アプローチの追随者は,各々の弱点を補うために大幅に理論を見直し改良してきた。古典派の伝統を重んじる経済学者は景気循環と失業に対する説明を改善してきた。一方でケインジアンは賃金と価格のゆっくりとした調整に関する確固たる理論的基礎づけを行い,現在,ケインジアン・

モデルでスタグフレーションに対応できるようになった。現在，両方のアプローチで優れた研究が行われており，両者の間で実質的な意見交換や両者の融合が行われている。

マクロ経済学への統一的アプローチ

　本書を執筆するにあたり，われわれには2つの主要なマクロ経済学派が存在するという事実に対処する戦略が必要であった。1つの戦略は，2学派のうち1つの学派を強調し，もう1つの学派を簡単にしか取り扱わないという方法である。この戦略をとった場合の問題点は，現代マクロ経済学を構成するすべての考え方や理論を読者に示すことができないということである。もう1つの戦略は，2つのアプローチを別々に示す方法である。この方法だと両者の結論を比較対照できるが，読者に2つの学派が共有する大きな共通の立場を示す機会を逃すことになる。

　そこで，われわれが選択したのは，マクロ経済学に対してできるかぎりバランスのとれた，統一的なアプローチをとることであった。この統一的アプローチを堅持することで，本書におけるすべての分析（経済成長，景気循環，インフレ，あるいは政策のいずれかの分析，また基本的態度としては古典派かケインジアンのどちらかの分析）は，単一の経済モデルか，または基本モデルのコンポーネントを使ったモデルか基本モデルの拡張にもとづいている。この経済モデルは，古典派およびケインジアンの伝統の両方から多大な影響を受けており，次のような特徴がある。

1. 個人，企業および政府は，財市場，資産市場，および労働市場で相互に作用している。マクロ経済学の集計の必要性についてすでに説明した。本書の経済モデルでは，標準的なマクロ経済の慣行に従い，経済のすべての市場を3つの主要な市場，すなわち財・サービス市場，資産市場（貨幣，株式，債券，および不動産が取り引きされる），および労働市場に集約する。これらの3市場それぞれにおいて，経済の参加者がどのように相互作用しているのか，そしてこれらの市場が互いに，そして全体経済とどのように関連しているのかを示す。

2. モデルのマクロ経済分析は個人の行動の分析にもとづいている。マクロ経済行動は，市場で相互に作用する多くの個人や企業の行動を反映している。個人や企業がどのように行動するかを理解するために，われわれは「ボトムアップ」のアプローチをとり，(「データとリサーチにふれよう：経済理論の開発と検証」で通勤経路に関する個人の選択のモデルを議論したように）個人の意思決定のレベルに焦点を絞って分析する。得られた洞察は経済全体の研究に利用される。

　個人や企業の行動を分析する際の指針となる原理は，個人と企業が，所与のニーズ，欲求，機会および資源のもとで，自らの経済的満足を最大化しようとするという仮定である。古典派経済学の創始者アダム・スミスはこの仮定を重視したが，この仮定は一般的にケインジアンであれ古典派であれ同様に受け入れられている。そしてこれは事実上すべての現代マクロ経済研究に用いられている。
3. ケインジアンは，短期的には賃金と価格がすばやく調整するという古典派の仮定を否定するが，ケインジアンと古典派はともに長期的には，財，資産，および労働市場で均衡を達成するために価格と賃金が完全に調整するという点では見解を同じくする。長期的には賃金と価格の完全な伸縮性は論争の的ではないので，景気循環を含む短期的な問題（第8章〜13章）を議論する前に，長期の経済行動（第3章〜7章）を分析する。
4. われわれが提示する基本モデルは，賃金と価格が伸縮的であるという古典派の仮定，あるいは賃金と価格はゆっくり調整するというケインジアンの仮定のいずれでも利用することができる。モデルのこの方法によって，われわれは共通の理論的枠組みのなかで，古典派およびケインジアンの結論と政策提言を比較することができる。

章の要約

1. マクロ経済学とは，国民経済の構造とパフォーマンス，および政府が経済パフォーマンスに影響を与えようとするために用いる政策を研究する学問である。マクロ経済学の重要なトピックには，長期的な経済成長の決定要因，景気循環，失業，インフレーション，国際貿易と国際借入，およびマクロ経済政策が含まれる。

2. マクロ経済学は経済全体を扱うため，マクロ経済学者は異なる種類の財・企業・市場間の細かい区別を無視し，総消費のように，国の全体に焦点をあてる。経済全体の総量を得るために，個々の経済変数を加算する過程を集計と呼ぶ。
3. マクロ経済学者は，経済学を教えることに加えて，経済予測，マクロ経済分析，マクロ経済研究，そしてデータ開発を行う。
4. マクロ経済研究の目標は，経済がどのように機能するのかについて一般的な見解を述べることである。マクロ経済研究は，経済理論を開発し，それを実証的に検証することによって，この目標に向かって前進する。すなわち，理論が実世界から得られたデータと一致しているかどうかを見る。有益な経済理論は，理にかなった現実的な仮定にもとづき，使いやすく，現実社会で検証可能であり，しかも現実社会の経済のデータと観察された行動と整合的である。
5. 経済政策の実証的分析では，政策の経済的帰結を検討するが，それらの帰結が望ましいかどうかという問題には触れない。政策の規範的分析では，その政策が用いられるべきかどうかを決定する。マクロ経済学者間の意見の不一致は，規範的結論の相違，個人的な価値観や信念の相違，そして政策提言に関する実証分析の相違のために生じるのである。
6. マクロ経済学に対する古典派アプローチは，個人と企業が自分自身の利益を最大にするように行動し，賃金と価格がすべての市場で均衡を達成するためにすばやく調整するという仮定にもとづいている。これらの仮定のもとでは，自由市場経済の見えざる手はうまく機能し，政府が経済に介入する余地は限られている。
7. マクロ経済学に対するケインジアン・アプローチは，賃金と価格がすぐには調整されず，したがって，見えざる手はうまく機能しないであろうと仮定する。ケインジアンは賃金と価格の調整がゆっくりであるため，失業が長期間にわたって高水準のまま存在すると主張する。ケインジアンは通常，古典派よりも，政府による経済介入が経済パフォーマンスの改善に役立つと強く信じている。

キーワード

インフレーション	ケインジアン・アプローチ	デフレーション
開放経済	古典派アプローチ	平均労働生産性
規範的分析	財政政策	閉鎖経済
均衡	失業	貿易赤字
金融政策	実証的分析	貿易黒字
経済モデル	集計	マクロ経済学
経済理論	スタグフレーション	見えざる手

復習問題

1. アメリカにおいて，総産出量と労働者1人当たり産出量は時系列で見てどのように変化したか。これらの変化は典型的なアメリカ人の生活にどのような影響を及ぼしたか，説明しなさい。
2. 景気循環とは何か。景気循環の趨勢に従って失業率はどのように変化するか。失業率がゼロになることはあるか，説明しなさい。
3. インフレーションとデフレーションを定義しなさい。第2次世界大戦の前後数年間のアメリカにおける消費者物価の動きを比較しなさい。
4. 歴史的に見て，いつ連邦政府は最も財政赤字になりやすかったか。最近の経験はどうなっているか，説明しなさい。
5. 貿易赤字と貿易黒字を定義しなさい。最近では，いつアメリカ経済は貿易赤字または貿易黒字であったか。1900年から1970年の期間のアメリカの経験ではどうなっていたか，説明しなさい。
6. マクロ経済学者の主要な専門的活動を挙げなさい。これらの活動の各々において，マクロ経済研究はどのような役割を果たすか，説明しなさい。
7. 経済理論または経済モデルの開発や検証において，どのようなステップが必要か。有益な理論またはモデルの基準は何か，説明しなさい。
8. 2人の経済学者は特定の経済政策の影響について同意するかもしれないが，政策を実施することが望ましいかどうかについては同意しないかもしれない。あなたの答えを説明しなさい。
9. 古典派とケインジアンの賃金と価格の調整速度に対する見方を比較しなさい。両者の見方の相違がもたらす重要な帰結は何か，説明しなさい
10. スタグフレーションとは何か。いつそれは起こったか。それがマクロ経済学について経済学者の考え方をどのように変えたか，説明しなさい。

演習問題

1. 次の2019年と2020年のカナダのマクロ経済データを使って以下の問いに答えなさい。

	2019年	2020年
産出量（実質ドル建てGDP）	5,270（億ドル）	5,000（億ドル）
雇用	2,310（万人）	2,240（万人）
失業者	140（万人）	220（万人）
総労働力	2,450（万人）	2,460（万人）
CPI	106.73	108.33

カナダの産出量は固定のカナダドルで測った実質 GDP であり，データの出所は St. LouisFRED データベースである。以下のマクロ変数を計算しなさい。
a. 2019 年と 2020 年の平均労働生産性。
b. 2019 年と 2020 年の間の平均労働生産性の成長率。
c. 2019 年と 2020 年の失業率。
d. 2019 年と 2020 年の間のインフレ率。

2. 総産出量が増加する場合でさえも平均労働生産性は下がるか。同様に，総産出量が増加する場合でさえも失業率は上昇するか，説明しなさい。

3. アメリカの物価は 1890 年よりも 2022 年の方がより高い。この事実は，人々にとって 1890 年の方が経済的に暮らし向きが良いということを意味するのか，それはなぜかを説明しなさい。

マクロ経済データを使った演習問題

データについては，セントルイス連邦準備銀行の FRED データベース *fred.stlouisfed.org* を利用しなさい。

a. アメリカ経済における 1950 年代，1960 年代，1970 年代，1980 年代，1990 年代，2000 年代，2010 年代の平均労働生産性の成長率を計算しなさい。これを行うためには，1949 年から始めなければならないが，各年代の最終年の平均労働生産性は，当該年の第 4 四半期の実質国内総生産を当該年の 12 月の非農業部門雇用者数で割ったものとして計算しなさい。次に，この平均労働生産性の計測結果から，平均労働生産性が全体として最も急速に成長したのはどの年代か。最も緩やかに成長したのはどの年代か。以下の式を用いて，各年代の年率換算の成長率を計測しなさい。

$$(1+g)^{10} = 1+G$$

ここで，g は年率成長率（少数表示，たとえば 5% は 0.05 である），G は 10 年間の成長率（10 年間の生産性の変化を最初の生産性の水準で割る）。g を求めるために，1950 年代から 2010 年代の各年代の G の計算した値を入れなさい。

b. データが利用できる 2020 年から順に各年の年次労働生産性の成長率を算出しなさい（各年の平均労働生産性は，当該年の第 4 四半期の実質国内総生産を当該年の 12 月の非農業部門雇用者数で割ったものと定義する）。最近の成長率は，過去 70 年間の各年代と比較してどのように変化しているか，議論しなさい。

第2章
国民経済の測定と構造

学習の目的
2.1 国民所得勘定の3つのアプローチを区別する。
2.2 GDPの測定方法を説明する。
2.3 総貯蓄の測定,および総貯蓄と富との関係について議論する。
2.4 実質GDP,物価指数,およびインフレ率の計測について説明する。
2.5 実質利子率と名目利子率を定義する。

　測定は科学的研究を行ううえで欠かせない重要なものである。正確な測定は新たな発見や競合する理論の評価,もしくは将来の出来事やトレンドの予測に不可欠である。20世紀前半における,ノーベル賞受賞者のサイモン・クズネッツ（国民所得を包括的に測定した最初の人物）やアーサー・バーンズとウェスリー・ミッチェル（景気循環の段階を詳細に測定した）のチームのような経済学者たちによる骨の折れる研究は,経済の精緻な計測が可能であるだけでなく,経済を深く理解するには経済の測定が不可欠であることを示した。彼らの仕事と他の多くの経済学者や研究者の努力によって,経済学は非公式な観察や大まかな一般化にもとづく分野から,正確なデータと統計分析が決定的に重要な役割を果たす分野へと変わった。

　本章では,マクロ経済を測定するうえで概念的および実際的な問題を紹介する。まず,経済研究者やアナリストに広く利用されている経済活動測定の枠組みである国民所得勘定に焦点をあてる。国民所得勘定について学ぶことで,有用な経済データに慣れることができる。さらに,国民所得勘定は経済構造を反映した論理的な方法で作成されているので,この国民所得勘定に精通すれば,マクロ経済がどのような構造になっているかが理解できる。この章を学び終えれば,主要なマクロ経済変数間および経済の異なる部門間の関係をより明確に理解できるようになる。

2.1 国民所得勘定：生産，所得，および支出の測定

国民所得勘定（national income accounts）とは，経常的な経済活動を計測する際に用いられる勘定体系のことである*。ほとんどすべての国は何らかの形の国民所得勘定をもっている（アメリカの国民所得勘定の背景については「データとリサーチにふれよう：国民所得・生産勘定」を見なさい）。

国民所得勘定は，ある一定期間に生ずる経済活動の集計量が次の3つの異なる方法によって計測されるという考え方にもとづいている。

1. 生産の中間段階で利用する生産物を除いた，企業が生産する生産物の総量（生産面アプローチ）
2. 生産物の生産者が受け取る所得（所得面アプローチ）
3. 生産物の最終購入者が支出する総量（支出面アプローチ）

生産面アプローチ，所得面アプローチ，および支出面アプローチはそれぞれ経済を異なる側面から見たものである。しかし，国民所得勘定の根底にある基本原則は，データの不完全さや誤報告などの問題を除けば，生産・所得・支出の3つのアプローチは現在の経済活動の総計について同一の測定値を与えるということである。

なぜ3つのアプローチが等しくなるのかということを，次の例によって説明しよう。オレンジ会社とジュース会社の2つの企業しかない経済を想像してみよう。オレンジ会社はオレンジ農園を所有し経営している。収穫されたオレンジの一部を直接一般消費者に販売する。残りのオレンジは，オレンジ・ジュースを製造・販売するジュース会社に販売する。次の表は，1年間におけるそれぞれの企業が行った取引の結果を示している。

オレンジ会社の取引	
従業員に支払った賃金	15,000 ドル
政府に支払った税金	5,000 ドル
オレンジ販売による収入	35,000 ドル
一般消費者への販売	10,000 ドル
ジュース会社への販売	25,000 ドル

オレンジ会社は従業員に賃金を年間 15,000 ドル支払い，オレンジを販売し，35,000 ドル（家計への販売から 10,000 ドル，ジュース会社への販売から 25,000 ドル）の収入を得ている。したがって，オレンジ会社の税引き前の利潤は，35,000 ドルから 15,000 ドルを差し引いた 20,000 ドルである。その後，政府に税金を 5,000 ドル支払うので，オレンジ会社の税引き後の利潤は 15,000 ドルとなる。

ジュース会社の取引	
従業員に支払った賃金	10,000 ドル
政府に支払った税金	2,000 ドル
オレンジ会社から購入したオレンジ	25,000 ドル
オレンジ・ジュース販売による収入	40,000 ドル

ジュース会社は，オレンジ会社からオレンジを購入し 25,000 ドル支払い，さらに従業員に 10,000 ドル支払って，オレンジ・ジュースを生産している。オレンジ・ジュースを販売し 40,000 ドルの収入を得ているので，ジュース会社の税引き前の利潤は 5,000 ドル（40,000 ドル − 25,000 ドル − 10,000 ドル）であり，その後，政府に税金を 2,000 ドル支払うから，税引き後の利潤は 3,000 ドルとなる。

この 2 つの企業が生み出したドル表示の経済活動の総価値はいくらになるであろうか。生産面アプローチ，所得面アプローチ，支出面アプローチは 3 つの異なる方法によって答えに到達する。その総価値は同じ値となる。

1. **生産面アプローチ**（product approach）は，中間投入財を除いて生産された財・サービスの市場価値を合計することによって，経済活動を測定する。このアプローチは付加価値の概念を用いる。生産者の**付加価値**（value added）とは，生産物の価値から他の生産者から購入する投入物の価値を差し引いたものである。この生産面アプローチは，すべての生産者の付加価値を合計することによって経済活動を計算する。

    この例では，オレンジ会社は 35,000 ドル，ジュース会社は 40,000 ドル

---

* 訳者注：国民所得勘定は，一国全体の経済状況を生産，分配，支出などのフロー面と資産，負債などのストック面を体系的に記録した国民経済計算体系（SNA）の一部を構成していることに留意してほしい。

の生産物を生み出している。しかし，単純に 35,000 ドルと 40,000 ドルを加算して経済活動全体を測定すると，ジュース会社がジュースを生産するためにオレンジ会社から購入したオレンジ 25,000 ドルが「二重に」計算されることになる。この二重計算を避けるために，生産物ではなく付加価値を合計する。すなわち，ジュース会社の付加価値額は 15,000 ドル（＝生産物 40,000 ドル − 中間投入物 25,000 ドル）であり，オレンジ会社は中間投入物がないので付加価値額は生産物の価値と等しく，35,000 ドルである。したがって，経済の付加価値の総額は 50,000 ドル（＝ 35,000 ドル ＋ 15,000 ドル）である。

2. **所得面アプローチ**（income approach）は，労働者の受け取る賃金および企業の所有者の受け取る利潤を含めて，生産物の生産者が受け取ったすべての所得を合計することによって経済活動を測定する方法である。前述したように，オレンジ会社の税引き前利潤は，総収入 35,000 ドルから賃金 15,000 ドルを差し引いた額の 20,000 ドルである。ジュース会社の利潤は，総収入 40,000 ドルから会社がオレンジを購入するために払った 25,000 ドルと従業員に支払った賃金 10,000 ドルを差し引いた額の 5,000 ドルである。オレンジ会社の利潤 20,000 ドル，ジュース会社の利潤 5,000 ドル，および 2 つの会社の従業員が受け取った賃金所得 25,000 ドルを合計すると，生産面アプローチが測定したのと同じ額の総額 50,000 ドルを得る。

　この計算では，労働者と企業所有者の税引き前所得を合計した。同じことであるが，生産者の税引き後所得と政府が受け取った税収を合計しても結果は同じである。税金が控除されると，オレンジ会社の税引き後利潤は 15,000 ドルであり，ジュース会社の税引き後利潤は 3,000 ドルであることを思い起こしてほしい。そして 2 つの企業の税引き後利潤の合計 18,000 ドル，賃金所得 25,000 ドル（従業員は税金を支払わないと仮定），および政府が受け取る税収 7,000 ドルを合計すると，経済活動の総額 50,000 ドルを再び得ることができる。

3. 最後の**支出面アプローチ**（expenditure approach）は，生産物の最終購入者が支出した総額で経済活動を測定する方法である。この例の場合，家計がオレンジの最終購入者である。ジュース会社はオレンジを加工し，

ジュースとして家計に販売するから，オレンジの最終購入者ではない。したがって，この支出面アプローチによれば，経済活動の総価値は，家計がオレンジ会社から購入したオレンジ 10,000 ドルとジュース会社から購入したオレンジ・ジュース 40,000 ドルの合計 50,000 ドルであり，生産面・所得面アプローチで計算した経済活動の価値と同じになる[1]。

なぜ3つのアプローチは等しいのか

　この例で，生産面・所得面・支出面の3つのアプローチがすべて同じ値となったのは偶然ではない。これら3つのアプローチの答えはいつも同じでなければならない。

　ではなぜそうなるのであろうか。第一に，一定の期間に生産された財・サービスの市場価値は定義によって，買い手がそれらの財・サービスを購入するために支出しなければならない額と等しくなるからである。ジュース会社のオレンジ・ジュースは，人々がそれに対して喜んで支出しようとするから，40,000 ドルの市場価値となる。財またはサービスの市場価値と財またはサービスへの支出額はいつも同じであるから，（市場価値で計算する）生産面アプローチと（支出で計算する）支出面アプローチにおける経済活動の価値は必ず同じにならなければならない[2]。

　第二に，売り手の受取額と買い手の支出額とが等しくならなければならない。売り手の受取額は，経済活動によって生じた総所得，すなわち労働者や供給者に支払われた所得，政府に支払われた税金，および売り手の利潤（残ったもの）の合計に等しくなる。したがって，総支出は生じた総所得に等しくなければならない。いい換えれば，支出面アプローチと所得面アプローチも

---

[1] この例では，それぞれの企業は従業員から労働サービスを購入しているが，この労働サービスは生産に用いられるので，最終利用者によって購入されたサービスとして計算されない。

[2] いままでの説明では，生産された財・サービスはすべて消費されると暗に仮定してきた。もし企業が販売できない財を生産するならば，どうであろうか。国民所得勘定では，あたかも非販売財がその企業からその企業によって購入されたかのように取り扱う。すなわち，非販売財の在庫の増加は支出の一部分として取り扱われる。したがって，ある財が売れ残っていても支出額と生産額は等しい。

また同じ答えを出さなければならない。最後に，生産の総額と所得の総額とも支出の総額に等しくなるから，それらは互いに等しくなければならないのである。

3つのアプローチによる経済活動の測定結果は同値であるから，どの期間においても次の三面等価の原則が必ず成り立つ。

$$総生産 ＝ 総所得 ＝ 総支出 \tag{2.1}$$

ここで，生産，所得，および支出はすべて同じ貨幣単位（たとえばドルや円）で計算されることに留意してほしい。(2.1)式は**国民所得勘定の基本恒等式**（fundamental identity of national income accounting）と呼ばれ，国民所得勘定の基礎となる（恒等式とは定義によって必ず成り立つ式のことである）。次の 2.2 節で，経済全体としての経常的経済活動を測定するうえでこの基本恒等式がどのように用いられているかを説明する。

2.2　国内総生産（GDP）

最も一般的で最も頻繁に使われている総経済活動の水準を表す尺度が，国内総生産（GDP）である。2.1 節の例で説明したように，一国の GDP は生産面アプローチ，支出面アプローチ，および所得面アプローチという3つの異なる方法で計算することができる。この3つのアプローチはともに GDP の同じ価値を表すものであるが，それぞれ違う角度から GDP を見ることができる。3つのアプローチをすべて使うことによって，1つのアプローチのみを使う場合よりも経済の構造を多面的にとらえることができる。

生産面アプローチから見た GDP

生産面アプローチは，一国の**国内総生産**（GDP, gross domestic product）を，一定の期間において，国内で新規に生産された最終財・サービスの市場価値として定義する。この定義のなかの鍵となる概念を説明しながら，GDP を計算する際に生じる実際的な諸問題について議論しよう。

データとリサーチにふれよう
国民所得・生産勘定

　アメリカでは，国民所得勘定は正式には国民所得・生産勘定（NIPA）と呼ばれている。この勘定体系によってアメリカ経済を生産，所得，および支出面から包括的に測定することができる。商務省により1930年代と1940年代に作成された国民所得勘定は第2次世界大戦間の経済計画に利用された。公式な勘定は1929年まで遡って計算され，ある公式データに関しては1909年から利用可能である。

　現在では，この勘定は商務省の一部局である経済分析局（BEA）のエコノミストと統計分析者によって四半期ベースで作成されている。この勘定を作成するために，BEAは国勢調査局や労働統計局のような他の政府省庁で作成したデータを多く利用している。BEAはまた税金還付や工業協会のような民間団体からのデータをも利用している。

　四半期ごとの経済活動の最初の推定値は，各四半期が終了してから1カ月後に公表される（1次速報）。したがって，データは1カ月後に改定され，そのさらに1カ月後に2度目の改訂がなされる（2次速報）。BEAは，年に1回実施されるいくつかのサーベイから経済に関する追加情報を入手し，かつ毎年4月に行われる所得税申告の際にも，所得に関するより詳細な情報を入手する。BEAは，過去3年間のデータを修正しながら，毎年7月（通常）にNIPAの勘定を改定するためにこれらの新しいデータ・ソースを用いる。さらに，BEAはデータ構築方法の変更や基準年の変更を定期的に行っている。このような変更は，毎年7月（通常）に行われる「ベンチマーク」の改定につながるが，この改定はさらに過去にさかのぼり，時には1947年までさかのぼることもある。また，BEAは，過去のデータ公表を修正するために定期的にデータを改定している。その結果，NIPAの勘定のひとつの数字が何度も変わることがある。たとえば，BEAは1990年4月に1990年第1四半期のGDPの初期値を発表し，その後1990年5月，6月，7月，1991年11月，1992年7月，1993年8月，1996年1月，1997年4月，1999年10月，2000年3月，2003年12月，2009年7月，2011年7月，2013年7月，2014年7月，2018年7月，2021年7月に改定値を公表している。NIPAの数字が本当に「確定」することはない。

　過去の歴史的なNIPAデータは，*Survey of Current Business*（BEAから毎月刊行）および大統領経済諮問委員会が毎年2月に刊行する*Economic Report of The President*（大統領経済報告）を含む多くのソースから入手することができる。NIPAの最新の四半期データは，BEAから毎月公表されているデータを詳細にカバーしている民間のビジネス情報誌から容易に得ることができる。BEAのホームページ（*www.bea.gov*）にアクセスすれば最新または歴史的なデータを得ることができる。たくさんのNIPAデータはセントルイス連邦準備銀行のFREDデータベース（*fred.stlouisfed.*

> *org*）から容易にダウンロードでき，他国の国民所得勘定のデータは，経済協力開発機構（OECD）の刊行物である *National Accounts*，*World Economic Oulook*（IMFにより刊行），および国連の *National Accounts Statistics* から入手することができる。

市場価値　GDPは，財・サービスを市場価値，すなわち市場で売られている価格で評価したものである。市場価値を用いると，異なった財・サービスの生産物を合計できるという利点がある。たとえば，7台の車と100足の靴だけを生産する単純な経済の総生産額を計算することにしよう。車の数と靴の数を加えて生産物の合計が107であるとするのは，車と靴では経済価値が等しくないから無意味である。しかし，車が1台20,000ドルで売られ，靴が1足80ドルで市場で売られているとしよう。市場で決定されたこれらの価格を相対的な経済価値の尺度として，生産された車の価値は140,000ドル（7台×20,000ドル），生産された靴の価値は8,000ドル（100足×80ドル）と計算できる。生産物の市場価値の合計，すなわちGDPは140,000ドル＋8,000ドル＝148,000ドルとなる。市場価値を用いるのは，異なる財・サービスの相対的な経済価値の差を考慮するからである。

　GDPの測定に市場価値を用いる場合の1つの問題点は，一部の有用な財・サービスが正式な市場で取引されていないことである。理想的には，GDPはこうした財・サービスの存在を反映するように上方修正されるべきであるが，適切な尺度がないために，通常はこのような非市場財・サービスはGDPの計算から除外されている。たとえば，有料の家事や子供保育（清掃業者による家庭掃除あるいはデイケア・サービス）はGDPに含まれるが，家庭内で行われている無償の家事や子供の世話といったものはGDPに含まれない。同様に，きれいな空気や水から得られる便益は市場で取引されないという理由から，汚染を減らそうとする行為，あるいは環境の質を改善しようとする行為も通常GDPに含まれない（「データとリサーチにふれよう：天然資源，環境，および国民所得勘定」を参照）。

　市場で取引されていない財・サービスのなかには，少なくとも一部分であるが公的なGDPに組み入れられているものもある。その例として，いわゆる地下経済と呼ばれている経済活動がある。**地下経済**（underground economy）には，合法的であるが政府統計データとして表面に現れない経済

活動（たとえば，税支払あるいは規制遵守から逃れようとする経済行為）と，麻薬の売買，売春，賭博（地域によっては）のような非合法的な経済活動とがある。麻薬取引のような経済活動は「財」（goods）というよりむしろ「負の財」（bads）であり，GDPのなかに含めるべきではないという議論がある。しかし，この議論を徹底すると，タバコの生産など，現在GDPに含まれている多くの財・サービスが除外されることになるかもしれない。他方，税支払を逃れるために現金で受け取る塗装業者のサービスなどはGDPに含めるべきであるという考えもある。政府の統計専門家は地下経済の規模を推定するためにGDPの数字を確実に調整することはできないが，過小に申告された所得を修正はしている[3]。

市場を経由しない経済活動のなかでとくに重要なものは，国防，公教育，および道路や橋の建設・維持サービスなどの政府が提供するサービスである。政府サービスの多くが市場を経由しないということから生じる問題点は，政府サービスのGDPに対する貢献度を計算する場合に，計算に使う市場価値がないということである。解決策として，生産にかかる費用で政府サービスを評価する方法がとられている。たとえば国防の貢献度は，軍人や軍属の給料，武器や基地の建設・維持管理費など，国防サービスの提供に要する政府の費用によって計算する。同様に，公教育の貢献度は，教員の給料，新しい学校や設備などの費用によって計算する。

新規に生産された財・サービス　今期の経済活動を計算する際に重要なことは，GDPが今期新たに生産された財・サービスの価値の合計であるということである。これは，過去に生産された生産物の売買はGDPに含まれないことを意味する。したがって，新しく建設された住宅の取引で支払われた市場価格はGDPに含まれるが，中古住宅の取引で支払われた市場価格はGDPのなかには含まれない（すでに中古住宅の価値は建設された年のGDPに含

---

[3] 地下経済に対するNIPA調整に関しては，J. Steven Landefeld, Eugene P. Seskin, and Barbara M. Fraumeni, "Taking the Pulse of the Economy: Measuring GDP" *Journal of Economic Perspectives* 22 (Spring 2008), pp. 193-216を参照。地下経済の大きさの推定に関しては，Edgar Feige, "Measuring Underground (Unobserved, Non-observed, Unrecorded) Economies in Transition Countries: Can We Trust GDP?" *Journal of Comparative Economics* 36 (June 2008), pp. 287-306を参照。

> データとリサーチにふれよう

天然資源，環境，および国民所得勘定

　どの国でも，経済的な豊かさの多くは，人間がつくった人工の資産ではなく，土地，河川，海，天然資源（石油や木材），および誰もが呼吸する空気など，自然からもたらされている。経済・環境計画策定のために，理想的には，天然資源や環境の利用と誤用も国民所得勘定において適切に測定されるべきであるが，あいにく現実はまだそうなっていない。国民所得勘定のなかで天然資源と環境の経済的利用を取り扱うためには，少なくとも2つの重要な概念上の問題点がある。

1. **天然資源の涸渇**　石油掘削業者が地下の油田から原油を汲み上げる場合には，汲み上げた原油の価値は国のGDPの一部として計算されるが，再生不可能な資源が使い尽くされるという事実を考慮して相殺する控除はない。しかし，原則的には，原油の汲上げは原油の在庫の減少であるから，一種のマイナスの在庫投資であると考えることができる。もし国民所得勘定に含めると，このマイナスの在庫投資はGDPを減少させるであろう。

2. **汚染規制の費用と利益**　ある会社が次のような選択をするとしよう。1つは，1億ドル相当の生産物を生産し，その過程で廃棄物を近くの河川に廃棄し，その河川を汚染する場合であり，もう1つは，その企業が従業員の10％を使って廃棄物を処理して汚染を取り除く場合で，企業は9,000万ドルの生産物しか生産できない。国民所得勘定のルールに従えば，企業が廃棄物を捨てるという選択のほうが捨てないという選択よりも，GDPに対する貢献度は大きくなる。すなわち，GDPは9,000万ドルから1億ドルに増大する。その理由は，国民所得勘定では，きれいな河川に対して明白な価値を示すことができないからである。理想的な勘定体系では，環境悪化の経済費用をGDPに対するその企業の貢献度の計算のなかで控除すべきであり，逆に環境を改善する活動は実質的に経済的利益をもたらすから，GDPに付加すべきである。

　資源涸渇や汚染が国民所得勘定に与える影響を論じることは，これらの重要な問題を矮小化するように思われるかもしれない。実際GDPや関連統計は頻繁に政策分析に利用されているので，測定についての抽象的な論点がしばしば実際の分析に重大な影響を及ぼすことがある。たとえば経済開発の専門家は，できるかぎり早くGDPの測定値を引き上げようとするあまり，天然資源を乱開発し環境を破壊したりすることでGDPを高めている貧困国があることに懸念を示している。考えられるのは，「隠れた」資源コストや環境コストを経済成長の公式な計算に明示的に組み込むことで，これらの政策は修正されるかもしれない。同様に，先進国でなされる環境に関する政策討論でも，環境の経済全体の福祉に対する影響よりも，むしろ，従来測定されている汚染防止対策のGDPに対する影響のほうが重視されることが

> ある。環境の質に関する勘定体系が改善されれば，それぞれの環境対策案について経済的および非経済的便益が費用を上回るのかどうかという，より適切な問題に焦点を絞ることができるだろう。

まれている）。しかし，今期における不動産会社の中古住宅売買取引サービスは今期に行われたサービスであり，GDPに含まれる。

最終財・サービス　一定の期間に生産された財・サービスは，中間財・サービスと最終財・サービスに区分される。**中間財・サービス**（intermediate goods and services）とは，それ自体が生産されたのと同じ期間に，他の財・サービスの生産に利用される財・サービスのことである。たとえば，ある年に生産され，その同じ年にパンを生産するのに利用された小麦粉は中間財であり，その小麦粉をパン工場に配送する運送会社は中間サービスを提供したことになる。

　最終財・サービス（final goods and services）とは，中間財・サービス以外の財・サービスのことである。別のいい方をすれば，最終財・サービスは生産過程における最終生産物のことである。たとえばパン屋で生産されたパンは最終財であり，パン屋から自宅までの買い物客のバス乗車は最終サービスである。経済活動の目的は，生産の途中段階で中間財を使って最終財・サービスを生産することであるから，最終財・サービスのみがGDPに含まれる。

　中間財と最終財の区別が微妙なこともある。たとえば家具製造会社に販売される新しい旋盤は，中間財か最終財のどちらであるのか。旋盤は他の財を生産するために使われるが，その年に使い尽くされることはないので，旋盤は中間財ではなく最終財である。とくに，旋盤は資本財と呼ばれる最終財の一例である。資本財のその他の例としては，工場とオフィスビル，ソフトウェア，著作権などの知的財産などがある。**資本財**（capital goods）とは，それ自体が生産され（土地のような天然資源は除外される），しかも他の財を生産するのに使われる財のことである。しかし中間財とは異なり，資本財は生産された同じ期間に使い尽くされることはない。新規に資本財が増加するということは生産能力が増大することであり，このことは経済活動を意味するので，国民所得勘定を作成する専門家は資本財を最終財に分類し，GDPのなかに

含めると決定した。

　中間財と最終財のもう1つの微妙な区別は，在庫投資の取扱いにおいて生じる。**在庫**（inventories）とは，企業が保有する未販売の完成品，仕掛品，および原材料のストックのことである。在庫投資とはその年に増加する在庫品の総額のことである[4]。在庫投資の例として，パン屋の例を再度取り上げよう。パン屋が年初に貯蔵室に1,000ドル相当の小麦粉を，年末に1,100ドル分の小麦粉を保有しているとすると，小麦粉100ドル分が年初と年末のストックの差であり，この年におけるパン屋の在庫投資となる。もちろん，パン屋が小麦粉を保有する最終目的はパンを生産することであり，小麦粉の在庫増は年内に使い切れない小麦粉の生産を意味する[5]。資本財の場合と同様に，在庫投資を最終財とし，ゆえにGDPの一部分として取り扱う理由は，手元にある在庫増が将来における生産能力の増大を意味するからである。

　オレンジ会社とジュース会社の例では，総経済活動を生産者の付加価値（生産額から中間財購入額を差し引いた値）の合計でもって測定した。この方法の利点は，自動的に総生産額から最終財と中間財を区別し，中間財を差し引く点にある。この例では，2つの会社が家計に販売した最終財の合計から，ジュース会社がオレンジ会社から購入した中間財（加工されていないオレンジ）購入額を差し引いた額が経済活動の総額である。

GNP対GDP　アメリカの経済データを扱う多くのエコノミストは1991年まで，経済活動を計算するのにGDPよりもGNP（国民総生産）を利用していた。しかしながら，1991年に，他の主要先進国の国民所得勘定の慣行に合わせるために，アメリカ商務省もGDPを経済活動の計測の基本概念として利用し始めた。GNPとGDPの相違点は，国民によって稼得される所得であるのか，国内で稼得される所得であるのかによる。つまり，**国民総生産**（**GNP**，gross national product）とは，一定期間に国内の（国民が所有する）生産要素によって新規に生産された最終財・サービスの市場価値の合計であ

---

[4] 在庫が1年間で減少すれば，在庫投資はマイナスになる。
[5] 在庫投資は，在庫の中の製品の数量にその価格を掛けたものの変化である。価格変化に起因する在庫評価の変化（キャピタル・ゲインまたはキャピタル・ロス）は在庫投資とは考えない。

り、他方、GDP は国内で生産された最終財・サービスの市場価値の合計である。

アメリカの資本と労働（これらは生産要素と呼ばれる）が外国で使われた場合、生産物が生産され、所得が得られる。この生産された生産物と得られた所得はアメリカの GNP の一部分となるが、アメリカ国内で生産されていないので、アメリカの GDP の一部分とはならない。たとえば、アメリカの建設会社がサウジアラビアで道路建設を行い、サウジアラビア政府からその報酬を受け取る場合にはアメリカの GNP に含まれるが、アメリカの GDP には含まれない。同様に、アメリカで外国の資本や労働によって製造された生産物はアメリカの GNP には含まれず（外国の GNP に含まれる）、アメリカの GDP に含まれる（アメリカ国内で生産されたから）。たとえば、アメリカで日本の資本と経営管理によって製造された日本車はアメリカの GDP に含まれるが、アメリカの GNP ではなく、日本の GNP の一部分となる。

海外からの要素所得の純受取（NFP, net factor payments from abroad）とは、「海外からの要素所得受取」から「海外への要素所得支払」を差し引いたものである。この NFP の概念を用いると、GDP と GNP のあいだには、次の関係式が成り立つ。

$$\text{GDP} = \text{GNP} - \text{NFP} \tag{2.2}$$

アメリカにおいては GNP と GDP はほぼ同じ額である。たとえば 2021 年には、GDP は 22 兆 9,961 億ドル、GNP は 23 兆 2,485 億ドルで、差は約 1% である。しかしながら、多くの国民が海外で働いているエジプトやトルコ共和国のような国々においては、GNP と GDP の区別はより重要になる。海外で働いている労働者の本国への送金はその国の GNP に含まれるが、GDP には含まれないからである。

支出面アプローチから見た GDP

GDP の構成要素に関する別の視点は、国民所得勘定の支出側を見ることで得られる。支出面アプローチでは、ある一定期間に国内で生産された最終財・サービスに対する総支出として GDP を測定する。総支出は次の 4 つの

表 2.1　アメリカにおける 2021 年の支出面アプローチから見た GDP

	10 億ドル	GDP の構成比（%）
民間消費支出（C）	15,750	68.5
耐久財	2025	8.8
非耐久財	3457	15.0
サービス	10,269	44.7
国内民間総投資（I）	4108	17.9
民間企業固定投資	3051	13.3
非住宅（工場・建物）	579	2.5
生産者耐久設備	1273	5.5
知的財産生産物	1200	5.2
住宅投資	1083	4.7
在庫投資	−26	−0.1
政府購入（G）	4052	17.6
連邦政府	1565	6.8
国防	905	3.9
その他	660	2.9
州・地方政府	2487	10.8
純輸出（NX）	−916	−4.0
輸出	2480	10.8
輸入	3396	14.8
総合計（=GDP）（Y）	22,994	100.0

注：四捨五入のため，合計は必ずしも構成要素の和に等しくない。
出所：経済分析局のウェブサイト *www.bea.doc.gov*, Table 1.1. March 28, 2003。

主な構成要素からなる。(1) 消費，(2) 投資，(3) 政府による財・サービスの購入，(4) 財・サービスの純輸出である。これらを記号で示せば，次のようになる。

Y = GDP = 総生産（または総産出）= 総所得 = 総支出
C = 消費
I = 投資
G = 政府による財・サービスの購入
NX = 財・サービスの純輸出

これらの記号を用いて，GDP を測定する支出面アプローチは次式となる。

表 2.1J　日本における 2022 年の支出面アプローチから見た GDP

	10 億円	GDP の構成比（%）
民間最終消費支出	311,062.50	55.6
家計最終消費支出	303,078.30	54.1
対家計民間非営利団体最終消費支出	7,984.20	1.4
政府最終消費支出	120,880.70	21.6
総資本形成	148,813.70	26.6
総固定資本形成	145,314.10	26.0
a．民間	116,370.40	20.8
（a）住宅	21,779.80	3.7
（b）企業設備	94,590.60	16.9
b．公的	28,943.70	5.2
（a）住宅	548.8	0.1
（b）企業設備	6,575.20	1.2
（c）一般政府	21,819.70	3.9
在庫変動	3,499.60	0.6
a．民間企業	3,595.90	0.6
b．公的	−96.3	0.0
財貨・サービスの純輸出	−21,046.70	−3.8
財貨・サービスの輸出	120,571.20	21.5
（控除）財貨・サービスの輸入	141,617.90	25.3
国内総生産（GDP）	559,710.10	100.0
（参考）海外からの所得の純受取	34,018.40	6.08
海外からの所得	49,153.20	8.78
（控除）海外に対する所得	15,134.70	2.70
国民総所得（GNI）	593,728.60	106.08

注 1：民間総投資（民間総資本形成）は民間総固定資本形成と民間企業在庫変動の合計。
注 2：公的総投資（公的総資本形成）は公的総固定資本形成と公的在庫変動の合計。
注 3：国民総所得（GNI）は国内総生産（GDP）+海外からの所得の純受取。
出所：内閣府経済社会総合研究所，国民経済計算（GDP 統計）のウェブサイト
https://www.esri.cao.go.jp/jp/sna/data/data_list/kakuhou/files/2022/2022_kaku_top.html。

$$Y = C+I+G+NX \tag{2.3}$$

(2.1)式と同じく，(2.3)式はマクロ経済学において最も基本的な関係式の 1 つである。(2.3)式は，総所得 Y が総支出（$C+I+G+NX$）に等しくなけれ

ばならないことから、**所得-支出恒等式**（income expenditure identity）と呼ばれている。表2.1は支出の4項目に関する最近のアメリカのデータを、いくつかの主要なサブカテゴリーとともに示したものである。この節の残りの部分を読みながら、表2.1からアメリカ経済におけるさまざまな支出の相対的な規模を知ってほしい。

消費 消費（consumption）は、国内の家計による、国内および海外で生産された最終財・サービスに対する支出である[6]。消費は支出のなかで最大の構成要素であり、アメリカでは通常GDPの3分の2強を占める。消費支出は大別すると次の3項目に分けられる。

1. **耐久消費財**は、自動車、テレビ、家具および大型の家電製品（しかし投資に分類される住宅は含まない）のような、長期にわたって使われる消費財のことである。
2. **非耐久消費財**は、食料品、衣料品および燃料のような、比較的短期に使われる財のことである。
3. **サービス**は、教育、ヘルスケア、金融サービスおよび交通などのサービスである。

投資 投資（investment）は、**固定投資**と呼ばれる新規の資本財への支出と、**在庫投資**と呼ばれる企業が保有する在庫の増加に大別される。さらに固定投資は2つの主要な項目、民間企業固定投資と住宅投資に分類される。

1. 民間企業固定投資は、民間企業による建物（工場、倉庫、オフィスビルなど）、設備（機械、自動車、コンピューター、家具など）、および知的財産生産物（ソフトウェア、研究・開発投資、文学、娯楽作品、芸術作品の原作など）への支出である。
2. 住宅投資は、新規住宅やアパートの建設に対する支出である。住宅やアパートは長期間にわたりサービス（住居）を提供するので、資本財として取り扱われる。

---

[6] 後に、国内経済が生産した財・サービスに対する総支出を計算するために、総支出から輸入を差し引き、輸出を加える。

消費と同じように，投資にも外国で生産された財への支出が含まれている。アメリカにおける固定投資は変動が激しく，GDP の約 13% から 20% 近くまで幅がある。

これまで述べてきたように，在庫のすべての増加は投資支出増となる。いかなる理由で在庫が増加しようと，このことは変わらない。とくに企業が販売することができない財を生産すること，すなわち企業の在庫が増加することは，企業によって投資がなされたことを意味する。国民所得勘定の目的上，企業は事実上，売れ残った財を自社から購入したことになる。この会計上のルールは，国民所得勘定において総生産額と総支出額がつねに等しくなることを保証するため，有用である。生産されるものは，定義上，顧客によって購入されるか，あるいは企業自身によって「購入」されなければならない。

政府による財・サービスの購入 **政府購入**（government purchases）とは，今期における政府による国内または外国で生産された財・サービスに対する支出であり，支出のなかで 3 番目に大きい項目である。最近のアメリカの政府購入は GDP のほぼ 6 分の 1 にあたる。表 2.1 からわかるように，アメリカでは，政府購入の大部分は連邦政府ではなく，州・地方政府によってなされている。

政府によって振り出された小切手すべてが，財・サービスの政府購入に充てられるわけではない。社会保障給付，メディケア給付[7]，失業保険および貧困家庭一時扶助（TANF）支払のような項目の**移転支払**（transfer）は，今期の財またはサービスと交換されない政府による支払である。移転支払は今期の財・サービスに対する支払を意味しないので，政府購入のカテゴリーから除かれ，支出面アプローチによる GDP には含まれない。同様に，政府債務に対する利払も政府購入には含まれない。

民間部門における消費と投資の区別と同じように，政府購入のある部分は今期の必要な財・サービス（公務員の給料など）に回され，そしてある部分は資本財（オフィスビルなど）の購入に充てられる。アメリカの国民所得勘

---

[7] メディケア給付は政府による経常支出であり，移転ではないように思われるかもしれないが，NIPA では医療支出は家計による消費支出とみなされており，医療費を賄うための政府の支払は政府から家計への移転支払である。

定では，資本財（建物，設備，ソフトウェア，知的財産）に対する政府支出は，他の政府購入とは別に報告されることが多い。政府による投資額は，最近では年間6,000億ドル以上となっており，これは民間部門の年間投資額の約5分の1にあたるほどで，かなり大きい。しかし，国民所得勘定で「投資」と言えば，一般的には私有部門による投資 I のことを指している。そこで，簡素化して，財・サービスの政府購入 G の一部として政府投資を含める。

純輸出 純輸出（net exports）とは輸出から輸入を引いたものである。第1章で述べたように，輸出は国内居住者によって生産された財・サービスのうち，外国の居住者によって購入される部分であり，一方，輸入は外国で生産された財・サービスのうち，国内居住者によって購入される部分である。輸出が輸入を上回るならば純輸出はプラスになるが，逆に輸入が輸出を上回るならば純輸出はマイナスになる。

輸出は，国内で生産された最終財・サービスの購入（外国の居住者による）であるから，総支出に付加される[8]。一方，消費，投資，および政府購入は輸入された財・サービスを含んでいるので，輸入は総支出から差し引かれる。輸入を差し引くことにより，総支出（$C+I+G+NX$）は国内で生産された生産物のみに対する支出を表している。たとえば，輸入の増加はアメリカ人がアメリカ車に代えて日本車を購入することを意味しているかもしれない。したがって，国内居住者による総支出が一定であれば，輸入の増加は国内生産に対する支出の減少を意味する。

所得面アプローチから見たGDP

GDPを計算する3番目，かつ最後の方法は，所得面アプローチである。所得面アプローチは，利潤と政府に支払われた税金を含めて，生産者が受け取っ

---

[8] 輸出には，最終財と同様に，中間財も含まれる。中間財は，アメリカ国内では中間財を最終財にする残りの工程には行かずに海外で販売される。したがって，これらの中間財は米国のGDPに「二重計上」されることはない。同様に，輸入品には中間財が含まれるが，これはGDPから差し引かれるため，米国内で生産された最終財の部分のみがGDPに算入される。

表 2.2 アメリカにおける 2021 年の所得面アプローチから見た GDP

	10 億ドル	GDP の構成比
雇用者所得	12,581	54.7
自営業主所得	1822	7.9
個人賃貸所得	726	3.2
法人企業利潤	2806	12.2
純利子	686	3.0
生産・輸入品に課される税	1148	5.0
企業経常移転支払	164	0.7
公営事業の経常余剰	−13	−0.1
総計（国民所得，NI）	**19,920**	**86.6**
＋統計上の不突合	−520	−2.3
＝国民純生産（NNP）	**19,401**	**84.4**
＋固定資本減耗	3848	16.7
＝国民総生産（GNP）	**23,249**	**101.1**
−海外からの要素所得受取	1145	5.0
＋海外への要素所得支払	893	3.9
＝国内総生産（GDP）	**22,996**	**100.0**

注：四捨五入のため必ずしも構成要素の和に等しくない。
出所：経済分析局のウェブサイト *www.bea.doc.gov*, Table1.9, Table1.14, on March 28, 2003。

た所得を合計することによって GDP を計算する方法である。所得面アプローチの鍵となる概念は国民所得である。**国民所得**（NI，national income）は次の 8 項目に分けられる（最近のデータに関しては表 2.2 を参照）。

1. **雇用者所得** 雇用者所得は（自営業主を除く）労働者の所得で，賃金，給与，付帯便益（雇主による年金制度への負担を含む），および雇主の社会保障負担金などである。表 2.2 からわかるように，雇用者所得は過去 25 年の平均で GDP の 54.4％を占め，国民所得のなかで最も大きい項目である。

2. **自営業主所得** 自営業主所得は非法人組織の自営業主の所得である。自営業主の多くは，（たとえば農家のトラクターや歯科医の X 線機器などの）資本を所有しているので，自営業主所得は労働所得と資本所得の両方の所得から成り立っている。自営業主所得は過去 25 年の平均で GDP

表 2.2J　日本における 2022 年の所得面アプローチから見た GDP

	10 億円	GDP との構成比（%）
雇用者報酬	295,279.0	52.8
営業余剰・混合所得	73,858.6	13.2
固定資本減耗	145,851.2	26.1
生産・輸入品に課される税	52,587.8	9.4
（控除）補助金	5,733.7	1.0
統計上の不突合	−2,132.8	−0.4
国内総生産（GDP）	559,710.1	100.0
雇用者報酬	295,384.9	52.8
財産所得（非企業部門）	29,434.0	5.3
企業所得（企業部門の第 1 次所得バランス）	78,337.1	26.5
国民所得（要素費用表示）	403,156.0	72.0
生産・輸入品に課される税（控除）補助金	46,854.2	8.4
国民所得（市場価格表示）	450,010.2	80.4
その他の経常移転（純）	−2,257.3	−0.4
国民可処分所得	447,752.8	80.0

注：企業所得（第 1 次所得バランス）は，営業余剰・混合所得（純）に財産所得の受取を加え，財産所得の支払を控除したもの。
出所：内閣府経済社会総合研究所，国民経済計算（GDP 統計）のウェブサイト
https://www.esri.cao.go.jp/jp/sna/data/data_list/kakuhou/files/2022/2022_kaku_top.html。

の 7.6% に達している。

3. **個人賃貸所得**　小項目である個人賃貸所得は，他人に貸している土地あるいは建物を所有している個人が得る所得である。作家やレコーディング・アーティストなどに支払われる印税収入のような種々雑多な所得もまたこのカテゴリーに属する。この個人賃貸所得は過去 25 年間の平均で GDP の 2.5% であった[9]。

4. **法人企業利潤**　法人企業利潤は国内にある企業が得た利潤であり，企業収入から賃金，利子，賃料，その他支払われた費用を差し引いたものであ

---

[9] 個人賃貸所得は，純賃貸所得，あるいは受け取った賃貸所得から老朽化した建造物や減価償却された建造物の取り替え費用を差し引いた額であるから，GDP に占める割合はごくわずかである。また，個人賃貸所得は企業が受け取った賃料が除かれているので，経済のなかで支払われたすべての賃料を含んでいるわけではない。

る。法人企業利潤から，企業所得税のような企業に課せられた税金や株主に対する配当が支払われる。企業利潤から税金と配当を引いた後の**内部留保**は企業に保有される。法人企業利潤は過去25年間の平均でGDPの10%強であったが，企業が得る総利潤は年毎に，あるいは四半期毎に劇的に変化するかもしれない。表2.2からわかるように，2021年の企業利潤はGDPの12.2%を占め，25年間の平均をやや上回っている。

5. **純利子**　純利子とは，個人がビジネスおよび海外取引で稼得した利子から，個人が支払った利子を差し引いた純利子受取額のことである。純利子は過去25年間，毎年GDPの2.6%から5.3%の間で変動しており，平均はGDPの3.7%である。

6. **生産・輸入品に課される税**　生産税と輸入税には，企業が連邦政府，州政府，および地方政府に支払う売上税や物品税のような間接的な事業税とともに，関税や家計が支払う住宅不動産税や自動車免許税などが含まれる。これらの税金は，過去25年間の平均でGDPの約6.5%を占めている。

7. **企業経常移転支払（純）**　企業経常移転支払とは，企業による個人，政府，外国人への支払であるが，賃金や税金，またはサービスに対する支払ではない。その代わり，慈善寄付金，保険金支払，銀行が支払うFDIC保険プレミアム，および所得別にカバーされる訴訟の和解金などが含まれる。この企業経常移転支払は過去25年間，各年のGDPの0.6%から0.9%の間であった。

8. **公営事業の経常余剰**　公営事業の経常余剰とは，基本的に政府が所有する事業，たとえば，上下水道・電気会社，ゴミ処理会社，大量輸送会社，および住宅公社などの利潤である。公営事業の経常余剰は，過去17年間に発生したように，企業が損失を被るとマイナスになることが多い。しかし，その赤字幅がこの期間内で，GDPの0.2%を超えたことはない。

さらに，この国民所得の8項目に加えて，GDPの計算には，次の3項目が必要である。
■ 統計上の不突合
■ 減価償却（固定資本減耗）

■ 海外からの純要素所得

統計上の不突合（statistical discrepancy）が生じるのは，所得に関するデータが生産に関するデータとは異なる情報源から作成されているからである。したがって，生産額から所得額を差し引いた額が統計上の不突合と等しくなる。つまり，統計上の不突合の値が正であるということは，所得額の合計が生産額の合計を下回ることを意味する。表2.2に示したように，国民所得に統計上の不突合を加えたものが国民純生産（NNP，net national product）である。

減価償却（depreciation）は，経済活動の測定期間中に摩耗した資本の価値のことであり，固定資本減耗として知られている[10]。国民所得の構成要素（具体的には，自営業主所得，法人企業利潤，個人賃貸所得）の計算では，減価償却費は総所得から差し引かれる。したがって，所得の総額を計算するには資本減耗分を足し上げなければならない。国民純生産（NNP）と固定資本減耗の合計が国民総生産（GNP）である。国民総生産や国内総生産の総は，国民によって生産された財・サービスの総計から資本減耗分がまだ引かれていないという意味である。

この節の最初のところで述べたように，GDPはGNPから*NFP*を差し引いたもの（2.2式を参照）である。表2.2からわかるように，アメリカでは，NFPがきわめて小さい額なので，GDPとGNPはほぼ同じ額である。

民間部門と政府部門の所得

この節では，受け取ったすべての所得を合計することによって経済活動を測定した。しかし，エコノミストは，民間部門（家計と企業）が総所得のうちどのくらい受け取っているのか，あるいは政府部門がどのくらい受け取っているのかを知る必要がある場合がある。たとえば，消費財の需要を予測しようとする場合，経済全体の所得に注目するよりも，民間部門の所得に注目したほうが役に立つ場合がある。

---

[10] 減価償却（固定資本減耗）は，生産過程において減耗したり，経済的に利用不可能となり，廃棄される資本の総和のことである。たとえば，現在機能しているが将来旧式となるので将来廃棄されるコンピューターには資本減耗が認められている。

民間可処分所得（private disposable income）として知られる民間部門の所得は，民間部門が消費できる所得の額を測るものである。一般的に，家計の場合と同様に，民間部門全体の可処分所得は，民間部門の経済主体が受け取った所得と政府からの移転支払を合計し，政府に支払う租税を差し引いたものである。民間可処分所得は次のように定義される。

$$民間可処分所得 = Y + NFP + TR + INT - T \qquad (2.4)$$

ここで，Y は国内総生産（GDP），NFP は海外からの要素所得の純受取，TR は政府からの移転支払，INT は政府債務に対する利子支払，T は租税である。

(2.4)式からわかるように，民間可処分所得は，国内で稼得した民間部門の所得（GDP），海外で稼得した民間部門の所得（NFP）[11]，および政府部門から民間部門への支払（移転支払 TR と政府債務に対する利子支払 INT）[12]の合計から，政府に支払った租税（T）を差し引いた額である。

GDP のうち民間部門が自由に使えない部分は，政府部門の純所得である。**政府純所得**（Net government income）は，民間部門からの税収入 T から民間部門への支払（移転支払 TR と政府債務に対する利払 INT）を差し引いたものである。つまり，次式のように政府純所得は定義される。

$$政府純所得 = T - TR - INT \qquad (2.5)$$

(2.4)式に (2.5)式を足すことにより，民間可処分所得と政府純所得の合計は国内総生産 Y と海外からの要素所得の純受取 NFP の合計となり，これはGNP となる。

2.3 貯蓄と富

家計の経済状態を評価する場合，家計の現在所得が重要な情報源となる。しかし，高所得の人が低所得の人より経済的に裕福というわけではない。た

---

[11] 国内と海外で稼得した所得の合計（GDP + NFP）は国民総生産（GNP）に等しくなる。
[12] 政府債務の利子の一部は，外国人投資家，企業，政府に支払われる。これらの利払は，民間可処分所得の計算において INT から差し引かれるべきである。

とえば，現在収入はないが500万ドルの不動産を所有している引退した配管工は，医者になりたてで高給であるが医学生時代に借りた教育ローンがかなり残っている彼の娘よりも裕福な暮らしをしているかもしれない。したがって，どの程度裕福な家庭かを判断するには，現在の収入に加え，その世帯が何を所有し（資産），何を借りているのか（負債）を知る必要がある。資産から負債を差し引いたものを**富**（wealth）または正味資産と呼ぶ。

家計と同様に，一国の経済的福祉はその国の所得だけではなく，その国の富に依存する。一国の富（正味資産）は**国富**（national wealth）と呼ばれている。

富の重要な決定要因は貯蓄率である。毎月所得の4分の1を貯える人は，同じ所得の人でも所得の2%だけを貯蓄する人よりもかなり早く富を貯えることができる。同様に，国富の増加も，個人や企業および政府の貯蓄率に左右される。このように，貯蓄率と富の蓄積は密接な関係にある。

この節では，総貯蓄および富の概念をいくつか示し，その関係を検討する。とくに，この節で最も興味深いのは貯蓄の計測である。一国における貯蓄率の決定要因については後の第4章で取り上げる。

総貯蓄の計測

一般に，ある経済単位の**貯蓄**（saving）とは，その単位の現在の所得から現在の必要支出を差し引いたものである。貯蓄率は貯蓄を所得で割ったものである。マクロ経済の観点から，貯蓄の3つの重要な尺度は，民間貯蓄，政府貯蓄，および国民貯蓄である。要約表1はそれぞれの尺度の定義の概要を示している。

民間貯蓄 民間貯蓄（private saving）として知られている民間部門の貯蓄は，民間可処分所得から消費を差し引いたものである。(2.4)式の民間可処分所得の定義式を用いると，民間貯蓄は次のようになる。

$$
\begin{aligned}
S_{pvt} &= 民間可処分所得 - 民間消費 \\
&= (Y + NFP + TR + INT - T) - C
\end{aligned}
\tag{2.6}
$$

要約表1　総貯蓄の計測

貯蓄の尺度	定義と定義式
民間貯蓄	民間可処分所得－民間消費 $S_{pvt} = (Y + NFP + TR + INT - T) - C$
政府貯蓄	政府純所得－政府購入 $S_{govt} = (T - TR - INT) - G$
国民貯蓄	民間貯蓄＋政府貯蓄，あるいは $GNP(Y + NFP) -$ (民間消費＋政府購入) $S = S_{pvt} + S_{govt}$ $\quad = Y + NFP - C - G$

S_{pvt} は民間貯蓄を表す。民間消費は現在必要なものに対する民間部門の支出を表しているから，民間貯蓄を得るために民間可処分所得から民間消費を差し引く。また，民間投資は，民間部門の支出の一部分であるけれども，民間可処分所得から差し引かない。というのは，企業によって購入された資本財は，消費財のように現在の必要なものを満足させるというよりもむしろ，将来の生産能力を向上させるために購入されるからである。民間貯蓄率は民間貯蓄を民間可処分所得で割ったものである。

政府貯蓄　政府貯蓄 (government saving) は (2.5) 式の政府純所得から財・サービスの政府購入を差し引いたものと定義される。すなわち，S_{govt} を政府貯蓄とすると，政府貯蓄は次式で定義される。

$$S_{govt} = 政府純所得 - 政府購入 \\ = (T - TR - INT) - G \tag{2.7}$$

(2.7)式は，政府購入 G を政府の現在必要なものへの支出として扱っている。したがって，政府貯蓄の定義は，所得から今期に必要なものへの支出を差し引いたものとして扱う貯蓄の一般的な定義と一致する。

しかしながら，前述したように，実際にはすべての政府購入は今期に必要なものを満たすために使われているのではなく，その中のあるものは学校，高速道路，およびダムなどの長期の資本財の購入に充てられている。国民所得・生産勘定では，総政府購入を今期に必要なものへの支出部分 (**政府消費**)

と長期の資本財への支出部分（**政府投資**）とに分けている。この分け方では，政府貯蓄は政府純所得から全政府購入を差し引くというよりはむしろ政府純所得から政府消費のみを差し引いたものとして定義している。この新しいアプローチにより，直近では年間総額 6,000 億ドル以上の政府投資分がアメリカ経済の貯蓄と投資の総額に上乗せされることになった[13]。

政府貯蓄の新しい定義は概念的にはより正しいものであるけれども，本書の分析では，政府消費と政府投資を別々に考察することは，不必要に混乱を招くだけである。できるだけ物事を単純化するために，政府購入は政府消費によってほとんどを占められていると仮定し，通常政府投資を考慮しない。この仮定に立てば，(2.7)式の政府貯蓄の伝統的な定義式を利用することができる。しかし，政府財政赤字などの経済問題を考えるときには，実際にはある政府支出は長期な資本財購入に利用されているという事実に留意する必要がある。

政府貯蓄のもう1つの，おそらくよく知られている呼び名は，政府財政黒字である。**政府財政黒字**（budget surplus）は政府受取から政府支出を差し引いたものである。**政府受取**（government receipts）は租税収入 T に等しい。**政府支出**（government outlays）は，財・サービスの政府購入 G と移転支払 TR および政府債務の利子支払 INT の合計である。したがって，政府財政黒字は $T-(G+TR+INT)$ に等しく，(2.7)式からわかるように，政府貯蓄と同じである。

政府受取が政府支出を下回るとき，政府受取と政府支出の差額は**政府財政赤字**（budget deficit）と呼ばれる。したがって，政府支出が政府受取を上回る財政赤字を政府が運営するとき，政府貯蓄はマイナスとなる。

国民貯蓄 国民貯蓄（national saving）は経済全体の貯蓄であり，民間貯蓄と政府貯蓄を加えたものである。国民貯蓄 S は，民間貯蓄を表す (2.6)式と政府貯蓄を表す (2.7)式から，

---

[13] 同様の理由によって，民間貯蓄の計算において，自動車やその他の長期の耐久消費財への家計支出は，民間可処分所得から差し引くべきではないが，実際には差し引かれていることに注意されたい。

第 2 章 国民経済の測定と構造　65

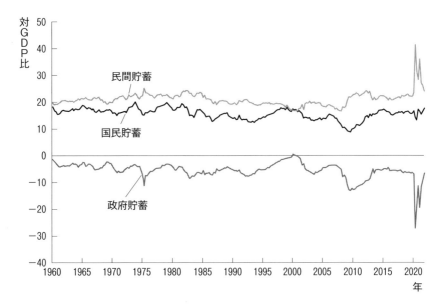

図 2.1　アメリカにおける貯蓄（対 GDP 比，1960 年 Q1〜2021 年 Q4）
アメリカにおける 3 つの貯蓄を対 GDP 比で示している。1960 年以降における国民貯蓄は，比較的狭い範囲で変動している。2020 年と 2021 年のパンデミックまで，国民貯蓄の動きは政府貯蓄の動きを反映している。
出所：経済分析局の国民所得・生産勘定，セントルイス連邦準備銀行の FRED データベース fred. stlouisfed. org からダウンロード。民間貯蓄は FRED の series/GPSAVE，政府貯蓄は FRED の series/GGSAVE（政府総貯蓄，支出の構成要素としての政府総投資を無視）から A782RC1Q027SBEA（政府総投資）を差し引いたもの，国民貯蓄は民間貯蓄と政府貯蓄の合計。GDP は FRED の series/GDP。

$$\begin{aligned}
S &= S_{\text{pvt}} + S_{\text{govt}} \\
&= (Y + NFP + TR + INT - T - C) + (T - TR - INT - G) \quad (2.8) \\
&= Y + NFP - C - G
\end{aligned}$$

となる。すなわち(2.8)式は，国民貯蓄が，経済全体の総所得（$Y + NFP = GNP$）から今期に必要な支出分（消費 C と政府購入 G）を差し引いたものであることを表している。

図 2.1 は，1960 年以降のアメリカの国民貯蓄，政府貯蓄，民間貯蓄を対 GDP 比で示している。政府貯蓄が対 GDP 比で平均 −5.4％ であるので，国

民貯蓄は民間貯蓄より対 GDP 比で平均 5.4% 下回っている[14]。

民間貯蓄の利用

経済における民間貯蓄はどのように使われるのであろうか。企業が新規投資をするために民間貯蓄から借入をしたり，あるいは政府が財政赤字分をファイナンスするために民間貯蓄から必要な資金を借り入れたり，または外国から資産を取得したり，外国に貸し付けたりするために民間貯蓄は使われる。

民間貯蓄の利用を示す重要な恒等式を導くために，(2.8)式で示した国民貯蓄の定義式 $S = Y + NFP - C - G$ の Y に，(2.3)式の所得-支出恒等式の右辺，$C + I + G + NX$ を代入して整理すると，次式が得られる。

$$S = (C + I + G + NX) + NFP - C - G$$

この式を単純化すると，次のようになる。

$$S = I + (NX + NFP) \tag{2.9}$$

(2.9)式の国民貯蓄は，純輸出 NX と海外からの要素所得の純受取 NFP との合計を含んでおり，この合計（$NX + NFP$）は経常収支と呼ばれる[15]。**経常収支**（**CA**, current account balance）は，今期生産されている財・サービス（要素サービスを含む）と引き換えに外国から受け取る支払額から，国内経済が外国に支払う類似の支払額を差し引いたものである。(2.9)式の（$NX + NFP$）に CA を代入すると，次の式が得られる。

$$S = I + CA \tag{2.10}$$

今，国民貯蓄 S を得たわれわれが目標とするのは，民間貯蓄 S_{pvt} を得ること

---

[14] 2020 年にパンデミックが始まるまでは，国民貯蓄と政府貯蓄の相関関係は高かった。しかし，2020 年と 2021 年のパンデミックの年は，図 2.1 が示唆するように，3 つの貯蓄変数の相関関係は互いに変化した。

[15] 実際には，経常収支には，民間贈与あるいは政府外国援助などの国家間の移転支払を測定した純片務的移転の項目が含まれる。単純化のためにこの項目は除外する（第 5 章を参照）。

である。(2.10)式の S に (2.8)式の $S = S_{\text{pvt}} + S_{\text{govt}}$ を代入し，両辺から S_{govt} を引くことによって，

$$S_{\text{pvt}} = I + (-S_{\text{govt}}) + CA \tag{2.11}$$

となる。ここで（$-S_{\text{govt}}$）は政府財政赤字である。

(2.11)式はもう1つの重要なマクロ経済の恒等式であり，**貯蓄利用恒等式**（uses-of-saving identity）と呼ばれている。貯蓄利用恒等式によれば，経済の民間貯蓄は次の3つの方法で利用される。

1. **投資**（I）　企業が新規資本（住宅資本を含む）の建設・購入資金や在庫投資資金を調達するために，投資という形で民間貯蓄者から借入をする。
2. **政府財政赤字**（$-S_{\text{govt}}$）　政府が財政赤字（S_{govt} がマイナス，$-S_{\text{govt}}$ がプラス）の場合，政府支出と政府受取の差額を埋めるために，民間貯蓄者から借り入れなければならない。
3. **経常収支**（CA）　アメリカの経常収支が黒字の場合，外国人がアメリカから受け取る額は，外国人がアメリカへ支払う額を賄うには不十分である。この差額を埋めるために，外国人はアメリカの民間貯蓄者から借入をするか，または自国の土地，工場，株，債券などの資産の一部をアメリカの貯蓄者に売却しなければならない。このように，経常収支の資金調達は，一国の民間貯蓄の利用である。

これと対照的に，1980年代，1990年代，および2000年代のほとんどの時期のように，アメリカの経常収支が赤字の場合には，アメリカの外国への支払額が，アメリカの外国からの受取り額よりも，多くなっている。この超過輸入分を補うために，アメリカは外国から借入をするか，または外国にアメリカの資産を売らなければならない。この場合には，外国は自分たちの民間貯蓄をアメリカに貸し付けるか，またはそれでアメリカの資産を得るのである[16]。

図2.2は，1960年以降のアメリカの民間貯蓄，投資，政府財政赤字，経常収支を対GDP比で示している。1990年代初め以降，経常収支は赤字であり，

---

[16] 経常収支と国際的な貸借の関係は，第5章でより詳細に検討する。

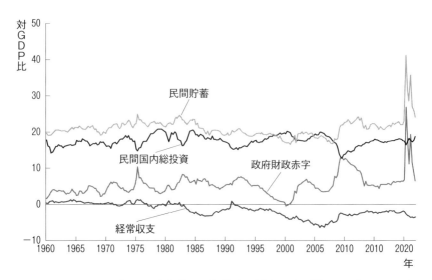

図 2.2 アメリカにおける貯蓄利用の恒等式の構成要素（対 GDP 比，1960 年 Q1〜2021 年 Q4）
民間貯蓄は，民間国内総投資，政府財政赤字，経常収支の合計に等しい。アメリカの経常収支は 1990 年代初めからマイナスとなっている。これは，外国人がアメリカの投資資金と政府財政赤字の資金を提供していることを意味している。
出所：経済分析局の国民所得・生産勘定，セントルイス連邦準備銀行の FRED データベース *fred.stlouisfed.org* からダウンロード。民間貯蓄と政府赤字は図 2.1 と同じ。民間投資は FRED の series/GPDI。経常収支は FRED の series/NETFI。GDP は FRED の series/GDP。

外国人がアメリカの資産を購入し，アメリカの投資や政府の財政赤字に資金を供給してきた。1975 年や 2008 年から 2010 年のような経済危機の時期には，民間国内総投資の急激な減少と民間貯蓄の増加を伴う政府財政赤字の大幅な増加が観察される。1990 年代後半のような力強い成長期には，民間投資の増加とともに，民間貯蓄と政府財政赤字の減少が観察される。

貯蓄と富の関係

貯蓄は富の蓄積率と密接にかかわっているので，貯蓄は核となる重要な経済変数である。この節の後半で貯蓄と富の関係について説明するが，その前

にストックとフローの概念を紹介しなければならない。

ストックとフロー　これまで議論してきた経済変数，たとえば GDP やさまざまなタイプの支出，所得，貯蓄は，（四半期ごとあるいは 1 年ごとといった）時間単位当たりで計測される変数である。たとえば，年次 GDP の値は 1 年間の経済の生産額を計測した値である。時間単位当たりで計測される変数は**フロー変数**（flow variables）と呼ばれる。

これに対して，**ストック変数**（stock variables）と呼ばれる経済変数は，ある一時点で決められる。ストック変数の例は，2023 年 9 月 15 日における銀行口座の貨幣残高や，2023 年 1 月 1 日におけるアメリカのすべての住宅の価値の総計などである。

多くの応用例で示されるように，フロー変数はストック変数の変化率で表される。蛇口から水が流れ込む浴槽が典型的な例である。ある一時点における浴槽の水の総量がストック変数である。ストック変数の単位（この例ではガロン）は時間次元をもたない。一方，水が浴槽に入る率がフロー変数であり，その単位は（この例ではガロン／分，1 ガロンは約 3.8 リットル）時間次元をもっている。この場合，フローは，ストックの変化率に等しい。

ストックとフローとしての富と貯蓄　貯蓄と富は，浴槽に流れ込む水量と溜まっている水の総量が関係しているのと同じように，お互いに関係している。あらゆる経済単位（家計，企業，政府）の富（**正味資産**とも呼ばれる）は，その資産（他の経済単位からの信用証書を含む，その経済単位が所有するもの）から負債（他の経済単位に負っているもの）を差し引いたものである。富はある時点のドルで測定されるもので，ストック変数である。それに対して，貯蓄は単位時間当たりにドルで測定されるもので，フロー変数である。貯蓄は資産の蓄積または負債の減少（たとえば，貯蓄が債務の返済に使われる場合）という形をとるので，ちょうど浴槽に流れ込む水が水のストックを増やすように，貯蓄は富を増やす。

国富　国富とは，一国における居住者の富（正味資産）の総額である。国富は，(1) 資本財や土地など国内実物資産[17]と，(2) 対外純資産の 2 つの部分か

ら成り立っている。**対外純資産**(net foreign assets)とは,その国の対外資産(たとえば,外国株や債券,国内居住者が所有する海外工場など)から,対外負債(外国人が所有している国内の実物資産および金融資産)を差し引いたものである。対外純資産は国富の一部分であるが,それは外国人に対する請求権であり,外国人の国内経済に対する請求権によって相殺されていないからである。

国内居住者が保有する国内金融資産は,いかなる国内金融資産の価値も国内金融負債によって相殺されるために,国富の一部分ではない。たとえば,アメリカの銀行におけるアメリカ人の当座預金は預金者の資産であるが,銀行にとっては同額の負債となるため,経済全体にとっては富の一部分とはならない。反対に,外国の銀行におけるアメリカ人の当座預金は対応する国内負債がないので(それは外国人の負債なので),アメリカの国富の一部分に含まれる。

国富は時間とともに2つの方法で変化する。第一に,国富を構成している資産や負債の価値が変わるということである。たとえば,1990年代のアメリカの株式市場が急激に上昇したので,アメリカの国富は増大した。逆に,実物資産の下落や実物資産の減耗を完全に使い切ってしまったときは,それらの資産の価値は下落し,国富も減少する。

第二に,国富は国民貯蓄を通して変化する。与えられた期間において現存する資産や負債の価値が一定に保たれているならば,国民貯蓄が1ドル増加することは国富が1ドル増加することである。国民貯蓄の2通りの利用方法を示している(2.10)式を思い出してみよう。

$$S = I + CA$$

この式は,国民の貯蓄には2つの用途があることを示している。(1)投資(I)を通じて国内実物資本ストックを増大させることであり,また,(2)経常収支(CA)に等しい額を海外に貸し付けたり,あるいは海外資産を購入したりすることによって対外純資産のストックを増大させることである。つまり,

---

[17] 原則としては,エコノミストが人的資本と呼ぶ一国の居住者の技術や訓練の価値も国富に含むべきであるが,実際には計測上の問題があるので,人的資本は国富の測定には含まれない。

国内実物資産や対外純資産を増加させるドルは国富を増加させるドルである。したがって，一定期間において，国民貯蓄が増加すれば，国富は1ドル単位で増加する。浴槽に流れ込む水の例のように，国民貯蓄の増加が早ければ早いほど国富のストックの増大も早くなる。

アメリカにおける国民貯蓄と投資は，ほかの国のものと比べてどうなのだろうか。他の先進国に比べ，アメリカはかなり低い貯蓄国である。公的な統計によると，アメリカの投資もまた相対的に低い[18]。しかしながら，アメリカの投資率は貯蓄率よりも一般的には高い。$S = I + CA$ の関係を利用すると，もし投資 I が国民貯蓄 S よりも大きいならば，経常収支 CA はマイナスにならなければならない。前述したように，アメリカの経常収支は1980年以来毎年赤字である。逆に，中国のような高い貯蓄国は典型的に投資率が貯蓄率よりも低く，経常収支は常に黒字である。

2.4 実質GDP，物価指数，およびインフレーション

この章でこれまで論じてきたすべての主要なマクロ経済変数，たとえばGDP，総支出および総所得の構成要素，国富や貯蓄は，現在の市場価値で測られたものである。このような変数は**名目変数**（nominal variables）と呼ばれる。経済活動を評価するために市場価値を用いる利点は，先に述べたとおり，異なる財・サービスを合計できるということである。

しかしながら，経済活動を名目で測定する際に問題となるのは，ある経済変数の価値，たとえばGDPの値を2つの異なる時点で比較したい場合である。すなわち，GDPに含まれる財・サービスの現在の市場価値が時間とともに変化する場合，この変化が財・サービスの量の変化によるものか，あるいは価格の変化によるものか，またはこれらが合わさったものかがわからない。たとえば，GDPが現在の市場価値で大幅に増加するということは，財・サー

---

[18] アメリカの貯蓄率と投資率の低さは，基本的な行動の違いだけでなく，さまざまな測定上の問題を反映していると指摘する経済学者もいる。たとえば，Milton Marquis, "What's Behind the Low U.S. Personal Saving Rate?" Federal Reserve Bank of San Francisco, *Economic Letter*, 2002-09, March 2002, および Rudolph Penner, "Measuring Personal Saving: A Tale of American Profligacy," Urban Institute, Retirement Policy Program Brief No. 21, May 2008 を参照。

表2.3 生産と価格のデータ

	年1	年2	年1から年2への変化率
生産（量）			
コンピューター	5	10	+100%
自転車	200	250	+25%
価格			
コンピューター	1,200ドル/1台	600ドル/1台	−50%
自転車	200ドル/1台	240ドル/1台	20%
価額			
コンピューター	6,000ドル	6,000ドル	0
自転車	40,000ドル	60,000ドル	+50%
合計	46,000ドル	66,000ドル	+43.5%

ビスの生産量が大幅に拡大したということを意味するのか，あるいは単に財・サービスの価格の上昇というインフレーションが生じたということを意味するのか明らかではない。

実質 GDP

　経済学者は，名目変数の変化を数量の変化による部分と価格変化による部分とに分ける方法を考案した。その方法を表2.3のコンピューターと自転車という2つの製品の生産量と価格のデータを用いて数値例で示そう。データは2つの異なる年のものである。年1において，GDPの価値は総計46,000ドル（5台あるコンピューター1台の価値は1,200ドルで，200台ある自転車1台の価値は200ドル）である。年2では，GDPの価値は総計66,000ドル（10台あるコンピューター1台の価値は600ドル，250台ある自転車1台の価値は240ドル）で，これは年1のGDP価値の値よりも43.5%高い。この43.5%の名目GDPの増加は，生産数量が43.5%増えたわけでも，価格が43.5%増えたというわけでもない。これは，生産数量と価格がともに変化したことを反映している。

　名目生産額の43.5%増加のうち，どれくらいが価格変化ではなく，生産された数量そのものの変化によるのか。価格変化の影響を取り除き，生産量の

表 2.4 異なる基準年を持つ実質生産額の計算

年1を基準年とする実質生産額の計算

	現在の生産数量		基準年価格		
年1					
コンピューター	5	×	1,200 ドル	=	6,000 ドル
自転車	200	×	200 ドル	=	40,000 ドル
				合計 =	46,000 ドル
年2					
コンピューター	10	×	1,200 ドル	=	12,000 ドル
自転車	250	×	200 ドル	=	50,000 ドル
				合計 =	62,000 ドル

実質 GDP の成長率 = ($62,000−$46,000)/$46,000 = 34.8%

年2を基準年とする実質生産額の計算

	現在の生産数量		基準年価格		
年1					
コンピューター	5	×	600 ドル	=	3,000 ドル
自転車	200	×	240 ドル	=	48,000 ドル
				合計 =	51,000 ドル
年2					
コンピューター	10	×	600 ドル	=	6,000 ドル
自転車	250	×	240 ドル	=	60,000 ドル
				合計 =	66,000 ドル

実質 GDP の成長率 = ($66,000−$51,000)/$51,000 = 29.4%

変化に焦点をあてる簡単な方法は，ある固定した基準年の価格を用いて各年の生産額を評価することである。この例では，年1を基準年とする。1年目の価格（コンピューター1台当たり 1,200 ドル，自転車1台当たり 200 ドル）を用いて2年目の生産（コンピューター10台，自転車 250 台）を評価すると，表 2.4 に示されているように，62,000 ドルとなる（この計算は表 2.4 の上段に示されている）。この 62,000 ドルは，年1の価格を用いて測った，年2における実質 GDP の価値と呼ぶ。

一般的に，基準年の価格を用いて計算された経済変数は**実質変数**（real variable）と呼ばれる。すなわち，実質経済変数とは，経済活動の生産量を基準年で測ったものである。特に，**実質 GDP**（real GDP）は，**不変ドル GDP** とも呼ばれ，経済の最終生産物をある固定基準年の価格で測ったものである。

一方，**名目 GDP**（nominal GDP）は，**経常ドル GDP** とも呼ばれ，経済の最終生産物を現在の市場価格で測った市場価値である。したがって，われわれの例では，年2の名目 GDP は，現在の市場価格（つまり年2のときの価格）を用いて価値を計算すると，66,000 ドルとなる（この計算は表 2.4 の下段に示されている）。

年1における実質 GDP の価値はいくらであろうか。再び年1を基準年として，年1の価格（コンピューター1台 1,200 ドル，自転車1台 200 ドル）を用いて生産の価値を求める。その結果，コンピューター5台と自転車 200 台の生産価値は 46,000 ドルとなる。したがって，年1の実質 GDP の価値は年1の名目 GDP の価値と同じである。この結果は一般的な結果である。なぜなら，現在価格と基準年の価格が基準年で同じであるから，実質価値と名目価値は基準年において常に同じである。特に，実質 GDP と名目 GDP は基準年において等しくなる。

いま，年1から年2にかけての生産量の増加分を計算するとしよう。実質 GDP は経済全体の生産量を測定するために考案されたものである。年2における実質 GDP は 62,000 ドルで，年1の実質 GDP は 46,000 ドルであるから，実質 GDP で測定された生産量を比較すれば，年2の方が年1よりも 34.8％高いことがわかる。

GDP の成長　上記の議論では，GDP の水準を測定することに焦点をあてた。エコノミストは通常，実質 GDP の水準よりも，実質 GDP が時間とともにどの程度早く成長するかに関心がある。たとえば，NIPA のデータが新しく発表されると，エコノミストは実質 GDP の成長率に注目し，それがプラスかマイナスか，そして前四半期や前年の成長率との比較に注目する。以下では，どのように成長率を計算するかを説明しよう。

実質 GDP の成長率は，四半期単位で計算されることもあれば，年単位で計算されることもある。これらの計算方法の比較を容易にするために，ここでは四半期ごとの成長率を「年率化」する。すなわち，実質 GDP が年間を通じて四半期と同じ成長率で推移するとしたら，年次の成長率はどうなるのか，と問うのである。これを行うために，次の式を用いる

$$\frac{\varDelta Y}{Y} = \left(\frac{Y(t)}{Y(t-1)}\right)^4 - 1 \tag{2.12}$$

ここで，$Y(t)$ は四半期 t の実質 GDP 水準である。得られた値は，年率化された四半期 GDP の成長率と呼ばれる。実質 GDP 水準の比率，すなわち成長率は，複利計算を考慮し 4 乗する。たとえば，四半期 t の産出と四半期 $t-1$ の産出との比率が 1.01 とすると，4 四半期の期末における産出水準は，年初より $1.01 \times 1.01 \times 1.01 \times 1.01 = 1.01^4$ 倍高くなる。

たとえば，2021 年第 4 四半期の最初のデータ発表（2022 年 1 月の発表）では，同四半期の GDP は 19,805.962 であった（すべての数字は実質値で単位は 10 億ドル）。第 3 四半期の GDP は 19,478.893 であったので，年率換算した四半期の成長率は次のように計算される。

$$\frac{\varDelta Y}{Y} = \left(\frac{19,805.962}{19,478.893}\right)^4 - 1 = 0.069 = 6.9\%$$

この場合，2021 年第 4 四半期の四半期 GDP 成長率を年率換算すると，0.069，つまり 6.9％になる。成長率の表記は，小数点表示（0.069）でも，パーセント表示（6.9％）でも論じることができる。つまり，小数点表示に 100 を掛けることによってパーセント表示に変換できる。

もし年次データがある場合は，(2.12)式と同じ一般的な形式を利用するが，GDP の水準が年全体のものであり，すでに年率換算されているから，(2.12)式の GDP 水準の比を 4 乗する必要はない（月次データの場合には，1 年は 12 カ月であるから，(2.12)式の比の 12 乗となる）。たとえば，2021 年第 4 四半期の GDP 成長率が 6.9％と発表されたとき，政府は年全体のデータも発表している。2021 年の実質 GDP と 2020 年の実質 GDP の比は 1.057 であるので，年次の成長率は 0.057，あるいは 5.7％である。したがって，第 4 四半期の成長率（6.9％）は通年の年成長率（5.7％）をわずかに上回っていること，そして年次換算の成長率の簡便法により直接容易に比較することができることがわかる。

アメリカでは，四半期データの成長率を年率換算するのが慣例となっている。だから，2021 年第 4 四半期の実質 GDP 成長率が 6.9％だったという

ニュースを読んだら，それが年率換算された成長率であることを理解する必要がある。しかし，他の多くの国では，政府の統計機関は同じ慣例に従っていない。そのため，たとえばヨーロッパで同じ数字が報告された場合，GDP成長率は0.017または1.7%と報告されるだろう。彼らが報告する数字は年率換算されていない。そのため，式(2.12)では，政府機関は比率を4乗していない。

アメリカのデータに関する2つ目の慣例は，政府統計機関が季節調整されたデータを報告することである。すなわち，データは通常の季節変動を考慮するために修正される。統計機関がこのようにするのは，利用者が1年間のデータを比較しやすくするためである。たとえば，多くの人々は夏季に長期休暇をとるので，実質GDPは夏季に低くなる。多くの企業は，11月と12月のホリデー商戦に向けて生産を増強するので，秋季の実質GDPは高くなる。建設など一部の活動は寒い冬季に縮小されるので，1月と2月の実質GDPは低くなる。なぜならこのような季節変動はかなり予測可能なものであるため，統計機関はデータを季節調整し，実質GDP変動の予測可能な部分を取り除いている。同様な季節調整は他の国でも一般的である。しかし，データを季節調整しない国もある。というのは，季節調整を行うには，統計機関がデータの季節的パターンを正確に検出し，それを取り除くために長い期間を必要とするからである。

データの年率換算と季節調整は，「年率（AR）で季節調整（SA）」を意味する「SAAR」としばしば表現される。そこで，次回に政府発表のデータを耳にしたら，それがSAARなのか，ARではなくSAなのか，SAでなくARなのか，あるいはそのどちらでもないのかに留意してほしい。

実質GDPの成長率は時間の経過とともに大きく変化する。景気後退期に入ると，年率換算した四半期の実質GDP成長率は通常マイナスになる。景気後退から脱却すると，実質GDP成長率はしばしば非常に高くなる。このことは，1960年第1四半期から2021年第4四半期までのアメリカの実質GDPのSAAR成長率を示している図2.3からわかる。年率換算した四半期成長率はかなり不安定であることに注意されたい。実質GDPの成長率がマイナスになることが多い景気後退期（灰色の棒グラフで示す）はすぐわかる。

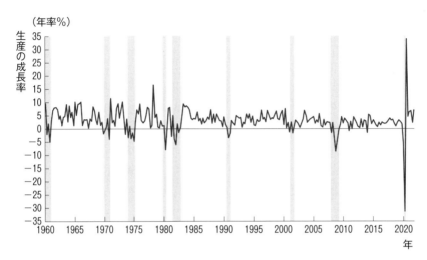

図2.3 アメリカの年率換算の四半期成長率（実質GDP, 1960年Q1〜2021年Q4）

アメリカにおける実質GDPの四半期成長率は，四半期と年次のデータを比べる方法で容易に年率化できる。年率換算された四半期成長率は変動が激しく，景気後退期（網掛けの部分）にはマイナスになることが多い。
出所：経済分析局の国民所得・生産勘定，FRED データベース *fred.stlouisfed.org/series/GDPCT* よりダウンロード。

物価指数

これまで，名目GDPの変化のうち，生産数量の変化に起因する部分をいかに計算するのかについてみてきた。次に，物価指数を用いて物価の変化に注目する。ある代表的な財・サービスの組み合わせを選んで，それらの平均価格水準を特定の基準年の価格と比較して測定したものを，**物価指数**（priceindex）と呼ぶ。たとえば，**GDPデフレーター**（GDP deflator）は，GDPに含まれる財・サービスの一般物価水準を測定する物価指数であり，次式のように定義される。

$$\text{実質GDP} = \text{名目GDP}/(\text{GDPデフレーター}/100)$$

GDPデフレーター（100で割ったもの）とは，実質GDPを得るために，名目GDPを割るもの，あるいは「デフレート」するものである。今回の例では，すでに名目GDPと実質GDPを計算しているので，上記の式を以下のよ

うに書き直すことで GDP デフレーターを求めることができる。

GDPデフレーター ＝ 100×名目GDP/実質GDP

年1（この例では基準年）では，名目 GDP と実質 GDP は等しいので，GDP デフレーターは 100 である。この結果は，GDP デフレーターが基準年において常に 100 であるという一般的な原理の例である。一方，年2の名目 GDP は 66,000 ドル（表 2.3 を見よ）であり，実質 GDP は 62,000 ドル（表 2.4 を見よ）であるから，年2の GDP デフレーターは 100×66,000 ドル/62,000 ドル ＝ 106.5 となり，これは，年1の GDP デフレーターの値よりも 6.5％高い。したがって，GDP デフレーターによって測定された一般物価水準は年2の方が年1よりも 6.5％高い。

実質 GDP と GDP デフレーターの測定は基準年の選択に依存している。「データとリサーチにふれよう：コンピューター革命と連鎖ウエイト GDP」では，基準年の選択が，実質産出量の計算された成長に重要な影響を及ぼし，次に物価水準の計算された変化にも影響を与えるということを説明している。

消費者物価指数　GDP デフレーターは GDP に含まれる財・サービスの平均的な物価水準を測る指数である。**消費者物価指数**（CPI, consumer price index）は消費財の物価水準を測る指数である。四半期ごとに測られる GDP デフレーターと違い，CPI は毎月入手可能である。労働統計局は，食品，衣服，住宅，および燃料などの多くの特定品目を含む消費者品目の固定リスト，つまり「バスケット」（組み合わせ）の現在価格を求めるために，毎月専門家を派遣し，CPI を作成している。ある月の CPI は，消費財のバスケットの現在費用を基準時のバスケットの費用で割ったものに 100 を乗じた値である。

CPI の計算には，時間を越えて価格を比較するための基準時点と，指数に用いる財のバスケットを決定するための支出基準時点が必要である。現在における基準時点は 1982-1984 年であり，これは 1982 年 1 月から 1984 年 12 月までの 3 年間の平均を 100 として消費者物価指数が計測されている。2021 年の CPI が平均で 271 なら，それは 1982-1984 年に比べて，消費者物価の平均水準が 171％高くなっていることを意味する。

> データとリサーチにふれよう

コンピューター革命と連鎖ウエイト GDP

　コンピューターの広範囲な利用は，多くの先進国においてビジネス，教育，および余暇に革命をもたらした。アメリカにおいて実質支出に占めるコンピューターの割合は，1980年代半ばから上昇に転じ，2000年代に入っても上昇を続ける一方で，コンピューターの価格はその期間を通して着実に下落した。このコンピューターの数量の急激な増加とコンピューターの価格の急激な下落は，実質 GDP の成長を計測する上で基準年の選択問題に大きな問いを投げかけている。

　この問題を分析するために，表2.3と表2.4の例を利用する。基準年として年1をとると，実質生産額は年1から年2にかけて34.8％増加する。しかしながら，表2.4を用いてこのボックスで見るように，基準年として年2をとると，実質生産額の成長率の計測値はかなり異なる。基準年として年2を採用することは，生産額を評価するために年2の価格を用いることを意味する。すなわち，各コンピューターは600ドルで，各自転車は240ドルで評価される。したがって，年1で生産された5台のコンピューターと200台の自転車の実質価値は51,000ドルである。もし，基準年として年2を採用し続けるならば，年2における実質生産額は，すでに計算した66,000ドルの名目生産額と同じである。したがって，基準年として年2を採用することにより，年1の51,000ドルから年2の66,000ドルへ実質生産額が増加し，その成長率は29.4％であることがわかる。

　ここまでの計測に関する議論を要約しよう。基準年として年1を採用すると，実質生産額の成長率の計算値は34.8％であるが，基準年として年2を採用すると，実質生産額の成長率のそれは単に29.4％である。なぜこの差異が生じるのか。この例では，年1から年2のコンピューターの生産量は5から10へと100％成長し，一方自転車の生産量は200から250へと25％成長している。全生産額の計算された成長率（基準年として年1を採用した場合の成長率は34.8％，基準年として年2を採用した場合の成長率は29.4％）は，2つの個々の財の成長率の間にある。すなわち，全生産額の成長率は，個々の財の成長率のある種の加重平均である。年1を基準年とする場合，年1の価格を用いて生産額を評価しており，年1では，コンピューターは自転車よりかなり高くなる。したがって，全体の生産額の成長率は，基準年として年2を用いて成長率が計算されるときよりも，コンピューターの非常に高い成長率に近くなる。

　どちらの基準年を用いるのが「正しい」のだろうか。もう1つよりもこれを選ぶという明らかな理由はない。この問題を処理するために，1996年に経済分析局は実質 GDP を測定するために連鎖ウエイト指数を導入した。連鎖ウエイト実質 GDP は，基準年として年1を用いた場合と年2を用いた場合の間の数学的中間値を示し

ている。連鎖ウエイト実質 GDP を用いて計算した実質 GDP の成長率は，基準年として年1を採用して測定した成長率と基準年として年2を採用して計測した成長率のある種の平均である（この例では，連鎖ウエイト方式の実質 GDP の成長率は32.1%であるが，ここではこれ以上計測に関して詳細に検討しない）[19]。

経済分析局が連鎖ウエイト方式を採用する以前には，実質 GDP を測定するために，基準年として 1987 年を用いていた。時間が経過し，実質 GDP を測定するために用いた価格が生産されたさまざまな財の真の価値を反映するように，基準年を改訂する必要性が生じた。基準年が更新される毎に，経済分析局は実質 GDP の新しい歴史的なデータを計測しなければならなかった。連鎖ウエイト方式であれば，基準年を自動的に，かつ効果的に更新することができる。ある所与の年における成長率は，基準年として当該年とその年の前年を用いて測定される。もし時間が経過しても，新しい基準年を用いて実質 GDP の歴史的な成長率を再計算する必要はない。しかも，連鎖ウエイト実質 GDP には，独特な特徴が存在する。所得-支出恒等式 $Y = C + I + G + NX$ は，常に名目ベースでは正確に成立しているが，技術的な理由から，連鎖ウエイト方式が採用され，GDP とその構成要素が実質ベースで測定される場合，この恒等式は正確に成立するとは限らない。統計上の不突合は通常小さいので，本書では所得-支出恒等式は実質ベースでも名目ベースでも成立すると仮定する。

連鎖ウエイト方式は，実質 GDP を計算する際に基準年としてある所与の年を選択する問題を解決するために導入された。コンピューターの数量の急激な増加とコンピューター価格の急激な下落に直面したときに，連鎖ウエイト実質 GDP と通常の実質 GDP との差異はどれほどであるのか。基準年として 1987 年を利用した場合の 1994 年の第4四半期の実質 GDP は年率で 5.1%である。一方，この期の連鎖ウエイト実質 GDP の成長率はわずか 4.0%である。経済分析局は，これらの2つの成長率の間の差異のほぼ5分の3がコンピューターによるものと判断している[20]。

CPI の支出基準時点は，労働統計局が財のバスケットを基準にする期間で，現在は 2019-2020 年である。2019-2020 年における消費者の購買パターンの調査が，CPI を測定するための財・サービスのウエイト付けに利用されてい

---

[19] 連鎖ウエイト実質 GDP に関しては，Chales Steindel," Chain-Weighting: The New Approach to Measuring GDP," *Current Issues in Economics and Finance*, New York: Federal Reserve Bank of New York, December 1995, および経済分析局の以下のウェブサイト *www.bea.gov/national/nipaguid.pdf*,"A Guide to the NIPAs," を参照。

[20] これらの数字は，以下の論文の 36 頁からの引用である。J. Steven Landefeld and Robert P. Parker," Preview of the Comprehensive Revision of the National Income and Product Accounts:BEA's New Featured of Measures of Output and Prices," *Survey of Current Business*, July 1995, pp.31-38.

> データとリサーチにふれよう

CPIインフレーションは生計費の上昇を過大評価するのか？

　1995～1996年にスタンフォード大学のマイケル・ボスキンを委員長とする政府委員会が，公式なインフレーション測定の正確さに関する報告書を作成した。その中で，委員会は，CPIによって測定されたインフレーションは生計費を年率で1～2％ポイント過大推定していると結論付けた。いい換えれば，もし公式なインフレ率が年率で3％であれば，「真の」インフレ率は年率で1％～2％でしかないということである。

　なぜCPIの上昇は，生計費の上昇率で過大に推定されるのであろうか。第一の理由は，政府の統計専門家が財の質の変化を測定しようとするときに直面する困難性である。たとえば，もしエアコンの設計が改良され，電気の使用量を増やすことなく室温を10％引き下げることができるようになった場合，エアコンの価格が10％上昇してもインフレとはみなされないであろう。10％より多く支払うけれども，消費者は冷却する能力を10％多く受け取ることになる。しかしながら，もし政府の統計専門家が，エアコンの改善された質を考慮せず，単に価格の10％上昇のみを記入するならば，価格の変化はインフレとして誤って評価されるであろう。

　エアコンの産出量を測定することは難しいことではないが，ある製品（特にサービス）に関して，質の変化は測定が困難である。たとえば，オンライン現金支払サービスの利用は銀行サービスの質を何パーセント改善するのであろうか。CPIは人々が使う財・サービスの質の改善を考慮しないかぎり，インフレ率は過大評価されるであろう。この過大推定は，**質の調整バイアス**と呼ばれる。

　CPIインフレーションが生計費の上昇を過大推定する別の問題は，次の例によって示すことができる。消費者はチキンと七面鳥を同等に好み，さらに基準年において消費量は各財とも同じであると仮定しよう。しかし，何らかの理由により，チキンの価格が急激に上昇すると，消費者はもっぱらチキンから七面鳥を食べるように切り替える。消費者はチキンと七面鳥に対して同じ満足度を得るから，この切り替えは消費者の効用水準を低下させない。すなわち，彼らの本当の生計費はチキンの価格の上昇によってほとんど影響されない。しかしながら，財・サービスの基準年のバスケットの購入費用を測定する公式なCPIは，チキンの価格が急騰するときには，急激に上昇するであろう。したがって，CPIの上昇は，生計費の真の上昇を誇張する。この問題は，CPIが以下の仮定にもとづいているからである。それは，消費者がより高価な財・サービスに対して安価なものに代替するという事実を無視して，彼らが時間の経過に対して固定された財・サービスのバスケットを購入すると

いう仮定である。この過大推定は，**代替のバイアス**と呼ばれている。

　もし公式なインフレの測定において，本当のインフレ率を過大推定しているならば，重要な問題が生じる。第一に，生計費の増加が過大であるならば，実質家計所得（典型的な家計所得の購買力）などの重要な量の増加が相応して過少となる。その結果として，このCPIのバイアスにより，アメリカ経済は過去数十年にわたりうまく発展してきたという考えを悲観的にさせる。第二に，多くの政府支払や税金はCPIに対して連結され，あるいは指標化されている。たとえば，社会保障給付は自動的にCPIと同じ率で毎年増加する。もしCPIインフレーションが真のインフレーションを過大評価しているならば，社会保障受け取り者は，生計費の増加の補償に必要な額以上の多くの給付金を受け取っていることになる。もし社会保障や他の移転プログラム支払が，現実のCPIインフレ率よりも「真の」インフレ率で増加するように設定されていたならば，連邦政府は支払を毎年数十億ドル削減できたであろう。

　ボスキン委員会の報告書の提言を受けて，労働統計局（BLS）は，代替のバイアスを削減するために，CPIを構成する方法に関していくつかの技術的な改善を行った。その結果，「真の」インフレ率の過大評価は年間で0.2～0.4%ポイント減少した。しかしながら，代替バイアスはもともとボスキン委員会の推定値よりもかなり大きかったので，インフレ率のバイアスは依然として年率1%，あるいはそれ以上かもしれない。

注：消費者物価指数の偏りに関する詳細な議論は，David Lebow and Jeremy Rudd, "Measurement Error in Consumer Price Index: Where Do We Stand?" *Journal of Economic Literature*, March 2003, pp. 159-201, および Robert J. Gordon, "The Boskin Commission Report: A Retrospective One Decade Later," NBER Working Paper No.12311, June 2006 を参照。

る。現在では，基準時点は支出基準時点と異なっている。政府は支出基準時点を数年おきに更新しているが，基準時点を変化させることによって指数の過去の価値を再計算しようとはしない。このように，政府は数年ごとに支出基準期間を更新しているにもかかわらず，CPIインフレ率が上方に偏っていると考える理由があり，この点は，「データとリサーチにふれよう：CPIインフレーションは生計費の上昇を過大評価するのか？」で議論する。

インフレーション　物価指数を用いて測定される重要な変数はインフレ率である。インフレ率は，期間当たりの物価指数の変化率（%）である。したがって，もしGDPデフレーターがある年の100から次の年の105に上昇するならば，この期間のインフレ率は年率5%［＝(105－100)/100＝5/100＝0.05］である。もし3年目にGDPデフレーターが112であれば，2年目

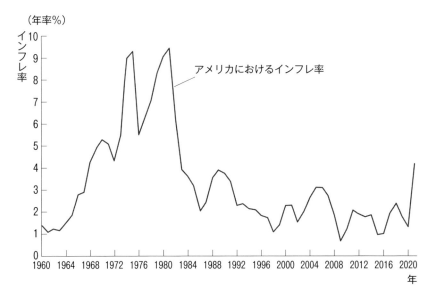

図 2.4 アメリカのインフレ率 (1960〜2021 年)
インフレーションを GDP デフレーターの年変化率で測定している。インフレーションは 1960 年代と 1970 年代に上昇し,1980 年代前半に急激に下落し,1990 年代を通して徐々に下落し,それ以降は上昇も下降傾向も示していない。
出所:GDP のインプリシット・デフレーターは,経済分析局,セントルイス連邦準備銀行の FRED データベース *fred.stlouisfed.org/series/GDPCTPI* よりダウンロード。

と 3 年目の間のインフレ率は年率 6.67%［= (112 − 105)/105 = 7/105 = 0.0667］である。一般化すると,P_t を t 期における物価水準,P_{t+1} を $t+1$ 期における物価水準とし,t 期と $t+1$ 期のあいだのインフレ率を π_{t+1} とすると,インフレ率は次式で得られる。

$$\pi_{t+1} = \frac{p_{t+1} - p_t}{p_t} = \frac{\Delta p_{t+1}}{p_t}$$

ここで,Δp_{t+1},あるいは $p_{t+1} - p_t$ は,t 期から $t+1$ 期にかけての p_t の変化分である。

図 2.4 は,物価水準として GDP デフレーターを用いて表した 1960 年から 2021 年のアメリカのインフレ率を示している。インフレ率は 1960 年代と 1970 年代に上昇し,1980 年代前半に急激に下落し,1990 年代にさらに下落

84 第Ⅰ部 マクロ経済学の基礎

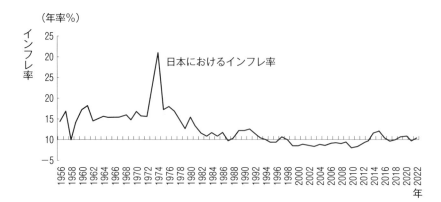

図2.4J　日本のインフレ率（1956〜2022年）
インフレ率はGDPデフレータの年変化率で測定している。インフレーションは1960年代は一定で，1970年代前半は1973年のオイルショックにより急上昇したが，それ以降から1980年代半ばにかけて急激に下落し，バブルが崩壊した1990年代初めからデフレ傾向が続き，最近まで横ばい状態が続いている。
出所：内閣府経済社会総合研究所，*https://www.esri.cao.go.jp/jp/sna/kakuhou/kakuhou_top.html*。

し，それ以降は上昇傾向も下降傾向も示していない。

応用例：連邦準備の望ましいインフレ測定

　物価指数として，GDPデフレーターと消費者物価指数（CPI）について説明した。しかし，連邦準備（Fedとも呼ばれる）は，経済予測を報告する際に，別の物価指標に注目している。国民所得・生産勘定における消費者物価を計測する個人消費支出（PCE）物価指数である。連邦準備は2007年11月に，インフレ率とその他の変数を毎年4回（以前の年2回の報告に代えて）予測すると発表した。またPCE物価指数の総合インフレ率と同指数のコア・インフレ率（食料やエネルギー価格を除く）の両方を予測すると発表した。
　1990年代には，連邦準備はCPIにもとづいたインフレ率の予測を提供していた。しかし，インフレのCPI測定は生計費の上昇を大幅に過大評価する

というボスキン委員会の指摘（「データとリサーチにふれよう：CPI インフレーションは生計費の上昇を過大評価するのか？」）を受け，連邦準備は CPI に注目するのをやめ，PCE 物価指数により注目するようになった[21]。PCE 物価指数は，さまざまな財・サービスに対する実際の家計支出にもとづいているため，CPI に内在する代替バイアスを回避することができる[22]。さらに連邦準備は，消費支出の PCE 測定は CPI よりも広範であり，さらに PCE 測定はより良いデータが入手可能になったときに改定されるという利点がある一方で，CPI は改定されないと指摘している。

CPI と PCE 物価指数とのその他の相違には，指数の算出に利用される計算式，異なる品目の対象範囲，異なる品目に与えられたウエイトがある[23]。CPI は所与の基準年を持つ指数であるのに対し，PCE 物価指数は，「データとリサーチにふれよう：コンピューター革命と連鎖ウエイト GDP」で述べたように，連鎖ウエイト指数である。CPI が都市部に住む人々の平均的な消費習慣にもとづいているのに対して，PCE 物価指数は経済における消費財のすべての支出を対象としているので，PCE 物価指数はより多くの種類の財とサービスをカバーしている。支出カテゴリーごとのウエイトも異なっている。たとえば，住宅取得費は CPI の約 20% であるが，PCE 物価指数では約 11% にすぎない。

連邦準備は 2000 年以降，インフレ率の主な指標として PCE 物価指数の変化率を使用している。食料品とエネルギー価格の短期的なショックは，インフレ率の急激な変動を引き起こすが，通常は一時的なものであるため，連邦準備は食料品とエネルギー価格を除いた PCE 価格指数にも注意を払っている。この指数を用いたインフレ率はコア PCE インフレ率と呼ばれ，一方食品とエネルギー価格のインフレ率を含むインフレ率は総合 PCE インフレ率と呼ばれる。連邦準備は，コア PCE インフレ率の利用を説明する中で，コア PCE インフレ率の方が「基本的なインフレ動向」を測るのに適していると述

---

[21] 連邦準備理事会（FRB）の *Governors, Monetary Policy Report to the Congress*, 2000 年 2 月, p.4 を参照。
[22] PCE 物価指数の測定においても，品質調整バイアスなど CPI を悩ませている他の問題を依然として抱えている可能性がある。
[23] 詳細は，Todd E. Clark, "A Comparison of the CPI and the PCE Price Index," *Federal Reserve Bank of Kansas City Economic Review*, Third Quarter 1999, pp. 15-29 を参照。

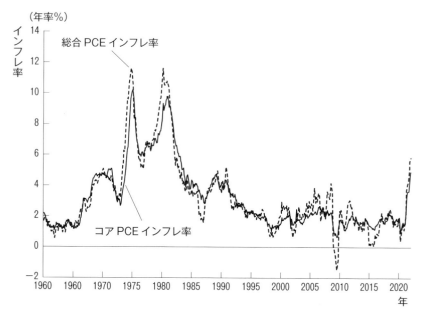

図 2.5　総合 PCE インフレ率とコア PCE インフレ率（1960 年 1 月〜2021 年 12 月）
総合 PCE インフレ率は，コア PCE インフレ率とは異なる。しかし，総合 PCE インフレ率はコア PCE インフレ率に戻る傾向がある。
出所：経済分析局，セントルイス連邦準備銀行の FRED データベース *fred.stlouisfed.org/series/PCEPI* と *PCEPILFE* よりダウンロード。インフレ率は物価指数の 12 カ月前からの変化率として計算。

べている[24]。2007 年 11 月以降，連邦準備はコア PCE インフレ率と総合 PCE インフレ率の両方の予測を公表している。

図 2.5 は，総合 PCE インフレ率とコア PCE インフレ率との違いを示している。この図は 1960 年 1 月から 2021 年 12 月までのインフレ率を示している[25]。図から，総合 PCE インフレ率とコア PCE インフレ率が多くの年でお

---

[24] 連邦準備理事会の *Monetary Policy Report to the Congress*, 2004 年 7 月, p.3 を参照。
[25] 図 2.5 にプロットしたデータは，ある月と 1 年前の同じ月との間のインフレ率である。インフレ率は，ある月の物価指数を 12 カ月前の値で割り，1 を引いて，パーセント・ポイント表示のために 100 を掛けたものである。つまり，インフレ率は，$\pi_t = \left[\left(\frac{P_t}{P_{t-12}}\right) - 1\right] \times 100$ である。ここで，P_t は t 月の物価指数である。

互いに大きく異なっていることがわかる。1970年代半ばと1970年代後半の原油価格の大幅上昇により,総合PCEインフレ率がコアPCEインフレ率を上回った。しかし,1980年代に原油価格が相対的に下落すると,1982年から1987年まで総合PCEインフレ率はコアPCEインフレ率を下回った。その後,コアPCEインフレ率は総合PCEインフレ率ほど変動していない。一般的に,総合PCEインフレ率はコアPCEインフレ率を上回ったり下回ったりする状態が数年続いた後で,コアPCEインフレ率に戻る傾向がある。

2.5 利子率

利子率はもう1つの重要な,そしてよく知られている経済変数である。**利子率**(interest rate)とは,借り手が貸し手に対して約束した支払レートのことである。たとえば100ドルに対して利子率が年8%であるとすると,借り手は貸し手に対して1年後に108ドル払戻す,あるいは8ドルの利払と100ドルの元本支払をする約束をしたことになる。

第4章でより詳しく述べるが,経済には多くの利子率がある。利子率は誰が借入をするのか,あるいはどのくらいの期間借入をするのか,または他の要因(「データとリサーチにふれよう:利子率」を参照)によって変わる。さらに経済には多くの資産がある。たとえば特定の利子率を支払わないが,その保有者に収益の一部分を支払うという企業の株式があげられる。この株式の場合の収益とは,配当とキャピタル・ゲイン(株式の市場価格の上昇)である。このような収益率をもつ多くの資産の存在がマクロ経済の研究を難しくしている。しかし,幸いにも多くの利子率とその他の収益率とは同様な動きを示す。したがって,唯一の利子率しか存在しないという前提でマクロ経済の分析を行うことができる。たとえば,ある経済政策の変更によって利子率が引き上げられるということは,利子率と収益率が一般的にともに上昇するということを意味している。

実質利子率と名目利子率 利子率および他の収益率は,名目GDPと測定上の問題を共有している。利子率は利付き資産の名目,またはドル価値が時

間とともにどれだけ早く増加するのかを示すが，資産の価値が実質表示あるいは購買力表示でどれだけ変化するかは示さない。たとえば年初に，利子率が年4%の貯蓄性預金を300ドルすると，年末には312ドルになる。もしインフレがなければ，預金者にとってこのことはよいことである。つまり，インフレがなく，1年間を通じて物価水準が変化しなければ，年末には実質ベースで年初の300ドルよりも12ドルだけ財またはサービスをさらに購入できる。しかしながら，もしインフレ率が4%であるならば，1年前にコストが300ドルであったものが現在では312ドルになるので，実質ベースでは，預金は1年前より現在のほうが価値があるとはいえない。

資産の実質価値の変化と名目価値の変化とを区別するために，経済学者はしばしば実質利子率という概念を用いる。資産の**実質利子率**（real interest rate，または実質収益率）とは，資産の実質価値あるいは購買力が時間とともに増大する率のことである。この実質利子率に対して，新聞などで使われている利子率は名目利子率である。**名目利子率**（nominal interest rate，または名目収益率）とは，資産の名目価値が時間とともに増大する率のことである。名目利子率はiで表す。実質利子率は名目利子率とインフレ率とのあいだに次のような関係がある。

$$\begin{align}実質利子率 &= 名目利子率 - インフレ率 \\ &= i - \pi\end{align} \quad (2.13)$$

この関係は下巻末の付録AのA.7節で導出し，さらに議論する[26]。たとえば4%の利子を支払う預金を考えてみよう。もしインフレ率がゼロであるならば，この預金の実質利子率は4%の名目利子率から0%のインフレ率を差し引いた4%になる。預金の4%の実質利子率は，預金者が年初よりも年末に財・サービスを4%余分に購入できるということを意味する。一方，もしインフレ率が4%であるならば，実質利子率は4%の名目利子率から4%のインフレ率を差し引いた0%になる。この場合，この預金の購買力は年初と比べて年末のほうが大きくはなっていないということを意味している。

1960年から2021年におけるアメリカの名目利子率と実質利子率を示した

---

[26] (2.13)式は，厳密な関係式というよりもむしろ大まかな関係式である。この概算は，利子率とインフレ率とがあまり大きくない場合に成り立つ。

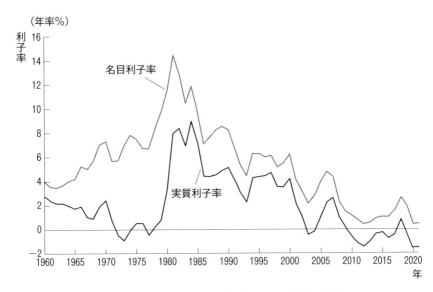

図2.6 アメリカの名目利子率と実質利子率（1960〜2021年）
名目利子率は3年物財務省証券の利子率である。実質利子率は名目利子率から（GDPデフレーターで測った）平均インフレ率を差し引いたものである。実質利子率は1970年代半ばにはつねに低く（実際，マイナスの利子率），1980年代初めには名目利子率も実質利子率もともに記録的な上昇を示した。名目金利と実質金利は1990年代により正常な水準に戻ったが，その後急低下した。実質金利は2000年代初頭と2010年代には再びマイナスとなった。
出所：GDPインプリシット・デフレーターに関しては図2.4と同様。2022年と2023年のインフレ率は2％と仮定。3年物財務省証券の名目利子率は，連邦準備制度理事会統計リリースH15のウェブサイト *www.federalreserve.gov/releases* よりダウンロード。

ものが図2.6である。実質利子率は1970年代半ばには意外にも低く，マイナスの時期もあった。実質利子率がマイナスになるとは，利付き資産の実質価値が時間とともに減少するということである。名目利子率も実質利子率もともに1980年代初めには記録的な高水準まで上昇したが，その後1990年代により正常な水準に戻った。しかし，実質金利は2000年代初頭にマイナスに転じ，2010年から再びマイナスに転じた。

期待実質利子率　資金の貸し借り，または銀行預金をするとき，名目利子

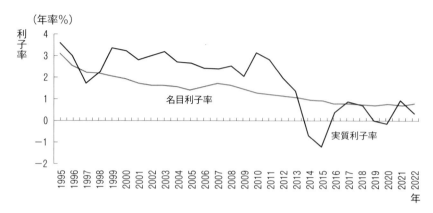

図 2.6J　日本の名目利子率と実質利子率（1995〜2022 年）
名目利子率は貸出約定平均金利（新規・長期）の利子率である。実質利子率は名目利子率から（GDP デフレーターで測った）インフレ率を差し引いたものである。2000 年代初めから 2010 年代初めまで実質利子率は名目利子率よりも高かったが，その後急低下し，実質金利は 2010 年代半ばにマイナスとなった。一方，名目利子率は 1995 年以降低下傾向を示しており，2010 年代半ばから横ばい状態が続いている。
出所：日本銀行，*https://www.stat-search.boj.or.jp/ssi/mtshtml/ir04_m_1.html*。

率はあらかじめ定められているが，実質利子率はどうであろうか。名目利子率が決められているとすると，(2.13)式から実質利子率はローンや預金の期間，たとえば 1 年間におけるインフレ率に依存することがわかる。しかし，その年のインフレ率は当然ながらその年が終わるまで知ることはできない。したがってローンや預金をするときには，受け取る予定の実質利子率は確実にはわからないのである。

借り手，貸し手，および預金者は実際の実質利子率がどうなるかわからないので，受け取るであろうと期待する実質利子率にもとづいて，どれだけ借りるか，貸すのか，あるいは預金するのかを決定しなければならない。名目利子率はあらかじめ知らされているので，予想する実質利子率は人々が期待するインフレーションの水準に依存する。すなわち**期待実質利子率**（expected real interest rate）は名目利子率から期待インフレ率を差し引いたものである。

$$r = i - \pi^e \tag{2.14}$$

ここで，r は期待実質利子率，π^e は期待インフレ率である。

(2.13)式と (2.14)式から，人々の予想が正しいとすれば，すなわち期待インフレ率と実際のインフレ率が同じであれば，期待実質利子率と実際の実質利子率は同じになる。

期待実質利子率は，たとえばいくら借入，あるいは貸付をするのかなどの経済的決定を研究するときに用いられる正しい利子率である。しかし，この期待実質利子率を計測するときに生ずる問題は，エコノミストが人々の期待インフレ率の水準を正確に知らないということである。エコノミストはさまざまな方法で期待インフレ率を計測する。第一のアプローチは，調査を行い，人々が予想するインフレ率の水準を尋ねるという方法である。第二は，人々のインフレ予想が公表された政府あるいは民間の予想と同じであると仮定する方法である。第三は，人々の期待インフレ率が最近の観察されたインフレ率を外挿することにより得られると仮定する方法である。残念ながらこれらの方法はすべて完全ではなく，期待実質利子率の計測にはいつも何らかの誤差が含まれる可能性がある。

章の要約

1. 国民所得勘定は，現在の経済活動を測定するために用いる勘定体系である。国民所得勘定の計測には，生産面アプローチ，支出面アプローチ，および所得面アプローチという3つの方法がある。各々のアプローチは，その年の経済活動を別々の側面から見たものであるが，計算された価値の合計は各々等しくなる。
2. 国内総生産 (GDP) は，一定の期間において，国内で生じた経済活動の総体を示す最も広範な尺度である。生産面アプローチでは，GDP はその国の新規に生産された最終財・サービスの市場価値の合計である。すなわち，このアプローチは，すべての生産者の付加価値を合計することによって GDP を計測する。支出面アプローチでは，GDP は支出の4つの要素，すなわち消費，投資，政府購入，および純輸出を加えることによって計測する。所得面アプローチでは，GDP は経済活動によって生み出された利潤と租税を含んだすべての所得を合計することによって計側する。
3. 民間部門（国内の家計と企業）の所得は，**民間可処分所得**と呼ばれる。民間可処分所得は，民間部門の活動から受け取る所得（GDP＋海外からの要素所得の純受取，あるいは GNP）プラス政府からの受取（移転と政府債務の利子）マイナス租税である。政府部門の純所得は，税収マイナス（移転支払＋政府債務利子支払）である。

民間可処分所得と政府純所得の合計が，国内の生産要素を用いて生産された生産物の合計である GNP と等しくなる。
4. 貯蓄は経済主体の所得のうち，現在必要なものに支出しない部分である。**民間貯蓄**と呼ばれる民間部門の貯蓄は，民間可処分所得マイナス消費である。政府財政黒字と同じである政府貯蓄は，政府純所得マイナス政府購入であり，いい換えれば，政府貯蓄は政府受取マイナス政府支出である。民間貯蓄と政府貯蓄を加えた国民貯蓄は GDP プラス海外からの要素所得の純受取マイナス（消費支出と政府購入の合計）である。
5. 貯蓄利用恒等式は，民間貯蓄が投資と政府財政赤字，および経常収支の合計に等しいことを示している。同時に，国民貯蓄は投資と経常収支の合計に等しいことを示している。
6. 国富（正味資産）は，資本財のような国内実物資産と対外純資産の合計である。国富は 2 つの方法，すなわち第一に保有している資産の価値の変化を通じて，第二に国民貯蓄を通じて増大する。国民貯蓄の増加は国富の増大を意味する。なぜなら，国民貯蓄は，実物資本を増大させる投資に利用されるか，あるいはその国の対外純資産を増やすことになる経常収支に等しい額の外国への貸付に利用されるからである。
7. 名目 GDP は，現在の市場価格で測った経済の最終財・サービスの市場価値である。実質 GDP は，経済の最終財・サービスの市場価値をある固定基準年の価格で評価したものである。実質 GDP は名目 GDP を GDP デフレーター /100 で割ったものである。
8. 物価指数とは，現在の価格水準をある基準年の価格と比較して測定したものである。GDP デフレーターは，GDP に含まれる財・サービスの一般物価水準を測定したものである。消費者物価指数（CPI）は，消費財のバスケットの物価水準を測る指数である。インフレ率は，GDP デフレーターや CPI などの物価指数が変化率（％）で測定されたように，物価指数の変化率（％）である。
9. 利子率は，借り手が貸し手に対して約束した支払レートのことである。名目利子率は，利付き資産の名目価値が時間とともに増大する率のことである。名目利子率からインフレ率を差し引いて得られる実質利子率とは，実質表示，または購買力表示における資産価値の成長率のことである。資産の貸し借りの決定は，名目利子率から期待インフレ率を差し引いて得られる期待実質利子率に依存する。

キーワード

移転	支出面アプローチ	政府貯蓄
海外からの要素所得の純受取	実質 GDP	対外純資産
期待実質利子率	実質変数	地下経済

経常収支	実質利子率	中間財・サービス
国内総生産（GDP）	GDP デフレーター	貯蓄
国富	資本財	貯蓄利用恒等式
国民純生産	純輸出	投資
国民所得	消費	富（正味資産）
国民所得勘定	消費者物価指数	付加価値
国民所得勘定の基本恒等式	所得-支出恒等式	物価指数
国民総生産（GNP）	所得面アプローチ	フロー変数
国民貯蓄	ストック変数	民間可処分所得
固定資本減耗（減価償却）	生産面アプローチ	民間貯蓄
在庫	政府受取	名目 GDP
最終財・サービス	政府購入	名目変数
財政赤字	政府支出	名目利子率
財政黒字	政府純所得	利子率

重要方程式

$$総生産 = 総所得 = 総支出 \tag{2.1}$$

国民所得勘定の基本恒等式は，企業によって生産された最終財・サービスの価値の合計が総所得および総支出に等しいということを示している。

$$Y = C + I + G + NX \tag{2.3}$$

所得-支出恒等式によれば，総所得あるいは総生産物あるいは総産出量 Y は，消費 C，投資 I，政府購入 G および純輸出 NX の支出の4つの要素の合計に等しい。

$$S_{pvt} = (Y + NFP + TR + INT - T) - C \tag{2.6}$$

民間部門の貯蓄を表す民間貯蓄は，民間可処分所得から消費 C を差し引いたものに等しい。民間部門の所得を表す民間可処分所得は，国内総生産 Y プラス海外からの要素所得の純受取 NFP マイナス租税 T に，政府から受け取る移転 TR と利子 INT を加えたものである。

$$S_{govt} = (T - TR - INT) - G \tag{2.7}$$

政府貯蓄は，政府の税収から政府支出を引いたものに等しい。政府支出は政府購入と移転支払 TR および政府債務の利子支払 INT を加えたものである。政府貯蓄は政府財政黒字と同じであり，これはまたマイナスの政府財政赤字でもある。

$$S = S_{pvt}+S_{govt} = Y+NFP-C-G \tag{2.8}$$

国民貯蓄 S は民間貯蓄と政府貯蓄の合計である。同様に，国民貯蓄は，国内総生産 Y プラス海外からの要素所得の純受取 NFP から消費 C と政府購入 G を差し引いたものに等しい。

$$S = I+CA \tag{2.10}$$

国民貯蓄には 2 通りの利用方法がある。投資への融資と対外純投資への融資である。経常収支 CA は対外純資産の増加に等しい。

$$S_{pvt} = I+(-S_{govt})+CA \tag{2.11}$$

貯蓄利用恒等式によれば，民間貯蓄は，投資への融資に，政府財政赤字を賄う資金に，または経常収支に等しい額だけ外国への対外融資に利用される。

$$r = i-\pi^e \tag{2.14}$$

期待実質利子率 r は，名目利子率 i から期待インフレ率 π^e を差し引いたものである。

復習問題

1. 経済活動を測るのに用いられる 3 つのアプローチとは何か。なぜそれらは等しいか。説明しなさい。
2. なぜ財・サービスは市場価値で GDP に入れられるのか。総生産を計測するのに市場価値を用いる問題点や不利な点があるか。説明しなさい。
3. 中間財と最終財との違いは何か。工場や機械等の資本財はどちらの範疇であるか。なぜ GDP の測定で両者を区別することが重要であるか。説明しなさい。
4. 総支出の 4 つの構成要素を述べよ。なぜ輸入は総支出から差し引かれるか。説明しなさい。
5. 民間貯蓄を定義せよ。民間貯蓄はどのように利用されるか。民間貯蓄と国民貯蓄との関係は何か。説明しなさい。
6. 国富（正味資産）とは何か。なぜそれは重要なのか。国富と国民貯蓄はどのようにリンクしているか。説明しなさい。
7. 経済成長のパフォーマンスを評価するためにより重要な統計は，実質 GDP かあるいは名目 GDP であるか。その理由は何か。説明しなさい。
8. GDP デフレーターと CPI はどのように計測されるのか。この両者の基本的な違いは何か。説明しなさい。
9. CPI と CPI インフレーションはどのように計測するのか。CPI インフレーションが真のインフレーションを過大評価する理由は何か。説明しなさい。

10. 名目利子率，実質利子率，および期待実質利子率の差異を説明せよ。資金の貸し借りをするとき，どの利子率の概念が最も重要であるのか。

演習問題

1. グエン・コンピューター会社は，シリコンバレーに2,000万ドルの工場をもっている。さらに今年中に200万ドルのコンピューター部品工場を建設する。グエンのコストは，労働コスト100万ドル，利子支払10万ドル，および租税20万ドルである。グエンは製品のすべてをジョンソン・スーパーコンピューター社に売る。ジョンソン社はグエンのコンピューター部品を利用して，4台のスーパーコンピューターを生産する。1台当たりのコストは，80万ドル（部品コスト50万ドル，労働コスト20万ドルおよび税金10万ドル）である。ジョンソンは3,000万ドルの工場をもっている。ジョンソンは1台当たり100万ドルでスーパーコンピューターを3台売る。しかし，年末までに4台目が売れなかった。売れ残ったスーパーコンピューターは，帳簿上80万ドルの在庫増として処理された。
    a. この経済活動の価値（GDP）を求めよ。生産・所得・支出の3つのアプローチが同じ値になることを示しなさい。
    b. グエンがコンピュータチップの輸入品に対して50万ドル支払った。このコストを追加してaの問いに答えなさい。
2. ある経済では次のような情報が与えられている。
    国内民間総投資 = 40
    政府購入 = 30
    GNP = 200
    経常収支 = −20
    租税 = 60
    政府移転支払 = 25
    政府利子支払 = 15
    海外からの要素所得受取 = 7
    海外への要素所得支払 = 9

    ここで，政府投資はゼロと仮定して，次の値を求めなさい。
    a. 消費
    b. 純輸出
    c. 国内総生産（GDP）
    d. 海外からの要素所得の純受取
    e. 民間貯蓄
    f. 政府貯蓄
    g. 国民貯蓄

3. リンゴ，オレンジ，およびバナナの3種類のフルーツだけを生産している経済を想定しよう。基準年（数年前）における生産と価格のデータは次のとおりである。

フルーツ	生産量	価格
リンゴ	3,000 袋	2 ドル（1 袋当たり）
バナナ	6,000 房	3 ドル（1 房当たり）
オレンジ	8,000 袋	4 ドル（1 袋当たり）

現在の生産量と価格のデータは次のとおりである。

フルーツ	生産量	価格
リンゴ	4,000 袋	3 ドル（1 袋当たり）
バナナ	14,000 房	2 ドル（1 房当たり）
オレンジ	32,000 袋	5 ドル（1 袋当たり）

a. 基準年と現在における名目 GDP の額はいくらか，計算しなさい。基準年と現在とのあいだに名目 GDP はどれだけ成長したか，計算しなさい。
b. 基準年と現在における実質 GDP の額はいくらか，計算しなさい。基準年と現在とのあいだに実質 GDP はどれだけ成長したか，計算しなさい。
c. 基準年と現在とのあいだに GDP デフレーターで測った物価水準の変化率はどれだけか，計算しなさい。また，基準年と現在とのあいだに物価水準の変化率はどれだけか，計算しなさい。
d. 基準年からの名目 GDP の成長率の上昇は，価格の上昇なのか，または生産数量の増加なのか，説明しなさい。

マクロ経済データを使った演習問題

データについては，セントルイス準備銀行の FRED データベース *fred.stlouisfed.org* を利用しなさい。

1947 年の第 1 四半期から現在までの実質 GDP の主な支出項目（民間消費，民間投資，政府消費支出と総投資，輸出，および輸入）をグラフ化しなさい。さらに，これらの支出項目を実質 GDP 比でグラフ化しなさい。このグラフから明らかなトレンドが見られるか，議論しなさい。

第Ⅱ部
長期と短期の経済分析

第3章
生産性，産出量，および雇用

学習の目的
3.1 生産関数の特性と変化について議論する。
3.2 労働需要に影響を与える要因について議論する。
3.3 労働の供給に影響を与える要因について議論する。
3.4 労働市場の均衡に影響を与える要因を特定する。
3.5 失業率の測定方法と雇用状況の変化について説明する。
3.6 オークンの法則の意味を説明する。

　第2章においては，経済の健全度を判断するために用いられる主要な経済諸変数の測定について議論した。経済パフォーマンスの測定は，経済がいかに働いているかというマクロ経済学の主目標を理解するための準備段階である。いかに経済が働いているかを理解するためには，経済の測定から経済の分析へのシフトが必要である。

　この章から始まる第Ⅱ部の目的は2つある。第一に，経済の長期的パフォーマンスに影響を与える要因，たとえば経済成長率，生産性や生活水準，雇用と失業の長期水準，貯蓄と資本形成，およびインフレ率といったことを分析することである。

　第二に，この本書のなかで取り上げている経済問題や将来の経済問題を分析するためのマクロ経済の理論モデルを構築し，発展させることである。第1章で見てきたように，われわれの理論モデルは，家計，企業，および政府から成り立ち，それぞれの経済主体が，労働市場（本章），財市場（第4章），および資産市場（第7章）の3市場を通じて相互依存関係にあるという仮定にもとづいている。第Ⅱ部の理論モデルでは，経済は完全雇用状態であるという仮定，すなわち主要な3市場の各々の市場において需要量と供給量が等しいという仮定を採用している。われわれは経済の長期的行動に焦点をおい

ているから，この仮定は理にかなっている。しかし第Ⅲ部では，景気循環を分析するために，短期的には供給量と需要量が等しくない場合の可能性も認める*。

本章では，社会における経済的幸福度の最も基礎的な決定要因，すなわち経済の生産力に着目しながら，経済がいかに働いているかという問いから議論する。他の条件が等しければ，経済が生産することができる財・サービスの量が多ければ多いほど，人々は現在により多く消費し，将来のためにより多く貯蓄と投資をすることができる。

本章の最初の節では，経済が生産する産出量は2つの生産要素に依存していることを示す。第一は，生産プロセスで用いられる投入物（たとえば，労働，資本，および原材料）の量である。第二は，投入物の**生産性**（productivity），すなわち投入物の利用効率である。第1章で述べたように，経済の生産性は生活水準を決定する基本的なものである。この章では，何人の労働者が雇用されるのか，さらにどれだけの賃金を労働者が受け取るのかという問いに答えることによって，生産性がいかに人々の所得に影響を及ぼすのかということを示す。

生産に影響を与える投入物のなかで最も重要なもの（総費用のシェアによって測定）は労働であるので，需要と供給の分析道具を使いながら，労働市場の分析を行う。最初に，どれだけの労働量を企業が需要し，労働者が供給するのかということに影響を与える要素について述べ，次に労働市場を均衡させる力について述べる。労働市場の均衡が均衡賃金と均衡雇用量を決定し，次いで雇用水準，資本などの労働以外の投入物と生産性の水準によって産出量水準が決まる。

労働市場の基本モデルは，労働の需要量と供給量が等しく，すべての労働資源が完全に利用されるという仮定にもとづいている。しかし，現実には常に失業者が存在する。この章の後半では，失業の概念を導入し，失業率と産出量の関係を述べる。

---

* 訳者注：第Ⅱ部の最後の第8章で，長期分析と短期分析を繋ぐために *IS-LM*／*AD-AS* モデルを導入し説明する。

3.1　経済はどれだけ生産するのか：生産関数

　毎日，ビジネスニュースが消費支出率，ドル価値，株式市場の変動，およびマネーサプライの伸び率など，経済パフォーマンスに影響を及ぼす多くの経済変数について報じている。これらの変数はすべて重要であるが，経済パフォーマンスや生活水準を決定するものではなく，財・サービスを生産するための生産能力ほど基本的で重要なものはない。もし工場，農場をはじめとしたすべてのビジネスが何らかの理由により停止すれば，その他の経済要因は何ら意味をもたないであろう。

　経済が生産できる財・サービスの量は，何によって決まるのか。重要な要因は，経済の生産者が利用する資本財，労働，原材料，土地やエネルギーなどの投入物の量である。経済学者は生産過程における投入物を**生産要素**（factors of production）と呼ぶ。他の条件がすべて等しければ，利用される生産要素の量が多ければ多いほど，より多くの財・サービスが生産される。

　さまざまな生産要素のうちで最も重要なものは，資本（たとえば，工場，機械，ソフトウェア，知的財産など）と労働（労働者）の2つである。したがって，財・サービスを生産するために経済の生産能力を論じる際には，この2つの要素に注目する。しかし，現代経済では，産出量はエネルギーや原材料などの他の生産要素の供給の変化に強く影響される。原油供給の変化が経済に及ぼす影響については，この章の後半の「応用例：オイルショック時の産出量，雇用と実質賃金」において，原油供給の途絶が経済に及ぼす影響について議論している。

　生産に用いる資本と労働（およびその他の投入物）の量だけでは，生産される産出量を完全に決定することはできない。したがって，これらの要素と同様に重要なことは，いかに効率的にこれらの生産要素を利用するのかということである。同じ資本ストックと労働でも，たとえば，優れた技術と経営手腕をもつ企業からなる経済は，これらをもたない経済より多くの産出量を生み出すことができる。

　資本と労働の生産要素の投入量と産出量との効率的な関係は，生産関数と呼ばれる関係によって表すことができる。すなわち，**生産関数**（production function）とは，生産された産出量と，生産のために使われた資本と労働の数

量を関係付けて，数式で表したものである。(3.1)式は生産関数を簡略化して表したものである。

$$Y = AF(K, N) \tag{3.1}$$

ここで，Y はある期間における実質産出量，A は生産性を示す係数，K は期間内で利用された資本ストックあるいは資本量，N は期間内で雇用された労働者数，F は資本ストック K と労働 N の生産要素と産出量 Y との関数である。(3.1)式で表された生産関数を，マクロ経済全体（Y, K, N はそれぞれ経済全体の産出量，資本ストック，および労働者数を表す）と個々の企業（Y, K, N はそれぞれ企業の産出量，資本ストック，および労働者数を表す）にあてはめてみよう。

(3.1)式から，経済がある一定期間に生産することができる産出量 Y は，資本ストック K と労働者数 N に依存していることがわかる。関数 $F(K, N)$ に乗じている (3.1)式の係数 A は，資本と労働が使われたときの経済全体の生産性を示す係数である。A を**全要素生産性**（**TFP**, total factor productivity），もしくは単に生産性と呼ぶ。ある与えられた資本と労働量のもとで，生産性 A の10%の上昇は生産することができる産出量の10%増を意味する。したがって，生産性 A の上昇は，生産技術の改善，あるいはより効率的に資本と労働を利用させる経済の他の変化に対応している。

応用例：アメリカ経済の生産関数と生産性の成長

ある実証研究によれば，アメリカ経済における産出量と投入量との関係は次の生産関数によってうまく表すことができる[1]。

---

[1] このタイプの生産関数は，コブ=ダグラス生産関数と呼ばれる。コブ=ダグラス生産関数は $Y = AK^a N^{1-a}$ の形をとる。ただし，$0 < a < 1$。ある条件のもとで，コブ=ダグラス生産関数のパラメーター a は資本所有者が受け取る所得のシェアであり，$1-a$ は労働者が受け取る所得のシェアである。したがって，資本と労働が受け取る所得の実際のシェアはパラメーター a を推定することによって得られる。

表 3.1　アメリカの生産関数（1991～2020 年）

年	(1) 実質 GDP, Y （2012 年基準 10 億ドル）	(2) 資本, K （2012 年基準 10 億ドル）	(3) 労働, N （百万人）	(4) 全要素生産性, A^a	(5) 全要素生産性, A の成長率 （A の変化率）
1991	9361	11,501	118.8	19.99	
1992	9691	11,691	117.7	20.72	3.7
1993	9958	11,940	118.5	21.06	1.6
1994	10,359	12,223	120.3	21.53	2.2
1995	10,637	12,576	123.1	21.57	0.2
1996	11,038	12,989	124.9	21.94	1.7
1997	11,529	13,466	126.7	22.44	2.3
1998	12,046	14,006	129.6	22.81	1.6
1999	12,623	15,228	131.5	23.07	1.1
2000	13,138	15,887	133.5	23.46	1.7
2001	13,263	16,374	136.9	23.06	−1.7
2002	13,488	16,680	136.9	23.32	1.1
2003	13,866	16,975	136.5	23.90	2.5
2004	14,400	17,296	137.7	24.53	2.6
2005	14,901	17,658	139.2	25.04	2.1
2006	15,316	18,116	141.7	25.22	0.7
2007	15,624	18,627	144.4	25.18	−0.2
2008	15,643	19,073	146.1	24.83	−1.4
2009	15,236	19,196	145.4	24.22	−2.5
2010	15,649	19,373	139.9	25.48	5.2
2011	15,892	19,655	139.1	25.87	1.5
2012	16,254	20,035	139.9	26.20	1.3
2013	16,553	20,441	142.5	26.19	0.0
2014	16,932	20,925	143.9	26.42	0.9
2015	17,390	21,381	146.3	26.65	0.9
2016	17,680	21,784	148.8	26.62	−0.1
2017	18,079	22,191	151.4	26.74	0.5
2018	18,607	22,693	153.3	27.10	1.3
2019	19,033	23,224	155.8	27.22	0.4
2020	18,385	23,539	157.5	25.99	−4.5

注：[a] 全要素生産性 A は，$A = Y/(K^{0.3} N^{0.7})$ によって計算される。
出所：Y は経済分析局の国民所得・生産勘定の GDP（2012 年基準 10 億ドル）で，セントルイス連邦準備銀行の FRED データベース fred.stlouisfed.org/series/GDPCA。K は実質固定民間非居住純資本ストック（2012 年基準，10 億ドル）で，経済分析局の固定資産表 1.2，www.bea.doc.gov/iTable/index_FA.cfm.asp。N は民間雇用（単位は百万人）で，労働統計局の人口動態調査，FRED データベースの series/CE16OV。

$$Y = AK^{0.3} N^{0.7} \tag{3.2}$$

この式は，(3.1)式の一般的な生産関数に対して，$F(K, N)$ を $K^{0.3} N^{0.7}$ と特定化した例である（この生産関数は指数を含むことに留意。指数の性質を復習する必要がある場合は，下巻の付録 A の A.6 節を参照）。

(3.2)式は，アメリカにおける産出量 Y が，資本 K と労働 N の生産要素と生産性 A とどのように関連しているかを示している。表 3.1 は 1991 年から 2020 年までの 30 年間におけるアメリカ経済のこれらの変数のデータを示している。第 1 列は年ごとの産出量（実質 GDP），第 2 列は資本ストック，第 3 列は労働を示している。実質 GDP と資本ストックの単位は 2012 年基準の 10 億ドルであり，労働の単位は労働者数を百万人で表してある。第 4 列は各年のアメリカ経済の生産性を示している。

表 3.1 の産出量，資本ストック，労働は直接測定できるが，生産性は直接に測定できない。第 4 列の生産性指数 A は，(3.2)式を成り立たせるのに必要な数値を A に代入することにより間接的に計測できる。具体的に毎年の A は(3.2)式を書き換えた $A = Y/(K^{0.3} N^{0.7})$ によって求められる。たとえば，表 3.1 から 2020 年の Y は 18,385，K は 23,539，N は 157.5 であるから，2020 年の A の値 $= 18,385/[(23,539)^{0.3} (157.5)^{0.7}] = 25.99$ である。この方法で生産性を計測することから，各年の生産関数の関係を表 3.1 のデータが満たすのは当然のことである。

この表 3.1 に示された生産性指数 A の水準は，測定された産出量，資本，および労働のそれぞれの単位に依存しており，その指数の解釈が難しい。たとえば，もし労働者の単位を百万人でなく千人とするならば，A の値は変化するだろう。これに反して，この表の第 5 列に示されている生産性の年成長率の場合は，これらの単位の大きさに依存しないので，分析も容易である。表 3.1 に示された生産性の成長率から次の 2 つのことがいえる。

第一に，生産性の成長率は年によって大きく変動する。最も顕著なのは，最大の景気後退期であった 2008 年と 2009 年にアメリカの生産性が低下し，景気回復期であった 2010 年には大幅に上昇したことである。通常，生産性は景気後退期に低下し，景気回復期に上昇する。ただし，2020 年のパンデミック景気後退では生産性が大幅に低下し，その後数年で回復する可能性が

高い。この動きについては，本書の下巻の第Ⅲ部で論じる。

第二に，生産性の伸びは，数年にわたり急速に伸びる時期がある一方で，緩やかに伸びる時期もある。たとえば，2010年代後半の生産性上昇率は年平均1.5％であったが，2000年代後半は年平均0.1％にすぎなかった。生産性上昇率は生活向上率と密接な関係があるため，生産性の伸びが，もし持続するならば，経済にとって朗報である。第6章では，生産性と生活水準の関係について詳しく論じる。

生産関数の形状

(3.1)式の生産関数はグラフで表すことができる。一番簡単なグラフ化の手法は，生産要素の2つのうち資本か労働の1つを固定し，産出量をもう1つの生産要素のみでグラフ化する方法である[2]。たとえば，2020年のアメリカの生産関数を使い，労働Nを1億5,750万人という2020年の実現値で固定するとしよう（表3.1を見よ）。そして生産性Aも2020年の実現値25.99をとると，生産関数は次のようになる。

$$Y = AK^{0.3}N^{0.7} = (25.99)(K^{0.3})(157.5^{0.7}) = 897.228\,K^{0.3}$$

この関係を図示したものが図3.1である。この図は資本ストックKを横軸に，産出量Yを縦軸にとってある。2020年値に固定された労働と生産性を利用し，資本ストックの値と産出量との関係を図示したものである。グラフ上の点Aは2020年の実際の状況を示している。2020年の資本ストックの値（23兆5,390億ドル）が横軸に，実質GDPの値（18兆3,850億ドル）が縦軸に示されている。

図3.1に図示されたアメリカの生産関数は多くの生産関数がそうであるように2つの性質をもっている。

1. **生産関数は左から右へ右上がりの傾きをもつ**。生産関数の右上がりの傾きは，資本ストックが大きくなるにつれて生産量も増加するということ

---

[2] 同時に産出量と2つの生産要素とのあいだの関係を見るには，3次元のグラフが必要である。

106　第II部　長期と短期の経済分析

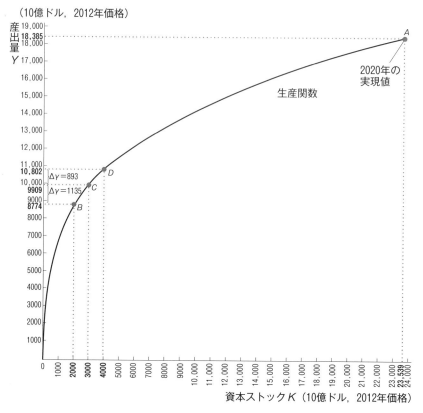

図3.1　資本と産出量との関係を示した生産関数

この生産関数はアメリカ経済が，2020年水準の労働と生産性を用いて，資本ストックの各水準に対していかに産出量を生産するかを示したものである。点 A は2020年の実際の資本ストックと産出量との関係を示している。生産関数は資本の限界生産力逓減の性質をもっている。すなわち，点 B から点 C に移動するために資本ストックを1兆ドル追加すると，産出量の増加は1兆1,350億ドルとなる。点 C から点 D へ移動するためにさらに資本ストックを1兆ドル追加すると，産出量の増分は8,930億ドルとなり，点 B から点 C へ移動する場合よりも産出量の増分は少なくなる。

を意味している。

2. **生産関数の傾きは左から右に進むにつれて平らになる。**この性質は，より多くの資本ストックはより多くの生産量を生み出すが，その割合はだんだん小さくなるということを意味する。

生産関数の第2番目の性質について議論する前に，この性質を図3.1で数値的に図解してみよう。最初に，資本ストックが2兆ドルである生産関数上の点 B に位置するとしよう。さらに資本ストックに1兆ドル追加し，資本ストックが3兆ドルのときの生産関数上の点が点 C である。この資本ストックの増加によって，産出量はどれだけ増加するのであろうか。点 B と点 C とのあいだの産出量の差が1兆1,350億ドル（＝点 C の産出量9兆9,090億ドル－点 B の産出量8兆7,740億ドル）であるから，この産出量の増分1兆1,350億ドルは，生産性と雇用が一定である場合，資本ストックの2兆ドルから3兆ドルへの資本量の増分による便益といえる。

さらに，点 C から開始し，資本ストックが1兆ドル追加されたと仮定しよう。資本ストックが4兆ドルのときの生産関数上の点を点 D とすると，点 C と点 D とのあいだの産出量の差額は8,930億ドル（＝点 D の産出量10兆8,020億ドル－点 C の産出量9兆9,090億ドル）となり，点 B と点 C とのあいだの産出量の差額1兆1,350億ドルよりも少ない。したがって，2番目の1兆ドルの追加的資本増によって産出量は増加するが，その増分は最初の追加的資本増による産出量の増分よりも少ない。これを図示すると，生産関数は点 B と点 C のあいだよりも，点 C と点 D のあいだのほうが緩やかな傾きをもっていることがわかる。

資本の限界生産力

生産関数におけるこの2つの性質は，資本の限界生産力として知られている概念と緊密に関連している。この概念を理解するために，ある所与の資本ストック K から始め，資本ストックが追加的に1単位 ΔK だけ増加するとしよう。他の生産要素は一定と仮定する。この資本の増加は産出量を ΔY 分だけ増加させる。**資本の限界生産力**（**MPK**, marginal product of capital）とは，資本ストックの1単位増加分から得られる産出量の増加分である。資本の追加的1単位 ΔK が産出量を ΔY だけ増加させるから，資本の追加的1単位が生み出す産出量の増分比率は $\Delta Y/\Delta K$ となる。したがって，資本の限界生産力は $\Delta Y/\Delta K$ である。

資本の限界生産力 $\Delta Y/\Delta K$ は，生産関数のグラフの縦軸の産出量の増加分

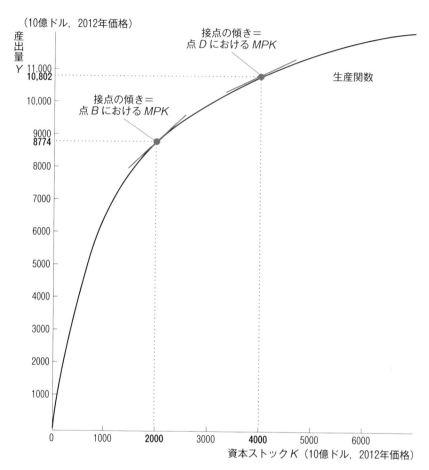

図 3.2 資本の限界生産力

各点における資本の限界生産力（*MPK*）は，生産関数の接線の傾きとして計測できる。点 *B* における生産関数の傾きは *D* 点のそれより急であることから，*MPK* は点 *B* の方が点 *D* より大きいということがわかる。資本の限界生産力逓減によって，資本ストックの最大水準で *MPK* は最も小さくなる。

(ΔY) を横軸の資本ストックの増加分（ΔK）で割ったもので，生産関数上の各点における接線の傾きを表している[3]。資本ストックを 1 単位増加させる

---

[3] 生産関数の傾きに関する定義や詳細なる議論については，下巻の付録 A の A.2 節を見よ。

場合に，MPK は生産関数の傾きによって計測することができる。この MPK は図 3.2 を用いて求めることができる。たとえば，資本ストックが 2 兆ドルのときの MPK は，点 B における生産関数の接線の傾きに等しい[4]。この資本の限界生産力の概念を使って再度，生産関数の 2 つの性質をみてみよう。

1. **資本の限界生産力は正の値である。**資本ストックが増加するときはいつでも生産量は増加する。資本の限界生産力が正の値であるから，生産関数の傾きは左から右へ進んでも正である。
2. **資本ストックが増加するにつれて，資本の限界生産力は小さくなる。**資本の限界生産力は生産関数の傾きであるから，資本ストックが増加するにつれて，生産関数の傾きは緩やかになる。図 3.2 が示すように，資本ストックが 4 兆ドルである点 D における生産関数の傾きは，資本ストックが 2 兆ドルである点 B の傾きより小さい。したがって，生産関数の形は左から右に進むにつれて平らになる。

資本ストックが増加するにつれて資本の限界生産力が小さくなることを，資本の**限界生産力逓減**（diminishing marginal productivity）と呼ぶ。なぜ資本の限界生産力は逓減するのだろうか。この経済学的理由を考えてみよう。資本ストックが小さいときには，各々の機械に対して多くの労働者が存在する。この場合には，資本の増加の便益は大きい。しかし，資本ストックが大きいときには，労働者はすでに多くの資本を使っているから，資本が増加してもそこから得られる便益は小さいであろう。たとえば，ワークステーション（電話やコンピューターの端末）より従業員がより多くいる企業のコールセンターを想定しよう。各々のワークステーションは絶えず利用されており，従業員はワークステーションの空きが出るまで仕事ができない。このような状況では，ワークステーション 1 台の追加による産出量の増分で測った便益は大きい。しかし，もし従業員と同じくらい多くのワークステーションが用意されているならば，ワークステーションはしばしば使われなくなり，ワークステーションの空きが出るまで待つ必要がなく，ワークステーション

---

[4] 各点における生産関数の接線の傾きを，単純に各点における生産関数の傾きと略する。

の追加による産出量の増加はあまり大きくないと言えよう。

労働の限界生産力

図 3.1 と図 3.2 は，労働を一定としたときに，資本ストックと産出量がどのような関係にあるかを示した 2020 年のアメリカの生産関数をグラフ化したものである。同様に，資本量を一定としたときに，労働と産出量がどのような関係にあるかを見てみよう。資本ストック K を 23 兆 5,390 億ドルという 2020 年の実際値で固定し，そして生産性 A も 2020 年の実際値 25.99 をとると（表 3.1 を見よ），(3.2)式の生産関数は次のようになる。

$$Y = AK^{0.3}N^{0.7} = (25.99)(23{,}539^{0.3})(N^{0.7}) = 532.528 N^{0.7}$$

この関係は図 3.3 に図示されている。グラフ上の点 A は 2020 年の実際の状況を示しており，2020 年の労働者数 N の 1 億 5,750 万人が横軸に，実質産出量 Y の 18 兆 3,850 億ドルが縦軸に示されている。産出量と労働の関係を示した生産関数は，産出量と資本との関係を示した生産関数とほとんど同じである[5]。資本の場合と同様に，労働者数が増加すれば産出量も増加するが，その増分はだんだん減少する。したがって，限界生産力逓減の原理は労働においても成り立つ。その理由も資本の場合と同じである。労働者数が少ないときには，ある一定の機械に対して労働者が少ないから，労働者が追加的に増加すると便益は大きくなる。一方，労働者が多いときには，労働者はすでにある一定の資本を使っているから，労働者が追加的に増加してもそれから得られる便益は小さい。

労働の限界生産力（*MPN*, marginal product of labor）とは，労働の追加的 1 単位増加分から得られる産出量の増加分，$\Delta Y/\Delta N$ である。資本の限界生産力のときのように，雇用を少し増加させる場合に，MPN は産出量と労働の関係を表した生産関数の傾きによって測られる。図 3.3 が示すように，雇用が 3,000 万人の労働者に等しいとき，MPN は点 B における生産関数の接

---

[5] N は 0.7 べき乗分だけ産出を押し上げるが，K は 0.3 べき乗分しか産出を押し上げないので，産出と労働との生産関数は産出と資本との生産関数ほど急激に曲がらない。べき乗の値が 1 に近ければ近いほど，生産関数は直線に近づく。

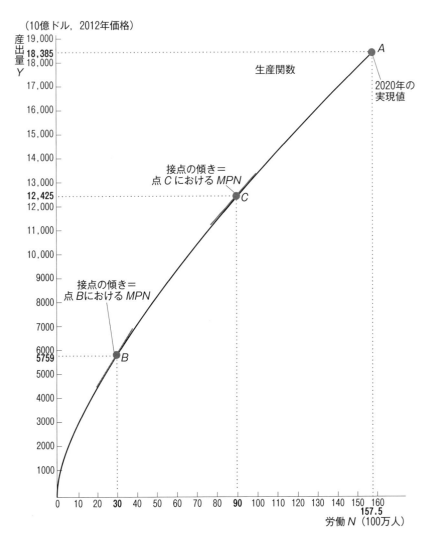

図 3.3 労働と産出量との関係を表した生産関数
この生産関数はアメリカ経済において，2020 年水準の資本ストックと生産性を使って，各々の労働水準に応じた産出量を図示したものである。点 A は 2020 年の実際の労働と産出量との関係を示している。各点における労働の限界生産力（MPN）は，各点における生産関数の接線の傾きとして測定できる。労働の限界生産力逓減の原理から，MPN は雇用水準が高いところで最も小さくなっている。

線の傾きに等しくなり，雇用が9,000万人の労働者に等しいとき，MPNは点Cにおける生産関数の接線の傾きに等しくなる。労働の限界生産力逓減によって，生産関数の傾きは点Bのほうが点Cより急であり，生産関数の傾きは左から右に進むにつれて平らになる。

供給ショック

経済全体の生産関数はつねに時間とともに変化している。経済学者はマクロ経済における生産関数の変化を**供給ショック**（supply shock），あるいは生産性ショックという用語で表す[6]。有利な供給ショックは所与の資本量や労働量で生産することができる産出量を増加させる。一方，不利な供給ショックは所与の資本量や労働量で生産することができる産出量を減少させる。

供給ショックの実例として，次のものがあげられよう。干ばつや突然の厳冬などの天候の変化，コンピューター化された在庫管理や品質管理の統計分析などの効率を改善する経営管理技術の発明や革新，技術や生産方法に影響を与える公害防止法などの政府規制の変化などである。さらに，供給ショックの範疇には，生産に影響を及ぼす資本や労働以外の生産要素の供給の変化も含まれる。たとえば，2020年のパンデミック景気後退の後，主要部品（半導体など）の不足が自動車の供給不足につながった。

図3.4は，供給ショックが，産出量と労働との関係を表した生産関数に及ぼす影響について示している。供給ショックによって，資本や労働が特定の量しか使えないので，生産関数は下方にシフトする。さらに，供給ショックによって，追加的な労働から得られる産出量の増分（労働の限界生産力）が雇用のどの水準でも小さくなるので，生産関数の傾きが緩やかになる[7]。逆に，有利な供給ショックは所与の資本量や労働量でもって，より多くの生産

---

[6] 「ショック」という用語は少し語弊がある。生産関数の変化の多くは予測不可能ではあるが，生産関数の変化がすべて急激で予測不可能なわけではない。

[7] 論理的には，供給ショックは必ずしも労働と資本の限界生産力を小さくするとは限らないかもしれない。たとえば，生産関数は並行的に下方にシフトすることもできるだろう。しかし，正常なケースとして供給ショックが限界生産力を小さくすると考えることは理にかなっているようである。たとえば，もし全要素生産性Aが低下するならば，図3.4のような生産関数のシフトが起こるだろう。

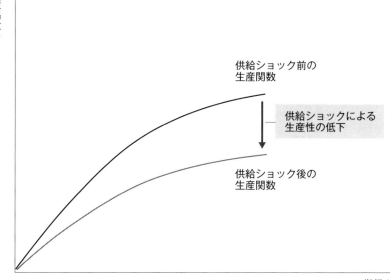

図3.4　MPNを小さくする供給ショック
供給ショックは生産関数を下方にシフトさせる。どの労働水準においても，産出量は供給ショックが起こる前よりも少ない。供給ショックは，どの雇用水準においても生産関数の傾きを引き下げる。

を可能にし，したがって生産関数を上方にシフトさせる[8]。

3.2　労働需要

　われわれは，国あるいは企業によって生産された総産出量が，生産性と生産過程で利用された投入量に依存していることを示した。3.1節では，生産性の測定や生産要素の供給の変化によって引き起こされる供給ショックなどの要因について述べた。この節では，生産者が使う投入量を決めるのは何かを見てみよう。

　2つの最も重要な投入要素は資本と労働であるということを思い出してほしい。マクロ経済で見た資本ストックは，企業による投資や摩耗した部分あ

---

[8] 供給ショックが産出量と資本との関係を表した生産関数に及ぼす効果も同様であろう。

るいは旧式の資本の廃棄などによって時間とともに変化する。しかし，資本ストックは長期間にわたって建設され，また，資本ストックの耐用年数が長期間であるので，新規投資や古い資本の破棄のみが利用可能な総資本量に多大な影響を及ぼす。したがって，分析期間が数四半期や数年といった比較的短い場合には，経済学者はしばしば資本ストックを固定されたものとして扱う。そこで，本章では，資本ストックは固定的であると仮定する。この仮定は長期の経済成長を扱う第6章において緩められ，資本ストックが時間とともにいかに変化するかを分析する。

一方，資本に比べて，経済で雇用されている労働量はかなりすばやく変化する。たとえば，企業は突然労働者を解雇したり残業をさせたりするかもしれないし，労働者も突然辞めたり，働こうとしたりするかもしれない。したがって，生産の年々の変化は雇用の変化を追跡することによって明らかにすることもできる。なぜ雇用が変化するのかということを説明するために，この章の後半において需給アプローチを使い，いかに労働市場が機能するのかを分析する。まずこの節では労働需要について，そして次の3.3節で労働供給に影響を与える要因について議論する。

経済全体の労働需要を理解するためのステップとして，労働者を何人雇用するのかを個々の企業がいかに決定するかについて考察する。しばらくのあいだ，モデルの単純化のために次のような仮定をおく。

1. **労働者はすべて同じである。**労働者の態度，技術や目標などの差異を無視する。
2. **企業は，雇用者の賃金が競争的労働市場で決定され，企業自身では決められないものとする。**たとえば，機械工を雇用したいクリーブランドの競争的企業は，質の良い労働者を雇うためには，その地域で機械工に支払われている賃金を支払わなければならないということを知っている。そして企業は機械工を何人雇用するかを決める。
3. **企業が何人の労働者を雇用するかを決める場合に，企業は利潤（産出額から租税を含む生産費用を差し引く）の最大化を目的とする。**企業は利潤が最大になるように労働を需要する。

利潤が最大になるように労働を需要するために，企業は労働者を追加的に

雇用するときの費用と便益を比較しなければならない。追加的に雇用するときの費用はその労働者の賃金であり，追加的に雇用するときの便益はその追加的雇用が産み出す財・サービスの増加分である。追加的労働による便益が費用を上回るかぎり，追加的雇用が企業の利潤を増加する。そして，追加的雇用が生み出す便益（生産された財・サービスの増分）と費用（賃金）が等しくなるまで，企業は追加的な労働雇用を続ける。

労働の限界生産力と労働需要：例

　労働需要に関する議論をより具体的に考えるために，犬のシャンプーやカットなどの手入れ（以下グルーミングと略す）を行っている小さな会社，クリップ・ジョイント社を例にとってみよう。クリップ・ジョイント社は，従業員と，バリカン，洗い桶やブラシなどの資本を使って，グルーミングを行う。

　クリップ・ジョイント社の生産関数は表3.2で与えられている。生産性と資本ストックの所与の水準に対して，クリップ・ジョイント社の1日の産出量，すなわちグルーミングされる犬の数（第2列）が，従業員の数（第1列）に応じてどのように決まるかを示している。クリップ・ジョイント社の従業員数が増えれば，産出量も増加している。

　クリップ・ジョイント社における各々の労働者の労働の限界生産力（MPN）は第3列に示されている。最初の従業員を雇用することでクリップ・ジョイント社の産出量は0から11に増加するので，最初の従業員のMPNは11である。2番目の従業員を雇用することでクリップ・ジョイント社の産出量は11から20へと9だけ増加するので，2番目の従業員のMPNは9となる。第3列の数字は，クリップ・ジョイント社の従業員の数が増加するに従ってMPNが減少していることを示している。すなわち，クリップ・ジョイント社の生産関数が労働に対して限界生産力逓減という性質をもっていることがわかる。これは，クリップ・ジョイント社の資本が固定されているので，仕事に従事する人数が増えれば増えるほど，限られた数の道具（バリカン，洗い桶やブラシなど）を分け合って使うことになり，従業員数が増えるにつれて便益は少なくなるからである。

表3.2 クリップ・ジョイント社の生産関数

(1) 従業員, N	(2) グルーミングした犬の数, Y	(3) 労働の限界生産力, MPN	(4) 労働の限界収入生産力, $MRPN = MPN \times P$ (P = グルーミング当たり30ドル)
0	0		
		11	330ドル
1	11		
		9	270ドル
2	20		
		7	210ドル
3	27		
		5	150ドル
4	32		
		3	90ドル
5	35		
		1	30ドル
6	36		

　労働の限界生産力は，追加的に労働者を雇用することによって得られる便益を産出量の増加分で測っている．これと関連する概念として**労働の限界収入生産力**（*MRPN*, marginal revenue product of labor）がある．*MRPN*は，追加的に労働者を雇用することによって得られる便益を収入の増加分で測っている．*MRPN*を求めるためには，企業の産出物の価格を知る必要がある．もし，クリップ・ジョイント社がグルーミングする犬1匹について30ドルの料金を受け取るとすれば，1人目の従業員の*MRPN*は1日当たり330ドル（グルーミング当たり30ドルの料金で1日に取り扱う犬の数が11増加）である．より一般化すれば，追加的な従業員の限界収入生産力は，企業の産出物の価格（*P*）に従業員が1人増えることによって得られる産出量の増加分（*MPN*）を掛け合わせたものに等しい．

$$MRPN = P \times MPN \tag{3.3}$$

クリップ・ジョイント社では，産出物の価格*P*は30ドルであるから，各従業員の*MRPN*（第4列）は従業員の*MPN*（第3列）に30ドルを掛けた値に等

しくなる。

さて，クリップ・ジョイント社が条件を満たす従業員に支払わなければならない賃金 W（賃金 W は現在のドルによる**名目賃金**）が 1 日当たり 240 ドルとしよう。このとき，利潤を最大にするには，クリップ・ジョイント社は何人の従業員を雇用すべきであろうか。当然，クリップ・ジョイント社は従業員を増やすことによって得られる便益と費用を比較検討するだろう。追加的に従業員を雇用する際の便益は，その従業員の限界収入生産力 $MRPN$ であり，追加的に従業員を雇用する際の費用は，1 日当たりドル表示の名目賃金 W である。

表 3.2 によれば，1 人目の従業員の $MRPN$ は 1 日当たり 330 ドルであり，これは 1 日当たり賃金の 240 ドルを上回っているから，従業員を 1 人雇用することでクリップ・ジョイント社の利潤は増える。2 人目の従業員の $MRPN$ は 1 日当たり 270 ドルであり，1 日当たり賃金の 240 ドルを上回っているから，2 人目の雇用も利潤を増加させる。しかし，3 人目の雇用は利潤を減少させる。なぜなら，3 人目の従業員の $MRPN$ は 210 ドルで，支払う賃金の 240 ドルを下回るからである。したがって，クリップ・ジョイント社にとって 1 日 240 ドルの賃金支払の条件で利潤を最大にする雇用水準，いい換えればクリップ・ジョイント社が需要する労働量は，従業員 2 人である。

クリップ・ジョイント社が需要する労働量を見つけるのに，上の議論では，追加的雇用の便益と費用を名目のドル単位で測った。追加的雇用の便益と費用を実質単位で測った場合でも結果は変わらない。実質表示でみたとき，クリップ・ジョイント社が追加的に雇用するときの便益は，追加的従業員が提供する追加的な手入れできる犬の数，すなわち労働の限界生産力 MPN である。一方，追加的に雇用するときの実質費用は，名目賃金を産出物の価格によって測った**実質賃金**（real wage）である。数式で表せば，実質賃金 w は名目賃金 W を産出物の価格 P で割った値となる。

この例では，名目賃金 W は 1 日当たり 240 ドルで，産出物価格 P がグルーミング当たり 30 ドルだから，実質賃金 w は 1 日当たり 8 グルーミング [＝ (1 日当たり 240 ドル)／(グルーミング当たり 30 ドル)] となる。利潤最大の雇用水準を見つけるために，クリップ・ジョイント社はこの実質費用と実質便益を比較検討する。1 人目の従業員の MPN は 1 日当たり 11 グルーミン

グであり，これは実質賃金の1日当たり8グルーミングを上回っているから，この従業員を雇用することでクリップ・ジョイント社の利潤は増える。2人目の従業員のMPNは1日当たり9グルーミングであり，実質賃金の8グルーミングを上回っているので，2人目も雇用すべきである。しかし，3人目のMPNは1日当たり7グルーミングであり，実質賃金よりも低いので，3人目の従業員は雇用すべきでない。したがって，クリップ・ジョイント社が需要する労働量は，従業員2人であり，これは名目表示の費用と便益を比較検討した場合の結果と同じである。

　クリップ・ジョイント社の例を検討した結果，追加的に従業員を増やすことによって便益がその費用を上回るときには，企業は利潤最大化のために雇用を増加するべきであるということが明らかになった。同様に，現在の雇用水準において，最後に雇用した従業員による便益がその費用を下回っているならば，企業は雇用を減らすべきである。たとえば，もしクリップ・ジョイント社が3人の従業員を雇うならば，3人目の$MPRN$は210ドルであり，名目賃金の240ドルよりも低いので，企業は1人の従業員を解雇すべきである。要約表2は，追加的労働の費用と便益を実質表示と名目表示で比較したものである。利潤を最大化する雇用水準を選択する際に，実質表示，あるいは名目表示で費用と便益を比較しても，どちらも有効である。

賃金の変化

　従業員を2人雇用するというクリップ・ジョイント社の決定は，1日当たり240ドルという名目賃金水準を前提としていた。さて，何らかの理由で，資格を満たす従業員を雇うのに必要な名目賃金の水準が1日当たり180ドルに下がったとしよう。名目賃金の下落は，クリップ・ジョイント社が雇用したいと思う従業員の数にどのような影響を与えるだろうか。

　われわれは費用と便益の比較を名目表示と実質表示のどちらで行ってもよいことを知っている。そこで，実質表示で比較しよう。もしグルーミングの価格が30ドルのままで，名目賃金が1日当たり180ドルに下がるならば，実質賃金は（1日当たり180ドル）／（グルーミング当たり30ドル）＝（1日当たり6グルーミング）に下落する。表3.2の第3列より，3人目の従業員の

要約表2　追加的に雇用するときの便益と費用の比較

利潤を最大にするために企業はどうすべきか	雇用の増加	雇用の減少
実質表示	$MPN > w$ ($MPN > W/P$)	$MPN < w$ ($MPN < W/P$)
名目表示	$P \times MPN > W$ ($MRPN > W$)	$P \times MPN < W$ ($MRPN < W$)

ここで，MPN は労働の限界生産力，P は産出物の価格，$MRPN$ は労働の限界収入生産力，W は名目賃金，w は実質賃金（$=W/P$）である。

MPN は1日当たり7グルーミングであり，この3人目の MPN は実質賃金より大きいから，クリップ・ジョイント社は従業員を2人から3人に増やすことで利潤は増大する。しかし，4人目の従業員の MPN（1日当たり5グルーミング）は新しい実質賃金（1日当たり6グルーミング）を下回るから，4人目は雇用しないであろう。

この例から，実質賃金が労働需要に及ぼす効果についてより一般的な次のような結論が得られる。他の条件が一定ならば，実質賃金の下落は，企業が需要する労働量を増加させる。同様に，実質賃金の上昇は，企業が需要する労働量を減少させる。

労働の限界生産力と労働需要曲線

クリップ・ジョイント社の例から，実質賃金と企業が需要する労働量のあいだには負の関係があることがわかった。図3.5は，実質賃金と需要される労働量がどのような関係にあるかを，より一般的な形で示したものである。労働量 N を横軸に，MPN と実質賃金はともに労働1単位当たりの財で測られて縦軸に表される。右下がりの曲線が，企業によって雇用された労働 N に対応した労働の限界生産力を表す MPN 曲線である。MPN 曲線は労働の限界生産力逓減によって右下がりの傾きをもっている。水平な直線は労働市場における企業が直面する実質賃金の水準を表している。この実質賃金の水

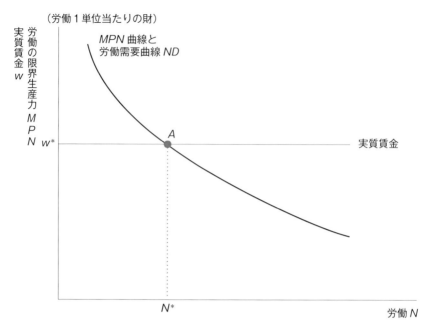

図3.5 労働需要の決定
労働需要量は，MPN と実質賃金率が等しくなる MPN 曲線上の点に対応して決まる。その点に対応する労働量が労働需要量である。たとえば，実質賃金が w^* であるとき，MPN は点 A で実質賃金と等しくなり，労働需要量は N^* となる。労働需要曲線 ND は実質賃金の各々の水準における労働需要量を示している。労働需要曲線は MPN 曲線と同一である。

準は企業にとって所与である。ここでは実質賃金は w^* である。

　ある実質賃金 w^* のもとで，企業が最高の利潤を獲得できる労働量（すなわち企業が需要する労働量）は，実質賃金線と MPN 曲線との交点である点 A で決定される。点 A に対応する労働需要量は N^* である。なぜ企業の利潤を最大にする労働投入の水準が N^* であるのか。もし雇用水準が N^* よりも低い水準だとすれば，労働の限界生産力が実質賃金を上回る（MPN 曲線が実質賃金線の上に位置する）。したがって，もし企業の雇用水準が当初 N^* 以下ならば，この企業は雇用を拡大することにより利潤を増大させることができる。同様に，もし雇用水準が N^* よりも大きければ，労働の限界生産力が実質賃金を下回る（$MPN < w^*$）ことになり，この企業は雇用を減ら

すことで利潤の増加を図ることができる。雇用がN^*に等しいときのみ，企業は雇用する労働者の数に満足するであろう。より一般的には，所与の実質賃金がどのような水準でも，利潤を最大化する労働投入量，すなわち労働需要量は，MPN曲線と実質賃金線との交点に対応して決まる。

企業によって需要される労働量と企業が直面する実質賃金の関係を表すグラフは，**労働需要曲線**（labor demand curve）と呼ばれる。MPN曲線もまた実質賃金の所与の水準において需要される労働量を示しているから，縦軸で測られている労働需要曲線における実質賃金とMPN曲線における労働の限界生産力の違いを除けば，労働需要曲線はMPN曲線と同じものである[9]。MPN曲線と同じように，実質賃金が上昇すれば需要される労働量が減少することから，労働需要曲線も右下がりである。

この労働需要曲線は，クリップ・ジョイント社の例と比べて2つの意味で一般化されている。第一に，ここでは労働に対する需要について述べており，クリップ・ジョイント社の例のように従業員に対する需要ではない。一般的には，労働Nはいろいろな方法で測ることができる。たとえば，総労働時間，総労働週時間，あるいは雇用者数など，いろいろなケースに応じて単位も変わる。第二に，クリップ・ジョイント社の例では，労働者数の単位で雇用すると仮定していたが，図3.5が示すように，労働需要曲線では，労働Nがあらゆる正の値（たとえば整数あるいは分数）をとりうる。人々は1時間単位で働くことがあるから，Nを任意の値にすることは賢明である。

労働需要曲線のシフト要因

労働需要曲線は，実質賃金と企業が雇用したいと望む労働量との関係を表しているから，実質賃金の変化は労働需要曲線に沿った動きとして示される。実質賃金の変化は労働需要曲線をシフトさせない。労働需要曲線は，実質賃金のあらゆる水準において企業の労働需要量を変化させるような要因に反応してシフトする。たとえば，有利な供給ショックは労働投入のすべての水準においてMPNを上昇させるが，不利な供給ショックは労働投入のすべての

---

[9] 実質賃金とMPNとは同じ単位，すなわち労働1単位当たりの財で測っていることを思い起こしてほしい。

表 3.3 有利な生産性ショック後のクリップ・ジョイント社の生産関数

(1) 従業員, N	(2) グルーミングした犬の数, Y	(3) 労働の限界生産力, MPN	(4) 労働の限界収入生産力, $MRPN = MPN \times P$ (P = グルーミング当たり 30 ドル)
0	0		
		22	660 ドル
1	22		
		18	540 ドル
2	40		
		14	420 ドル
3	54		
		10	300 ドル
4	64		
		6	180 ドル
5	70		
		2	60 ドル
6	72		

水準において MPN を減少させる可能性が強い。したがって，有利な供給ショックは MPN 曲線を右上方にシフトさせ，あらゆる水準の実質賃金に対する労働需要量を増加させる。不利な供給ショックの場合には逆の現象が起こる。

　有利な供給ショックがクリップ・ジョイント社の労働需要に与える影響を見るために，クリップ・ジョイント社の経営者が，店内でクラシック音楽を流すことで犬たちがおとなしくなり，このことが犬たちを扱いやすくし，同じ従業員数の1日当たりのグルーミングの数が2倍になることを発見したと想定しよう。この技術的改善によって，クリップ・ジョイント社は表 3.3 に示されたような新しい生産関数をもつことになる。産出量が2倍になったことで，あらゆる雇用水準における MPN が2倍になっていることに注意してほしい。

　クリップ・ジョイント社は，もとの生産関数（表 3.2）で，実質賃金が1日当たり8グルーミングのときに2人の従業員を雇用した。表 3.3 から，生産性の向上が，ある所与の実質賃金のもとでクリップ・ジョイント社の労働需

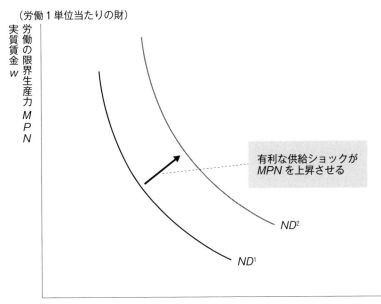

図3.6　有利な供給ショックの労働需要への効果

あらゆる労働の水準で MPN を増加させる有利な供給ショックは，MPN 曲線を右上方にシフトさせる。労働需要曲線は MPN 曲線と同一であるから，労働需要曲線も ND^1 から ND^2 へと右上方にシフトする。どの実質賃金においても，有利な供給ショックの後には企業は労働をより需要する。

要を4人まで増加させることがわかる。なぜならば，4人目の従業員の MPN （1日当たり10グルーミング）は実質賃金を上回るからである。しかし，5人目の従業員の MPN （1日当たり6グルーミング）は実質賃金を下回るから，5人目の従業員は雇用しない。

　有利な供給ショックの労働需要への効果は，図3.6に示されている。この有利な供給ショックはあらゆる労働投入の水準で MPN を増加させ，MPN 曲線を右上方にシフトさせる。MPN 曲線と労働需要曲線は同一であるから，労働需要曲線もまた右上方に ND^1 から ND^2 へとシフトする。労働需要曲線が ND^2 になると，企業はどの実質賃金水準においても，労働需要曲線が ND^1 のときよりも多くの従業員を雇用する。このように，従業員の生産性と労働需要量は密接にリンクしている。

要約表3　総労働需要曲線をシフトさせる要因

増加（上昇）する要因	労働需要曲線のシフト方向	理　由
生産性	右方	有利な供給ショックは MPN を増大し，MPN 曲線を右上方へシフトさせる。
資本ストック	右方	資本ストックの増大は MPN を増大し，MPN 曲線を右上方へシフトさせる。

　労働需要に影響を与える可能性のあるもう1つの要因は，資本ストックの大きさである。資本ストック K の増大，すなわちそれぞれの労働者により多くの機械や装置が与えられることは労働者の生産性を上昇させ，労働のあらゆる水準において MPN を大きくさせる。したがって，資本ストックの増大は，ある特定の実質賃金のもとで企業が需要する労働量を増加させ，労働需要曲線を右上方にシフトさせる[10]。

総労働需要

　われわれは，これまでクリップ・ジョイント社のような個々の企業の労働需要に焦点をあててきた。しかし，マクロ経済分析においては通常，**総労働需要**（aggregate demand for labor）あるいは一国全体における全企業の労働需要の合計の概念を用いる。

　総労働需要は個々の企業の労働需要を足し合わせたものであるから，総労働需要を決定する要因も，個々の企業における労働需要の決定要因と同じである。したがって，総労働需要曲線も個々の企業の労働需要曲線（図3.5）と同じような形をしている。企業の労働需要曲線のように，総労働需要曲線も右下がりの傾きをもち，経済全体の実質賃金の上昇は企業全体が雇用したいと思う労働の総量を減少させることを示している。同様に，総労働需要曲線

---

[10] もし新規資本が労働利用と代替的であれば，資本ストックの増加は労働需要を減少させることもある。たとえば，自動料金所の設置は料金徴収員の限界生産力を低下させ，これに従事する労働者に対する需要が減る。

は，有利な供給ショックや総資本ストックの増大によって右上方にシフトし，供給ショックや総資本ストックの減少によって左下方にシフトする。総労働需要に影響を与える要因については，要約表3にまとめられている。

3.3　労働供給

　労働に対する需要は企業によって決定されるが，労働の供給は意思決定をする個人または家族の一員によって決定される。就労年齢に達している者は，経済の賃金支払部門で（もし働くのであれば）どれだけ働くのかを決めなければならない。ここでいう賃金支払部門とは，賃金を支払わない部門，たとえば家事や子どもの世話をする，学校に通う，退職する，などと対立する概念である。**総労働供給**（aggregate supply of labor）は，経済のすべての人々によって供給される労働の総和である。

　どれだけ労働を需要するのかを決める場合に，企業は労働者を追加的に雇用するときの費用と便益を比較したことを思い起こしてほしい。同様に，個人もどれだけ働くのかを決める場合，働くときの費用と便益を比較し，決定する。仕事から得られる心理的な満足を別にすれば，働くことから得られる主たる便益は，稼得する所得である。所得は必需品や贅沢品の購入に用いることができる。一方，働くことの主たる費用は，仕事に従事しているあいだはやりたいと思う他の活動ができないことである。経済学者は食事，睡眠，家事，家族や友人と過ごす時間などの仕事以外の活動を**余暇**（leisure）と呼ぶ[11]。人々はできるだけ裕福になりたいと思うから，1時間の追加的労働から得られる所得が，断念しなければならない追加的な余暇時間を埋め合わせる点まで労働を供給しようとするはずである。

所得と余暇のトレードオフ

　所得と余暇のトレードオフがいかに労働供給の決定に影響するかを説明するために，次のような例を提示しよう。テニス・レッスンを提供するエース

---

[11] 余暇（leisure）という概念は，仕事以外のすべての活動（たとえば，家事や学業）が「レジャーである」ということを意味しているわけではない。

という名のテニス・インストラクターを考える。税や仕事に関連した経費を支払った後，エースは時給 60 ドル稼ぐことができる。これを（課税後の）名目賃金率と呼ぶ。エースは優れたテニス・インストラクターとしての名声をもっているので，彼は自分で選択した年間時間だけ仕事をする。しかし，毎日テニスを教えることは，彼が本当に夢中になっているスカイダイビングに利用できる日数が少なくなることを意味するので，彼はより多く仕事をすることに気乗りしない。エースが決定することは，今年何時間働くのか，いい換えると，どれだけの労働を供給するのかということである。

エースは，経済的にいえば，何が実際に自分を幸せにするのかを自問し，この問いに，しばらくの熟慮後に，彼は満足度あるいは**効用**（utility）の水準は，彼が消費する財・サービスの量とスカイダイビングに利用する余暇時間に依存すると答える。それゆえ，彼の問いは，「今年最も高い効用水準を達成するためにどれだけ働くべきか」と再述できる。

効用を最大にする労働供給の水準を見つけるために，エースは追加的に 1 時間働くことの費用と便益を比較しなければならない。追加的に 1 時間労働する費用は，余暇の 1 時間の損失である。すなわち，この費用はスカイダイビングをしないで 1 時間働かなければならないとき，彼が被る効用の損失として計測できる。追加的に 1 時間労働する便益は，所得が 60 ドル増加することであり，これは彼がより多くの消費を享受できることを意味する。

もし追加的に 1 時間労働する便益（追加的な所得から得られる効用）が費用（余暇の減少によって失われる効用）を超えるならば，エースは追加的に 1 時間労働すべきである。実際，彼は，60 ドルの追加的な所得から得られる効用が，余暇に充てる時間を失うことから生じる効用の損失にちょうど等しくなるまで，労働時間を増やし続ける。その点におけるエースの労働供給が彼の効用を最大にする[12]。労働供給の決定が所得に対する余暇のトレードオフから得られるという考えを使うと，エースが供給する労働量に影響を及ぼ

---

[12] すべての人が，エースのように柔軟に労働供給を選択することができるわけではない。たとえば，いくつかの仕事は 1 週間に 40 時間働けるか，あるいはぜんぜん働けないかである。しかし，時間外労働やパートタイム，あるいは副業に就いたり，さらには家族のなかで働いている人数を変化させたりすることによって，家計はどれだけ労働を供給するのかに関してかなりの自由裁量をもっている。

す要因を議論することができる。

実質賃金と労働供給

　実質賃金は，労働のために余暇 1 単位（たとえば，1 時間，1 日，あるいは 1 週間）を諦めることによって得られる実質所得額である。したがって，それは供給される労働量の重要な決定要因である。

　一般的に，実質賃金の増加は 2 つの経路を通じて労働供給の決定に影響を及ぼす。第一に，実質賃金の増加は追加的に労働することから得られる（追加的実質所得によって）便益を引き上げるので，労働者は労働をより多く供給する傾向がある。労働のより高い報酬に反応して労働者がより多く労働を供給する傾向は，労働供給量に対する**より高い実質賃金の代替効果**（substitution effect of a higher real wage）と呼ばれている。

　第二に，実質賃金が増加すると，同じ労働時間でより高い実質所得が得られるので，労働者は実際上豊かになる。より豊かになると人は余暇を選択することができるようになるので，その結果としてより少ない労働を供給するであろう。より豊かになることに反応してより少ない労働を供給する労働者の傾向は，労働供給量に対する**より高い実質賃金の所得効果**（income effect of a higher real wage）と呼ばれている。より高い実質賃金の代替効果と所得効果は逆方向に働く。つまり，代替効果は労働供給量を増加させるが，所得効果は労働供給を減少させる傾向がある。

純粋な代替効果：1 日限りの実質賃金の上昇　エースはスカイダイビングに行くために毎週水曜日を休みにし，1 週間に 48 時間（6 日×1 日 8 時間）労働すると決めたと仮定しよう。このことによって，代替効果を説明することができる。彼は毎週水曜日に働いて 1 時間当たり 60 ドルの賃金を得ることができるが，彼の最も高い効用はその日を余暇に使うことによって得られる。

　ある火曜日に，熱狂的なテニス選手がエースに電話で，週末のアマチュア・トーナメントの準備のために水曜日にレッスンしてくれるよう頼んできたとしよう。彼はエースに 1 時間当たり 60 ドルの規定賃金を申し出るが，エー

スは水曜日にはスカイダイビングに行くことになっていると説明して断ってしまった。ところが，テニス選手はその返答に納得せず，水曜日の終日レッスンに1時間当たり600ドルの料金を払うと申し出た。エースは通常の賃金の10倍のこの申し出を聞くと，「このような申し出は毎日あるわけではないので，他の別の日にスカイダイビングに行くことにして，今週の水曜日は働くことにしよう」と考え直した。

エースがこの水曜日にスカイダイビングに行かないで労働する（つまり，余暇を労働に代替する）決定は，追加的に1時間労働することによって得られる追加的な所得という非常に高い報酬に対する反応である。このように，追加的に労働する決定は代替効果の結果である。1日だけ非常に高い賃金を受け取ることは，エースをかなり豊かにするわけではないので，1日かぎりの賃金上昇の所得効果は無視できる。したがって，1日かぎりの実質賃金上昇の労働供給量への影響は代替効果の純粋な例である。

純粋な所得効果：宝くじに当たる　スカイダイビングに加え，エースは州の宝くじを楽しんでいる。幸運なことに，熱狂的なテニス選手を教えた次の週の水曜日に，彼は30万ドルの宝くじに当たった。追加的な30万ドルの富は仕事をしないですむ時間をより多くするため，エースの反応は，週6日から週5日へ労働する日数を減らすことであった。宝くじに当たることによって彼は豊かになったので，労働供給を減らしたのである。宝くじの当選金は労働の現在報酬に対して影響を及ぼさない（エースの実質賃金は1時間当たり60ドルのまま）ので，代替効果をもたない。したがって，宝くじに当たることは純粋な所得効果の一例である。

もう1つの純粋な所得効果の例は，将来の期待実質賃金の増加である。エースが住んでいる地域の豪華なカントリークラブに属する高齢のテニス・プロが，次の年に引退すると表明し，カントリークラブは1年後からエースを雇うことに合意するとしよう。エースは好きな時間だけテニスを教え，1時間当たり100ドル（課税後）得ることができるだろう[13]。彼は，この将来賃金の増加が，将来のどんな労働供給量に対しても将来の期待所得を引き上げ

---

[13] 次の1年間のインフレをゼロと仮定する。そのため，次年における1時間当たり100ドルの賃金率は，エースの名目賃金率だけでなく実質賃金率も増加させる。

るので，彼を事実上豊かにするということに気がつく。生涯所得から判断して，彼は今日の余暇をもつ余裕があることに気がつく。つまり，将来の期待実質賃金の増加はエースの現在の労働供給を減らすという所得効果をもっている。将来の賃金のこの増加は彼の現在の賃金に影響を与えず，したがって，追加的に1時間労働するために余暇の1時間を諦めることに対する現在の報酬に対して影響を及ぼさないので，彼の現在の労働供給に対して代替効果が存在しない。したがって，将来の実質賃金の増加はエースの労働供給に対して純粋な所得効果をもつだけである。

代替効果と所得効果：実質賃金の長期的上昇　カントリークラブの高齢のテニス・プロが突然やめ，カントリークラブは，すぐに働き始めるようエースに依頼した。エースはテニスを教えたいので，申し出を受け，1時間当たり100ドル（課税後）を得た。

　新しい仕事で，エースの働く時間は以前より多くなるだろうか，あるいはより少なくなるだろうか。このケースでは，2つの効果が逆方向に働く。一方では，労働報酬がより高くなるので，以前に比べてより多く働くであろう。より高い実質賃金に反応して労働供給を増加させる傾向は，代替効果である。もう一方では，新しい高い賃金であれば，エースは1週間のうち3日か4日働くだけで食料，家賃，およびスカイダイビングの諸費用をまかなうことができるので，より少なく働き，スカイダイビングにより多くの時間を費やすであろう。彼が豊かになったため，労働供給を減らす傾向は所得効果である。

　どちらの効果が強いのであろうか。エースの決定に影響を及ぼす1つの要素は，彼のより高い新しい賃金が続くと予想される時間の長さである。より高い実質賃金がより長く続くと予想されるほど，エースの生涯資源への影響はより大きく，所得効果はより強い。このように，もしエースが退職するまで新しい仕事に就いていると予想するならば，所得効果のほうが強く（彼はより豊かになる），彼は仕事量を減らすだろう。もしエースがその仕事はあまり長く続かないと予想するならば，所得効果は弱く（彼の生涯資源の増加は小さい），より高い賃金を利用して，仕事のできる間はより多くの仕事を選択するかもしれない。一般的に，実質賃金の上昇が長く続くと予想されるほど所得効果は強く，労働供給量の減少する程度はより大きくなる。

応用例：ギグ・エコノミーの規模とは？

　テクノロジーは労働力に変化をもたらした。今では多くの人がウーバーやリフトのようなライド・サービス，ドアダッシュのようなフード・デリバリー・サービス，インスタカートのような食料品デリバリー・サービスを利用している。また,手作り品,本,ペット・キャリーなどをエッツィーやショッピファイなどのウェブサイトで販売する人もいる。宿泊はエアビーアンドビーやホームアウェイなどが提供している。こうしたサービスに慣れ親しんでいると,ギグ・エコノミーは多くの労働者を雇用しているという印象を人々に与える。

　米連邦準備は，ギグ・エコノミーを「有料の保育サービス，ハウスクリーニングサービス，ライドシェアリングサービス，物品販売，賃貸物件からの収入」から成り立っていると定義している[14]。

　オンライン・サービスや販売に従事する人の数は非常に増えている印象があるが，データは何を示しているのだろうか。コーネル大学とアスペン研究所が運営する「ギグ・エコノミー・データ・ハブ」は，労働者の25～35%が何らかのギグワークに従事していると報告している[15]。連邦準備は，2020年10月時点でギグワークに従事している成人の割合は27%だったと報告している。これは，パンデミック景気後退の影響により，2019年の前回調査より約4パーセント・ポイント低い。そしてギグワーカーの多くは，ギグワークは主な収入源の補完にすぎないと答え，一方で彼らの約30%は，ギグワークが主な収入源だと答えている。

実質賃金と労働供給に関する実証分析　相反する所得効果と代替効果の

---

[14] 「2020年におけるアメリカ世帯の経済的幸福度に関する報告書」，連邦準備制度，2021年5月．*www.federalreserve.gov/publications/2021-economic-well-being-of-ushouseholds-in-2020-employment.htm* を参照。

[15] *www.gigeconomydata.org/basics/how-many-gig-workers-are-there*（2022年2月19日アクセス）を参照。

ため,実質賃金の変化が労働供給にいかに影響するのかに関して不明瞭である。実証分析の結果はどうであろうか。

労働供給に関する研究によれば,一般に労働供給総量は実質賃金の一時的な上昇に対応して上昇するが,実質賃金の恒常的な上昇に対応して低下する[16]。一時的な実質賃金の上昇が労働供給量を増加させるという知見は,代替効果を裏付けている。労働に対する報酬が短期間上昇すれば,人々はその機会を利用してより多く働くようになる。実質賃金の恒常的な上昇が総労働供給量を低下させるという結果は,実質賃金が長期的に上昇する場合,所得効果が代替効果を上回ることを示している。恒常的に賃金が上がれば,労働者はより少ない労働しか選ばなくなる。このような効果の大きさは,その人の家族の状況(既婚か未婚か,子供がいるか老親を介護しているか)と税率(税金を払った後にどれだけの所得を維持できるかを決める)に左右される。

労働供給曲線

個人の労働供給量が,いかに現在実質賃金率や将来期待実質賃金率に依存しているかを議論してきた。個々の労働者の**労働供給曲線**(labor supply curve)は,将来の期待実質賃金などのその他の要因を一定としたときの,総労働供給と現在の実質賃金との関係を示している。図3.7に標準的な労働供給曲線が描かれている。この図では,現在の実質賃金が縦軸に,労働供給量が横軸にとられている。現在の実質賃金(将来の期待実質賃金を一定とする)の上昇が労働供給量を増加させるので,労働供給曲線は右上がりとなる。

労働供給曲線のシフト要因 所与の現在実質賃金水準のもとで労働供給量

---

[16] 労働供給に関する研究の詳細については,Richard Blundell and Thomas MaCurdy, "Labor Supply: A Review of Alternative Approaches," in O. Ashenfelter and D. Card, eds., *Handbook of Labor Economics*, volume 3 (Amsterdam: North-Holland, 1999), pp. 1559-1695 を参照。最近の研究の主要分野についての詳細な情報は,Michael Keane and Richard Rogerson, "Micro and Macro Labor Supply Elasticities: A Reassessment of Conventional Wisdom," *Journal of Economic Literature*, June 2012, pp.464-476,および Michael P. Keane, "Labor Supply and Taxes: A Survey," *Journal of Economic Literature*, December 2011, pp.961-1075 を参照。152頁の「応用例:労働供給の最近の動向」で議論するように,プライムエイジの労働力率は低下している。

132　第II部　長期と短期の経済分析

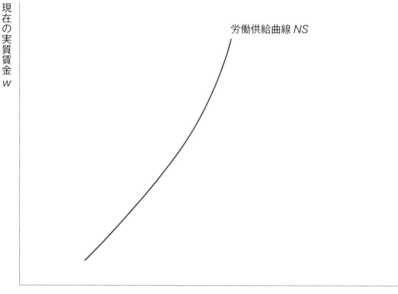

図 3.7　個々の労働者の労働供給曲線
この図は，縦軸に所与の現在実質賃金を，横軸に労働供給量をとり，労働者が所与の現在実質賃金に対する労働供給量を示している。将来の期待実質賃金などの他の要因を一定としたときに，現在の実質賃金の上昇が労働供給を増加させるので，労働供給曲線は右上がりとなる。

を変化させる要因は，労働供給曲線をシフトさせる。特に，所与の現在実質賃金水準のもとで労働供給量を増加させる要因は，労働供給曲線を右にシフトさせ，所与の現在実質賃金水準のもとで労働供給量を減少させる要因は，労働供給曲線を左にシフトさせる。すでに富の増加（たとえば，宝くじに当たること）が，どのように所与の実質賃金のもとで労働供給量を減少させる，すなわち純粋な所得効果をもつのかについて議論した。したがって，図 3.8 に示したように，富の増加は労働供給曲線を左にシフトさせる。将来の期待実質賃金の増加がいかに所与の実質賃金のもとで労働供給量を減少させるのかという純粋な所得効果をもつのかについても，すでに議論した。図 3.8 では，将来の期待実質賃金の増加が労働供給曲線に及ぼす反応も描いている。

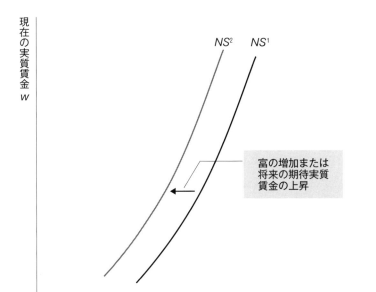

図3.8　富の増加の労働供給への影響
富の増加は，実質賃金水準のもとで，労働供給を減少させる。したがって，富の増加は労働供給曲線を左方にシフトさせる。同様に，労働者を裕福にさせる将来の期待実質賃金の上昇は，現在の実質賃金のもとでの労働供給を減少させ，労働供給曲線を左方にシフトさせる。

総労働供給

　上述したように，労働の総供給とは，経済の個々の労働者が供給する労働の総合計である。個人の現在の実質賃金が上昇するとき，個人が供給する労働量が増加するように，経済の実質賃金が上昇するとき，供給される総労働量も増加する。現在の実質賃金の上昇が労働供給の集計量を増加させる理由には，2つある。第一に，実質賃金が上昇すると，すでに働いている労働者はより多くの時間を労働に向ける可能性がある。たとえば，超過勤務時間を増やしたり，パートタイムから常勤の仕事に移ったり，また，副業をもったりする。第二に，高い実質賃金は，現在仕事をしていない人々に対して仕事を見つけさせる。現在のより高い実質賃金によって，人々がより多く働きたい

要約表4　総労働供給曲線をシフトさせる要因

増加する要因	労働供給曲線のシフト方向	理　由
富	左方	富の増加は労働者が楽しむことができる余暇を増加させる。
将来の期待実質賃金	左方	将来の期待実質賃金の上昇は労働者が楽しむことができる余暇を増加させる。
労働年齢人口	右方	潜在的労働者数の増加は労働供給量を増加させる。
労働力率	右方	働きたいと思っている人々の増加は労働供給量を増加させる。

と思うから，総労働供給量と現在実質賃金との関係を示す総労働供給曲線は右上がりの傾きをもつ。すでに働いている人々の労働時間の変化は，**インテンシブ・マージン**（intensive margin）の変化であると言われ，雇用されていなかった人々が仕事に就くことを決めた場合は，**エクステンシブ・マージン**（extensive margin）の変化であると言われる。つまり，インテンシブ・マージンとは雇用労働者1人当たりの労働時間のことであり，エクステンシブ・マージンとは雇用労働者数のことである[17]。

　人々の労働供給量に影響を与える現在実質賃金以外の要因によっても，総労働供給曲線はシフトする。総労働供給曲線をシフトさせる要因をまとめたのが要約表4である。この表における最初の2つの要因，富と将来の期待実質賃金についてはすでに説明した。一国の労働年齢人口の増加（たとえば，高い出生率や移民によって生じる）もまた，総労働供給を増加させる。あるいは，社会的・法的環境の変化によって，労働年齢人口のかなりの部分があらたな労働力（労働力率の向上）となり，総労働供給を増加させる。たとえば，社会における女性の役割に関する考え方の変化は，1960年代後半から1990年代半ばにかけて，アメリカの労働市場における女性の数を大幅に増加させた。また多くの分野で定年制が撤廃されたことにより，高齢労働者の労働力率が高まった。

---

[17] エクステンシブ・マージンに関する研究については，James Bullard, "The Rise and Fall of Labor Force Participation in the United States," Federal Reserve Bank of St. Louis Review, First Quarter 2014, pp.1-12 を参照。

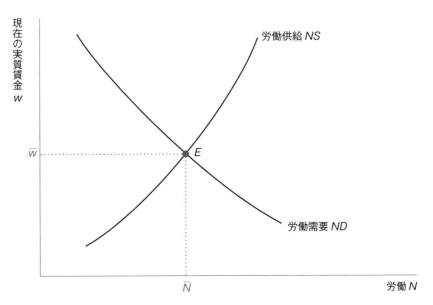

図 3.9 労働市場の均衡
労働需要量と労働供給量は点 E で等しくなる。均衡実質賃金は $\bar{w}$ であり，均衡雇用水準は $\bar{N}$ で，雇用の完全雇用水準を表す。

3.4 労働市場の均衡

　労働市場の均衡は，労働の総需要量と総供給量が等しくなることを要求する。ここで導入される労働市場の需要供給の基本モデル（**労働市場の古典派モデル**と呼ばれる）は，実質賃金によって，労働の需要と供給とが等しくなるように瞬時に調整されるという仮定にもとづいている。したがって，もし労働供給量が労働需要量より少なければ，企業は不足する労働者を求めて実質賃金を高めに設定するが，これに反して，多くの労働者が比較的少ない仕事を求めて競争する場合には，実質賃金は下落する傾向がある。

　労働市場の均衡をグラフで示すと図 3.9 となる。均衡点は労働の総需要曲線と総供給曲線が交差する点 E である。賃金と価格の完全調整後に達成される雇用の均衡水準は，**雇用の完全雇用水準**（full-employment level of employment）$\bar{N}$ として知られている水準である。対応する市場均衡実質賃金は $\bar{w}$ である。

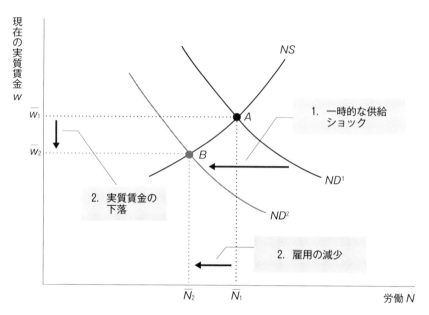

図 3.10 一時的な供給ショックの労働市場への影響
労働の限界生産力を低下させる不利な供給ショックは，実質賃金のどの水準においても労働需要量を減少させるから，労働需要曲線は ND^1 から ND^2 へと左方にシフトし，労働市場の均衡は点 A から点 B に移動する。つまり，不利な供給ショックが生ずれば，実質賃金水準は $\overline{w}_1$ から $\overline{w}_2$ に下落し，雇用の完全雇用水準も $\overline{N}_1$ から $\overline{N}_2$ に下がる。

　総労働需要曲線や総労働供給曲線をシフトさせる要因は，均衡実質賃金と雇用の完全雇用水準に影響を与える。この要因の一例として，一時的な不利な供給ショックがある。たとえば，異常な悪天候による一時的な供給ショックは，雇用のどの水準においても労働の限界生産力を低下させる。図 3.10 が示すように，この低下は労働需要曲線を ND^1 から ND^2 へと左方にシフトさせる。しかし，この供給ショックは一時的であるので，将来の限界生産力や将来の実質賃金には影響を与えず，労働供給曲線はシフトしない。労働市場の均衡は点 A から点 B に移動する。したがって，このモデルから，一時的な供給ショックが生ずれば，現在の実質賃金水準は下落し（$\overline{w}_1$ から $\overline{w}_2$ へ），雇用の完全雇用水準も下がる（$\overline{N}_1$ から $\overline{N}_2$ へ）と予測できる。
　労働市場についての古典派の需要・供給モデルは大変単純であり，経済的

撹乱や経済政策の変更が雇用や実質賃金にいかに影響を及ぼすのか，という分析を行う場合にとても有用である。しかし，この基本モデルの重大な欠陥は，失業の分析に利用できないことである。このモデルでは，均衡実質賃金で働きたいと思うすべての労働者が仕事を見つけることができると仮定されているからである。いい換えれば，このモデルでは失業は存在しないのである。失業についてはこの章の後半で議論するが，それまでは労働市場の古典派需要・供給モデルを用いる。

完全雇用産出量

労働市場均衡と生産関数を組み合わせることによって，企業が供給したい産出量を決定することができる。**完全雇用産出量**（full-employment output）$\bar{Y}$ は，ときどき**潜在産出量**（potential output）と呼ばれるが，賃金と価格が完全に調整されたときの経済全体の企業が供給する産出量である。いい換えれば，完全雇用産出量とは，総雇用が完全雇用水準 $\bar{N}$ に等しいときの産出量である。完全雇用産出量 $\bar{Y}$ を (3.1)式の生産関数を使って次のように定義しよう。

$$\bar{Y} = AF(K, \bar{N}) \tag{3.4}$$

(3.4)式は，ある一定の資本ストック K のもとにおける完全雇用産出量が2つの一般的な要素，つまり雇用の完全雇用水準 $\bar{N}$ と，雇用と産出量との関係を表す生産関数によって決定されることを示している。

雇用の完全雇用水準 $\bar{N}$，または生産関数のどちらかが変化すれば，完全雇用産出量 $\bar{Y}$ が変化する。たとえば図 3.10 で示したように，MPN を下げる一時的な不利な供給ショックは，2つの経路を通じて完全雇用産出量を引き下げる。

1. 不利な供給ショックは，ある一定の資本ストックと労働を投入して生産される産出量を減少させ，直接的に産出量を引き下げる。この直接的効果は，(3.4)式の生産性係数 A の下落によって説明できる。
2. 不利な供給ショックは，図 3.10 が示すように労働需要を減少させ，雇用の完全雇用水準 $\bar{N}$ を引き下げる。$\bar{N}$ の下落は，(3.4)式から明らかなように，完全雇用産出量 $\bar{Y}$ を引き下げる。

応用例：オイルショック時の産出量，雇用と実質賃金

　第2次世界大戦後のアメリカ経済や世界経済をいくどとなく襲った深刻な供給ショックのうちで，原油やその他のエネルギー製品の価格が急上昇した供給ショックは最も深刻なものであった。図3.11は，対GDPデフレーター（すべての産出量の一般物価水準）比で計測した，企業が支払ったエネルギー価格が1960年から2017年の間にどれだけ変化したのかを示している。3度にわたるオイルショックが際立っている。1度目は，石油輸出国機構（OPEC）が石油輸出禁止を行い，原油価格が急上昇した1973～1974年のオイルショックであり，2度目は，イラン革命後の石油供給が崩壊状態にあった1979～1980年のオイルショックである。そして3度目は2003年から2008年の間に生じた原油価格の急上昇である。これは，中国やインドなどの急速に発展した大国による石油需要の急増と（生産能力不足，ハリケーンによるメキシコ湾の生産減少，中東・ロシア・ベネズエラ・ナイジェリアにおける地政学的懸念による）供給不足が相まって生じた。1979～1980年のオイルショックは，エネルギー価格がその後下落したので，一時的なショックであったことがわかる。1990年8月のイラクのクウェート侵攻に伴う原油価格の上昇は，上記の3つのオイルショックに比べると，エネルギー価格全体に与える影響が小さかったため，図3.11が示すように一時的なものにすぎない。

　石油供給の減少や途絶がエネルギー価格の上昇を引き起こすと，企業はエネルギーの使用を削減するので，ある一定の資本ストックと労働投入によって生産される産出量は減少する。つまり，エネルギー価格の上昇は不利な供給ショックを引き起こす。このオイルショックによるGDPへの影響はどの程度であろうか。このようなショックが発生したとき，経済で起こっている他のすべてのことを切り離すことは難しく，結果は政府の政策対応に左右される。しかし実証研究によれば，原油価格が10％上昇すると，GDPは約0.4パーセント・ポイント減少する[18]。したがって，2002年から2008年にかけて原油価格が96％上昇した場合に，GDPは原油価格の上昇がなかった場合よりも約3.8％減少したことになる。

　われわれのモデル分析から，不利な供給ショックが生じると，労働需要が

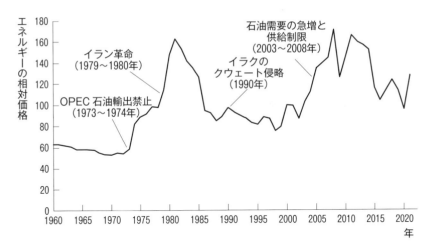

図 3.11　エネルギーの相対価格（1960〜2021 年）
この図は，GDP デフレーターに対する，燃料やその関連製品および電力の生産者物価指数（生産者が支払うエネルギー価格の指数）比を示している。1973〜1974 年，1979〜1980 年，および 2003〜2008 年のオイルショックと 1980 年代前半のエネルギー価格の下落のインパクトに留意してほしい。
出所：経済分析局，FRED データベース fred.stlouisfed.org からダウンロード，燃料やその関連製品および電力の生産者物価指数に関しては，FRED series/PPIENG，GDP デフレーターに関しては，FRED series/GDPDEF。データは 2000 年のエネルギーの相対価格が 100 になるようにスケーリング。

低下し，雇用の減少と実質賃金の下落が生じ，同時に生産物の供給が減少するという予測が得られる。実際，1973〜1974 年，1979〜1980 年，1990 年の原油供給制限による原油価格の上昇の後には，経済は景気後退に陥り，GDP 成長率はマイナスとなった。いずれの場合も，雇用と実質賃金は減少した。マクロ経済政策およびその他の要因も同時期に変化するから，これらの結果の解釈には注意が必要であるが，われわれのモデルはこれらの主要な原油価格

---

[18] Charles T. Carlstrom and Timothy S. Fuerst, "Oil Prices, Monetary Policy, and the Macroeconomy," Federal Reserve Bank of Cleveland, Economic Commentary (July 2005)，および John Fernald and Bharat Trehan, "Why Hasn't the Jump in Oil Prices Led to a Recession?" Federal Reserve Bank of San Francisco, *Economic Letter*, Number 2005-31, November 18, 2005 を参照。

3.5 失業

労働市場の古典派モデルは，需要・供給分析に依存しているが，経済全体の賃金率と雇用水準を研究し，これらの変数が産出量と生産性とどのようにリンクしているのかを示すのに有用である。しかし，労働市場のこのモデルは，労働市場が均衡しているときに，そのときの賃金で喜んで働きたいと思っているすべての労働者が職を見つけることができるという強い仮定にもとづいている。もちろん，実際には働きたいと思う人が必ずしも仕事を得るとは限らないので，いつも失業が存在している。失業の存在は，社会の労働資源が必ずしも財・サービスの生産に積極的に投入されているとは限らないということを意味している。

本書では，とくに第 12 章において議論するが，何度も失業問題を取り上げる。ここでは，まず失業に関する基本的な事実を拾い上げ，簡単な経済分析を行う。

失業の計測

アメリカにおける失業率の推計を目的として，労働統計局（BLS）は約 6 万戸の家計の調査を毎月行っている。調査対象の家計における 16 歳以上の個人は以下の 3 つに分類されている。

1. **就業者** 先月末の 1 週間に常勤あるいは非常勤で働いた人（病気休みや休暇を含む）。
2. **失業者** 先月末の 1 週間に働かず，過去 4 週間求職活動をした人。
3. **非労働力** 先月末の 1 週間に働かず，過去 4 週間求職活動をしなかった人（たとえば，全日制の学生，主婦および退職者）。

表 3.4 は，この 3 分類の 2022 年 1 月時点のアメリカにおける人数を示したものである。（労働市場に関するこれらのデータや他のデータの出典として，「データとリサーチにふれよう：労働市場データ」のコラムが役に立つ）。こ

表 3.4　アメリカの成人人口の雇用形態（2022 年 1 月現在）

範疇	人数 (百万人)	労働力の割合 (%)	成年人口の割合 (%)
就業者	157.2	96.0	59.7 (雇用率)
失業者	6.5	4.0 (失業率)	2.5
労働力 (就業者＋失業者)	163.7	100.0	62.2 (労働力率)
非労働力	99.5		37.8
成年人口 (労働力＋非労働力)	263.2		100.0

注：四捨五入のため合計は必ずしも割合の和に等しくない。
出所：アメリカ労働省の *The Employment Situation*，(2022 年 1 月)，Table A-1.

表 3.4J　日本の成人人口の雇用形態（2023 年）

範疇	人数 (万人)	労働力の割合 (%)	成年人口の割合 (%)
就業者	6,747	95.3	61.2 (雇用率)
完全失業者	178	2.6 (完全失業率)	
労働力 (就業者＋失業者)	6,925	100.0	62.9 (労働力率)
非労働力	4,084		37.1
成年人口 (労働力＋非労働力)	11,017		100.0

注1：2023 年における日本の就業者は 6,747 万人，失業者は 178 万人である。労働力は 6,925 万人であり，成年人口は 1 億 1,017 万人である。労働力率は 62.9％である。
注2：四捨五入のため合計は必ずしも割合の和に等しくない。
注3：日本の「労働力調査報告」では成年人口は 15 歳以上人口である。
出所：総務省統計局「労働力調査報告」基本集計，長期時系列表 2，就業状態別 15 歳以上人口全国.

の月における就業者は1億5,720万人，失業者は650万人であった．**労働力**（labor force）は就業者と失業者を合わせた数だから，2022年1月の労働力は1億6,370万人である（就業者1億5,720万人と失業者650万人の合計）．労働力に入らない9,950万人の成年（2億6,320万人の総人口から1億6,370万人の労働力を差し引いた人口）がいるから，2022年1月の成年人口（16歳以上）は2億6,320万人であった．

労働市場についての有用な指標として，失業率，労働力率，および雇用率がある．**失業率**（unemployment rate）は，労働力のうちで失業している労働者の割合である．2022年1月の失業率は4.0％（失業者650万人を労働力1億6,370万人で割った値）である．図1.3は，1890年以降におけるアメリカの失業率を示している．

成年人口中の労働力の比率を**労働力率**（participation rate）という．2022年1月のアメリカの成年人口は2億6,320万人で，労働力は1億6,370万人であるから，労働力率は62.2％（＝163.7/263.2×100）である．

雇用率（employment ratio）とは，成年人口のなかで雇用されている成年人口の割合である．2022年1月の雇用率は59.7％（就業者1億5,720万人を成年人口2億6,320万人で割った値）である．この時点で雇用率が59.7％だから，成年人口の40.3％は雇用されていなかったことになる．この40.3％の2.5％が失業しており，残りの37.8％が非労働力の成人である[19]．したがって，雇用されていない成年人口の大多数は，失業者ではなく，非労働力の成人である．

雇用状態の変化

労働市場はつねに流動的である．失業率がある月から次の月まで横ばいであっても，その月のあいだに数十万人のアメリカの労働者が失業し，そして数十万人の労働者が新たに雇用されている．

図3.12は，標準的な1カ月間（2022年1月からの数字）で，労働者の雇用状態（すなわち就業者，失業者，または非労働力人口）がどのように変化しているかを示している．ボックス間の矢印は，1つの雇用状態からもう1つの雇用状態への変化を示しており，矢印に付されている数字は，標準的な1

---

[19] ここには小さな丸め誤差がある．

> データとリサーチにふれよう

労働市場データ

　政府機関は労働市場に関係する多種多様なデータを収集し，配布している。労働市場データの役に立つ要約は，労働統計局が発行する月報，*The Employment Situation* から見つけることができる（*www.bls.gov/news.release/pdf/empsit.pdf* よりダウンロード可能である）。通常，毎月第1金曜日に発行されるこの月報は，雇用，失業，毎週の平均労働時間と週に時間当たりの平均所得のデータを掲載している。これらのデータによって，アメリカ経済や年齢，性別，人種，職業，産業ごとに分類されたいろいろな労働者の状況が理解できる。これらのデータの大部分は後で『大統領経済報告』や FRED データベース *fred.stlouisfed.org* などの電子データベースを含むさまざまな情報源に転載される。

　The Employment Situation のなかのデータは，家計調査と事業所調査といった2つの異なった調査から得ている。家計調査は前述したように毎月行われており，雇用や失業率を計測するのに用いられる。事業所調査（従業員名簿調査として知られている）はほぼ15万の事業所から雇用，労働時間と雇用者所得などについて回答を得ている。

　家計調査と事業所調査はともに雇用の情報を提供するが，ときどき前月の雇用状況に対して対立するシグナルを出すことがある。2つの調査の重要な差異は，事業所調査が仕事（job）に関して計算するのに対して，家計調査は人（people）に関して計算をする点である。したがって，2つの仕事をもっている労働者は，事業所調査では2回計算されるが，家計調査では1回しか計算されない。事業所調査から得られる雇用データはより包括的で，家計調査から得られる雇用データよりも産出量と関連性があるようである[20]。しかし，家計調査は失業に関する情報を提供するが，事業所調査は提供していない。

カ月間に，もとの雇用状態の労働者の何％が他の雇用状態へ移ったかを示している[21]。たとえば，就業者のボックスから失業者のボックスへの矢印の数字1％は，雇用労働者の1％が1カ月のあいだに失業することを意味している。

　失業者が職を得る見込みはどうであろうか。図3.12の例では，標準的な1

---

[20] Robert Ingenito and Bharat Trehan, "Using Monthly Data to Predict Quarterly Output," Federal Reserve Bank of San Francisco, *Economic Review*, 1996, no. 3：pp. 3-11 を参照。

[21] 図3.12は，就業者，失業者，非労働力の状態の間の移行率のデータを用いている。この移行率は，労働統計局の人口動態調査の *www.bls.gov/cps/cps_flows.htm* を参照。

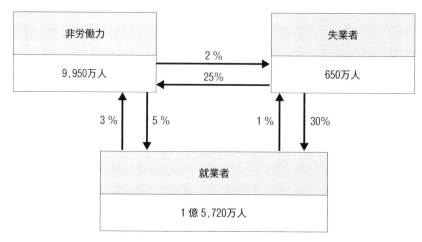

図3.12　標準的な1カ月間の雇用状態の変化
2つのボックス間の矢印は，1つの雇用状態からもう1つの雇用状態への変化を示しており，矢印に付されている数字は，標準的な1カ月間に，もとの雇用状態の労働者の何%が他の雇用状態へ移ったかを示している。たとえば，失業者のボックスから就業者のボックスへの矢印の数字30%は，失業者の30%が1カ月の間に雇用されることを，また就業者のボックスから失業者のボックスへの矢印の数字1%は，就業者の1%が1カ月間に失業することを意味している。各雇用形態の人数は2022年1月のものである。
出所：労働統計局の人口動態調査の労働統計ウェブサイト *www.bls.gov/cps/cps_flows.htm* から入手可能。

カ月間に失業者の30%が次の1カ月間に雇用され，また失業者の25%が次の1カ月間に非労働力になる。残りの45%が次の月になっても失業のままでいる。労働力から退出した失業者の25%のうち，ある部分は求職に成功せず失望し職さがしをやめてしまった**意欲喪失労働者**（discouraged workers）であり，その他は幼い子供や年老いた親の世話などの家事や学業などの労働市場以外の活動に従事するために労働力から退出した失業労働者である。

どれだけ長く失業するのか？

　上の例では，1カ月間失業していた労働者のうちの45%が翌月も失業したままでいる。これらの人々のなかには，かなりの期間失業が続いているもの

もいる。ある特定の個人が連続して失業している場合，そのときの期間を**失業期**（unemployment spell）と呼び，失業期が継続している場合，その期間の長さを**失業継続期間**（duration of unemployment spells）と呼ぶ。失業の継続期間が失業した労働者の被る経済的困難度をほぼ決定する。たとえば失業が1週間の失業期であれば，失業した労働者は1週間分の所得を失うにすぎず，生活水準に多大な影響を与えないであろうが，失業が数カ月にわたる失業期の場合には，失業した労働者は貯蓄を使い果たさざるをえなくなったり，車や住居を手放さざるをえなくなったりする。

アメリカにおける失業期の失業継続期間は，2つの相矛盾する説明によって特徴づけられる。

1. ほとんどの失業期は短期的な失業継続期間で，約2カ月かそれ以下である。
2. ある時点で失業している人々のほとんどは，長い失業継続期間をもつ失業期を経験している。

2つの説明がともに正しいということを理解するために，労働力人口が100人の経済を考えてみよう。毎月の初めに2人の労働者が失業し，新しい仕事を探すまでに1カ月間失業状態が続くと仮定しよう。さらに，毎年の初めに4人の労働者が失業し，1年間失業状態が続くとしよう。

この例では，1年間に失業期が28ある。すなわち，失業期間が1カ月の失業期が24（12×2名）あり，失業期間が1年の失業期が4（1×4名）ある。したがって，28のうち24，すなわち86％は失業期間が1カ月である。これはほとんどの失業期は短期的な失業継続期間であるという第一の説明と一致する。

特定の日，たとえば5月15日に失業者は何人いるだろうか。答えは6人の失業者である。その内訳は，5月1日に失業期間1カ月の失業期が始まった失業者が2人，1月1日に失業期間1年の失業期が始まった失業者が4人である。この結果，5月15日の時点で失業している労働者のうちの67％（6人のうちの4人）が，失業期間1年の失業期を経験したことになる。これは，ある時点で失業している人々のほとんどが，長い失業継続期間をもつ失業期を経験しているという第二の説明と一致する。

ここまでは，完了した失業期に焦点をあててきた。完了した失業期とは，誰かが失業したときに始まり，その人が雇用されるか，あるいは労働力から離脱するかして失業しなくなったときに終了する。しかし，失業継続期間の共通的な測定では，失業がまだ終了していない継続的な失業期間（または不完全な失業期間）に焦点をあてる。ある特定の日に，失業者全員が，まだ雇用されていないなどの理由から不完全な失業期を経験しており，不完全な失業期の測定された失業継続期間とは，その人が現在に至るまで継続的に失業している期間のことである。継続中の不完全な失業期の平均期間は**平均失業継続期間**（mean duration of unemployment）と呼ばれる。先の例では，5 月 15 日に 6 人が失業し，そのうち 2 人が 0.5 カ月（5 月 1 日以降）失業，4 人が 4.5 カ月（1 月 1 日以降）失業している。したがって，5 月 15 日の平均失業継続期間は $(2\times0.5+4\times4.5)/6 = 3.17$ カ月 である。

応用例：失業継続期間と 2007-2009 年の景気後退

平均失業継続期間は景気循環の中で変化し，一般に景気後退期とその直後には増大し，景気拡大期がしばらく続くと減少する。2007-2009 年の景気後退とそれ以前の景気後退との間における最も大きな差異の 1 つは，図 3.13 からわかるように，平均失業継続期間の増大の大きさである。

なぜ 2007-2009 年の景気後退期に失業継続期間が急激に増大し，この景気後退が終わった後も高止まりするのだろうか。この問いの答えとして，サンフランシスコ連邦準備銀行のエコノミスト，ロブ・バレッタとキャサリン・クアンは，測定上の問題，失業給付の延長，非常に大きな雇用喪失，および景気回復の弱さという 4 つの要因をあげている[22]。

失業継続期間の増大の第一の理由は，失業継続期間を決定するための家計調査の変更である。2011 年以前の調査では，失業の最大回答期間は 117 週間であったが，2011 年の調査で，最長 5 年間失業していると回答できるように変更された。この変更によって，平均失業継続期間は約 3 週間長くなったと

---

[22] "Why Is Unemployment Duration So Long?" *FRBSF Economic Letter*, 2012-03, January 30, 2012 を参照。

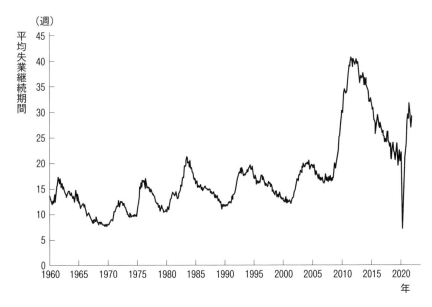

図3.13　平均失業継続期間（1960〜2021年）
2007-2009年の金融危機と景気後退の後に，平均失業継続期間は通常の約2倍の水準まで増大した。失業期間増大の要因としては，測定上の問題，失業給付の延長，非常に大きな雇用喪失，および景気回復の弱さなどが考えられる。
出所：労働統計局，データはFREDデータベース fred.stlouisfed.org/series/UEMPMEAN からダウンロード。

思われる。

　失業継続期間の増大の第二の理由は，失業給付期間の延長である。失業給付は通常は最大26週間に制限されているが，2007-2009年の景気後退とその後では，失業者は最大99週間の失業給付を受ける資格を得ている。この給付延長によって，失業者の中には，そうでなかった場合に比べ，より条件の良い仕事を長く待つようになった人がいるかもしれない。シカゴ連邦準備銀行のダニエル・アーロンソン，バシュカー・マズムダー，シャニ・シェクターの推定によると，失業給付の延長が平均失業継続期間を3週間から6週間延長した可能性がある[23]。

---

[23] "What Is Behind the Rise in Long-Term Unemployment?" Federal Reserve Bank of Chicago, *Economic Perspectives*, Second Quarter 2010, pp. 28-51 を参照。

測定上の問題と失業給付の延長の要因が，6〜9週間の追加的失業継続期間を説明し，残りはマクロ経済的（景気循環的な）要因による可能性が高い。2007年から2009年にかけての景気後退でアメリカの消費者が被った，住宅と金融資産の両方による大幅な富の減少は，消費財，住宅，金融サービスへの需要を明らかに減少させた。おそらく，2009年6月に景気後退が終わった後も，この弱い需要が持続し，景気回復の遅れを招いたことが，平均失業継続期間の長期化につながったのであろう。2009年以降の景気の低迷については，第10章の「雇用なき景気回復」の節で詳しく述べる。

失業者がつねに存在する理由

経済が活発に成長し，多くの新しい仕事が生まれているときでさえも，失業している労働者がいる。経済がつねに失業者をかかえているのはなぜであろうか。ここでは，労働市場にいつも失業者が存在し，失業率がゼロになるのを妨げている2つのタイプの失業，すなわち摩擦的失業と構造的失業について議論する。

摩擦的失業　労働市場は，企業と労働者から成り，両者間の数多くの探索によって特徴づけられている。すなわち，失業者は自分に適した仕事を求めて求職活動を行い，従業員を募集している企業は職に適した労働者を探している。もし，労働者がすべて同一で，仕事もすべて同一ならば，これらの求職・求人活動は短期間で簡単に終わるであろう。つまり，失業者が求人活動の企業を簡単に見つければ，即座に雇用されることになる。もちろん，仕事も労働者も同一でないのが現実である。労働者は，才能，スキル，経験，目標や地理的立地（あるいは移動の意思），また仕事に投入する時間とエネルギー量などの面において異なっており，多様である。同様に，仕事も，必要とされるスキルや経験，労働条件，立地，労働時間や賃金などの点で多種多様である。これらの多様性のために，失業者は自分に適した仕事を見つけるために，数週間かそれ以上の期間にわたり求職活動を続けるかもしれない。同様に，企業もまた適した労働者を雇用するために，かなりの期間にわたり求人活動を続けるかもしれない。

労働者が自分に向いた仕事を探し，企業が適した労働者を探す活動の過程で発生する失業のことを**摩擦的失業**（frictional unemployment）と呼ぶ。経済は動態的なものであり，絶えず新しい仕事が生まれ，古い仕事が消滅しているし，また労働者は絶えず労働力市場に参入・退出しているので，労働者が自分に適した仕事に出会う過程で生じる，ある程度の摩擦的失業はつねに存在するのである。

構造的失業　長い失業期にある失業者の他に，失業者の多くは慢性的な失業状態にある。短期雇用や労働力人口からの流出によって失業期間から脱出できるかもしれないが，失業者のなかには，**慢性的失業**（chronically unemployed）にある労働者もいる。彼らは長く失業者として過ごしている。長い継続期間の失業や慢性的失業の第一義的な原因は，職業配置の調整過程によるものではない。これらの状態にある失業者は懸命になって仕事を探しているようには見えず，一般的には安定した雇用先を見つけていない。経済が景気後退局面でないときでさえも存在する長期的・慢性的失業のことを，**構造的失業**（structural unemployment）と呼ぶ。

構造的失業が生じるには，主要な2つの理由がある。第一の理由は，不熟練労働者や未熟練労働者はしばしば長期の希望する職につけないという事実である。彼らが就くことができる仕事は相対的に低賃金で，しかも訓練や昇進の機会がほとんどない。構造的失業の問題と直接に関連していることは，不熟練労働者が就いている仕事は長期間のものでないという事実である。数カ月後には仕事そのものがなくなったり，あるいは労働者がやめたり解雇されたりし，ふたたび失業状態に戻る。不熟練労働者のなかには，より確実で長期の仕事を得るために十分な訓練を受けたり，経験を積むものがいるが，不十分な教育，人種差別や語学力の不足などの原因で，長期雇用につけなかったり，慢性的失業から抜け出すことのできないものもいる。

構造的失業が生じる第二の理由として，衰退産業や停滞した地域から成長している産業や地域への労働者の再配置があげられる。ある産業において，自社製品（たとえば，住宅危機後の2008年から2012年にかけての住宅建設業者）の需要がなくなってしまった場合や，製品（たとえば，アジアの生産者に市場を奪われたアメリカ製のカラーテレビ）の競争力が失われてしまっ

た場合には，その産業の労働者は職を失うことになる。同時に，成長する産業（たとえば，ヘルスケアの供給者やコンピューター・ソフトの開発者）も存在するであろう。失業率の急上昇を防ぐには，衰退産業で職を失った労働者を成長産業の職と何らかの形でマッチングさせる必要がある。このマッチングには，かなりの長さの失業期間を必要とするかもしれない。特に労働者の転居や新しい仕事のための訓練が必要な場合にはなおさらである。

自然失業率　摩擦的失業と構造的失業の組み合わせにより，経済が完全雇用水準であっても，失業率はゼロにならない。産出量や雇用が完全雇用水準にあるときに存在する失業率のことを**自然失業率**（natural rate of unemployment）$\bar{u}$ と呼ぶ。自然失業率は，摩擦的・構造的原因によって生じる失業のことである。自然失業率に関する公的で唯一の推計結果はないが，自然失業率は 1950 年代には 4％ から 5％ の範囲であったが，80 年代には約 6％ まで徐々に上昇したと多くのエコノミストは分析している。2021 年の時点で，連邦準備の政策立案者は自然失業率を 4.0％ 近傍であると推定している。自然失業率が変化した理由については第 12 章で詳しく議論する。

　産出量が完全雇用水準の産出量の回りを変動する場合には，失業率は自然失業率の回りを変動する。実際の失業率と自然失業率との乖離を**循環的失業**（cyclical unemployment）と呼ぶ。循環的失業を数式で表すと $u - \bar{u}$ となる。ここで，u は実際の失業率であり，$\bar{u}$ は自然失業率である。循環的失業は経済の産出量や雇用が完全雇用水準以下であれば正になり，産出量や雇用が完全雇用水準以上であれば負になる。

データとリサーチにふれよう
失業率の代替的な指標

　公式の失業率とは，民間労働力人口のうちで失業している労働者の割合である。しかし，誰を失業者や労働力人口として数えるのかについては，もっともな代替的な定義がある。そこで労働統計局は，これらの要素を反映した失業率の代替的な指標を作成している。代替的な指標は以下の通りである。

U-1：15 週間以上失業している場合のみ失業者としてカウントする。

U-2：仕事を失った人々，または一時的な職を終えた人々のみを失業者としてカウントする。したがって，職を辞めた人はカウントされていない。

U-3：公式の失業率であり，職がなく，求職活動中の人々を失業者としてカウントする。

U-4：失業者と民間労働力人口の合計に，意欲喪失労働者を加える。意欲喪失労働者とは，職が見つからないと思い求職活動をしていないと答えた労働者のことである。

U-5：失業者と民間労働力人口の合計に，意欲喪失労働者と縁辺求職者の両方を加える。縁辺求職者とは，求職活動はしていないが，就職を希望し，その可能性があると回答し，過去 12 カ月の間に仕事を探したことがある人々を指す。

U-6：U-5 と似ているが，失業者数に，経済的理由によってパートタイマーとして働いている人々を加える。経済的理由によってパートタイマーとして働いている者とは，フルタイムで働くことを希望し，その可能性があるにもかかわらず，やむなくパートタイマーとして働いている人々を指す。

U-1 指標は最も低い失業率を示しており，各指標はどの時点でもこれよりも高い失業率を示している。これらの指標は一般的には時間の経過とともに連動して動くが，時には指標の違いが，エコノミストや政策立案者にとって重要な労働市場の状況の一面を浮き彫りにすることもある。

　たとえば，図 3.14 は 1994 年以降の U-3 と U-6 の月次推移を示し，さらに 1994 年 1 月から 2007〜2009 年の景気後退が始まった 2007 年 12 月までの U-3 と U-6 の平均値を示している。U-3 と U-6 ともに景気後退の開始後に急上昇し，その後景気後退前の平均値を下回っていることがわかる。しかし，U-6 指標は U-3 指標よりも景気後退前の平均水準に戻るのに 2 年近くかかっており，U-3 指標が労働市場の弱さを過小評価していることを示している。2020 年の直近の景気後退の場合では，U-3 も U-6 も景気後退前の水準に戻るのは 2007〜2009 年の景気後退時よりも早かった。

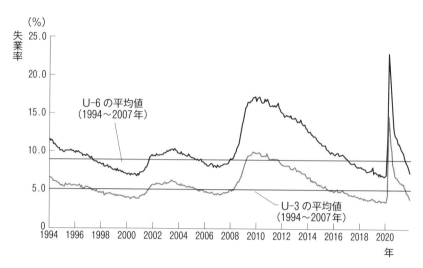

図 3.14　失業率の代替的な指標（1994〜2021 年）
2007〜2009 年の景気後退の後，失業率のさまざまな指標は低下した。しかし，U-6 指標は U-3 指標が長期的な水準に戻った後も数年間高水準が続いた。
出所：労働統計局，FRED データベース *fred.stlouisfed.org* からダウンロード；U-3：FRED series/UNRATE；U-6：FRED series/U6RATE。

応用例：労働供給の最近の動向

　2007-2009 年の最大の景気後退後の数年間は，労働力率が低下した。この低下の最も明白な原因は，アメリカの人口構成の変化である。第 2 次世界大戦後に生まれたベビーブーム世代は，1970 年代から労働者の大規模なコーホートを形成した。しかし，これらの労働者は 2010 年代に退職し始め，10 年を経るごとに大規模な退職者が出ている。生産年齢人口のかなりの割合が高齢化し，退職するので，労働力率は低下する。

　しかし，人口統計だけでなく，他の要因も全体的な労働力率低下の一因となっている。図 3.15 は，プライムエイジと呼ばれる 25 歳から 54 歳までの労働力率を示しており，労働力率に対する高齢化の影響を極めて小さくしている。また，このグラフは男女別にプライムエイジの労働力率を示している。1960 年代から 2000 年頃まで，全体のプライムエイジの労働力率は上昇した。

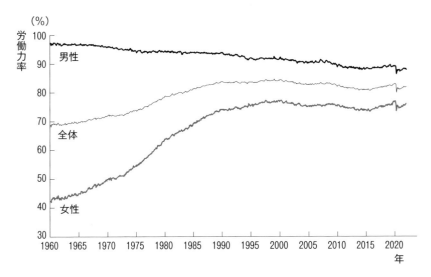

図 3.15 プライムエイジの労働力率（1960～2021 年）
プライムエイジの労働者（25～54 歳）の労働力率は 2000 年以降低下し，2007-2009 年の最大の景気後退と 2020 年のパンデミック景気後退により大きく低下した。
出所：労働統計局, Statistics, *beta. bls. gov/dataQuery/search*, series/LNS11300060, LNS11300061, および LNS11300062 からダウンロード。

グラフが示すように，全体の労働力率の上昇は，女性の労働力率の上昇に起因するもので，この期間の男性の労働力率の低下を相殺した。女性の労働力率が上昇したのは，1960 年代から 1970 年代にかけて女性が大規模に労働力人口に参入し，社会規範が変化したためである。男性の長期的な労働力率の低下はよくわかっていない。2020 年のパンデミック景気後退は，プライムエイジの労働力率の急激な低下を招いたが，これは長期にわたる可能性がある。

2007-2009 年の最大の景気後退とその後の数年間における労働力率の低下の一部は，意欲喪失労働者の増加によって生じた[24]。この景気後退で職を失った人々は，再就職の見通しがほとんど立たず，その多くが労働力人口から完全に脱落した。しかし，2010 年代初めに景気が回復するにつれて，意欲

---

[24] Shigeru Fujita, "On the Causes of Declines in the Labor Force Participation Rate," Federal Reserve Bank of Philadelphia Research Rap, February 6, 2014, *philadelphiafed. org/-/media/research-and-data/publications/research-rap/2013/on-the-causes-of-declines-in-the-labor-force-participationrate.pdf* を参照。

喪失労働者効果は解消し始めた。

　プライムエイジの労働力率の低下の一部は，障がいの増加に起因している。プリンストン大学の故アラン・B・クルーガーは，2010 年以降の障がいの増加が，深刻な健康問題を抱える男性に起因するところが大きく，そしてオピオイド危機によって悪化していることを明らかにした[25]。

　クルーガーはまた，アメリカでは家族手当がないために女性の労働力率が低いとも指摘している。カナダなど他の国々では，女性の労働力率が時間の経過とともに上昇しているが，その一因は「家族に優しい」労働手当（パートタイム労働の増加や有給育児休暇）が，女性が幼い子供を産んでも働き続けることを奨励しているからである。アメリカの労働政策は家族への優しさに欠けており，アメリカの女性労働力率が他の先進国に比べて低いことの一因となっている可能性がある。

3.6　産出量と失業の関係：オークンの法則

　この章の最初の部分において，短期の産出量の変動は雇用の変化によって生じると説明した。雇用量が減少したり，失業が増大したりするとき，労働者数が減少すれば，生産される財・サービスの量は減少する。ここで，労働市場の状態と総産出量とのリンクを説明するために，循環的失業の概念を導入しよう。

　失業率の変化が総産出量に及ぼす影響は，1960 年代にジョンソン政権下で大統領経済諮問委員会（CEA）委員長であったアーサー・オークンが最初に定式化したオークンの法則によって説明できる。**オークンの法則**（Okun's law）によれば，完全雇用産出量水準と現実の産出量水準とのギャップは，失業率が 1 パーセント・ポイント上昇するごとに，2 パーセント・ポイント上昇する[26,27]。オークンの法則を数式で表現すると，次式となる。

---

[25] "Where Have All the Workers Gone? An Inquiry into the Decline of the U.S. Labor Force Participation Rate," *Brookings Papers on Economic Activity*, Fall 2017, *www.brookings.edu/wp-content/uploads/2018/02/kruegertextfa17bpea.pdf* を参照。

$$\frac{\overline{Y}-Y}{\overline{Y}} = 2(u-\overline{u}) \tag{3.5}$$

(3.5)式の左辺は，現実の産出量水準 Y が完全雇用産出量水準 $\overline{Y}$ を下回っている分が $\overline{Y}$ の何パーセントであるかを示している。したがって，(3.5)式は，潜在産出量と現実の産出量とのギャップ率が循環的失業率に2をかけたものに等しいことを意味している。

自然失業率が4％，完全雇用産出量水準20兆ドルの経済を想定し，オークンの法則にあてはめてみよう。いま現実の失業率が5％，あるいは自然失業率を1パーセント・ポイント上回っているとき，循環的失業率は1％となる。もし循環的失業率が1％なら，オークンの法則から現実の産出量 Y は完全雇用産出量水準 $\overline{Y}$ より2％（2×1％）低い水準にあることになる。いま完全雇用産出量が20兆ドルであるから，オークンの法則は現実の産出量が完全雇用産出量水準よりも4,000億ドル（2％×20兆ドル）下回っていることを示している。

なぜ，雇用を約1％減少させる失業率の1パーセント・ポイントの上昇が，産出量をパーセント表示で約2倍低下させるのであろうか。その理由は，循環的失業が高まるときには，失業を増加させる効果のある，産出量を決定する他の要素（労働力人口の就業者数，労働者の1週間当たりの労働時間，労働の平均生産性など）も，下落するからである。

ときどき，オークンの法則を次式のように表す場合もある。

$$\frac{\Delta Y}{Y} = 3-2\Delta u \tag{3.6}$$

---

[26] 失業率が，たとえば6％から9％へ上昇するときに，これを3パーセント・ポイント（9％－6％）上昇する，または50％（3％は6％の50％）上昇するという。

[27] A. オークンの原論文（Arthur Okun, *The Political Economy of Prosperity*, Washington, DC: Brookings Institution, 1970, pp.132-145 のなかの "Potential GNP: Its Measurement and Significance"）において，「オークン法則の係数」は2よりむしろ3であった。したがって，循環的失業の1パーセント・ポイントの上昇は現実の産出水準と完全雇用産出水準とのギャップを3パーセント・ポイント上昇させた。最近の推定では，オークン法則の係数は2に近い値である。

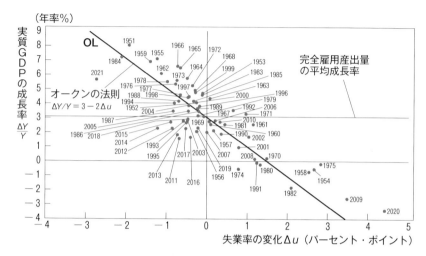

図 3.16　アメリカにおけるオークンの法則 (1951〜2021 年)
この図は，毎年の失業率の変化（横軸）と実質 GDP の成長率（縦軸）との間の関係を示している．実線 OL が (3.6) 式で示したオークンの法則を示している．この直線の傾きが −2 であり，これは失業率の変化が 1 パーセント・ポイント上昇すれば，産出量の成長率が 2 パーセント・ポイント下落することを意味する．3％ の水平線は，失業率の変化がゼロのときにおいて，現実の経済成長率が完全雇用産出量の平均成長率であることを示している．
出所：実質 GDP 成長率は経済分析局からで，セントルイス連邦準備銀行の FRED データベース fred.stlouisfed.org/series/GDPCA からダウンロード．民間労働者に関する民間失業率は労働統計局からで，FRED データベース series/UNRATE．

ここで，$\Delta Y/Y$ は産出量の成長率，Δu は現実の失業率の前年と比べた変化分である．(3.6) 式は，失業が高まれば ($\Delta u > 0$)，現実の産出量 Y の成長率はアメリカの完全雇用産出量の平均成長率，年率 3％ を下回ることを意味している．自然失業率が一定であるという仮定にもとづいている (3.6) 式は，オークンの法則の成長率形式と呼ばれる（導出の方法については補論 3.A を見なさい）．

図 3.16 はオークンの法則を成長率形式で表した図である．アメリカにおける 1951 年から 2021 年までの毎年の失業率の変化（横軸）と産出量の成長率（縦軸）の関係を示したものである．図中の太い実線 OL がオークンの法則を示している．この直線の傾きが− 2 であり，これは失業率が 1 パーセン

ト・ポイント上昇すれば，産出量が2パーセント・ポイント下落することを意味している。原点を通る垂直な線と直線 OL とが交差するところは3%である。これは，失業率の変化がゼロのときに産出量の成長率が3%であることを示しており，この水準が概ねアメリカにおける完全雇用産出量の平均成長率といえる。

図3.16 では，2011年から2019年までの各年を表す点はすべて，オークンの法則を示す直線の下にある。失業率は低下し，実質GDPは成長したが，各年の生産高の伸びは，オークンの法則と実際の失業率から予想される伸びよりも小さい。別の言い方をすれば，2008年の金融危機後の景気回復は，GDP成長率で測定した場合よりも，失業率の低下で測定した場合の方が強く見える。このため，オークンの法則が現代において有用かどうか疑問視する経済学者もいる。

章の要約

1. 生産関数によって，所与の資本ストックと労働量を投入したときに生産することができる総産出量を知ることができる。生産関数は，労働量をある一定水準に固定するときの資本と産出量との関係を，また資本量をある一定水準に固定するときの労働と産出量との関係として図示することができる。どちらのケースも，生産関数は右上がりの傾きをもっている。これは，資本あるいは労働の利用量が大きくなるにつれて産出量も増加するということを意味する。所与の資本量や労働量で生産することができる産出量を変化させる生産関数のシフトは，供給ショックと呼ばれている。
2. 労働が一定で，資本ストックの1単位増加分から得られる産出量の増加分を資本の限界生産力（MPK）と呼ぶ。資本と産出量の関係を示す生産関数のグラフにおいて，MPK は生産関数の接線の傾きとして計測できる。資本ストックが増加するにつれて，MPK は小さくなる，すなわち資本の限界生産力逓減が起こる。同様に，資本が一定で，労働の1単位増加分から得られる産出量の増加分を労働の限界生産力（MPN）と呼ぶ。労働と産出量の関係を示す生産関数において，MPN は生産関数の接線の傾きとして計測でき，雇用量が増大するにつれて，MPN は小さくなる，すなわち労働の限界生産力逓減が起こる。
3. 利潤を最大にするために，企業は労働の限界収入生産力（MRPN）が名目賃金（W）に等しくなる点まで労働を需要する。いい換えれば，MPN が実質賃金（w）に等しくなる点まで労働を需要する。

4. 労働需要曲線は，労働の限界生産力（MPN）曲線と同じものである。実質賃金の上昇によって企業の需要する労働量は減少するから，労働需要曲線は右下がりとなる。あらゆる実質賃金において，労働需要量を増加させる要因，たとえば有利な供給ショックや資本ストックの増加などは，労働需要曲線を右にシフトさせる。総労働需要は経済全体における企業の労働需要の合計である。
5. どれだけ労働量を供給するかについての個人の決定は，追加的に1時間働くことの便益と費用を比較することによって決まる。追加的な1時間の労働の便益は追加的実質所得の増加であり，これは消費を増加するのに使われる。追加的な1時間の労働の費用は余暇を1時間犠牲にすることである。追加的に1時間働く費用（余暇を減少させるから効用が下がる）がその便益（所得増加による効用の増加）に等しい点で労働が供給されるとき，個人の幸福，または効用は最も高い。
6. 実質賃金の増加は，労働供給量に対して相反する代替効果と所得効果をもつ。より高い実質賃金による代替効果によって，労働の報酬が増加すると，労働者は労働供給を増やす。労働者は，実質賃金がより高くなるとより豊かになり，より多くの余暇を消費する余裕ができるので，所得効果によって労働供給量を減少させる。実質賃金の増加がより長く続くと期待されるほど，所得効果は強くなる。したがって，実質賃金の一時的増加は労働供給量を増加させる。しかし，実質賃金の恒常的増加による労働供給量の増加は同じ程度の実質賃金の一時的増加の時よりもより少なく，そして時に労働供給量を減らしさえもするだろう。
7. 労働供給曲線は，労働供給量と現在の実質賃金との関係を示している。現在の実質賃金の上昇（将来の期待実質賃金などの他の要因は一定）は，労働供給量を増加させるから，労働供給曲線は右上がりである。あらゆる現在の実質賃金において労働供給量を減少させる要因，たとえば富の増加や将来の期待実質賃金などは，労働供給曲線を左方にシフトさせる。経済全体における個人の労働供給の合計である総労働供給は，労働市場に参加する人々の数に影響を与える社会的あるいは法的要因や労働年齢人口の変化によって影響を受ける。
8. 労働市場の古典派モデルは，実質賃金の瞬時の調整によって労働需要量と労働供給量が等しくなるという仮定にもとづいている。経済全体における賃金と物価が完全に調整されているときの雇用の均衡水準を，**雇用の完全雇用水準**と呼ぶ。雇用と実質賃金の変動は，労働供給曲線や労働需要曲線をシフトさせる要因によって生じる。
9. 完全雇用産出量，あるいは潜在産出量は，雇用が完全雇用水準にあるときの産出量である。雇用の完全雇用水準の上昇や有利な供給ショックは，完全雇用産出量水準を引き上げる。
10. 雇用されていない成人が，過去4週間にわたって求職活動をしていれば失業者に分類され，求職活動をしていなければ非労働力に分類される。労働力は就業者と失業者の合計である。失業率は労働力のうちで失業している労働者の割合である。
11. 摩擦的失業とは，潜在的労働者が自分に向いた仕事を探し，企業が適した労働者を

探す過程で生じる失業のことである。構造的失業とは、経済が景気後退局面でないときでさえも存在する長期的・慢性的失業のことである。労働者が長期間の雇用を得るために必要なスキルをもっていないために、あるいは経済的に衰退した地域から成長する地域への労働者の再配置過程では時間がかかるので、この構造的失業が生じる。雇用が完全雇用水準であるときに存在する失業率のことを自然失業率と呼ぶ。自然失業率は摩擦的失業や構造的失業によって説明される。循環的失業は、実際の失業率と自然失業率との差である。

12. オークンの法則によれば、循環的失業率が1パーセント・ポイント上昇すれば、産出量は2パーセント・ポイント下落する。

キーダイアグラム 1

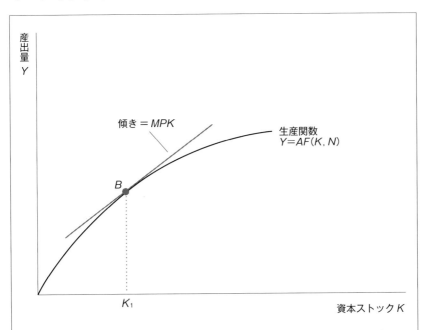

生産関数 生産関数は、経済あるいは企業がある所与の資本ストックと労働量を用いて、どれだけの産出量が生産できるのかを示したものである。

図の要素

■ ここでグラフ化された生産関数は、固定された労働 N のもとで、資本ストック K を横軸に、産出量 Y を縦軸にとってある。もちろん、生産関数は、固定された資本ストックのもとで、労働と産出量の間の関係を図示することもできる。

■ 労働投入量と産出量との効率的な関係は、生産関数と呼ばれる。生産関数とは、

利用された資本ストックと労働量と生産された産出量との関係を，数式 $Y = AF(K, N)$ で表したものであり，Y は実質産出量，A は全要素生産性（生産性）を示す係数，K は資本ストック，N は労働者数，F は生産要素と産出量 Y との関数である。

分析

- 資本ストックが大きくなるにつれて生産量も増加するという事実を反映して，生産関数の傾きは右上がりである。
- 生産関数の傾きは左から右に進むにつれて平らになる。この性質は，すでに資本ストックが大きければ，1単位の資本の追加によって得られる生産量の増分が少ないことを意味する。資本ストックが増大するにつれて，1単位の資本の追加によって得られる産出量の増加分が減少することを，資本の限界生産力逓減と呼ぶ。
- 労働が一定であると仮定し，もし資本ストックが追加的に1単位 ΔK だけ増加するならば，産出量を ΔY 分だけ増加させる。そのとき，資本の追加的1単位が生み出す産出量の増分比率 $\Delta Y / \Delta K$ は資本の限界生産力（MPK）と呼ばれる。
- 資本の限界生産力（MPK）は，生産関数の接線の傾きとして計測できる。たとえば，資本ストックが K_1 のときの資本の限界生産力（MPK）は，点 B における生産関数の接線の傾きに等しくなる。

曲線をシフトさせる要因

- 所与の資本量や労働量で生産することができる産出量を増加させる変化を有利な供給ショックと呼び，これは，生産関数を上方にシフトさせる。有利な供給ショックの一例としては，新しい発明や改善された管理技術マネージメントなどがある。
- 所与の資本量や労働量で生産することができる産出量を減少させる変化を不利な供給ショックと呼び，これは，生産関数を下方にシフトさせる。不利な供給ショックの一例としては，旱ばつなどの悪天候や自然資源の枯渇などがある。

キーダイアグラム 2

図の要素

- 現在の実質賃金 w を縦軸に，雇用水準 N を横軸にとってある。変数 N はまた，総労働時間のような労働の別の測定単位でも表される。
- 労働需要曲線 ND は，各企業が各々の現在の実質賃金で雇用したい労働量を示す。実質賃金が下がれば，企業は労働量を増加させるから，労働需要曲線は右下がりである。個々の企業の労働需要曲線は，雇用の各々の水準で労働の限界生産力を示す MPN 曲線と同じである。
- 労働供給曲線 NS は，将来の期待実質賃金などのその他の要因を一定としたときの，現在の実質賃金で労働者が提示する労働量を示す。現在の実質賃金（将来の期待実質賃金などの他の要因を一定とする）の上昇が労働供給量を増加させるの

第3章 生産性，産出量，および雇用　161

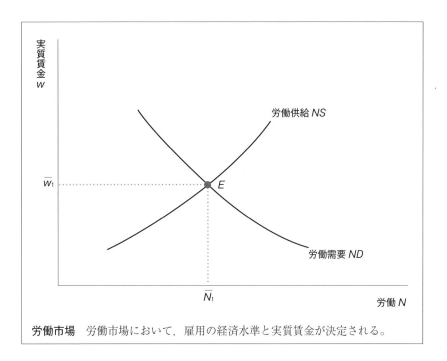

労働市場　労働市場において，雇用の経済水準と実質賃金が決定される。

で，労働供給曲線は右上がりとなる。

分析
- 労働市場の均衡は，労働の総需要量と総供給量が等しくなるとき，生じる。労働市場の均衡をグラフで示した図から，均衡点は労働の総需要曲線と総供給曲線が交差する点 E であり，均衡実質賃金は $\bar{w}_1$ であり，均衡雇用水準は $\bar{N}_1$ である。賃金と価格の完全調整後に達成される雇用の均衡水準は，**雇用の完全雇用水準**と呼ばれる。

曲線をシフトさせる要因
- 所与の現在の実質賃金において，労働需要量を変化させる要因，たとえば労働の限界生産力を増加させる生産性の上昇や資本ストックの増加などは，労働需要曲線を右にシフトさせる。要約表3を参照されたい。
- 所与の現在の実質賃金において労働供給量を増加させる要因，たとえば富の増加や将来の期待実質賃金は労働供給曲線を左方にシフトさせ，労働年齢人口の増加や労働力率の上昇は右方にシフトさせる。要約表4を参照されたい。

キーワード

意欲喪失労働者	失業期	総労働需要
オークンの法則	失業継続期間	摩擦的失業
完全雇用産出量	失業率	慢性的失業
供給ショック	実質賃金	余暇
限界生産力逓減	循環的失業	より高い実質賃金の所得効果
構造的失業	生産関数	より高い実質賃金の代替効果
雇用の完全雇用水準	生産性	労働の限界収入生産力（$MRPN$）
雇用率	生産要素	労働の限界生産力（MPN）
自然失業率	全要素生産性	労働力人口
資本の限界生産力（MPK）	総労働供給	労働力率

重要方程式

$$Y = AF(K, N) \tag{3.1}$$

生産関数とは，全要素生産性 A のある特定の水準のもとで，資本ストック（K）と労働（N）をある特定の量だけ投入したときに，どれだけの産出量（Y）を得るかを示したものである。

$$\bar{Y} = AF(K, \bar{N}) \tag{3.4}$$

完全雇用産出量 $\bar{Y}$ とは，賃金と物価が完全に調整されたときの企業が供給する産出量であり，雇用はその均衡値，$\bar{N}$ に等しい。いい換えれば，雇用がその均衡値，完全雇用水準 $\bar{N}$ と等しいときの総企業によって供給された産出量である。

$$\frac{\bar{Y} - Y}{\bar{Y}} = 2(u - \bar{u}) \tag{3.5}$$

オークンの法則は，失業率 u が1パーセント・ポイント上昇するときに，産出量 Y が完全雇用産出量水準 $\bar{Y}$ より2%低くなることを示している。失業率が自然失業率と等しくなるときに，産出量は完全雇用産出量水準となる。

$$\frac{\Delta Y}{Y} = 3 - 2\Delta u \tag{3.6}$$

オークンの法則の成長率形式によれば，産出量の成長率 $\Delta Y/Y$ は，アメリカの完全雇用産出量の平均成長率3%，および現実の失業率の前年と比べた変化分 Δu によって表すことができる。(3.6)式から，失業が増大するときには，現実の産出量の成長率は完全雇用産出量の成長率よりさらに低くなるが，一方，失業が減少すると

きには，現実の産出量の成長率は完全雇用産出量の成長率よりも高くなることがわかる。オークンの法則の成長率形式は，自然失業率が一定であるという仮定にもとづいている。

復習問題

1. 生産関数とは何か。一国の生産関数を時間とともにシフトさせる要因は何か。どれだけ経済が生産できるのかを知るために生産関数以外に何を知らなければならないか。
2. 生産関数は右上がりの勾配をもっているが，生産関数の勾配は左から右へ進むにつれて平らになる。生産関数のこの性質の経済学的含意は何か。
3. 資本の限界生産力（MPK）を定義しなさい。MPK を図で示しなさい。
4. 労働の限界収入生産力が名目賃金と等しくなる点が，企業にとって雇用の利潤最大化水準となるのであろうか，説明しなさい。この利潤最大化条件を実質表示で説明しなさい。
5. 労働の限界生産力（MPN）曲線とは何か。MPN 曲線は生産関数とどのような関連があるか。MPN 曲線は労働需要とどのような関連があるか。
6. 実質賃金の一時的な増加が労働供給量を増加させるが，実質賃金の恒常的増加は労働供給量を減少させるであろう理由を所得効果と代替効果の概念を使って説明しなさい。
7. 総労働供給曲線と関連している 2 つの変数は何か。総労働供給曲線のシフト要因は何か。
8. 完全雇用産出量を定義しなさい。労働供給の増加によって完全雇用産出量はどのように影響を受けるか。有利な供給ショックによって完全雇用産出量はどのように影響を受けるか。
9. なぜ労働市場の古典派モデルは失業を分析するうえで役に立たないのか。
10. 労働力人口，失業率，労働力率，雇用率を定義しなさい。
11. 失業期と失業継続期間を定義しなさい。失業期に関する 2 つの相矛盾する事実とは何か。なぜ 2 つの事実は実際には矛盾しないか。
12. 摩擦的失業とは何か。なぜある程度の摩擦的失業が通常の経済では存在するのであろうか。
13. 構造的失業とは何か。構造的失業が生じる 2 つの主要な理由は何か。
14. 自然失業率と循環的失業を定義しなさい。負の循環的失業はどのような意味をもつか。
15. オークンの法則とは何か。失業率が今年から来年にかけて 2 パーセント・ポイント上昇するとすれば，同じ時期にどれだけ産出量が変化するのであろうか。ここでは，自然失業率と完全雇用産出量は一定であると仮定しよう。(3.6)式のオーク

ンの法則の成長率形式を利用しなさい。

演習問題

1. 次の表は 1960〜2020 年のアメリカ経済の実質 GDP（Y），資本（K），労働（N）を示している。

年	Y	K	N
1960	3,262	3,821	65
1970	4,954	5,767	78
1980	6,764	8,293	99
1990	9,371	11,298	117
2000	13,138	15,887	134
2010	15,649	19,373	140
2020	18,385	23,539	158

単位や出所は表 3.1 と同じである。生産関数は $Y = AK^{0.3}N^{0.7}$ と仮定しよう。
   a. アメリカ経済の全要素生産性は各年代で何％成長したか。
   b. 1960 年から 2020 年の間に労働の限界生産力はどのように変化したか。毎年労働が百万人増加するときの限界生産力を計算しなさい（雇用 N のデータは単位が百万人であるから，労働者百万人の増加は 1 単位の増加となる）。

2. アクメ社が次のような生産関数をもっているとしよう。

労働者の数	生産量
0	0
1	8
2	15
3	21
4	26
5	30
6	33

   a. 各雇用水準における労働の限界生産力（MPN）を求めなさい。
   b. アクメ社は製品を 1 個生産するごとに 5 ドルの収入がある。名目賃金が 38 ドルであるとすると，何人の労働者が雇用されるであろうか。もし名目賃金が 27 ドルならば，何人が雇用されるであろうか。同様に，もし名目賃金が 22 ドルならば，何人が雇用されるであろうか。
   c. この企業の労働需要と名目賃金の関係をグラフ化しなさい。このグラフと労働需要曲線とはどのように違うか。この企業の労働需要曲線を描きなさい。
   d. 名目賃金が 38 ドルで固定され，製品価格が 1 個 5 ドルから 10 ドルに引き上げ

られたとしよう．このとき，労働需要と生産量はどうなるか．
   e. 名目賃金が 38 ドル，製品価格が 5 ドルで固定されているとしよう．いま新しい製造機械が導入されて，同じ従業員数で生産できる製品の数が倍になったとしよう．このとき，労働需要と生産量はどうなるか．
   f. (d) と (e) の解答を比較し，検討しなさい．
3. 労働力人口が 500 人の経済を想定しよう．毎月初めに 5 人の労働者が失業し，1 カ月間失業状態にあり，1 カ月後に新しい仕事を見つけ雇用される．さらに，毎年 1 月 1 日に 20 人が失業し，新しい仕事を見つけるまでに半年かかり，6 カ月間失業状態にある．最後に，毎年 7 月 1 日にもやはり 20 人が失業し，6 カ月間失業した後で，再就職する．
   a. この経済における標準的な月における失業率を求めなさい．
   b. この失業率のうち，1 カ月間続く失業期の割合を示しなさい．同様に，6 カ月間続く失業期の割合を示しなさい．
   c. 失業期の平均失業継続期間を求めなさい．
   d. ある特定の日時において，失業者の何割が長期失業状態（6 カ月間）にあるか．

マクロ経済データを使った演習問題

データについては，セントルイス連邦準備銀行の FRED データベース *fred.stlouisfed.org* を利用しなさい．

FRED の series/MFPNFBS を使って，1960 年以降の全要素生産性の成長率を計算し，グラフ化しなさい（このデータは表 3.1 で使用したものとは異なるが，類似していることに注意）．1960 年以降の生産性の動きをどのように特徴づけるか，景気後退は生産性の伸び率にどのような影響を与えるか，1973〜1975 年，1979〜1980 年，1990 年，および 2003〜2008 年のオイルショックによって生産性はどのような影響を受けたか，議論しなさい．

補論 3.A　オークンの法則の成長率形式

(3.6)式のオークンの法則の成長率形式を導出するために，(3.5)式のオークンの法則の基本形式から始めよう．

$$\frac{\bar{Y}-Y}{\bar{Y}} = 2(u-\bar{u}) \tag{3.5}$$

両辺に -1 を掛けて，(3.5)式を次のように書き直してみよう．

$$-1+\frac{Y}{\bar{Y}} = -2u+2\bar{u}$$

次に，この方程式の両辺に関して，前年から今年への変化分を計算してみよう．左辺の変化分が右辺の変化分と等しいとし，$\bar{u}$ は一定と仮定すれば（$\Delta\bar{u}=0$），次式が得られる．

$$\Delta\left(\frac{Y}{\bar{Y}}\right) = -2\Delta u \tag{3.6}$$

比の成長率は近似的に，分子の成長率から分母の成長率を引いたものであるから（下巻の付録 A の A.1 節を参照），われわれは $\frac{\Delta(Y/\bar{Y})}{(Y/\bar{Y})} = \frac{\Delta Y}{Y} - \frac{\Delta\bar{Y}}{\bar{Y}}$ と書くことができる．$\frac{Y}{\bar{Y}}$ は近似的に 1 に等しいので，（近似的に）次のように書くことができる．

$$\Delta\left(\frac{Y}{\bar{Y}}\right) = \frac{\Delta Y}{Y} - \frac{\Delta\bar{Y}}{\bar{Y}} \tag{3.7}$$

(3.7)式の左辺は(3.6)式の左辺と同じであるから，2つの式の右辺を等式化すれば，次のようになる．

$$\frac{\Delta Y}{Y} - \frac{\Delta \bar{Y}}{\bar{Y}} = -2\Delta u$$

アメリカの完全雇用産出量の平均成長率は年率3％であるから，この式に3％を代入して並べ替えると，本文の(3.6)式のオークンの法則の成長率形式が得られる。

第4章
消費，貯蓄，および投資

学習の目的
4.1 消費と貯蓄の決定に影響を与える要因について議論する。
4.2 企業の投資行動に影響を与える要因について議論する。
4.3 財市場の均衡に影響を与える要因について説明する。

　第3章では，経済全体の産出量あるいは供給量を決定する生産要素のいくつかに焦点をあてた。この章では，財・サービスに対する経済全体の需要を生み出す要因について，すなわちどれだけ生産されるかから，その生産物がどのように利用されるかについての検討に移ろう。

　第2章で見たように，経済の総需要（支出）は家計による消費財・サービスに対する需要（消費），企業による新しい資本財に対する需要（投資），政府による財・サービスの購入，外国人による自国財に対する純需要（純輸出）という4つの構成要素からなる。政府購入の水準は主に政治的過程によって決められるので，マクロ経済分析では通常この支出の構成要素を与件として扱う。さらに，この章では閉鎖経済を想定しているので，純輸出はゼロである（第5章において閉鎖経済の仮定を外す）。したがって，この章では消費と投資という2つの構成要素について論じる。4.1節で，家計がどれだけ消費するかを決める要因が何であるかを明らかにし，次いで4.2節において，どれだけ投資を行うかという企業の意思決定について論じる。

　この章は財・サービスに対する総需要に関する章であると述べたが，一見したところまったく違った（しかし同じくらい重要な）トピック，すなわち貯蓄と資本形成に関する章であるということもできる。財・サービスに対する総需要について調べることは，貯蓄と資本形成の決定要因について調べることと同じである。というのは，第一に，単純にいえば，貯蓄はある経済単位（たとえば，家計）が所得のうちどれだけ消費するかを決めた後の残りで

ある。したがって，どれだけ消費するかという決定はどれだけ貯蓄するかという決定と同じことである。第二に，投資支出は財・サービスに対する総需要の一部分であるが，それは企業による新しい資本財の取得を意味している。したがって，投資支出について学習するときには，経済が新しい工場や機械そして住宅を獲得していく要因を見ていることになる。実際，本章では，2つのことを同時に行う。

- ■ 財に対する総需要の決定要因について調べていく。これは，景気循環における支出の変動の役割といったトピックスについて今後議論する際の準備段階である。
- ■ 総需要について見ていく一方で，貯蓄と資本形成に影響する要因についても調べる。これは，経済成長の源泉やその他の問題についての後での議論への備えとなる。

　この章で考察する意思決定を含め，多くの経済的な意思決定の場において，人々は現在と将来を比較・検討しなければならない。たとえば，家計がどれだけ消費し，どれだけ貯蓄するかを決めるとき，より多くの消費を今日楽しむことの便益と，所得のいくらかを貯蓄として将来のために残しておくことの便益を比較・検討しなければならない。同様に企業の経営者は，どれだけ投資を行うかの決定に際して，その企業の1年後，5年後，あるいは場合によっては20年後の生産能力を増強するために，いまいくら費やすかを決めなければならない。これらのトレードオフに対処するとき，家計と企業は政府の政策に対する予想を含め，将来の経済についての期待を考慮する必要がある。

　第3章では，どのような力が労働市場を均衡状態へもっていくのかと問いかけた。財市場について同じ問いかけをしてこの章を終えよう。生産者が供給したい財・サービスの量（第3章で説明）と，家計，企業および政府が需要する財・サービスの量（この章で説明）とが等しいとき，財市場は均衡状態にある。まったく同じことだが，経済で望ましい貯蓄と望ましい投資とが等しいとき，財市場は均衡する。実質利子率が財市場を均衡させるのに重要な役割を果たすことを明らかにする。

4.1 消費と貯蓄

まず消費者の支出に影響を及ぼす要因について議論し，財・サービスに対する需要について考察しよう。家計による消費支出（アメリカの場合，総支出のおよそ3分の2を占めている）は，財・サービスに対する総需要のうちで最大の構成要素であるので，消費者の支出意欲の変化は経済の動向に重要な意味合いをもっている。

消費を研究する別の理由は，消費支出の規模が大きいということのほかに，個人あるいは家計による消費量の決定が，どれだけ貯蓄するかというもう1つの重要な経済的意思決定に密接に関連しているからである。実際，所与の可処分所得のもとで，どれだけ消費するかを決めることと，どれだけ貯蓄するかを決めることとはまったく同じ意思決定である。たとえば，年間に税引き後で8,000ドルのアルバイト代を稼ぐエブリン・ヤマグチという学生が，年間に衣類，食料，娯楽その他の消費に7,400ドル使うことにしたとしよう。もし彼女がこの金額を消費に充てるとすれば，彼女の貯蓄は自動的に年間で600ドル（8,000ドル－7,400ドル）になる。同様に，彼女が年間に600ドル貯蓄するとしよう。もし彼女が計画どおり600ドル貯蓄することができれば，彼女の消費は自動的に年間7,400ドル（8,000ドル－600ドル）になる。このように，どれだけ消費するかという問題とどれだけ貯蓄するかという問題とは1枚のコインの裏表であるので，これら2つの問題をいっしょに分析していくことにしよう。

マクロ経済の観点から，われわれは消費と貯蓄の総水準，あるいは国民水準に興味をもっている。**望ましい消費**（desired consumption）の国民水準 C^d を，家計の経済的な機会に影響する所得やその他の要因が所与のとき，家計が消費したいと考える財・サービスの総量と定義する。われわれは望ましい消費を分析すると同時に，個々の家計の消費決定を吟味することによって，所得と利子率のようなさまざまな要素に対する反応を分析する。望ましい消費の総量 C^d は，すべての家計の望ましい消費を加えることによって得られる。したがって，個々の家計の望ましい消費を増加させるどんな要素も C^d を増加させ，個々の家計の望ましい消費を減少させるどの要素も C^d を減少させる。

家計の消費決定と貯蓄決定が密接に関係しているように，国の望ましい消費とその望ましい国民貯蓄は密接に関係している。とくに，**望ましい国民貯蓄**（desired national saving）S^d は，総消費が望ましい水準にあるとき生じる国民貯蓄水準である[1]。第 2 章の (2.8) 式から，海外からの要素所得の純受取（NFP）がゼロであれば（閉鎖経済では必ずそうである），国民貯蓄 S は $Y-C-G$ と等しくなることを思い起こそう。ただし，Y は産出量，C は消費，G は政府購入である。望ましい国民貯蓄 S^d は，消費が望ましい水準にあるときに生じる国民貯蓄 S であるから，国民貯蓄の定義式で使われている消費 C を望ましい消費 C^d に置き換えることによって，望ましい国民貯蓄を表す式が次のように得られる。

$$S^d = Y - C^d - G \tag{4.1}$$

個人のレベルで消費と貯蓄がどのようになされているかを考えることによって，国民水準で消費と貯蓄に影響を及ぼす要因を洞察することができる。補論 4.A でこの決定過程のより理論的分析を示す。

個人の消費と貯蓄決定

スペクタキュラー・アイグラス会社の経理係，プルーデンスのケースを考えよう。プルーデンスの課税後所得は 60,000 ドルである。もし彼女が選ぶとするなら，毎年 60,000 ドルの財・サービスを消費することができる。しかし，プルーデンスは他の 2 つのオプションをもっている。

第一に，彼女は毎年 60,000 ドルに満たない金額を消費して，貯蓄することができる。なぜプルーデンスは彼女の所得を下回って消費するのだろうか。理由は，彼女は将来を考えているからである。彼女は，現在所得を下回って消費することによって，将来のいつか，彼女の所得以上の消費ができるように貯蓄を増やすであろう。たとえば，プルーデンスは彼女が退職するとき彼女の所得は非常に低いと予想するかもしれない。働いているときに貯蓄する

---

[1] 貯蓄（saving）という語は，所得のうち消費されない額，すなわち，資金のフローを指していることに注意しなさい。時間を通じて蓄積された純貯蓄の総額，すなわち，資金のストックを指すときには，**貯蓄残高**（savings）という語を用いる。

ことによって，退職期に彼女は所得以上に消費することができるであろう。実際，現実の世界では退職に備えることは，貯蓄の重要な動機である。

　第二に，プルーデンスは借入をしたり，以前ためた貯蓄を取り崩したりすることによって，現在所得以上に消費することができるだろう。たとえば，もし彼女が銀行から5,000ドル借りるなら，所得が60,000ドルだけとしてもこの年は65,000ドルの財・サービスを消費することができる。所得以上に消費することはプルーデンスにとっては楽しいが，彼女にとってのコストは，彼女がローンを返済する将来のいつか，彼女の所得を下回って消費しなければならないことである。

　もしプルーデンスが今日より少なく消費するなら，彼女は将来より多く消費することができるであろう。逆もまた真なりである。いい換えるなら，彼女は現在消費と将来消費の間の**トレードオフ**に直面している。現在消費と将来消費を交換する率は，経済での一般的な実質利子率に依存する。プルーデンスは彼女の貯蓄で毎年rの実質利子率を得ることができるとし，さらに簡単化のため，もし彼女が借りるなら，ローンに対して同じ実質利子率を払わなければならないと仮定しよう。この仮定は，プルーデンスは現在（今年）消費の1単位を将来（次年度）消費の$1+r$単位と交換することができることを意味している。たとえば，プルーデンスは今日1ドルの消費を減らして，1ドルの貯蓄を増加すると仮定しよう。彼女は貯蓄でrの実質利子率を得ることができるので，今日貯蓄するドルは，今から1年後$1+r$ドルの価値をもつであろう[2]。プルーデンスの次年度の消費を増やすため彼女は追加的$1+r$ドルを使うという仮定の下では，今日の1ドルの消費を1年後の$1+r$ドルの消費と実質的に交換している。

　同様に，プルーデンスは将来消費の$1+r$ドルの実質ドルを今日の追加的1ドルの消費と交換することができる。彼女は，今日追加的1ドルを借り入れて消費することによってこのことができる。1年後，利子を含めたローン$1+r$ドルを返済しなければならない。彼女は1年後$1+r$ドルを支払わなけ

---

[2] ここでは将来にわたってゼロインフレーションを仮定している。したがって，1ドルで毎期間同じ量の実物財を買うことができる。いい換えるなら，実質利子率はrなので，プルーデンスが貯蓄するそれぞれの実質ドルは，今から1年後$1+r$実質ドルの価値をもつ。

ればならないので，彼女の翌年の消費はそうでないときに比べると$1+r$ドルだけ少なくなる。したがって，今日の追加的消費の1ドルの価値に対する「価格」は，将来消費の$1+r$ドルの価値である。

実質利子率rは，現在消費と将来消費の相対価格を決定する。この相対価格を所与として，プルーデンスはどのようにして今日の消費と将来の消費を選択するのであろうか。1つの極端な可能性は，多額の借入をして今日の所得をかなり上回って消費することである。この戦略の問題は，ローンを払った後，プルーデンスは将来ほとんど何も消費することができないことである。同様の極端な反対の可能性は，現在所得のほぼ全額を貯蓄することである。この戦略は将来相当な額を消費することを可能にするが，今日ほとんど餓死に近くなるというコストがかかる。

実際には，ほとんどの人々はこれらの極端な戦略のどちらも選択しないで，消費の急激な変動を避けるであろう。非常に高い，あるいは低い消費の期間を避けて，時間を通じて比較的むらのない消費パターンをもとうとする欲求は，**消費平準化動機**（consumption-smoothing motive）として知られている。消費平準化動機のため，プルーデンスはある期にどんちゃん騒ぎをし暴飲暴食をしたり，他の期には絶食したりしないで，時間を通じて多かれ少なかれ同じ水準で消費支出を維持するよう試みるだろう。

次に，現在所得，期待将来所得，そして富を含め，彼女の経済的幸福度の重要な決定要因にいくつかの変化が起こるとき，プルーデンスの行動は消費平準化動機によってどのように変わるかを見る。これらの変化のそれぞれを考えるとき，実質利子率，したがって現在消費と将来消費の相対価格を一定とする。後で，もし実質利子率が変化するとき何が起こるかを議論する。

現在所得の変化の影響

現在所得は，消費と貯蓄決定に影響を及ぼす重要な要素である。例証するために，プルーデンスは職場で6,000ドルの一回きりのボーナスを受け取るとしよう。これは彼女の年間所得を6,000ドル増加させる（ここでは所得税は無視する。いい換えるなら，ボーナスは実際6,000ドルを超えるが，税を支払った後，プルーデンスは彼女の現在所得は6,000ドルだけ増えていると

仮定することができる）。彼女はこの追加的所得を何に使うだろうか。プルーデンスはハワイ旅行にすべてのボーナスを使うことができる。もし彼女がすべてのボーナスを使うなら，彼女の現在消費は 6,000 ドル増加する。しかし，彼女は貯蓄を増やさないので，彼女の将来消費は変化しない。もう 1 つの選択として，彼女は現在消費を変えないですべてのボーナスを貯蓄することができ，ボーナスとその利子を将来消費の増加に使うことができる。しかし，消費平準化動機によって，プルーデンスはこれらの極端な戦略のどちらにも従わない傾向にある。上の 2 つではなく，彼女はボーナスの一部を消費に回し（現在消費を増加させる），残りを貯蓄するだろう（将来消費を増加させることができる）。

プルーデンスが使うボーナスの部分は，満足を先延ばししようとする意志や現在と将来消費の彼女の評価などの要素に依存する。われわれは，追加的所得のうち現在彼女が消費する部分をプルーデンスの**限界消費性向**（*MPC, marginal propensity to consume*）と定義する。プルーデンスは追加的所得のうちすべてではなくいくらかを消費するので，彼女の MPC はゼロと 1 の間にある。たとえば，プルーデンスは 0.4 の MPC を維持しているとすると，彼女は現在所得の増加のうち 0.4 あるいは 40％を消費する。彼女が 6,000 ドルのボーナスを受け取るとき，プルーデンスは（0.4）×（6,000 ドル）＝2,400 ドルだけ現在消費を増やす。消費されない所得の部分は貯蓄されるので，彼女の貯蓄は 6,000 ドル －2,400 ドル ＝3,600 ドルだけ増加する。

限界消費性向は現在所得の減少にも適用できる。たとえば，もしプルーデンスが経理の仕事を一時的に解雇され，彼女の現在の年間所得が 8,000 ドル減少するなら，消費と貯蓄の両方を減少させるだろう。もし彼女の限界消費性向が 0.4 であると仮定するなら，彼女は（0.4）×（8,000 ドル）＝3,200 ドルだけ消費を減らし，8,000 ドル －3,200 ドル ＝4,800 ドルだけ貯蓄を減らさなければならない。

総所得と総消費は多くの個人と家計の決定を反映しているので，プルーデンスのケースについて考えたことから学んだ教訓はマクロ経済水準でも当てはまる。プルーデンスの所得の増加が彼女の消費を増大させるように，総産出量（所得）Y の増加は望ましい総消費 C^d の増加をもたらすと期待する。しかし，限界消費性向は 1 より小さいので，C^d の増加は Y の増加よりは小

さい。Y の増加のすべてが消費されないので，望ましい国民貯蓄 S^d は Y が増加するとき同様に増加する。

期待将来所得の変化の影響

今日の消費は現在所得だけでなく，将来得られると期待される所得にも依存する。たとえば，現在雇用されていないが3カ月後に高収入の職に就く契約をしている個人は，仕事に就く見込みのない他の失業者よりは今日より多く消費するだろう。

期待将来所得の変化の影響を例証するため，今年6,000ドルのボーナスを受け取る代わりに，プルーデンスは来年6,000ドル（課税後）のボーナスを受け取ることを知っていると仮定しよう。ボーナスの約束は法的に保証されているので，プルーデンスは来年追加的所得を受け取ることに疑いをもっていない。この情報はプルーデンスの将来消費と貯蓄にどのような影響を与えるだろうか。

彼女の現在所得は変化しないので，プルーデンスは現在消費と貯蓄を変えないで，実際にボーナスをもらって消費を増やすまで待っているかもしれない。しかし，もし彼女の決定が消費平準化動機によって支配されるなら，ボーナスを将来消費だけでなく現在消費を増加させるために使うことを選ぶであろう。彼女は，現在所得が不変であるという事実にもかかわらず，現在貯蓄を減らすことによって，現在消費を増やすことができる（これまで蓄えた資産を使って貯蓄を取り崩すか，借入によって貯蓄をマイナスにして，現在所得を上回る消費をする）。たとえば，プルーデンスは今年さらに1,000ドル消費すると決定していると仮定しよう。彼女の現在所得は不変なので，プルーデンスの現在消費の増加1,000ドルは現在貯蓄1,000の減少と同じである。

現在貯蓄の1,000ドルの減少は，貯蓄が変化しない状況に比べて，$1,000 \times (1+r)$ ドルだけ次年度プルーデンスの利用可能な資源を減少させる。たとえば，もし実質利子率が0.05なら，現在貯蓄の1,000ドルの減少はプルーデンスの次年度利用可能な資源を1,000ドル×(1.05)＝1,050ドルだけ減らす。最終的に，ボーナスのため彼女の利用可能な次年度の資源は，6,000ドル増加するが，貯蓄の減少のため1,050ドルだけ減少する。資源の純増加は6,000

ドル －1,050 ドル ＝4,950 ドルとなり，これは次年度あるいはその次の年の消費の増加に使われるかも知れない。実際，プルーデンスは，期待将来所得の増加によって現在と将来の両方の消費を増やすことができる。

要約すると，個人の期待将来所得の増加は現在消費を増加させ，現在貯蓄を減少させる傾向がある。同じ結果はマクロ水準でも当てはまる。つまり，もし人々が期待産出や所得 Y は将来高くなると期待するなら，現在望ましい消費 C^d は増加し，現在の望ましい国民貯蓄 S^d は減少するだろう。消費と貯蓄は，「応用例：2020年のパンデミック景気後退が消費に及ぼす影響」で議論するように，他のショックによっても影響を受ける。

応用例：2020年のパンデミック景気後退が消費に及ぼす影響

2020年3月，世界的なパンデミックが世界経済に大きな影響を与えた。世界中の政府が経済の一部を閉鎖したので，ワクチンが開発されるまで人々は互いに密接に接触しないように行動した。その結果，経済活動が急激に低下し，図4.1で示されるように，1930年代の大恐慌以来のどの景気後退よりも深刻で，さらには2008年の世界金融危機よりもはるかに深刻な景気後退を引き起こした。しかし，その通常でない原因のため，景気後退は歴史上最も短く，わずか2カ月しか続かなかった。

突然多くの人々の所得が減少したため，政府は失われた所得を補償するための支援を実施した。たとえば，アメリカでは，連邦政府が失業保険プログラムを大幅に拡充し，他のプログラムに加えて，所得が一定水準以下の多くの人々に現金を直接送った。その結果，税引後の可処分所得の水準は，景気後退の最中および景気後退後のしばらくの間，低下するどころかむしろ増加した。それにもかかわらず，旅行や飲食のような人々が直接接触を伴う活動への支出を避けたため，全体的な消費支出は急激に減少した。図4.2が示すように，所得の増加と個人消費の減少により貯蓄が増加した。

人々の支出パターンもまた変わった。他人との濃厚接触を避ける必要があるため，娯楽サービス，旅行，飲食への支出はすべて急激に減少した。人々は収入の多くをサービスではなく商品の購入に費やした。この消費パターン

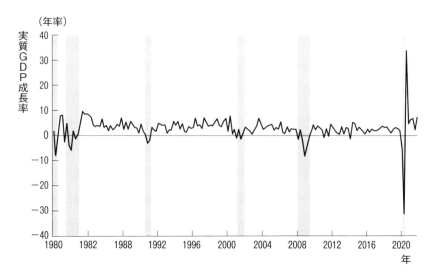

図 4.1 実質 GDP 成長率（1980 年 Q1〜2021 年 Q4）
実質 GDP の四半期年率成長率は，2020 年の第 2 四半期に歴史上最大の下落となり，その後，2020 年の第 3 四半期に歴史上最大の上昇となった。2020 年のパンデミック景気後退は，歴史上最短の景気後退でもあった。
出所：データは，セントルイス連邦準備銀行のウェブサイト *fred.stlouisfed.org/series/GDPC1* からダウンロードした。

の変化は，さまざまな分野における労働者に対する需要の変化をもたらした。商品や労働者に対する需要の変化が一時的か，恒久的かどうかはまだわからない。

富の変化の影響

消費と貯蓄に影響を及ぼすもう 1 つの要因は富である。第 2 章で述べたように，家計や国全体などあらゆるものにとって，富はそれらの資産から負債を差し引いたものに等しいことを思い出してほしい。

どのように消費と貯蓄が富の増加に反応するかを見るため，プルーデンスが父親の金融資産を整理しているときに，薬品会社の株 50 株を発見すると仮定しよう。プルーデンスが生まれたとき祖母が彼女のために購入していた

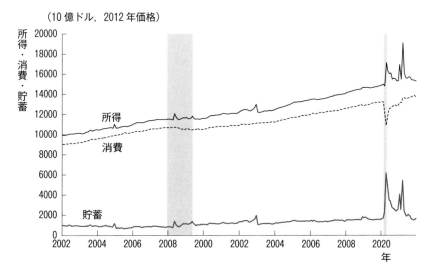

図 4.2　所得，消費および貯蓄（2002 年 1 月〜2021 年 12 月）
月次データから見た所得，消費，貯蓄は，パンデミック景気後退中およびその後に劇的な変化を示した。政府の支援プログラムにより所得は急増したが，人々がお互いの接触を避けたため消費は減少した。その結果，貯蓄は 1 年以上にわたって大幅に増加した。
出所：データはセントルイス連邦準備銀行のデータベースからのものである。所得は実質可処分個人所得で *fred.stlouisfed.org/series/DSPIC96* から，消費は実質個人消費支出で series/PCEC96 からダウンロードした。貯蓄は収入から消費を引いたものである。

が，彼女はこのことを知らなかった。彼女はすぐに証券会社に連絡し，株の価値は 6,000 ドルであると知った。この予期しないプルーデンスの富の増加 6,000 ドルは，先に分析した現在所得の 6,000 ドルの増加と同じ影響を利用可能な資源に及ぼす。現在所得の増加のケースと同じように，プルーデンスは 6,000 ドルより少ない額だけ富の増加を現在消費に使うので，6,000 ドルのいくらかを将来消費の増大に使うことができる。プルーデンスの現在所得は株の発見によって影響を受けないので，現在消費の増加は同じ額の現在貯蓄の減少によって埋め合わされる。このようにして，富の増加は現在消費を増加させ，現在貯蓄を減少させる。同じ考え方によって，富の減少は現在消費を減少させ，貯蓄を増加させる。

株式市場の乱高下により富は変化するので,富の重要な構成要素であり,株式市場の変化の消費への影響は「応用例:株価高騰と暴落のマクロ経済的影響」で分析する。

実質利子率の変化の影響

実質利子率は将来消費で測った現在消費の価格であることを見てきた。現在所得,期待将来所得,および富の変化の影響を吟味するとき,実質利子率を固定してきた。ここで,実質利子率を変化させ,実質利子率の変化の現在消費と貯蓄への影響を吟味する。

プルーデンスの消費と貯蓄は実質利子率の上昇に対してどのように変化するのか。2つの相反する性向があり,彼女はこれを考慮に入れて実質利子率の上昇に反応する。1つは,現在の貯蓄の実質1ドルが次年度には実質$1+r$ドルに増加するので,将来の消費が増加するから,実質利子率の上昇は現在の1ドルの貯蓄がより大きな利得をもたらすことを意味する。現在の貯蓄に対するこの報酬は,貯蓄を増加する方向に向かわせる。

もう1つは,より高い実質利子率は,プルーデンスが将来の貯蓄目標をより少ない当年の貯蓄額で達成できることを意味する。たとえば,彼女が来年に新しいラップトップ・コンピューターを買うために1,400ドルを貯めようとしているとしよう。実質利子率の上昇は,当年の貯蓄が次年までにより大きな額に増えることを意味するので,彼女が1,400ドルの目標を達成するために,今年貯蓄しなければならない額はより少なくなる。彼女の目標を達成するためにはより少なく貯蓄すればいいので,彼女は現在消費を増やし,それゆえ貯蓄を減少させることができる。

今述べた2つの相反する効果は,実質利子率上昇の代替効果と所得効果として知られている。**実質利子率の貯蓄への代替効果**(substitution effect of the real interest rate on saving)は,現在消費の価格$1+r$が上昇するので,現在消費を減少させ将来消費を増加させる傾向を反映している。消費者は,現在消費の価格の上昇に反応して,比較的高価になった現在消費を比較的安くなった将来消費へ代替させる。現在消費の減少は現在貯蓄の増加を意味するので,代替効果は,実質利子率の上昇に反応して現在貯蓄を増加させるこ

とを意味する。

実質利子率の貯蓄への所得効果（income effect of the real interest rate on saving）は，より高い実質利子率が消費者を豊かに，あるいは貧しくするとき起こる現在消費の変化を反映する。たとえば，もしプルーデンスが貯蓄をしており，借入をしていないとすれば，彼女は利子の受取人である。したがって，利子所得が増加するので，彼女は実質利子率の上昇から便益を得ることができる。より高い実質利子率のもとでは，利子が上昇する前と同じ現在および将来消費を維持することができ，さらに支出することができる追加的資源をもつであろう。この追加的資源は実際彼女の富の増加と同じなので，現在および将来消費の両方を増加させるだろう。利子の受取者である貯蓄者にとって，実質利子率上昇の所得効果は，現在消費を増加させ，現在貯蓄を減少させることを意味する。したがって，貯蓄者にとって，所得効果は貯蓄を減少させ，代替効果は貯蓄を増加させるので，実質利子率上昇の所得および代替効果は反対方向に働く。

実質利子率上昇の所得効果は，借り手のような利子支払者にとっては異なる。実質利子率の上昇は借り手が支払わなければならない利子支払額を増加させるので，借り手は実質利子率の上昇前と同じ水準の現在および将来消費を維持できなくなる。借り手は，実質利子率の上昇の結果発生する富の損失を被り，現在および将来消費の両方を減らして富の下落に反応する。現在消費の減少は，現在貯蓄の増加（つまり，借入の減少）を意味する。したがって，借り手にとって実質利子率上昇の所得効果は貯蓄を増加させることになる。このように，代替効果と所得効果の両方が借り手の貯蓄を増加させる。

実質利子率上昇の効果を要約しよう。利子の受取者である貯蓄者にとって，実質利子率の上昇は代替効果を通じて貯蓄を増加させ，所得効果を通じて貯蓄を減少させる傾向がある。追加的情報がないと，相反する効果のどちらが大きいかをいうことはできない。利子の支払者である借り手にとって，代替効果と所得効果の両方が貯蓄を増加させるよう働く。したがって，借り手の貯蓄は間違いなく増加する。

実質利子率上昇の国民貯蓄への影響はどうであろうか。国民経済は借り手と貯蓄者の両方から構成され，原則的に実質利子率上昇に対して貯蓄者は貯蓄を増加あるいは減少させるので，経済理論はこの問題に答えることはでき

ない。経済理論は実質利子率上昇に対して国民貯蓄が増加するか減少するかどうかを示せないので，実際のデータを用いてこの関係を吟味する実証研究に頼らざるを得ない。不幸にも，多数の研究からの実証分析の解釈は論争を引き起こし続けている。最も広く受け入れられている結論は，実質利子率の上昇は現在消費を減少させ，貯蓄を増加させるということである。しかし，この影響も非常に強いものでない。

租税と貯蓄の実質収益 貯蓄の実質収益について論議する際に考慮すべき現実的で重要なことに，まだ言及していない。すなわち，利子収入（および貯蓄から得られるその他の収益）が課税されるということである。利子収入の一部は租税として徴収されるので，貯蓄から得られる実質収益は実際には名目利子率と期待インフレ率との差よりも少なくなる。

貯蓄者が受け取る収益で税の効果を測る有効な尺度は**課税後期待実質利子率**（expected after-tax real interest rate）である。この概念を定義するためにiを名目利子率，tを利子所得にかかる税率としよう。たとえばアメリカにおいては，ほとんどの利子所得が通常の所得と同じように課税されるので，tは所得税率である。総利子収入の$(1-t)$の割合が貯蓄者の手元に残るので，税金を支払った後に受け取る課税後名目利子率は$(1-t)i$である。したがって，課税後期待実質利子率r_{a-t}は課税後名目利子率から期待インフレ率π^eを差し引いたもの，あるいは，

$$r_{a-t} = (1-t)i - \pi^e \tag{4.2}$$

となる。課税後期待実質利子率は，税金を支払った後の貯蓄の購買力の増加を測定するものであるから，これは消費者が消費と貯蓄の意思決定に用いる適切な利子率であるということができる。

表4.1に，課税後名目利子率と課税後期待実質利子率の算出方法が示されている。名目利子率と期待インフレ率が与えられると，利子所得に対する税率の引下げは，貯蓄者が受け取る課税後の名目および実質収益率を高めることに注意しよう。したがって，政府は利子に課す税率を引き下げることによって貯蓄者にとっての実質収益率を高めることができ，おそらくは経済の貯蓄率を引き上げることができるであろう。

表4.1 課税後利子率の計算

i ＝名目利子率＝年率5％
π^e ＝期待インフレ率＝年率2％
例1
t ＝利子所得に対する税率＝30％
課税後名目利子率＝$(1-t)i$＝$(1-0.30)\times 5\%$＝3.5％
課税後期待実質利子率＝$(1-t)i-\pi^e$＝$(1-0.30)\times 5\%-2\%$＝1.5％
例2
t ＝利子所得に対する税率＝20％
課税後名目利子率＝$(1-t)i$＝$(1-0.20)\times 5\%$＝4％
課税後期待実質利子率＝$(1-t)i-\pi^e$＝$(1-0.20)\times 5\%-2\%$＝2％

個人退職口座（**IRAs**, Individual Retirement Accounts）に見られるような，貯蓄者の利子所得の一部を課税から守り，より高い課税後収益率をもたらす租税の規定は，貯蓄の奨励の動機付けになっている。不幸にも，経済学者はより高い利子率が貯蓄に及ぼす効果について合意しておらず，IRAs や同様の貯蓄手段に対する租税優遇策の有効性についてもいまだに論争が続いている。

財政政策

政府の租税政策が貯蓄の実質収益，あるいは貯蓄率にどのような影響を及ぼすのかについて述べた。しかし，政府の財政政策— 政府による支出と課税についての決定— が貯蓄率に対する影響を意図したものでないとしても，それは経済の消費量と貯蓄量に対して重要な関わりをもっている。財政政策と消費者行動との関係を理解するためにはいくぶん難しい経済学的な根拠が必要となるが，この関係は非常に重要なので，ここで紹介することにしよう。とくに第15章で，これらの問題のいくつかをさらに議論する。

財政政策の効果についてできるだけ直接的に議論するために，経済の総産出量 Y が与えられているものとしよう。すなわち，これから考える財政政策の変更が財・サービスの総供給量に影響を及ぼす可能性を無視する。この仮定は（本書の第Ⅱ部を通して仮定しているように）もし経済が完全雇用状

> データとリサーチにふれよう

利子率

　理論的な議論では利子率があたかも「1つだけ」しか存在しないように取り扱われているが，現実には借り手や貸付の条件に依存して，多くの異なった利子率が存在している。ここに，連邦準備制度から公表される統計資料（Federal Reserve statistical release H.15）から2021年と2022年の2月23日のいくつかの利子率を示してみよう。

	2022年2月23日	2021年2月23日
プライム・レート	3.25%	3.25%
フェデラル・ファンド	0.08%	0.07%
3カ月物財務省短期証券	0.36%	0.04%
6カ月物財務省短期証券	0.74%	0.05%
10年物財務省中期証券	1.99%	1.37%
30年物財務省長期証券	2.29%	2.21%

　プライム・レートは銀行が最も良質の顧客への貸付に課す基本的な利子率である。フェデラル・ファンド・レートは銀行間で互いに一時的な資金の融通（オーバーナイト・ローン）をするときの利子率である。短期，中期，および長期の財務省証券はアメリカ政府の債務である。プライム・レートを除くこれらの利子率は，金融市場の状況が変化するにつれて連続的に変化する。プライム・レートは主要な銀行が設定する貸付利子率の平均であり，それほど頻繁には変化しない。

　これらの異なったタイプの貸付に課される利子率は必ずしも同じである必要はない。この違いの1つの理由は，返済されないこと，あるいは債務不履行のリスクの違いにある。連邦政府債は債務不履行の危険がないと信じられているが，企業や銀行は借入を返済できないかもしれない。資金の貸し手は危険な借り手に対し，債務不履行の危険を補償するために余分に利子を課す。それゆえに，プライム・レートやフェデラル・ファンド・レートも債務不履行の危険がまったくないことを想定したレートよりも高くなっている。

　利子率に影響を及ぼす第2の要因は，資金が借り入れられる期間の長さである。債券の残存期間（その**満期**）とその利子率の間の関係は**イールド・カーブ**（yield curve）と呼ばれている。縦軸に利子率が横軸に満期が取られている下記の図は，2022年と一年前のイールド・カーブを示している。より長い満期の債券は，満期がより短い債券に比べてより高い利子率を払う傾向があるので，イールド・カーブは一般的に右肩上がりになっている。利子率が債券の満期とどのように関係しているかは第7章の「満期までの時間」のセクションで議論する。

さまざまな利子率の水準はまったく異なっているが，これらの利子率は同時に上昇したり，下落したりする傾向がある．図が示すように，2021年2月から2022年2月にかけて利子率は上昇しているが，短期の利子率は長期の利子率に比べてより上昇している．こういったことに関する理論は利子率の期間構造を議論する第7章7.2節で取り扱う．一般的なルールとして，利子率は一緒に推移する傾向があるので，経済分析ではあたかも1つの利子率が存在しているかのように想定し，単に，利子率と呼ぶ．

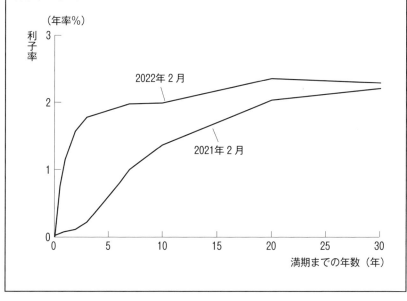

態にあり，財政政策の変更が資本ストックや雇用に重要な影響を及ぼさない場合には，妥当なものである．後で産出量が一定という仮定を緩め，財政政策の変更がどのように産出量に影響するであろうかということについて古典派とケインジアンの見解を論じる．

一般的に，財政政策は家計の現在の所得と将来の期待所得に影響を与えて，主に望ましい消費 C^d に影響を及ぼす．より具体的には，現在の税を引き上げるか，将来の税の引上げを人々に予想させるというかたちで民間部門の税負担を増加させる財政政策の変更は，人々の消費を減少させるであろう．

ある与えられた産出量水準 Y のもとで，政府の財政政策は2つの基本的な方法で，望ましい国民貯蓄 S^d，あるいは $Y-C^d-G$ に影響を及ぼすであろう．第一に，いま述べたように，財政政策は望ましい消費に影響を与える．

産出量 Y と政府購入 G のあらゆる水準に対して,望ましい消費 C^d を1ドル引き下げるような財政政策の変化は,それと同時に望ましい国民貯蓄を1ドル引き上げるであろう。第二に,望ましい国民貯蓄の定義 $S^d = Y - C^d - G$ から明らかなように,どのような産出量および望ましい消費の水準に対しても,政府購入の増加は望ましい国民貯蓄を直接引き下げる。

　これらの一般的な点を例証するために,望ましい消費と望ましい国民貯蓄が2つの特定な財政政策の変化(政府購入の増加と減税)によってどのような影響を受けるかを考察してみよう。

政府購入　政府が軍事支出を拡大し,現在の政府購入 G がたとえば100億ドル増加するとしよう。この G の増加は一時的なもので,将来の政府購入の計画は変わらないものとする。産出量 Y の任意の固定された水準において,この財政政策の変化は経済の望ましい消費と望ましい国民貯蓄にどのように影響するのであろうか。

　政府購入の増加が消費に与える効果を検討することから始めよう。すでに述べたように,政府購入の変化は民間部門の税負担に影響するので,消費に影響を及ぼす。たとえば,政府が現在100億ドルの増税を行うことによって,軍事支出への追加的な100億ドルの支払をするとしよう。所与の課税前の総産出量 Y のもとで,この増税は消費者の現在の課税後の所得が100億ドル減少することを意味する。消費者は現在の所得が減少するので消費を減少させるが,それは所得の減少よりも少ないことをすでに学んだ[3]。したがって,100億ドルの増税に対して,たとえば消費者は現在の消費を60億ドル減らすかもしれない。

　もし政府が購入を増やすときに増税を行わないとすれば,消費はどうなるであろうか。この場合の分析はもっと微妙である。もし現在増税しないとすれば,政府は,100億ドルの追加的な支出を賄うために借入をしなければならない。将来のある時点で借り入れた100億ドルと利子を返済しなければならず,それは将来増税が行われなければならないことを意味する。もし納税者が聡明で,現在の政府購入の増加が将来のより高い税金を意味することを

---

[3] 現在所得の限界消費性向は正かつ1よりも小さいことを思い出してほしい。

理解しているならば，家計の課税後の期待将来所得は減少するであろうし，そして望ましい消費を減少させるであろう。もし将来の税が引き上げられることを理解しない消費者がいるならば，それよりも消費の減少幅が小さくなるかもしれない。しかし，ここでは，この場合にも消費者は現在の消費を60億ドル減少させると想定しよう。

望ましい国民貯蓄への効果はどうであろうか。政府購入の増加は，Gの増加によって直接に，また望ましい消費C^dの減少によって間接的に，望ましい国民貯蓄$Y-C^d-G$に影響を与える。この例では，政府購入の増加は望ましい消費を60億ドル減少させ，そのことによって国民貯蓄は60億ドル上昇する。しかしながら，この効果は100億ドルのGの増加よりも小さいので，結局のところ，産出量Yが一定のもとで望ましい国民貯蓄$Y-C^d-G$は40億ドル減少する[4]。より一般的にいえば，望ましい消費の減少は最初の政府購入の増加よりも小さいと予想されるので，政府購入の一時的な増加は望ましい国民貯蓄を低下させるであろう。

要するに，現在の産出量Yの水準に対して，政府購入の一時的な増加は望ましい消費と望ましい国民貯蓄の両方を減少させるのである。

租税 さて政府購入Gはそのまま一定であるが，政府が現在100億ドルの減税を行うとしよう。できるだけ単純化するために，すべての納税者が同じ金額を受け取る（この国の1億人の納税者が全員100ドルずつ受け取る）と想定しよう。これを**一括減税**（または定額減税，lump-sum tax cut）と呼ぶ。政府購入Gと産出量Yを一定とすると，望ましい消費C^dが変化するときにのみ望ましい国民貯蓄$Y-C^d-G$は変化する。そこで問題は，望ましい消費が現在の減税にどのように反応するかということになる。

ふたたび，減税が人々の現在と将来の所得にどのように影響するのかが根本的な問題となる。現在の100億ドルの減税は，現在の課税後所得を直接的に100億ドル増加させるので，減税は望ましい消費を100億ドルよりはいくぶんか少ないが増加させるはずである。ところが，100億ドルの減税に対して，人々は将来の課税後所得が低下すると予想するであろう。その理由は，

---

[4] もし消費者が将来の増税の見込みを無視し，現在消費を減少させなかったならば，国民貯蓄は40億ドル以上減少するであろうことに留意してほしい。

政府は支出を変えていなかったので、現在の100億ドルの減税によって政府は現在100億ドルだけ借入を増やさなければならないからである。政府の追加的な100億ドルの債務は将来利子をつけて返済しなければならないので、将来の税金を引き上げざるを得ず、それは家計の将来可処分所得が減少することを意味する。他の事情が変わらなければ、期待将来所得の減少によって人々は現在の消費を減少させ、現在の所得の増加が望ましい消費に与える正の効果を打ち消してしまう。したがって、原則的には、現在の減税(これは現在の所得を増加させるが期待将来所得を減少させる)は、現在の望ましい消費を増加させるか、減少させるかのどちらかになる。

興味深いことに、経済学者のなかには、望ましい消費に対する現在の所得の増加による正の効果と将来所得の減少による負の効果がちょうど相殺し、現在の減税が消費に与える効果はゼロであると主張するものがいる。減税が望ましい消費に影響を与えず、したがって望ましい貯蓄にも影響を及ぼさない[5]、という考え方は、**リカードの等価定理**(Ricardian equivalence proposition)と呼ばれる[6]。

リカードの等価定理の考え方を簡潔に説明すると次のようになる(より詳しい議論については第15章を見なさい)。長期的には、すべての政府購入は税金によって賄われなければならない。したがって、もし政府の現在と将来の購入計画が変化しないとすれば、現在の減税は税金を徴収する**タイミング**に影響するが、消費者にかかる最終的な税負担は変わらないと、リカードの等価定理の支持者たちは主張する。政府購入の変更を伴わない現在の減税は消費者の状況をまったく改善しない(今日のいかなる減税も将来の増税とつり合っている)ので、消費者は減税に対して望ましい消費を変えるように反応する理由がないのである。

---

[5] この例では個人可処分所得が100億ドル上昇しているので、もし望ましい消費が変わらないとすれば、望ましい個人貯蓄は100億ドル上昇する。しかし、もし減税によって政府赤字も100億ドル増加するのであれば、政政府貯蓄は100億ドル減少することになる。したがって、望ましい国民貯蓄(民間貯蓄と政府貯蓄を足し合わせたもの)は変化しない。

[6] この議論は19世紀の経済学者デービッド・リカードによってはじめて展開されたが、彼はこの議論の現実の世界への妥当性についていくぶん留保する姿勢を示した。「等価」という言葉の意味は、もしリカードの等価定理が正しいならば、減税も政府の借入も経済には等価の効果をもつという考えである。

要約表5　望ましい国民貯蓄の決定要因

増加（上昇）する要因	望ましい国民貯蓄の変化	理由
現在の産出量（所得），Y	増加	所得の増加分の一部が将来の消費に向けて貯蓄される。
期待将来産出量（所得）	減少	将来所得が増加するという期待が現在の望ましい消費を増加させ，現在の望ましい貯蓄を引き下げる。
富	減少	富の増加分は，現在の所得が所与であれば，貯蓄を減少させる。
期待実質利子率，r	おそらく増加	収益率の増加が貯蓄をより魅力的にし増加させるが，おそらくこれが特定の貯蓄残高目標をより早く達成するため貯蓄を減少させる場合もある。
政府購入，G	減少	より高い水準の政府購入は直接的に望ましい国民貯蓄を引き下げる。
租税，T	不変あるいは増加	消費者が増税を相殺するような将来の政策を考慮するならば，貯蓄は変化しない。もし考慮しなければ，現在の消費を減少させ，貯蓄は増加する。

　リカードの等価定理の論理は正当なものであるが，多くの経済学者はそれが現実的に意味があるのかどうか疑問を抱いている。つまり，この定理によれば，減税が行われるときに消費者は消費を増やさないことになるが，現実には減税は望ましい消費を増加させ，したがって望ましい国民貯蓄を減少させる。多くの，おそらくほとんどの消費者は今日の政府の借入の増加が将来の増税に結びつくであろうことを理解していないというのが，減税によって消費が増加するであろうことの1つの理由である。したがって，消費者は減税に対し，他の現在の所得が増加したときのように単に望ましい消費を増加させるという反応を示す。

　減税が消費および貯蓄に及ぼす効果は，次のように要約されるであろう。リカードの等価定理によれば，現在や将来の政府購入の計画が変更されなければ，減税は望ましい消費や国民貯蓄を変化させない。しかし，もし消費者が将来の計画を立てる際に，将来の税負担が増加するであろうことを考慮できなければ，リカードの等価定理は成り立たない。この場合，減税は望まし

い消費を増加させ，望ましい国民貯蓄を減少させる。

要約表5には消費と貯蓄に影響を及ぼす要因についてまとめている。

応用例：消費者は税還付にどのように反応するか

2001年の景気後退と2007-2009年の景気後退では，米国政府は支出を促進するために消費者に税還付を行った。しかし，もしリカードの等価が成立するのであれば，このような税還付は個人消費や景気刺激に効果的でない可能性が高い。

ミシガン大学のM・D・シャピロとJ・スレムロッドは，2001年の景気後退時に消費者に与えられた税還付に関する研究で，税還付に反応して個人消費があまり増加しなかったことを示唆するいくつかの証拠を提供した[7]。彼らは，2001年に受け取った税還付金をほとんど使ったと答えた世帯は全体の4分の1以下であることを発見した。この調査結果は，減税措置の成立時に政府が期待したほどには，税還付が経済を刺激しなかったことを示している。

2001年の税還付の影響に関する他の実証研究が，シンガポール国立大学のS・アガーワル，ネバダ大学のC・リュー，およびペンシルベニア大学のN・スールレスによってなされた[8]。彼らは，ほとんどの消費者が，少なくとも当初は受け取った還付のほとんどを貯蓄に回していたというシャピロとスレムロッドの研究結果と整合的な実証結果を発見した。しかし，大手クレジットカード発行会社から入手した約75,000世帯のクレジットカード購入額と残高に関する新規データセットを使用したところ，典型的な世帯では，税還付を受け取った後の数カ月間に，購入額は徐々に増加し，クレジットカードの負債が増加していることが判明した。

アガーワル，リュー，およびスールレスは，まず，世帯が税還付を受け取っ

---

[7] M.D.Shapiro and J. Slemrod "Did the 2001 Tax Rebate Stimulate Spending? Evidence from Taxpayer Surveys," in J. Poterba, ed.,*Tax Policy and the Economy* 17（Cambridge, MA:MIT Press,2003), pp.83-109 を参照。

[8] S.Agarwal, C. Liu and N. S. Souleles "The Reaction of Consumer Spending and Debt to Tax Rebates - Evidence from Consumer Credit Data," *Journal of Political Economy*, December 2007, pp. 986-1019 を参照。

た後にクレジットカードの支払がどのように変化したかについてパターンを調べた。次に，クレジットカードによる購入がその後増加したかどうかを調べた。最後に，家計のクレジットカード負債額の変化を調べることができた。なぜなら，税還付の小切手は納税者の社会保障番号に応じて3カ月にわたって郵送されたため，アガーワル，リュー，およびスールレスは，各世帯がいつ税還付の小切手を受け取ったかを正確に計算することができたからである。この情報によって，支払，購入，およびクレジットカード債務の反応を決定することができた。

2001年の税還付の明らかな影響の1つは，クレジットカード発行会社への支払額を増やすことに拍車をかけたことである。当初は多くの人がクレジットカードの支払を増やしたが，税還付を受けて購買行動も変化した。最初のうちは，クレジットカードでの買い物は増えなかった。しかし，数カ月後には購入額が増え始め，9カ月後にはさらに，税還付のためにクレジットカードの利用額が平均60ドル増えた（注：税還付は1世帯当たり平均500ドルであった）。

当初，購入額は変わらなかったが，政府からの支払額が増加し，クレジットカードの平均負債額は当初減少した。時間の経過とともに，家計がより多く購入し始めたので，クレジットカードの負債額は増加し始めた。税還付を受けてから9カ月後，平均的な世帯は最終的に25ドルを少し超える金額の追加的クレジットカードの負債を抱えることになった。これは約2,000ドルの平均負債額に比べるとわずかな増加であり，しかも統計的に有意ではなかった。

主な結果は多くのさまざまな世帯の平均をとっているので，彼らが税還付にどのように反応するのかを見るためには，人口のさまざまな層を調べることは価値があるかもしれない。特に，補論4.Aでは，拘束力のある借入制約（人々が望むだけの借入をすることを妨げる）が消費行動にどのような影響を与えるかについて論じている。さらに，（おそらく銀行から課されたクレジットカードの限度額による）拘束力のある借入制約のために，これ以上借入ができない人は，制約のない人よりも税還付金をより多く使う可能性が高い。おそらく，若年層（将来所得が現在所得よりも高くなる傾向がある）やクレジットカードの限度額が低い人が，拘束力のある借入制約に直面する可

能性が高いだろう。

アガーワル，リュー，およびスールレスは，若年層が他の年代層よりも税還付により反応したかどうかを調べるために，データを若年層（35歳未満），中年層，高齢層（60歳以上）の3つの年齢グループに分けた。その結果，税還付を受けてから9カ月後に，若年層は購入額を約200ドル増加させており，これは他のグループよりも大幅に多いことがわかった。また，若年世帯の負債増加額は約130ドルであったが，高齢世帯の負債増加額ははるかに少ない額であった。

アガーワル，リュー，およびスールレスは，世帯が直面するクレジットカードの限度額にもとづいて同様の分割を行った。低クレジット限度額グループの人々は7,500ドル以下の限度額であり，高クレジット限度額グループの人々は10,500ドルを超える限度額である。その結果，高限度額グループの人々は他のグループに比べて，残高を多く返済し，支出を少なくし，クレジットカードの負債を減らしていることがわかった。したがって，拘束力のある借入制約に直面しにくいと思われる高クレジット限度額の人々は，主にリカードの等価定理が示唆する方法に近い形で税還付に反応し，一方拘束力のある借入制約に直面している人々は税還付に反応しなかったようである。

2008年と2009年に行われた追加的な税還付から得られた新たな証拠も，リカードの等価定理が示唆する以上に，消費者支出が税還付に大きく反応するという考えを支持している。マサチューセッツ工科大学（MIT）のジョナサン・パーカー，ニコラス・スールレス，アメリカ国勢調査局のデビッド・ジョンソン，議会予算局のロバート・マクレランドは，アンケートから得られた証拠にもとづき，消費者が2008年に税還付の50％から90％を支出したことを示した[9]。2001年の税還付と比較すると，2008年は耐久消費財への支出が多かった。それは，2008年の方が2001年よりも税還付額が大きかったからであろう。また，この調査は信用制約を受けやすい低所得世帯と持ち家世帯の支出増加が最も顕著であったことも明らかにした。

---

[9] J.A. Parker, N. S. Souleles, D. S. Johnson and R. McClellan "Consumer Spending and the Economic Stimulus Payments of 2008," *American Economic Review*, October2013, pp. 2530-2553 を参照。

4.2 投資

次に，支出の2つ目の主要な構成項目である企業による投資支出に移ろう。消費と貯蓄の意思決定と同じように，どれだけ投資を行うかという意思決定は経済の将来に対する予想に大きく依存する。投資にもまた貯蓄と消費と同様に，現在と将来のトレードオフの考えがからんでいる。設備投資を行うことで，企業は現在の経営資源を将来の生産能力を高め，利益を得るために投入することになる。そうでなければ，たとえば株主への増配などに現在の資源を使う。

第2章で，生産に用いられる建築物，設備，ソフトウエア，および知的財産を含む資本財の購入や構築，ならびに在庫ストックの増加を投資と呼んだことを思い起こしてほしい。マクロ経済学の観点から，投資の動向を研究する理由は2つある。第一に，投資支出は景気後退期には落ち込み，回復期には増加し，景気循環を通じての変動が総支出の他の構成要素に比べて激しいことがあげられる。投資はGDPの6分の1を占めるにすぎないが，典型的な景気後退期には総支出の減少の半分かそれ以上が投資支出の減少である。したがって，投資の動きを説明することは第Ⅲ部で取り上げる景気循環を理解するうえで重要である。

投資の動向を研究する第二の理由は，投資が経済の長期的な生産能力の決定に重要な役割を演じることにある。投資は新しい資本財をつくり出すので，高い投資率は資本ストックの急速な成長を意味する。第3章でも論じたように，資本は最も重要な2つの生産要素の1つ（もう1つは労働）である。他の事情が変わらなければ，投資が急速に行われ，巨大な資本ストックを保有する経済のほうが，資本をさほど多く保有しない経済よりも産出量は多いであろう。

望ましい資本ストック

何が投資量を決定するのかを理解するために，企業は投資したい量をどのように決めるのかを考えなければならない。われわれが仮定しているように，もし企業が利潤最大化を目指しているのであれば，企業にとっての**望ま**

しい**資本ストック**（desired capital stock）は企業の期待利潤を最大にする資本量である。企業の経営者は追加的な資本（たとえば新しい機械）を使用するときにかかる費用と，それから得られる便益とを比較し，利潤を最大にする資本ストックの量を決定する。もし便益が費用を上回っているならば，資本ストックを増加させることによって利潤を増やすことができる。しかし費用が便益を上回っているならば,その計画された資本を増加すべきではなく，むしろ資本を減少することを考えるべきであろう。この単純な記述から，どれだけの資本を使用するかという企業の意思決定の根底にある経済学的な論理は，第3章で議論した，どれだけの労働者を雇用するかという企業の意思決定の論理と同じものであることがわかる。

実物的な側面からいえば，資本を1単位追加することによって得られる企業の便益は，資本の限界生産力 MPK である。第3章において MPK を，企業の労働力やその他の生産要素を一定にしたまま資本を1単位追加したときに得られる産出量の増加分と定義した。新しい資本を入手し設置するにはラグが生じるため，**資本の期待将来限界生産力**（MPK^f, expected future marginal product of capital）は今日投資を決定し資本を1単位増加させることから得られるであろう便益のことである。この期待将来便益は，追加された資本1単位の使用にかかる期待費用，すなわち資本の使用者費用と比較されなければならない。

資本の使用者費用　資本の使用者費用についてもっと具体的に議論するために，特製のクッキーを生産しているカイル製パン会社のケースを考えてみよう。この会社の所有者兼経営者であるカイルは，より多くのクッキーを生産できる最新式のソーラー・オーブンへの投資を考えている。もしオーブンを買うとすれば，どの大きさのオーブンにするかについても決めなければならない。この意思決定において，カイルは次の3つの情報をもっている。

1. どの大きさの新しいオーブンも実質（基準年）ドルで計算すると，1立方フィート当たり100ドルで購入できる。
2. オーブンは太陽光発電なので,エネルギー費用がかからない。また,オーブンの維持費用もかからない[10]。しかし，このオーブンは古くなるに従っ

て効率性が悪くなる。1年経過するごとにクッキーの生産量は10%低下する。この減耗のためオーブンの実質価値は毎年10%下落する。たとえば，1年間の使用後，オーブンの実質価値は1立方フィート当たり90ドルになる

3. カイルは年8%の期待実質利子率で銀行から資金を借り入れることができるし，1年満期の国債を買うことによって政府に貸すこともできる。

資本の使用者費用の計算において，次の記号を用いる（数値はカイル製パン社の数値例である）。

$p_K =$ 資本財の実質価格（1立方フィート当たり100ドル）
$d =$ 資本減耗率（年10%）
$r =$ 期待実質利子率（年8%）

資本の使用者費用（user cost of capital）は，1単位の資本をある特定の期間使用するときにかかると予想された実質費用のことである。カイル製パン社の例では，新しいオーブンを購入し，1年間使用し，その後それを売却するときの費用を考える。オーブンの使用者費用は減耗費用と利子費用の2つの要素からなっている。

一般的に，資本を使用する際の減耗費用は資本が減耗するにつれて失われる価値である。カイルが1立方フィート当たり100ドルで購入した新品のオーブンは，資本減耗によって1年後には90ドルの価値になってしまう。この1年間で被る1立方フィート当たり10ドルの損失がオーブン使用の減耗費用である。たとえ1年後にオーブンを売却しないとしても，1年後にはこの資産の経済的価値が10%低下してしまうので，彼はこの損失を被ることになる。

資本の使用にかかる利子費用は，期待実質利子率に資本の価格を掛けたものに等しい。期待実質利子率は8%であるので，カイルがオーブンを1年間使用するのにかかる利子費用は1立方フィート当たり100ドルの8%，すな

---

[10] これらの仮定は例を単純にするためのものである。もし燃料費や維持費などの操業費がかかるならば，機械を使用するときの便益を計算する際にこれらの費用を資本の期待将来限界生産力から差し引かなければならない。

わち8ドルである。なぜ利子費用が資本の使用者費用に入れられるのかを理解するために，まずカイルがオーブンを購入するために必要な資金を借り入れなければならないと想定してみよう。この場合1立方フィート当たり8ドルの利子費用は彼が借入に対して支払わなければならない利子であり，これはあきらかに彼がオーブンを使用する際の総費用の一部になる。そうではなく，もしカイルが事業からの利潤の一部をオーブンの購入に充てるとすれば，彼はこの資金で国債などの利子付き資産を購入する機会をあきらめることになる。カイルはオーブンの購入に100ドルつぎ込むごとに，それを100ドルの国債の購入に充てれば得られるであろう8ドルの利子を犠牲にしている。この犠牲となった利子はカイルがオーブンを使用するのにかかる費用である。このように資本の購入が資金の借入によって調達されようが，企業の留保利潤で調達されようが，利子費用は資本の使用にかかる経済的費用の一部分である。

資本の使用者費用は減耗費用と利子費用の合計であり，利子費用を rp_K，減耗費用を dp_K とすると，資本の使用者費用 uc は，

$$uc = rp_K + dp_K = (r+d)p_K \tag{4.3}$$

である。カイル製パン社の例では，

uc = 0.08（1年当たり）×100ドル（1立方フィート当たり）+0.10（1年当たり）×100ドル（1立方フィート当たり）

=18ドル（年間1立方フィート当たり）

したがって，カイルの資本の使用者費用は年間1立方フィート当たり18ドルである。

望ましい資本ストックの決定　今や，企業の利潤を最大化する資本ストック，すなわち望ましい資本ストックを見つけることができる。ある企業にとっての望ましい資本ストックは，期待将来限界生産力と資本の使用者費用が等しくなるような資本ストックの量である。

図4.3はカイル製パン社にとっての望ましい資本ストックの決定を示している。横軸に資本ストック K が，オーブンの容量である立法フィートで測られている。また縦軸に MPK^f と資本の使用者費用の両方が測られている。

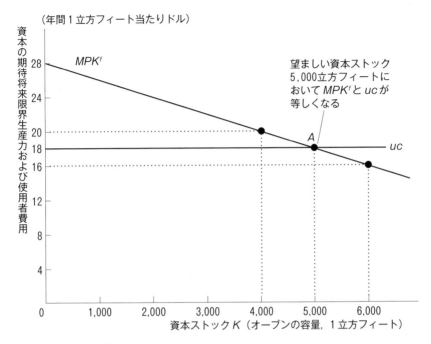

図4.3 望ましい資本ストックの決定
望ましい資本ストック（この例では5,000立方フィートのオーブン容量）は利潤を最大にする資本ストックである。資本ストックが5,000立方フィートのとき，資本の期待将来限界生産力 MPK^f は資本の使用者費用 uc に等しい。資本ストックが4,000立方フィートのときのように，もし MPK^f が uc よりも大きければ，資本をもう1単位追加することによる便益はそのための費用を上回るので，企業は資本を増加すべきである。逆に，資本が6,000立方フィートであるときのように MPK^f が uc よりも小さければ，資本を追加する費用は便益を上回るので，企業は資本を減少させるべきである。

　右下がりの曲線は，資本ストック K の異なった大きさに対応する MPK^f の値である。それぞれの K の水準において，MPK^f はもしオーブンの容量がもう1立方フィート大きければ余分につくることができるであろうクッキーの実質価値に等しい。資本の限界生産力は資本ストックが増加するに従って下落するので（資本の限界生産力が逓減する理由については第3章で述べた），MPK^f 曲線は右下がりである。使用者費用（この例では年間の1立方フィート当たり18ドルに等しい）は資本の量には依存しないので，水平

線で表されている。

カイル製パン社の期待利潤を最大にする資本の量は，図 4.3 の点 A で示される 5,000 立方フィートである。点 A において，追加的な資本 1 単位がもたらす期待便益 MPK^f は使用者費用 uc と等しくなっている。オーブンの容量がどの大きさであっても，それが 5,000 立方フィートよりも小さい場合には，カイル製パン社はオーブンの容量を大きくすれば期待利潤を増加させることができる。たとえば，図 4.3 において，計画容量が 4,000 立方フィートのとき追加的な 1 立方フィートの MPK^f は年間 20 ドルの価値のクッキーであり，これは追加的に 1 立方フィートの容量を使用する使用者費用 18 ドルを上回っている。計画容量を 4,000 立方フィートとしたときから出発して，もしカイルが 1 立方フィート容量を大きくすれば，将来の財の価値は 20 ドル分増えるのに対し，将来の期待費用は 18 ドルしか増えない。したがって，4,000 立方フィートを超えて容量を拡大することはカイルにとって利益になる。同様に，容量が 5,000 立方フィートを超えると期待将来限界生産物 MPK^f が使用者費用 uc よりも小さくなっている。このときには，カイル製パン社は資本ストックを減少させることによって期待利潤を増加させることができる。つまり $MPK^f = uc$ であるときにのみ，資本ストックは期待利潤を最大にする水準となりうるのである。

先に述べたように，望ましい資本ストックの決定は第 3 章で議論した企業の労働需要の決定の仕方と類似している。雇用に関する企業の利潤最大化の水準は労働の限界生産力が賃金と等しい水準であることを思い出してほしい。同様に，資本に関する企業の利潤最大化の水準は，資本の期待将来限界生産力が資本の「賃金」と考えることができる資本の使用者費用（1 期間資本を使用する費用）と等しくなる水準である。

望ましい資本ストックの変化

MPK^f 曲線をシフトさせたり資本の使用者費用を変化させるすべての要因は，企業の望ましい資本ストックを変化させる。カイル製パン社の例において，たとえば実質利子率が 8％ から 6％ に下落するとしよう。もし実質利子率 r が 0.06 で，減価償却率 d と資本の価格 p_K がそれぞれ 0.10 と 1 立方

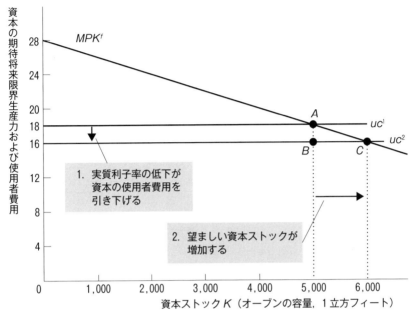

図 4.4 実質利子率の下落による望ましい資本ストックの増加
カイル製パン社の例において，実質利子率の 8% から 6% への下落はオーブンの容量 1 立方フィート当たりの使用者費用 uc を 18 ドルから 16 ドルへ引き下げ，使用者費用線を uc^1 から uc^2 へと下方にシフトさせる。望ましい資本ストックはオーブン容量 5,000 立方フィート（点 A）から 6,000 立方フィート（点 C）へと増加する。6,000 立方フィートにおいて MPK^f と資本の使用者費用は 1 立方フィート当たり 16 ドルとなり，両者はふたたび等しくなる。

フィート当たり 100 ドルのままであるならば，実質利子率の下落によって，資本の使用者費用 $(r+d)p_K$ は 1 立方フィート 18 ドルから $(0.06+0.10) \times 100$ ドル，すなわち 16 ドルに減少する。

この使用者費用の減少は図 4.4 における使用者費用曲線の uc^1 から uc^2 への下方シフトで表される。シフトした後では，もとの望ましい資本ストック 5,000 立方フィートにおける MPK^f，すなわち 18 ドル（点 A）は資本の使用者費用 16 ドル（点 B）を超えてしまっている。カイル製パン社は，MPK^f が 1 立方フィート当たり 16 ドルの使用者費用に等しくなる 6,000 立方フィート

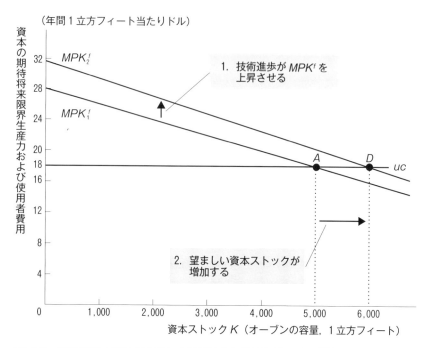

図 4.5 期待将来 MPK の上昇による望ましい資本ストックの増加
技術的進歩は資本の期待将来限界生産力 MPK^f を上昇させ，MPK^f 線を MPK_1^f から MPK_2^f へと上方にシフトさせる。望ましい資本ストックはオーブン容量 5,000 立方フィート（点 A）から 6,000 立方フィート（点 D）へと増加する。6,000 立方フィートにおいて，MPK^f は使用者費用 uc と 1 立方フィート当たり 18 ドルで等しくなる。

（点 C）までオーブンの計画容量を拡大することによって，利潤を増加させることができる。この例は，期待実質利子率の低下（あるいは資本の使用者費用を引き下げる他の変化）が望ましい資本ストックを増加させることを明らかにしている。

MPK^f 曲線に影響を及ぼす技術的な変化も，望ましい資本ストックに影響を与える。カイルはより短い時間でクッキーを焼くことができる新しいタイプの練り粉を発明し，1 日当たり 12.5％多くクッキーを生産できるようになるとしよう。このような技術的進歩は資本ストックのそれぞれの量において，オーブンの MPK^f 曲線を 12.5％上方にシフトさせるであろう。図 4.5 で

はこの効果が MPK^f 曲線の MPK_1^f から MPK_2^f へのシフトによって表されている。もし使用者費用が 1 立方フィート当たり 18 ドルのままであるならば，この技術進歩はカイル社の望ましい資本ストックを 5,000 から 6,000 立方フィートへと増加させる。6,000 立方フィート（点 D）においてふたたび MPK^f は資本の使用者費用に等しくなる。一般的に，資本の使用者費用が一定のもとで，資本のあらゆる水準における資本の期待将来限界生産力の増加は，望ましい資本ストックを引き上げる。

税と望ましい資本ストック　これまでは投資の決定における税の役割を無視してきた。しかしカイルが関心をもっているのは，彼の企業が税金を支払った後に手元に残る利潤の最大化である。したがって，彼は資本1単位の追加が望ましいかどうかを評価する際，税金のことも考慮しなければならない。

カイル製パン社は収入の 20％を課税されているとしよう。この場合，企業の将来の収益をたとえば 20 ドル増加させるようなオーブンの容量の追加は，政府が 4 ドルを徴収してしまうので，カイルの税引後の収入を 16 ドルだけしか増加させない。カイルはこの容量を追加するかどうかを決めるにあたって，課税前の 20 ドルの MPK^f ではなく，課税後の 16 ドルの MPK^f と使用者費用とを比べるべきである。一般的に，企業の収入に対する税率を τ とすれば，課税後の将来限界生産力は $(1-\tau)MPK^f$ となる。望ましい資本ストックは，課税後の将来限界生産力と使用者費用とが等しくなる。いい換えれば，

$$(1-\tau)MPK^f = uc$$

となる資本ストックである。

この式の両辺を $(1-\tau)$ で割ると，

$$MPK^f = \frac{uc}{1-\tau} = \frac{(r+d)p_K}{1-\tau} \tag{4.4}$$

が得られる。

この (4.4) 式の $uc/(1-\tau)$ の項は，税によって調整された資本の使用者費用と呼ばれている。**税調整後の資本の使用者費用**（tax-adjusted user cost of capital）は，企業が進んでもう 1 単位資本を追加するためには，課税前の将来限界生産力がどれくらいの大きさでなければならないかを示している。税率 τ の上昇は税調整後の使用者費用を上昇させ，したがって望ましい資本ストックを減少させる。

税調整後の使用者費用を導出するために，税は企業の収入に比例的に課せられると仮定した。しかし，アメリカやその他の国々における現実の法人税はもっと複雑である。一般的に，企業への課税は収入ではなく利潤に対してであり，さらに利潤のうち課税の対象とみなされる部分は企業がどれだけ投資を行うかに依存する。たとえば，ある企業が資本を購入したとき，その年とその後数年間にわたって課税される利潤から資本の購入価格の一部を控除することが認められている。**減価償却費**（depreciation allowance）として知られているこの控除があるため，企業は課税対象となる利潤を減らすことによって税の総支払額を少なくすることができる。

アメリカでさまざまな時期に用いられてきたほかの重要な租税措置は，**投資減税**（投資税額控除とも呼ばれる）である。投資税額控除は企業に対して，支払うべき税から新しい資本の購入価格の何パーセントかを直接控除することを認めるものである。したがって，たとえば投資税額控除が 10％であるとき，15,000 ドルの設備を購入する企業はその年の税を 1,500 ドル（15,000 ドルの 10％）まで軽減することができる。

経済学者は，投資に影響を及ぼす多くの税法の多くの租税措置を**実効税率**（effective tax rate）という資本の税負担を測る単一の尺度で表す。この考え方の本質は次のような問いかけによって明らかになる。現実の税法の租税措置が望ましい資本ストックに及ぼす効果と同じ効果をもつ，企業の収入に対する税率 τ はどのくらいの大きさか。この問いに答える仮説的税率が実効税率である。たとえば，実効税率を引き上げるような税法の変更は，企業の収入に対する増税や，税調整後の資本の使用者費用の上昇と同じことである。したがって，他の条件が一定であれば，実効税率の上昇は望ましい資本ストックを減少させる。

表 4.2 は，2019 年における OECD 諸国の資本に対する実効税率を示している。資本の実効税率は，イタリアのマイナス 42.4％から，チリの 23.9％の範囲にわたっている。表では，いくつかのタイプの資本の購入を数年間にわ

表4.2 資本の実効税率（2019年）

	ETR	I/GDP		ETR	I/GDP
オーストラリア	14.9	22.3	日本	23.4	25.5
オーストリア	16.7	25.4	韓国	13.7	30.1
ベルギー	−19.1	25.2	ルクセンブルク	11.9	18.0
カナダ	7.1	21.9	メキシコ	15.7	19.9
チリ	23.9	22.2	オランダ	14.2	22.3
チェコ共和国	10.3	28.1	ニュージーランド	23.5	24.9
デンマーク	8.4	21.8	ノルウェー	10.3	29.8
フィンランド	16.3	23.0	ポーランド	−5.8	20.2
フランス	9.9	24.3	ポルトガル	−24.8	18.0
ドイツ	16.9	21.3	スロバキア共和国	8.6	24.0
ギリシャ	15.3	12.3	スロベニア	7.9	20.3
ハンガリー	4.7	27.6	スペイン	11.8	20.6
アイスランド	12.5	21.1	スウェーデン	13.1	24.9
アイルランド	10.5	54.7	スイス	12.1	24.7
イスラエル	12.1	22.3	トルコ	−5.0	0.0
イタリア	−42.4	18.3	英国	3.7	17.9
			アメリカ	−2.7	21.9

注：ETRは，2019年の資本に対する実効税率（%）である。I/GDPは，2019年のGDPに対する粗資本形成の比率（%）である。
出所：ETRはOECD.Stat, *https://stats.oecd.org/index.aspx?DataSetCode=CTS_ETR*。I/GDPはOECD.Stat, *https://stats.oecd.org/index.aspx?DataSetCode=SNA_TABLE1* variable P5:gross capital information and B1_GA: GDP（output approach）。

たって控除される減価償却費として使うのではなく，即時に完全に経費化できるようにした税法の変更のため，アメリカの実効税率はマイナス2.7%になっている[11]。表では，それぞれの国のGDPに対する粗投資の比率が示されている。資本の実効税率の増加は，税調整後の資本の使用者費用を増大させるので，他の事情を一定にすると，高い資本の実効税率の国では低い投資水準になると予想できる。しかし表4.2におけるさまざまな国では他の事情は等しくないので，こういった国々では，実際には実効税率と投資の間には

---

[11] アメリカでは2017年に減税および雇用法（Tax Cut and Jobs Act）が成立し減税が実施された。これは法定の法人税率を35%から21%に引き下げるとともに，ある類型の新しい資本を購入するとその支出について即時経費化を認めるものであった。

統計的な関係が見られない。「応用例：税の投資に及ぼす影響を測る」では，税の投資へのインパクトを測定することに成功したアプローチについて述べている。

応用例：税の投資に及ぼす影響を測る

　実効税率は投資パターンにかなり影響を及ぼすだろうか。税率と投資の間の経験的関係を決定するのは容易でない。1つの問題は，望ましい資本ストックに影響を与える税以外の要素，たとえば資本の期待将来限界生産力や実質利子率のような要素がいつも変化しているため，このことが税の純粋な効果を分離することを困難にしていることである。別の問題は，税法の変化がランダムには起こらず，経済状況についての政府の評価を反映しているということである。たとえば，投資支出を引き上げなければならないほど投資支出が異常に低いと予想されるとき，議会は投資に対する税を引き下げる傾向がある。しかし，もし議会がそうするなら，資本に対する低い税は低い投資の時期と関連があり，計量経済学者は減税が投資支出を増加させないで減少させると間違えて結論づけるかもしれない。たとえば，議会は資本の真の減価償却よりもさらに早く税目的のため企業に資本を償却させることを認めることによって，つまり資本の税率を実際に低下させることを認めることによって，投資を増加させることを計画した経済刺激プランを2002年初めに通過させた。しかし，民間国内粗投資はすでに2000年から2001年にかけてGDPの19.8％から18.2％に減少しており，減税にもかかわらず2002年には17.5％まで低下した。最近では，2009年初めに議会で可決された景気刺激策では，資格のある初回住宅購入者に8,000ドルの税額控除が提供された。これは，税額控除を受ける人の住宅の税調整後の使用者費用を低下させ，住宅投資を刺激することを目的としていた。しかし，住宅投資は2007年第1四半期のGDPの5.3％から，そして2008年第1四半期のGDPの3.9％から，2009年第1四半期までに2.8％に低下した。不幸なことに，2009年の第2四半期には住宅投資はGDPの2.6％まで低下し，その後3年間はGDPの3.0％を下回った。

これらの問題の両方を解決しようとした興味深い研究が，ブレバン・ハワード会社のJ・カミンズ，コロンビア大学のR・G・ハバード，およびアメリカン・エンタープライズ研究所のK・ハセットによって行われた[12]。税以外の要素が絶えず変化しているという問題を避けるため，カミンズ，ハバード，およびハセットは，1962年ケネディ大統領によって行われた投資税控除に始まりレーガン大統領の下で通過した1986年の主な税改革に終わる13の主な税改革の期間に焦点をあてた。著者の考えは，税法が短期的に相当変化したときの状況を見ることによって，続いて起こるほとんどの投資変化は税の結果であって，他の要素の結果ではないともっともらしく仮定できるというものである。第二の問題，つまり粗投資が低いとき減税が行われるという問題を避けるため，カミンズ，ハバード，およびハセットは粗投資の動きを見ないで，それぞれの税改革に対する多くの個々の企業の投資反応を比較した。税法は異なる資本のタイプを異なって扱うので（たとえば，機械と工場は異なって課税される），さらに企業は異なる組み合わせで資本を使用するので，著者はそれぞれの税改革の後どのように異なる企業がかれらの投資を変えるのかを観察することが税変化の影響に情報を与えるだろうと信じた。たとえば，もし税改革が工場への税に比べて機械への税をより減税し，かつ税が投資の重要決定要因なら，投資が機械に集中している企業は，投資が主に工場に集中している企業に比べて税変化に対してより強く反応するだろう。

　カミンズ，ハバード，およびハセットは，以前報告された以上に相当強い税の投資への影響を発見した。これはおそらく以前の研究がわれわれが認識した2つの問題をうまく処理しなかったためであろう。これらの著者は弾力性がほぼ−0.66であることを計測した。つまり，彼らの推定によると，資本の使用者費用を10％引き下げる税の変化は，相当な額である6.6％だけ粗投資を増大させる。このように，実効税率は投資にかなり影響を及ぼしている。

---

[12] J. G. Cummins, K. Hassett and R. G. Hubbard "A reconsideration of Investment Behavior Using Tax Reforms as Natural Experiments," *Brookings Paper on Economic Activity*, 1994:2, pp.1-59. 課税と投資に関する研究のサーヴェイとして次を見なさい。K. Hassett and R. G. Hubbard, "Tax Policy and Investment," in A. J. Auerbach, ed, *Fiscal policy:Lessons from Economic Research*, Cambridge: MIT Press, 1997.

望ましい資本ストックから投資へ

さて，企業の望ましい資本ストックと企業の投資量との関係を見てみよう。一般に，企業や国の資本ストックは2つの反対方向に向かう径路を通じて，時間とともに変化している。第一に，新しい資本財の購入や建設は資本ストックを増加させる。これまで，毎年行われる新しい資本財の購入や建設の総量を「投資」と呼んできたが，正確には**粗投資**（gross investment）である。第二に，資本ストックは減耗あるいは摩滅するので，資本ストックは減少する。

資本ストックが1年の経過を経て増加するか減少するかは，粗投資が1年間の資本の減耗よりも大きいか小さいかに依存する。粗投資が資本の減耗を上回っているとき資本ストックは増加する。1年間を通じての資本ストックの変化（あるいは同じことであるが，粗投資と資本減耗との差）は**純投資**（net investment）と呼ばれる。

これらの概念を以下の記号を用いて数学的に表現してみよう。

$I_t = t$ 年における粗投資

$K_t = t$ 年の期首における資本ストック

$K_{t+1} = t+1$ 年の期首（同じことだが t 年の期末）における資本ストック

純投資，すなわち期間 t を通じての資本ストックの変化は $K_{t+1} - K_t$ に等しい。毎年減耗する資本の割合を d とすれば，t 年の年間を通じて減耗する資本量は dK_t である。純投資と粗投資の関係は，

$$純投資 = 粗投資 - 資本減耗 \tag{4.5}$$
$$K_{t+1} - K_t = I_t - dK_t$$

と表される。

すべてではないがほとんどの年において粗投資は資本減耗よりも大きいので，純投資は正となり，資本ストックは増加する。図4.6は1929年以来のアメリカにおける粗投資と純投資の動きをGDPに対するパーセントで示したものである。粗投資と純投資との差は資本減耗である。1930年代の大恐慌と第2次世界大戦中（1941～1945年）に粗投資と純投資がときおり大きく振動し，純投資がマイナスになっている年があることに留意しておこう。純投

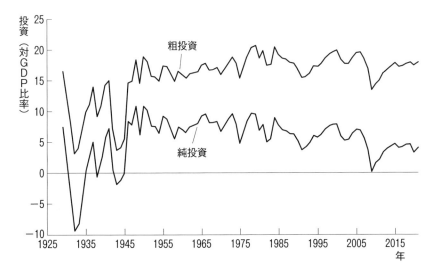

図 4.6　粗投資と純投資（1929〜2021 年）
図には 1929 年以降のアメリカにおける粗投資と純投資とが対 GDP 比率で示されている。大恐慌と第 2 次世界大戦の数年間において純投資はマイナスになっているが，これは資本ストックが減少していたことを意味する。
出所：GDP, 民間国内粗投資，および民間国内純投資は商務省経済分析局から得ている。セントルイス連邦準備銀行のウェブサイト fred.stlouisfed.org, series/GDPA, GPDIA, and A557RC1A027NBEA からダウンロード。

資は金融危機後 2009 年から 2011 年にかけて非常に低い。

望ましい資本ストックと投資の関係を表すために（4.5）式を用いることができる。まず（4.5）式を書き換えると，

$$I_t = K_{t+1} - K_t + dK_t$$

となるが，これは粗投資が純投資に資本減耗を加えたものに等しいことを表している[13]。

さて，企業は資本の期待将来限界生産力と資本の使用者費用について t 年の期首に入手できる情報を用いて，t 年の期末（$t+1$ 年の期首）までに保有したい望ましい資本ストック K^* を決定するものとしよう。さしあたり，企業

---

[13] この式では，資本の相対価格は一定で，1 であると仮定している。より一般的には，資本の価格は 1 ではなく，この場合には式は，$I_t = p_k(K_{t+1} - K_t + dK_t)$ となる。

は資本を容易に手に入れることができ，t 年の期末における実際の資本ストック K_{t+1} と望ましい資本ストック K^* とを一致させることができるとしておこう。前の式の K_{t+1} を K^* に置き換えると次の式が得られる。

$$I_t = K^* - K_t + dK_t \tag{4.6}$$

(4.6) 式から，企業の1年間の投資 I_t は2つの部分，すなわち，(1) その年の望ましい資本の純増分 $K^* - K_t$ と，(2) 資本減耗 dK_t の置き換えに必要な投資からなることがわかる。資本が年間を通じて減耗する量は，資本の減耗率と初期の資本ストックの大きさによって決まる。しかし，その年の望ましい資本ストックの純増分はさまざまな要因（税や利子率，資本の期待将来限界生産力など）に依存する。実際，(4.6) 式は望ましい資本ストック K^* の変化を引き起こすどのような要因も，それと同じ大きさの粗投資 I_t の変化を引き起こすことを示している。

時間の遅れと投資　企業がすばやく資本を入手でき，実際の資本ストックを望ましい水準と毎年一致させることができるという先ほどの仮定は，どのような状況においても現実的ではない。ほとんどのタイプの設備は容易に手に入れることができるが，超高層建築物や原子力発電所などの建設には何年もかかるであろう。このように，実際には企業の望ましい資本ストックの100万ドルの増加は，その年のうちに総投資の100万ドルの増加につながらず，計画や建設は数年間にわたって進行し追加投資が実施されるであろう。このような制約にもかかわらず，企業の望ましい資本ストックを増加させる要因は，その期の投資をも増加させる傾向にある。要約表6は投資に影響を及ぼす要因を記載している。「データとリサーチにふれよう：投資と株式市場」では，投資と株価を関係づける投資のへの別のアプローチを取り上げている。

要約表6　望ましい投資の決定要因

増加（上昇）する要因	望ましい投資の変化	理　由
実質利子率, r	減少	使用者費用を増加させ，望ましい資本ストックを減少させる。
実効税率, τ	減少	税調整後の使用者費用を増加させ，望ましい資本ストックを減少させる。
期待将来 MPK	増加	望ましい資本ストックを増加させる

在庫投資と住宅投資

　これまでの議論では，民間固定投資と呼ばれるもの，あるいは企業による工場やオフィスビルなどの建築物，穿孔盤やジェット旅客機などの設備，ソフトウエアおよび知的財産に対する投資に重点をおいてきた。しかし，投資支出の構成要素にはこのほかに在庫投資と住宅投資の2つがある。第2章で議論したように，在庫投資は販売されなかった財，生産過程にある財，あるいは原材料の企業在庫の増加分に等しい。住宅投資は1戸建て住宅やマンション，アパートなどの住宅の建設である。

　幸運にも，企業の固定投資の研究で用いた資本の将来限界生産力と使用者費用の概念を，在庫投資と住宅投資にも同様にうまくあてはめることができる。たとえば，新車の販売ディーラーのパトリシアが，通常保有している車の台数を100台から150台に増やすべきかどうか，つまり50台の在庫投資をすべきかどうかを決めようとしている状況を考えてみよう。展示する車をより多くもつことから得られる便益は，潜在的な車の買い手がより多くの種類の車を見ることができ，引渡しを待つ必要が少なくなり，より多くの車を販売できるようになることであろう。販売力が一定のもとで，このディーラーが予想する実質で測った販売手数料の増加は，増加した在庫の期待将来限界生産力である。より多くの車を保有することの費用は，(1) 展示場に置かれている車の減耗，(2) より多くの在庫保有のために借り入れたローンの利子支払の2つからなる。もし販売手数料の増加という観点からみた在庫の増加の期待便益が，車を50台積み増すのにかかる利子と減耗の費用を少なくとも上回れば，車のディーラーはこの在庫投資を行うであろう。この原理

> データとリサーチにふれよう

投資と株式市場

　株式市場の変動には，重要なマクロ経済的な影響がある。株価の変化により家計は消費額と貯蓄額を変えるかもしれない（「応用例：株価高騰と暴落のマクロ経済的影響」を見なさい）。同様に，経済理論は，株価の上昇と下落が企業の資本投資率を同じ方向に変化させることを示唆している。株価と企業の物的資本への投資の関係は，イェール大学のノーベル賞受賞者であるジェームズ・トービンが開発した「投資の **q** 理論」によってとらえられている。

　トービンは，任意の特定の資本タイプの投資は，資本の置換費用に対するその市場価値の比率を見ることによって予想できると議論した。しばしば**トービンの q**（Tobin's q）と呼ばれるこの比率が 1 より大きいとき，資本価値がそれを獲得する費用を超えるので追加的資本を得ることが有利になる。同様に，トービンの q が 1 より小さいとき，資本価値がそれを獲得する費用を下回るので追加的資本を得ることが有利にはならない[14]。

　企業価値の多くは，その企業が所有する資本に由来するので，われわれは企業の資本ストックの市場価値を測る尺度として，企業の株式市場価値を用いることができる。もし V をある企業の株式市場価値，K を企業が所有する資本の量，そして p_K を新しい資本財の価格とすると，個々の企業にとって次式が成立する。

$$\text{トービンの } q = V/p_K K$$

ただし，$p_K K$ は企業の資本ストックの置換費用である。もし資本の置換費用がそれほど変化しなければ，株式市場の好況（V の増加）は，ほとんどの企業にとってトービンの q の上昇を引き起こし，投資率の上昇につながる。基本的に，株式市場が高いとき，企業は拡大することに利益を見出す。

　図 4.7 は，トービンの q と資本に対する投資の比率に関する四半期データを示している。この 2 つは密接に関連しており，理論と整合的である。トービンの q と投資比率は 1950 年代，1960 年代，および 2010 年代に共に上昇し，その後 2000 年と 2008 年には共に急落した。しかし，1975 年から 1995 年にかけては，トービンの q と資本に対する投資の比率はあまり密接に関連していない。

　一見異なるように見えるかもしれないが，投資の q 理論は本章で議論した投資理論と非常に似ている。本章で展開された理論では，望ましい資本ストックに影響を与える 3 つの要素，つまり資本の期待将来限界生産力 MPK^f，実質利子率 r，そして新しい資本財の購入価格 p_K を確認した。これらの要素のそれぞれはトービンの q に影響を及ぼす。(1) 資本の期待将来限界生産力の増加は，企業の期待将来収益を増加させる傾向があり，これは企業の株式市場価値を上昇させ，したがって q を

増加させる。(2) 実質利子率の低下も，金融投資家が低利回りの債券や銀行預金から株式に買い替えるので，株価（ひいては q）を上昇させる。(3) 資本財の購入価格の低下は q 比の分母を引き下げ，したがって q を増加させる。3つのタイプの変化はすべてトービンの q を増加させるので，本章の分析で予測したように，これらは望ましい資本ストックと投資を増加させる。

図 4.7　資本に対する投資の比率とトービンの q（1951 年 Q4〜2021 年 Q3）
グラフは，資本ストックに対する投資の比率を左軸に，トービンの q の値を右軸に示している。投資／資本比率とトービンの q は通常，ほぼ同時に上昇または下降することに留意せよ。
出所：投資は経済分析局による非金融固定投資であり，次のセントルイス連銀ウェブサイト *fred.stlouisfed.org series/PNFI* から得ている。資本は，非金融企業部門の設備および建造物であり，FRED series/RCSNNWMVBSNNCB and ESABSNNCB から得ている。トービンの q は，非金融企業部門の株式価値（FRED series/MVEONWMVBSNNCB）の純資産（FRED series/TNWMVBSNNCB）に対する比率である。

は企業の固定投資に適用された原理と同じものである。

住宅投資の分析にもこれと同じアプローチをとることができる。たとえ

---

[14] q が 1 より小さい場合，投資がプラスになるのはなぜか。経済全体の q が 1 より小さい場合でも，多くの企業は q が 1 より大きく，粗投資を行う。

ば，アパート建設の期待将来限界生産力は，入居者から集められる家賃から税や維持管理費を差し引いたものの実質価値である。アパート建設に対する年間の資本の使用者費用はアパートの減耗，あるいは磨耗や破損による損失に利子費用（たとえば抵当支払を反映した）を加えたものである。他のタイプの資本と比較していえば，アパートの建築は，その期待将来限界生産力が使用者費用を上回るときにかぎり利益を上げる。

4.3　財市場の均衡

　第3章で，経済に供給される財・サービスの量は，生産性の水準（たとえば利用される技術によって決定される）と，利用される資本や労働といった投入物の量に依存することを示した。この章では，財・サービスに対する需要，とくに家計による消費財に対する需要と，企業による投資財に対する需要に影響を及ぼす要因について議論した。しかし，消費者や投資家たちが購入したいと思う財・サービスの量と生産者が供給したい量が等しくなることを，われわれはどのようにして知るのであろうか。別の問い方をすれば，どのような経済的な力が市場を需要量と供給量とが等しい均衡状態に導くのであろうか。この節では，実質利子率が財の需要量と供給量とをバランスさせる調整の鍵となる経済変数であることを示す。したがって，われわれの分析の利点は，何が利子率を決定するのかを説明できるということである。もう1つの利点は，第3章の労働市場均衡の分析に財市場均衡の分析を追加することにより，マクロ経済の完全なモデルの構築に向けてさらに大きな一歩を踏み出すことができることである。

　需要される財の総量と供給される財の総量とが等しいときに財市場は均衡状態にある（簡潔に表現するために，「財・サービス」の代わりに「財」と表現するが，これにはつねにサービスが含まれている）。数学的に，この条件は次のように表される。

$$Y = C^d + I^d + G \tag{4.7}$$

　(4.7) 式の左辺は企業によって供給される財の総量 Y で，これは第3章で議論された要因によって決定される。(4.7) 式の右辺は財に対する総需要で

ある。引き続き海外部門がないと仮定するならば純輸出はゼロであり、財の需要量は家計による望ましい消費 C^d, 企業による望ましい投資 I^d, および政府購入 G の合計である[15]。(4.7) 式は**財市場均衡条件**（goods market equilibrium condition）と呼ばれる。

財市場均衡条件とは、閉鎖経済の所得・支出恒等式, $Y = C+I+G$（この恒等式は $NX=0$ としたときの 2.3 式である）とはその意味において重要な違いがある。所得-支出恒等式は実際の所得（産出量）と実際の支出との関係で、これは定義によってつねに満たされる。これに対して、財市場均衡条件はかならずしも満たされなければならないものではない。たとえば、企業は消費者が購入したいと思うよりも前に財を生産してしまい、その結果、企業の倉庫に企業が望みもしなかった在庫の山ができてしまうかもしれない。このような状況にあっても、所得-支出恒等式は満たされている（望ましくない企業の在庫の増加も総支出の一部に計上されるからである。第 2 章を見なさい）が、財市場は均衡状態にないであろう。なぜなら、生産が望ましい支出（これには在庫の望まれなかった増加は含まれていない）を上回っているからである。原理的には財市場均衡条件は必ずしも満たされる必要はないが、強い力が財市場を瞬時に均衡状態へと導くように作用するのである。

望ましい貯蓄と望ましい投資の関係に着眼して、同じことではあるが、異なった方法で財市場の均衡条件を記述することができる。この財市場における均衡条件のもう 1 つの形式を得るために、まず (4.7) 式の両辺から C^d+G を差し引けば、

$$Y-C^d-G = I^d$$

となる。この式の左辺 $Y-C^d-G$ は望ましい国民貯蓄 S^d である（4.1 式を見なさい）。したがって、財市場均衡条件は次のようになる。

$$S^d = I^d \tag{4.8}$$

この財市場均衡条件のもう 1 つの表現方法は、望ましい国民貯蓄と望ましい投資とが等しいときに財市場が均衡することを示している。

---
[15] G は政府が望む水準につねに等しいと仮定するので、望ましい量と現実の量 G とを区別しない。

貯蓄と投資は本書で取り上げるさまざまな問題の中心であり，また，財市場の均衡条件を，望ましい貯蓄と望ましい投資とが等しいという方法で表現したほうが議論を進めやすいという理由から，これからの分析の多くにおいて (4.8) 式を使用する。ここで，(4.8) 式は，財の需要と供給が等しいという (4.7) 式の条件と同じものであることをもう一度強調しておく。

貯蓄・投資図

財市場が均衡状態にあるためには，財の総需要量が総供給量と等しくなければならない。あるいは同じことであるが，望ましい国民貯蓄が望ましい投資と等しくなければならない。この節では，実質利子率の調整が財市場の均衡をもたらすことを論証する[16]。

財市場の均衡の決定は図 4.8 の貯蓄・投資図で示すことができる。この図では，縦軸に実質利子率を，横軸に国民貯蓄と投資とをとっている。貯蓄曲線 S は望ましい国民貯蓄と実質利子率との関係を表している。貯蓄曲線は右上がりになっているが，これは実質利子率が高くなると望ましい国民貯蓄が増加するという 4.1 節で述べた実証研究の結果による。投資曲線 I は望ましい投資と実質利子率との関係を示している。より高い実質利子率は資本の使用者費用を引き上げ，その結果，望ましい投資を減少させるので，投資曲線は右下がりになっている。

財市場の均衡は (4.8) 式が要請するように，望ましい貯蓄が投資と等しくなる点 E で表される。点 E に対応する実質利子率（この例では 6%）は財市場を均衡させる唯一の実質利子率である。実質利子率が 6% であるとき，望ましい国民貯蓄と望ましい投資の両方は 1,000 になる。

財市場は，実質利子率が 6% である点 E の均衡にどのように到達するのであろうか。たとえば実質利子率が 3% であるとしよう。図 4.8 が示すように，実質利子率が 3% のとき，企業が投資したい量（1,500）は望ましい国民貯蓄（850）を上回っている。貯蓄する人々が貸し付けたい以上に企業が借り入れ

---

[16] 厳密にいえば，単に実質利子率というのではなく，期待実質利子率といわなければならない。もし，期待インフレーションと現実のインフレーションとが等しければ，これらの 2 つは同じになる。

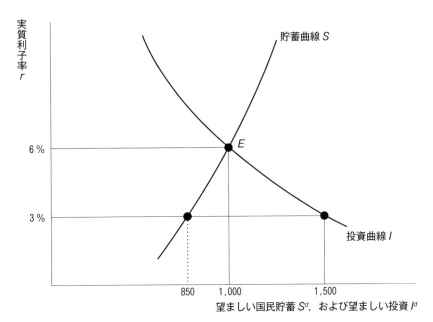

図4.8 財市場の均衡
望ましい国民貯蓄が望ましい投資に等しいとき，財市場は均衡する。図では，実質利子率が6％で，望ましい国民貯蓄と望ましい投資とがともに1,000のときに均衡状態になる。たとえば，もし実質利子率が3％であるならば，望ましい投資（1,500）は望ましい国民貯蓄（850）と等しくなく，財市場は均衡状態にないであろう。このとき，資金の借り手のあいだでの競争によって実質利子率は6％まで引き上げられるであろう。

たいので，貯蓄の「価格」，すなわち貸付者が受け取る実質利子率は競り上げられるであろう。貯蓄する人々の収益は6％になるまで上昇し，望ましい国民貯蓄と望ましい投資とが等しくなるであろう。同様に，もし実質利子率が6％を超えるならば，貯蓄する人々が貸し付けたいほどに投資家が借り入れたくないので，貯蓄する人々に支払われる実質収益は下がるであろう。このようにして，実質利子率の調整は，貯蓄に対する超過供給あるいは超過需要に反応して，財市場を均衡へと導くのである。

図4.8は貯蓄と投資とが等しいという観点から財市場の均衡を示しているが，財市場の均衡を表現する同等の方法は，財の供給 Y が財の需要 C^d+I^d+G に等しい（4.7式）ことである点に留意してほしい。表4.3は，図

表 4.3　財に対する総需要の構成要素（一例）

実質利子率, r	産出量, Y	望ましい消費, C^d	望ましい投資, I^d	政府購入, G	望ましい国民貯蓄, $S^d = Y - C^d - G$	財に対する総需要, $C^d + I^d + G$
3%	4,500	2,150	1,500	1,500	850	5,150
6%	4,500	2,000	1,000	1,500	1,000	4,500

4.8 の値と整合的な数値例を用いてこのことを例示している。ここでは，産出量 Y と政府購入 G はそれぞれ 4,500 と 1,500 に固定されていると仮定している。望ましい消費 C^d と望ましい投資 I^d は実質利子率に依存している。望ましい消費が実質利子率に依存するのは，より高い実質利子率が望ましい貯蓄を増加させ，それが必ず望ましい消費を減少させるからである。望ましい投資が実質利子率に依存するのは，実質利子率の上昇が資本の使用者費用を上昇させ，望ましい投資を引き下げるからである。

表 4.3 の例では，実質利子率が 6％ のとき望ましい消費は $C^d = 2,000$ である。したがって，望ましい国民貯蓄は $S^d = Y - C^d - G = 4,500 - 2,000 - 1,500 = 1,000$ となる。さらに，実質利子率が 6％ のとき，望ましい投資は $I^d = 1,000$ である。実質利子率が 6％ のとき，望ましい国民貯蓄と望ましい投資が等しいので，図 4.8 と同様に均衡実質利子率は 6％ である。

さらに，実質利子率が均衡値 6％ のとき，4,500 である財の総供給は財の総需要 $C^d + I^d + G = 2,000 + 1,000 + 1,500 = 4,500$ と等しくなっていることに着目してほしい。したがって，実質利子率が 6％ のとき，財市場均衡条件の 2 つの表現方法である（4.7）式と（4.8）式の両方が成立している。

表 4.3 は，財市場において実質利子率の調整がどのように均衡状態を達成させるかについても例示している。実質利子率が最初に 3％ であるとしよう。民間部門の財に対する需要の両方の構成要素（C^d と I^d）は，実質利子率が 6％ のときよりも 3％ のときのほうが大きい。その理由は，実質利子率が相対的に低いときには消費者は貯蓄を少なくし，企業は投資をより多くするからである。したがって，3％ の実質利子率のもとでは，財に対する需要（$C^d + I^d + G = 2,150 + 1,500 + 1,500 = 5,150$）は財の供給（$Y = 4,500$）よりも大きい。同じことであるが，表 4.3 では実質利子率 3％ のもとで，望ましい投資

($I^d = 1,500$）が望ましい貯蓄（$S^d = 850$）を上回っている．図4.8が示すように，実質利子率の6%への上昇は望ましい投資を減少させ，また望ましい国民貯蓄を増加させるので，財市場の不均衡は解消する．別の説明をすれば，実質利子率の上昇は，消費需要と投資需要の両方を減少させることによって，財の供給を上回る財の超過需要を解消する．

貯蓄曲線のシフト　あらゆる実質利子率のもとで，望ましい国民貯蓄を増加させるような経済の変化は，貯蓄曲線を右方にシフトさせ，望ましい国民貯蓄を減少させるような経済の変化は貯蓄曲線を左方にシフトさせる（望ましい国民貯蓄に影響を及ぼす要因については要約表5を見なさい）．

　貯蓄曲線のシフトによって，異なった実質利子率と異なった貯蓄額および投資額を伴う新しい財市場の均衡が達成される．図4.9は，たとえば現在の政府購入が一時的に増加し，望ましい国民貯蓄が減少するときの効果を例示している．初期の均衡点は点Eで，そこでは（図4.8のように）実質利子率は6%，望ましい国民貯蓄と望ましい投資の両方は1,000で等しくなっている．現在の政府購入が増加すると，その結果生じる望ましい国民貯蓄の減少は貯蓄曲線をS^1からS^2へと左方にシフトさせる．いまや，初期の実質利子率6%のもとでは投資家による資金の需要は貯蓄による資金の供給を超えており，これを反映して財市場の新しい均衡点である点Fでは，実質利子率は7%に上昇する．

　図4.9から，政府購入の増加に対応して，国民貯蓄と投資の両方は1,000から850に下落していることがわかる．実質利子率の上昇によってその一部がいくぶん相殺されるものの，望ましい貯蓄の当初の減少が貯蓄を減少させる．より高い実質利子率は企業が直面する資本の使用者費用を引き上げるため，投資を減少させる．政府購入の増加が投資の減少を引き起こすとき，経済学者はこの効果を**クラウディング・アウト**（crowding out）と呼んでいる．政府購入の増加による投資のクラウディング・アウトが生じるのは，実際には，そうでなければ投資に回されたであろう実物資源の一部を政府が使ってしまうからである．

投資曲線のシフト　貯蓄曲線と同様に投資曲線もシフトする．どのような

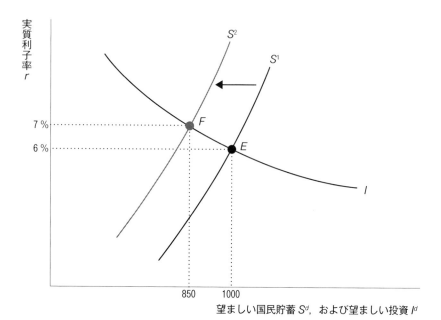

図 4.9　望ましい貯蓄の減少
現在の政府購入の一時的な増加などの望ましい国民貯蓄を減少させる変化は，貯蓄曲線を S^1 から S^2 へと左方にシフトさせる。財市場均衡は点 E から点 F へと移動する。望ましい貯蓄の減少は実質利子率を6%から7%へ上昇させ，貯蓄と投資を1,000から850へ減少させる。

　実質利子率に対しても，望ましい投資を引き上げるような経済の変化は投資曲線を右方にシフトさせ，望ましい投資を引き下げるような変化は投資曲線を左方にシフトさせる（望ましい投資に影響する要因については要約表6を見なさい）。

　望ましい投資の増加が財市場均衡に及ぼす効果（資本の期待将来限界生産力を上昇させるような発明などによって生じる効果）は図4.10に示されている。望ましい投資の増加が投資曲線を I^1 から I^2 へと右方にシフトさせ，財市場の均衡は点 E から点 G へと移る。投資資金に対する需要の増大が実質利子率を競り上げるので，実質利子率は6%から8%へと上昇し，実質利子率が上昇すると人々はより多く貯蓄しようとすることを反映して，貯蓄と投資もまた1,000から1,100へと増加する。

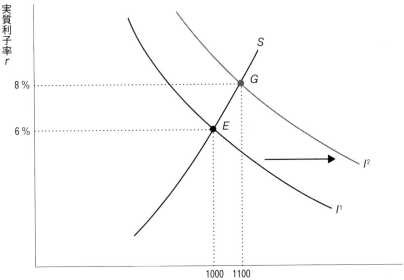

図 4.10 望ましい投資の増加
期待将来 MPK を上昇させるような発明などの望ましい投資を増加させる経済の変化は，投資曲線を I^1 から I^2 へ右方にシフトさせる。財市場均衡点は点 E から点 G へ移動する。実質利子率は6%から8%へ上昇し，貯蓄と投資も 1,000 から 1,100 へ増加する。

　前章とこの章の2つの章において，労働市場と財市場の需要・供給分析について述べ，雇用や実質賃金，産出量，貯蓄，投資，実質利子率などを含むさまざまなマクロ経済変数の動向を理解するために必要な分析用具について綿密に議論してきた。これらの概念（第7章の資産市場の研究においてさらに若干の議論を行う）は，本書の後で議論する経済分析の基礎となるものである。第5章では，これまで論じてきた諸概念を用いて，貿易の流れと国際間の貸し借りの決定要因を検討する。さらに第6章では，これらを用いて，なぜある国々の経済は他の国々の経済よりも速く成長するのかという基本的な問題に取り組む。

応用例：株価高騰と暴落のマクロ経済的影響

1987年10月19日，株価は一日で史上最大の急落を記録した。同年8月の市場のピークから下落した後，ウィルシャー5000株価指数はその日18%も下落した。この日の株価下落によって，約1兆ドルの金融資産が失われた。

アメリカの株価は1990年代，特に後半に急騰したが，その後新世紀の最初の年に急落した。株価は数年間下落し続け，株主は約5兆ドル，1年間のGDPの約半分に相当する額の富を失った。2003年から2007年にかけて上昇した株価は，2008年の金融危機で急落し，株価は実質的にその価値の48%を失った。2009年第1四半期には，実質株価は1995年以来の低水準となった。しかしその後，2009年から2018年にかけて株価は3倍以上に上昇した。

このような株価高騰と暴落がマクロ経済に及ぼす影響とはどのようなものであろうか。われわれは株価のマクロ経済的経路として，消費に対する資産効果とトービンの q を通じた資本投資への効果という2つの主要な経路を強調してきた。1987年の株式市場の暴落，1990年代の株価の上昇，2000年代初めの株式市場の富の減少，そして2008年の金融危機の後に，それぞれの効果がどのように働いたかを見てみよう。

消費の**資産効果**は，株式が家計の金融資産の一部であることから生じる。株式市場の高騰は家計を経済的に豊かにするので，家計はより多く消費するはずであり，そして同様に，株式市場の暴落は家計の資産を減少させるので，消費を減少させるはずである。図4.11は，消費と株価の関係を示すために，インフレ調整済のウィルシャー5000株式指数の値と消費支出の対GDP比をプロットしたものである。

◆消費と1987年の株価暴落

1987年の株式市場の暴落後には，消費者が支出を減少させるものの，その減少額は1兆ドルの富の減少よりもはるかに小さいと予測される。それは，そのときの消費だけでなく計画された将来消費も減らすことによって，長期間にわたって損失の影響を分散させるからである。もし消費者が25年にわたって富の変化を分散させるとすれば，各年の消費支出は約400億ドルずつ

第4章 消費，貯蓄，および投資　221

図4.11　アメリカの実質株価と消費の対GDP比率（1987年Q1〜2021年Q4）

グラフは，1987年から2021年第4四半期までの，実質（インフレ調整済み）ウィルシャー5000株価指数と消費支出の対GDP比を示している。前者は，株価が利用可能なすべてのアメリカ企業を対象としている。これらの変数はあるエピソードでは一緒に動くが，他のエピソードでは逆方向に動く。

出所：ウィルシャー5000株価指数はウィルシャー・アソシエーツから得ており，セントルイス連邦準備銀行のFREDデータベース fred.stlouisfed.org/WILL5000PR からダウンロード。実質株価はウィルシャー5000株価指数をGDPデフレーターで割っている。GDPデフレーター，消費支出およびGDPは経済分析局のものであり，セントルイス連邦準備銀行のウェブサイト fred.stlouisfed.org/series/GDPDEF, series/PCEC, および series/GDP からダウンロードしている。

減少するであろう（実質金利がゼロに近いと仮定して）。しかしながら，消費者は株式市場の暴落が景気後退につながることを心配し，さらに消費を減らすかもしれない。このようなシナリオでは，消費は400億ドル以上減少するはずである。しかし，実際の消費減少額を推計したエコノミストたちは，消費減少額は400億ドル以下であったと指摘している[17]。なぜ，経済理論が示唆するよりも消費額は減少したのであろうか。おそらくその理由は，株価の上昇がごく最近のことで，暴落前の8カ月間に株価は39％も上昇していたからであろう。株価の上昇があまりに急激であったため，1987年8月までに，

株主たちは高い資産水準に対して消費支出を十分に調整しきれていなかった可能性がある。したがって、株価が暴落した際にも、それに伴う資産価値の減少ほどには消費支出は減少しなかったのである[18]。

◆1990年代における消費と株式市場の富の増大

アメリカの株式市場は1990年代に驚異的な成長を遂げた。ウィルシャー5000指数はこの10年間に実質値で3倍以上になった。われわれの理論では、このような株式市場の富の増加は、消費支出の増加と関連しているはずだと予測される。

しかし、富の増加は消費を増加させるというわれわれの理論に反して、1990年年代には消費は株価と密接に関連していなかったようである。ジョナサン・パーカーの研究は、1979年に始まった消費の対GDP比の長期的な上昇が存在することを明らかにしている[19]。彼は、1980年代から1990年代にかけての消費の対GDP比の上昇のうち、株式市場の好況に伴う富の増加によるものは5分の1以下であったと結論づけている。図4.11からわかるように、1995年から1998年にかけて株価が大幅に上昇したにもかかわらず、この時期の消費の対GDP比は下落している。

◆2000年代初めにおける消費と株価下落

2000年初めの株式市場のピーク後、株価は3年間下落し、約5兆ドルもの富が失われた。われわれの理論では、消費者は消費支出を減らすことで富の減少に対応するはずである。しかし、図4.11を見ると、実際にはこの間、消

---

[17] C. A. Garner, "Has the Stock Market Crash Reduced Consumer Spending?" *Economic Review*, Federal Reserve Bank of Kansas City, April 1988, pp.3-6 と D. Runkle, "Why No Crunch from the Crash?" *Quarterly Review*, Federal Reserve Bank of Minneapolis, Winter 1988, pp.2-7 を参照。

[18] M・レタウとS・ラドヴィグソンは、暴落前の総消費は株式市場の富に対してかなり低かったと指摘している。彼らの分析によれば、この行動は株式市場が下落するという消費者の予想を反映したものである。M. Lettau and S. Ludvigson, "Consumption, Aggregate Wealth, and Expected Stock Returns," *Journal of Finance*, June 2001, pp. 815-849.

[19] J. A. Parker "Spendthrift in America? On Two Decades of Decline in the U.S. Saving Rate," in B. Bernanke and J. Rotemberg, eds., *NBER Macroeconomics Annual*, 1999, Cambridge, MA: MIT Press, 1999.

費支出はGDP比で大幅に増加し，1999年にGDP比で65％から2002年には67％まで上昇している。株価が下落しても消費が落ち込まなかった理由は，いくつか考えられる。まず，(1) 人々が富の減少を生涯を通じて分散させるために，消費への直接的な影響は大きくないと考えたであろう。また，(2)株価下落と同時に住宅価格が上昇し，株式市場で資産を失った多くの人々は不動産により損失を取り戻したといわれている。さらには，(3) 人々は1990年代後半の株式市場における収益をいわゆる「含み益」とみなし，2000年代初めの株価下落ではそれを失っただけととらえたために，その利益も損失も消費に何の影響も与えなかった可能性があるだろう。

◆2000年代における投資と株式市場の下落

図4.11で見たように，株式市場は2000年と2008年に急激に下落した。株式市場の大幅な下落は，「データとリサーチにふれよう：投資と株式市場」の図4.7に見られるように，資本の買換費用に対する企業の市場価値の比率であるトービンのqの大幅な低下をもたらした。この図はまた，株式市場とトービンのqが2000年に下落し始め，そして2008年に再び下落し始めた直後から，実質投資が急激に大幅に下落していることを示している。株式市場の下落に対して投資の落ち込みが若干遅れているのは，投資の意思決定，資本形成の計画，および計画の実行のプロセスの遅れを反映している。しかし，こうした遅れがあるにもかかわらず，株式市場の大幅な下落に伴う投資の下落は明らかである。

◆2008年の金融危機

2008年の金融危機で株価は急落した。2008年8月から2009年2月までの6カ月間で，アメリカの株価は名目ベースで43％下落した。この下落は記録上株価の最速の下落の1つである。投資家たちは，特に不動産市場で過剰なリスクを取ってきた金融セクターのメルトダウンによる恐慌の可能性を恐れた。2007年12月に始まった景気後退はさらに深刻化し，失業率は劇的に上昇した。この場合には，2000年代初頭のエピソードとは異なり，住宅価格も下落し，住宅価格と株価の同時下落は，家計の純資産を20％近く減少させ，2007年末の66兆7,000億ドルから2009年3月末には55兆ドルまで減少さ

せた。しかし，図 4.11 が示すように，消費の GDP に対する比率は 2008 年に 1 パーセント・ポイント弱低下し，その後 2009 年初めに回復した。

◆2009 年以降の株式市場ブーム

2009 年初めに底を打った株式市場は，その後の 12 年間で力強く立ち直り，実質ベースで 300％以上上昇した（2009 年の最安値から 2021 年末まで）。消費支出は GDP の約 68％という高水準でほぼ一定の水準を維持したが，GDP 成長率と消費の成長率はともに金融危機以前より低下した。

章の要約

1. 貯蓄は所得マイナス消費に等しいので，家計がどれだけ消費をするかという意思決定とどれだけ貯蓄するかという意思決定は，実際には同じ意思決定である。個人や家計は現在の消費と将来の消費の両方に価値をおくので，個人や家計は貯蓄をする。所得が同じであれば，現在の貯蓄の増加は現在の消費を減少させるが，個人や家計が将来消費できる量を増加させる。
2. ある個人や家計にとって，現在の所得の増加は望ましい消費と望ましい貯蓄の両方を増加させる。同様に，国全体で見た場合にも，現在の産出量の増加は望ましい消費と望ましい貯蓄の両方を増加させる。家計のレベルで見ても国のレベルでみても，期待将来所得や富の増加は望ましい消費を増加させる。しかしながら，これらの変化は現在の所得あるいは産出量に影響することなく望ましい消費を引き上げるので，望ましい貯蓄を下落させる。
3. 実質利子率の上昇は，貯蓄に対して 2 つの潜在的に相反する効果をもっている。第一に，より高い実質利子率は将来消費に対する現在消費の価格を引き上げる（現在消費の各単位は，断念された将来消費の $1+r$ 単位の費用がかかる）。現在消費の相対価格の上昇に反応して，人々は現在より多く貯蓄をすることによって現在消費を将来消費に代替する。現在消費の相対価格の上昇に対して貯蓄を増加させる傾向は，実質利子率の貯蓄に及ぼす**代替効果**と呼ばれている。第二に，より高い実質利子率は，貯蓄者が受け取る利子を増加させることで貯蓄者の富を増加させるが，借り手が支払わなければならない利子を増加させることで借り手の富を減少させる。貯蓄者を豊かにすることによって，実質利子率の上昇は貯蓄者により多く消費させ，貯蓄を減少させる。しかし，実質利子率の上昇は借り手を貧しくするので，借り手に消費を減少させ，貯蓄を増加させる。実質利子率の上昇によって消費者が豊かになったり貧しくなったりするため生じる現在消費の変化

は，実質利子率の貯蓄への所得効果と呼ばれている。

貯蓄者にとって，実質利子率の代替効果（これは貯蓄を増大させる）と所得効果（これは貯蓄を減少させる）は相反する方向に働くので，全体の効果はわからない。借り手にとって，より高い実質利子率の代替効果と所得効果の両方は，貯蓄を増加させるよう働く。全体的に見て，実証研究は，実質利子率の上昇は望ましい国民貯蓄を増加させ，望ましい消費を減少させること，しかしこれらの影響は非常に大きくないことを示唆している。

貯蓄決定に関係のある実質利子率は，貯蓄者が受け取る利子のうち税の部分を支払った後彼らが得ると期待する課税後の期待実質利子率である。

4. 総産出量が一定であるとき，政府購入の一時的な増加は望ましい消費を減少させる。その理由は，より多くの政府購入は現在あるいは将来の増税を意味するから，それによって消費者がより貧しくなると感じるからである。しかしながら，望ましい消費の減少は政府購入の増加よりも小さいので，政府購入の一時的な増加の結果，望ましい国民貯蓄 $Y-C^d+G$ は減少する。

5. リカードの等価定理によると，現在の一括減税は望ましい貯蓄あるいは望ましい国民貯蓄に影響を及ぼさない。その理由は，もし現在もしくは将来の計画された政府購入に変更がないとすれば，現在の所得を増加させる減税は，期待将来所得を引き下げる将来の増税によって相殺されるはずだからである。しかしながら，もし消費者が予想される将来の課税の変化を考慮しなければ，リカードの等価定理は成立せず，減税は望ましい消費を増加させ，望ましい国民貯蓄を減少させるであろう。

6. 望ましい資本ストックは期待利潤を最大にするような資本の水準である。望ましい資本ストックでは，資本の期待将来限界生産力は資本の使用者費用と等しくなっている。資本の使用者費用は 1 単位の資本を 1 期間使用する際にかかる期待実質費用である。これは減耗費用（資本が減耗することによる価値の低下）と利子費用（資本財の価格に利子率を掛けたもの）の合計である。

7. 資本の使用者費用を引き下げたり，資本の期待将来限界生産力を増加させたりするような変化は，望ましい資本ストックを増加させる。実効税率で測られる資本課税の引き下げも望ましい資本ストックを増加させる。

8. 粗投資は新しい資本財に対する支出である。粗投資マイナス資本減耗（減耗や廃棄された資本）が純投資，あるいは資本ストックの変化に等しい。企業は望ましい資本ストックを達成するために投資を行う。すなわち，望ましい資本ストックが増加すれば企業はより多く投資する。

9. 需要される財の総量と供給される財の総量とが等しいとき，財市場は均衡状態にある。（閉鎖経済では）財の総需要は，望ましい消費と望ましい投資，および政府による財・サービスの購入の合計である。同じことであるが，望ましい国民貯蓄と望ましい投資とが等しいとき，財市場は均衡しているということもできる。所与の産出量水準に対して，財市場は実質利子率の変化によって均衡状態へと導か

れる。
10. どのような産出量 Y の供給水準のもとでも，財市場均衡の決定は貯蓄・投資図で表現できる。実証分析によって実質利子率が高くなるほど，望ましい貯蓄が増加することが示唆されているので，貯蓄曲線は右上がりである。また実質利子率がより高くなると，資本の使用者費用が引き上げられ，企業の望ましい資本ストックが減少し，したがって企業が行う投資が減少するので，投資曲線は右下がりとなる。一定の産出量のもとで，望ましい貯蓄あるいは望ましい投資に影響を及ぼす変数の変化は，貯蓄あるいは投資曲線をシフトさせ，財市場を均衡させる実質利子率を変化させる。

キーダイアグラム 3

図の要素
- 縦軸は実質利子率 r であり，横軸は望ましい貯蓄 S^d と望ましい投資 I^d である。
- 貯蓄曲線 S はそれぞれの実質利子率における望ましい国民貯蓄水準を示している。より高い実質利子率は貯蓄の報酬を増加させる。これは家計により多く貯蓄させるので，貯蓄曲線は右上がりになる（実質利子率が高くなると，どんな貯蓄目標もより少ない貯蓄で達成することができるが，実証的には，この貯蓄減少よりも貯蓄増加効果のほうが大きい）。望ましい国民貯蓄は $S^d = Y - C^d - G$ と定義される。ここで，Y は産出量，C^d は望ましい消費，G は政府購入をそれぞれ示す。
- 投資曲線 I はそれぞれの実質利子率において企業が新しい資本財に投資したい額を示す。より高い実質利子率は資本の使用者費用を引き上げる。これは企業が使用する資本額を減少させるので，投資曲線は右下がりになる。

分析
- 財市場の均衡は，望ましい国民貯蓄は望ましい投資に等しいこと，あるいは $S^d = I^d$ を要求する。
- 財市場の均衡は，図において貯蓄曲線と投資曲線が交差する点 E で起こる。点 E において，望ましい国民貯蓄は S_1 に等しく，望ましい投資は I_1 に等しい。つまり，$S_1 = I_1$ である。点 E における実質利子率 r_1 は，財市場を均衡する実質利子率である。
- 財市場の均衡条件を述べる別の方法は次の通りである。産出量 Y は家計による需要量 C^d，企業による需要量 I^d，政府による需要量 G の合計に等しい。あるいは，$Y = C^d + I^d + G$ と表される。$S^d = Y - C^d - G$ なので，この条件は $S^d = I^d$ に等しい。

曲線をシフトさせる要因
- 所与の実質利子率のもとで，望ましい国民貯蓄を増大させる要素は，貯蓄曲線を右方にシフトさせる。同様に，望ましい国民貯蓄を減少させる要素は，貯蓄曲線

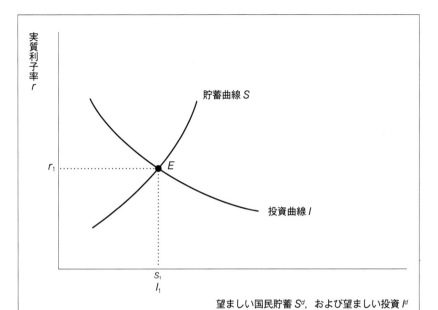

貯蓄・投資図 海外取引がない経済では，望ましい国民貯蓄が望ましい投資に等しいとき財市場は均衡にある。いい換えると，総供給量が総需要量に等しいとき財市場は均衡にある。

を左方にシフトさせる。望ましい国民貯蓄に影響を及ぼす要素は要約表5に示されている。これと同じように，所与の実質利子率のもとで，望ましい投資を変化させる要素は，投資曲線をシフトさせる。望ましい投資に影響を及ぼす要素については要約表6に示されている。どちらかの曲線のシフトは財市場の均衡点を変えるので，国民貯蓄，投資および実質利子率に影響を及ぼす。

キーワード

一括減税	実質利子率の貯蓄への代替効果	粗投資
課税後期待実質利子率	資本の使用者費用	望ましい資本ストック
限界消費性向（MPC）	純投資	リカードの等価定理
実効税率	消費平準化動機	
実質利子率の貯蓄への所得効果	税調整後の資本の使用者費用	

補論のキーワード

借入制約	効用	予算制約
借入も貸付もない点	生涯資源の現在価値(PVLR)	予算線
現在価値	生涯消費の現在価値(PVLC)	ライフサイクル・モデル
恒常所得理論	無差別曲線	

重要方程式

$$S^d = Y - C^d - G \tag{4.1}$$

望ましい国民貯蓄 S^d とは，消費が望ましい水準にあるときに生じる国民貯蓄の水準のことである。(4.1) 式は，国民貯蓄の定義式において実際の消費 C に望ましい消費 C^d を代入することによって得られる。

$$r_{a-t} = (1-t)i - \pi^e \tag{4.2}$$

課税後期待実質利子率 r_{a-t} は課税後名目利子率 $(1-t)i$ から期待インフレ率 π^e を差し引いたものである。課税後期待実質利子率は，利子所得の t の割合を税として支払わなければならないときに，貯蓄する人々が得る実質収益である。

$$uc = rp_K + dp_K = (r+d)p_K \tag{4.3}$$

資本の使用者費用 uc は，利子費用 rp_K と減耗費用 dp_K の合計である。ここで，d は減耗率，p_K は新しい資本財の価格である。

$$MPK^f = \frac{uc}{1-\tau} = \frac{(r+d)p_K}{1-\tau} \tag{4.4}$$

望ましい資本ストック，あるいは企業の期待利潤を最大にする資本ストックは，資本の期待将来限界生産力 MPK^f と，税調整後の資本の使用者費用 $uc/(1-\tau)$ とが等しくなる資本ストックである。ここで，τ は企業収益に対する税率（あるいは，実効税率）である。

$$Y = C^d + I^d + G \tag{4.7}$$

閉鎖経済の**財市場均衡条件**は，財の総供給量 Y と財の総需要量 $C^d + I^d + G$ とが等しいとき，財市場が均衡状態にあるということを述べている。

$$S^d = I^d \tag{4.8}$$

財市場均衡条件のもう 1 つの表現方法は，望ましい国民貯蓄 S^d と望ましい投資 I^d

とが等しくなければならないというものである。この式は (4.7) 式と同じものである。

復習問題

1. 所得が与えられているとき，消費と貯蓄とはどのような関係か。貯蓄をする基本的な動機は何か。
2. 望ましい消費と望ましい貯蓄は，現在の所得，期待将来所得および資産のそれぞれの増加によってどのような影響を受けるか。
3. 代替効果と所得効果の概念を使って，なぜ期待実質利子率の増加の望ましい貯蓄への影響は潜在的に明らかでないのかを説明しなさい。
4. 課税後期待実質利子率を定義しなさい。利子所得に対する税率が下がった場合，課税後期待実質利子率はどうなるのか。
5. 産出量が一定のもとで，政府購入の一時的な増加（たとえば，戦争による）は，望ましい消費と望ましい国民貯蓄にどのような影響を与えるのか。一括増税は望ましい国民貯蓄にどのような影響を与えるのか。一括増税の効果が物議を醸しているのはなぜか。なぜ，一括増税の効果について論争があるのか。
6. 資本の使用者費用の2つの構成要素は何か。それぞれがなぜ資本財を使用するときの費用になるのか説明しなさい。
7. 望ましい資本ストックとは何か。それは資本の期待将来限界生産力，資本の使用者費用および実効税率にどのように依存するかを説明しなさい。
8. 粗投資と純投資の違いは何か。純投資が負であるときに総投資が正でありうるのか説明しなさい。
9. 財市場の均衡を表現する2つの同等の方法をあげなさい。財市場の均衡がどのように達成されるのか。図を用いて説明しなさい。
10. 貯蓄・投資図において，なぜ貯蓄曲線は右上がりで，投資曲線は右下がりであるのかを説明しなさい。貯蓄曲線を右方にシフトさせるような変化の例を2つあげなさい。また，投資曲線を右方にシフトさせるような変化の例を2つあげなさい。

演習問題

1. ジュリアが今年と来年の貯蓄計画を立てている。彼女は両方の年の課税後実質所得が50,000ドルであることを知っている。彼女が所得のうち今年貯蓄する分には，今年から来年までの間に10%の利子がつく。現在この消費者は資産をもっていない（銀行の預金，その他の金融資産，および負債もない）。将来についての不確実性はまったくない。

　この消費者は，(1) 来年実質表示で16,800ドルの大学の授業料を払う，(2) 今年

と来年それぞれまったく同額の消費を行いたいが，大学の授業料は来年の消費とは考えない．(3) 来年の期末には資産も負債もないように今年の貯蓄額を決めたい．
a. この消費者は今年どれだけ貯蓄するべきか。彼女はどれだけ消費するべきか。
　次の変化によって，消費者は貯蓄と消費をどのように変化させるべきか（一度に1つの変数だけが変わるものとし，その他の変数はもとの値のままで変わらないものとしなさい）。
b. 現在の所得が 50,000 ドルから 54,200 ドルに増加する。
c. 来年の期待所得が 50,000 ドルから 54,200 ドルに増加する。
d. 今年中に 1,050 ドルの遺産を受け取る（富の増加であり，所得の増加ではない）。
e. 来年支払う授業料が 16,800 ドルから 18,900 ドルに上昇する。
f. 実質利子率が 10％から 24％に上昇する。

2. ある経済の完全雇用産出量は 6,000 である。政府購入 G は 1,200 である。望ましい消費と望ましい投資はそれぞれ

$$C^d = 3,600 - 2,000r + 0.10Y,$$
$$I^d = 1,200 - 4,000r,$$

である。ただし，Y は産出量で r は実質利子率である。
a. 望ましい国民貯蓄 S^d を r と Y で表しなさい。
b. 財市場均衡条件の2つの形式，(4.7) 式と (4.8) 式の両方を使って，財市場を均衡する実質利子率を求めなさい。産出量は完全雇用水準に等しいと仮定しなさい。
c. 政府購入が 1,440 に増加するとしよう。この増加は，望ましい国民貯蓄を表す式をどのように変化させるか。その変化を図で示しなさい。市場均衡実質利子率に何が起きるか。

3. ある国は戦争により多くの資本ストックを失うとする。
a. この出来事は国の現在の雇用，産出量，および実質賃金にどのような影響を与えるか。
b. 資本の損失は望ましい投資にどのような影響を及ぼすのか。
c. 望ましい投資関数は変化しないと仮定する。資本の損失は，その国の実質利子率と投資量にどのような影響を及ぼすのか。

マクロ経済データを使った演習問題

　データについては，セントルイス連邦準備銀行の FRED データベース fred.stlouisfed.org を利用しなさい。
　1965 年以降の四半期データを用いて，消費者態度指数のグラフを書きなさい。1965 年以降の四半期データを用いて，消費者態度指数を実質消費支出に関連づけて散布図を作成しなさい。一般的に言って，消費者がより楽観的であれば，消費はより急速に

成長するのか，議論しなさい。1999年以降の消費者態度指数と耐久財の実質消費支出について，同じ分析を行い議論しなさい。

補論 4.A　消費と貯蓄の理論モデル

　この補論では消費と貯蓄の決定について理論モデルを用いて分析を行う。ペネロペと呼ばれる消費者の決定に焦点をあてる。モデルの分析を操作可能にするために，3つの簡単な仮定を設定する。

1. ペネロペが計画する時間的視野は，現在期間と将来期間という2つの期間からのみ成り立っている。たとえば，現在期間はペネロペの就業期間を，将来期間は退職期間をそれぞれ示しているかもしれない。
2. ペネロペは現在所得，将来所得，そして資産を所与と考える。
3. ペネロペは所与の実質利子率に直面し，その利子率でどれだけ借りたり貯蓄したりするかを決めることができる。

消費者はどれだけ余裕があるか：予算制約

　どれだけ消費し貯蓄するかについてのペネロペの決定を分析するため，最初に，彼女の経済資源が，彼女にとって利用可能な選択をどのように決定するのかを吟味しよう。ここで，ペネロペは現在期間に42,000の実質単位で測った一定の課税後所得を受け取り，将来期間には33,000の実質所得を受け取ると仮定する[1]。さらに，彼女は現在期間に貯蓄口座に18,000の実質富を所有し，そして，1期当たり10％の実質利子率で貸借ができるものとする。
　次に，ペネロペの状況を，記号を用いて示そう。

$y =$ ペネロペの実質現在所得（42,000）
$y^f =$ ペネロペの実質将来所得[2]（33,000）
$a =$ 現在期間の期首におけるペネロペの実質富（資産）（18,000）

---

[1] ペネロペの所得の単位は基準年のドルで測られている。
[2] ここで，ペネロペが貯蓄から得る利子は将来所得 y^f に含まれない。将来所得 y^f には，労働所得や社会保障給付のような移転所得のみが含まれる。

$r =$ 実質利子率（10%）
$c =$ ペネロペの実質現在消費（未決定）
$c^f =$ ペネロペの実質将来消費（未決定）

一般的に，ペネロペが選択する現在消費 c は，彼女が享受することができるであろう将来消費 c^f の額を決定する。ペネロペの現在消費と将来消費の関係を明らかにするため，最初にペネロペが現在期間に所有している資金は現在所得 y と当初の富 a であることに注目しよう。もし現在消費が c ならば，現在期間の期末に $y+a-c$ を残している。

ペネロペは，これらの残された現在資源 ($y+a-c$) を銀行に預けて利子を得ることができる。もし，ペネロペが預金で得ることができる実質利子率が r ならば，彼女の銀行口座の実質価値（元金プラス利子）は，将来期間には $(y+a-c)(1+r)$ となる。将来における銀行口座の実質価値に加えて，ペネロペは所得 y^f を得るので，彼女の将来の総資源は $(y+a-c)(1+r)+y^f$ に等しい。将来期間はペネロペの生涯最後の期間なので，将来期間においては彼女は残っている資源をすべて消費に支出する[3]。そうすると，ペネロペの将来消費 c^f は次のようになる。

$$c^f = (y+a-c)(1+r)+y^f \tag{4.A.1}$$

(4.A.1) 式は消費者の**予算制約**（budget constraint）と呼ばれている。現在消費 c の任意の水準に対して，予算制約は，彼女の現在所得，将来所得および当初の富が与えられているとき，ペネロペが将来消費 c^f にどれだけ支出することができるかを示している[4]。予算制約 (4.A.1) 式は**予算線**としてグラフで示されている。これは，彼女の現在所得，将来所得，富の当初の水準，および実質利子率が与えられているとき，ペネロペが支出することができる現在消費と将来消費の組み合わせを示している。図 4.A.1 において，横

---

[3] ここでは，ペネロペは遺産を誰にも残したくないと思っていると仮定されている。後で，遺産の貯蓄決定に及ぼす影響を簡単に吟味する。

[4] (4.A.1) 式の導出において，ペネロペの現在消費は総資源より少ないので，銀行に預金するためいくらかの資源を使い残していたと仮定した。しかし，もしペネロペの現在消費が現在資源を超えているため銀行から借り入れなければならないとしても，予算制約式 (4.A.1) 式は依然として成立する。これは，y^f が $(y+a-c)(1+r)$ より少なくとも大きい限り，つまり $c^f \geq 0$ である限り成立する。

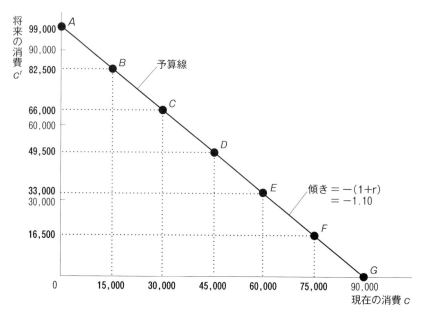

図 4.A.1　予算線

予算線はペネロペに選択可能な現在消費 c と将来消費 c^f の組み合わせを示している。予算線の傾きは $-(1+r) = -1.10$ である。横軸の切片は $c = 90{,}000$ で，これは式 (4.A.2) で定義された PVLR に等しい。縦軸の切片は $c^f = 99{,}000$ である。読者は，文字が書かれたそれぞれの点における現在消費と将来消費の組み合わせ（予算線上の任意の点）が式 $c + c^f/(1+r) = 90{,}000$ （4.A.2 式で定義された PVLR に等しい）を満たすことを確認することができる。

軸に彼女の現在消費 c，縦軸に将来消費 c^f がそれぞれ測られている。

　予算線が右下がりになっている。これは現在消費と将来消費のあいだのトレードオフを反映している。もしペネロペが 1 単位だけ現在消費を増やすならば，彼女の貯蓄は 1 単位減少する。貯蓄は利子を r だけ生むので，今日の貯蓄の 1 単位の減少はペネロペの将来の資源（将来の消費）が $(1+r)$ 単位減少することを意味する。1 単位の現在消費の増加は $(1+r)$ 単位の将来消費を引き下げるので，予算線の傾きは $-(1+r)$ になる。われわれの数値例では実質利子率は 10％なので，図 4.A.1 の予算線の傾きは -1.10 である。

現在価値

われわれは**現在価値**（present value）の概念を用いることによって，ペネロペの予算制約を便利な形で表すことができる。現在価値は将来支払われる金額を今日のドル，あるいは財で測ったものである。この概念を説明するため，あなたは今から1年後に13,200ドルを支払わなければならないと仮定しよう。この将来の支払のため，今日いくら預金しなければならないだろうか。問題の答えは現在価値と呼ばれているものである。

この問題の答えは利子率によって変わる。もし現在の名目利子率iが年利10％ならば，1年後に支払う13,200ドルの現在価値は12,000ドルである。理由は，10％の利子率で今日銀行に預金された12,000ドルは年間で1,200ドル（12,000ドルの10％）の利子を生み，これを初期の12,000ドルに加えると，13,200ドルになるからである。したがって10％の利子率では，今から1年後に13,200ドル保有することは，今日12,000ドル保有することに経済的に等しい。このように，13,200ドルの現在価値は12,000ドルに等しいといえる。

より一般的にいうと，もし名目利子率が年利iならば，今日銀行の1ドルは今から1年後には$1+i$の価値をもつ。いい換えると，今から1年後に13,200ドル保有するためには，今日13,200ドル／$(1+i)$預金しなければならない。したがって，今から1年後に支払わなければならない13,200ドルの現在価値は13,200ドル／$(1+i)$である。すでにみたように，もし$i=$年利10％ならば，今日から1年後の13,200ドルの現在価値は13,200ドル／1.10＝12,000ドルである。もし$i=$年利20％ならば，1年後の13,200ドルは13,200ドル／1.20＝11,000ドルである。したがって，利子率の上昇は将来の支払金額の現在価値を減少させる。同様に，利子率の下落は将来の支払金額の現在価値を増大させる。

将来支払が名目単位で測られるとき，この例が示すように，現在価値を計算するための適当な利子率は名目利子率iである。もし将来の支払金額が実質単位で測られているならば，現在価値は名目利子率iの代わりに実質利子率rを用いてまったく同じような形で計算できる。ペネロペの消費・貯蓄決定を分析する場合，実質単位が用いられているので，すべてを実質単位で測らなければならない。したがって，ペネロペの将来の所得と消費の現在価値

を計算するために，実質利子率を用いなければならない。

現在価値と予算制約

われわれは，**生涯資源の現在価値**（**PVLR**, present value of lifetime resources）を，現在期間と将来期間に消費者が受け取ると期待する所得の現在価値プラス初期の富であると定義する。2 期間のケースでは，生涯資源の現在価値は次のようになる。

$$PVLR = a + y + \frac{y^f}{(1+r)} \tag{4.A.2}$$

生涯資源の現在価値は，ペネロペの現在所得 y，将来所得の現在価値 $y^f/(1+r)$，そして現在の富 a の合計である[5]。われわれの例では，ペネロペの生涯資源の現在価値は，$PVLR = 18{,}000 + 42{,}000 + (33{,}000/1.10) = 90{,}000$ と示される。

次に，(4.A.1) 式の両辺を $(1+r)$ で割り，両辺に c を加えると (4.A.3) 式となる。

$$c + \frac{c^f}{(1+r)} = a + y + \frac{y^f}{(1+r)} \tag{4.A.3}$$
$$PVLC = PVLR$$

(4.A.3) 式の左辺は，生涯消費の現在価値 $c + c^f/(1+r)$ であり，$PVLC$ と示される。(4.A.3) の予算制約は**生涯消費の現在価値**（**PVLC**, present value of lifetime consumption）が生涯資源の現在価値（$PVLR$）に等しいことを示している。

どのグラフの予算線でも同じなので，図 4.A.1 を使うと，$PVLR$ は予算線と横軸との交点における現在消費額 c に等しい。この結果を確かめるため，予算線と横軸の交点は将来消費 c^f がゼロに等しい予算線上の点であることに注意する必要がある。(4.A.3) 式で将来消費 c^f をゼロにおくと，左辺の現

---

[5] 現在富の現在価値は単に現在富であり，現在所得の現在価値は単に現在所得である。

在消費 c は右辺の PVLR に等しくなければならない。このように，予算線と横軸の交点では現在消費額 c は PVLR に等しい。

消費者は何を欲するか：消費者の選好

　グラフ上で予算線として描かれる予算制約は，ペネロペに利用可能な現在と将来の消費の組み合わせを示している。ペネロペが現実にどの消費の組み合わせを選択するのかを決定するために，ペネロペの現在と将来の消費の選好について知る必要がある。

　経済学者は，個人の満足あるいは厚生を説明するために**効用**（utility）という用語を用いる。現在と将来の消費についての選好は，現在と将来の消費のそれぞれの組み合わせから消費者がどれだけの効用が得られるのかということによって要約できる。グラフ上では，無差別曲線によって，現在と将来の消費に対するペネロペの選好を示すことができる。**無差別曲線**（indifference curve）は，同じ効用水準をもたらす現在消費と将来消費のすべての組み合わせを示している。ペネロペは1つの無差別曲線上のすべての消費の組み合わせに対し等しく満足しているので，彼女は実際にどの組み合わせを得るかについては関心がない（つまり，無差別である）。図4.A.2には，ペネロペの無差別曲線が2つ描かれている。X，Y および Z の各点に対応する消費の組み合わせはすべて同じ無差別曲線（IC^1）上にあるので，ペネロペは X，Y および Z で同じ効用水準を得る。

　無差別曲線には次の3つの重要な性質があり，それぞれ経済学的意味をもっており，図4.A.2で説明されている。

1. **無差別曲線は右下がりである。**この理由を理解するために，ペネロペは $c = 45,000$，$c^f = 45,000$ である点 Y の消費の組み合わせを選択したと仮定しよう[6]。いま現在消費を $c = 39,000$ まで減少させなければならないとしよう。明らかに，もし彼女が将来消費を 45,000 で維持して現在消費を減少させ

---

[6] 点 Y は図4.A.1のペネロペの予算線の下にある。これは，ペネロペがこの消費の組み合わせを選択することができるだけでなく，将来期間の期末に資源を残すであろうことをも意味している。もし彼女が遺産を残そうと思わないなら，図4.A.1に示されているそのような資源の組み合わせを実際は選択しないであろう。

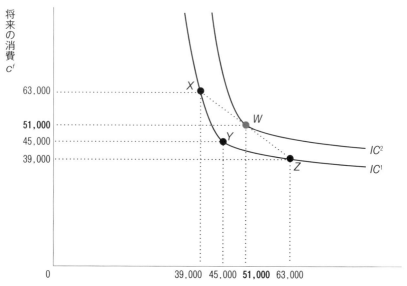

図 4.A.2　無差別曲線

無差別曲線上のすべての点は同じ効用水準をもたらす消費の組み合わせを示している。消費者は現在消費の減少を将来消費の適当な量の増加によって補償することができるので，無差別曲線は右下がりになる。IC^2 上のすべての点は，IC^1 上のすべての消費の組み合わせより選好される消費の組み合わせを示している。消費パターン平準化動機を反映して，無差別曲線は原点に向かって凸である。ペネロペは，W が消費のなめらかなパターンを示しているから，点 X と点 Z の消費の平均である点 W を消費の組み合わせ点として選好する。このように，W を含む無差別曲線（IC^2）は，X，Y および Z を含む無差別曲線（IC^1）の右上方にある。

るならば，彼女の効用は減少するであろう．しかし，ペネロペは将来消費を増加させることによって，この減少を補償することができる．彼女の現在消費が $c = 39{,}000$ まで減少するとき，もし将来消費を $c^f = 63{,}000$ まで増加させ，点 X を彼女が選ぶならば，効用水準は不変にとどまる．そのような場合，彼女にとって X と Y の消費の組み合わせは無差別であり，点 X と Y は同じ無差別曲線に上に位置しなければならない．一般的に，ペネロペの効用水準を一定にするために，現在消費の水準が変化すれば，将来消費の水準が逆の方向へ変化しなければならない．したがって，同じ効用水準をもたらす消

費の組み合わせを示す無差別曲線は，右下がりでなければならない。

2. 右上方にある無差別曲線はより大きな効用水準をもたらす。図 4.A.2 の点 Y の右上方にある点 W を例として考えよう。現在と将来消費の両方とも W のほうが Y よりも高い。ペネロペは現在と将来の消費の両方から効用を得ているので，W は Y に比べてより高い効用水準を提供している。つまり，ペネロペは Y より W を選好する。実際，無差別曲線 IC^1 上のすべての点は Y と同じ効用水準をもたらすので，ペネロペは無差別曲線 IC^1 上のすべての点より W を選好する。さらに，無差別曲線 IC^2 上のすべての点は W と同じ効用水準をもたらすので，ペネロペは IC^1 上のすべての点より IC^2 上のすべての点を好む。一般的に，任意の 2 つの無差別曲線に対し，消費者はある無差別曲線の右上方にある別の無差別曲線上の消費の組み合わせを選好する。

3. 無差別曲線は原点に向かって凸である。現在と将来消費に対する無差別曲線のこの性質は，第 4 章で議論した消費パターンの平準化動機を捉えている。消費パターンの平準化動機の下では，消費者はある期間に多く消費し，他の期間に少なく消費するということより，時間を通じて消費を比較的平準化することを好む。

　図 4.A.2 における 3 つの消費の組み合わせを考えることによって，無差別曲線の形と消費パターンの平準化動機とのあいだの関連を示すことができる。その 3 点は，点 X（$c = 39{,}000$；$c^f = 63{,}000$），点 W（$c = 51{,}000$；$c^f = 51{,}000$），そして点 Z（$c = 63{,}000$；$c^f = 39{,}000$）である。W では両期間において消費が同じであり，完全に平準化されているが，対照的に，X と Z では消費の組み合わせは現在期間と将来期間では大きく変わっていることに注意してほしい。さらに，W での消費の組み合わせは X と Z での消費の組み合わせの平均を表している。つまり，W での現在消費 51,000 は X と Z での現在消費（39,000 と 63,000）の平均であり，W での将来消費 51,000 は X と Z での将来消費（63,000 と 39,000）の平均である。

　点 W が点 X と点 Z の平均で，そしてペネロペにとって X と Z が無差別だとしても，W はよりいっそう平準化されているので，彼女は X と Z より W を選好する。グラフ上では，Z と X よりも W に対するペネロペの選好

は，無差別曲線 IC^1（X と Z を通っている）の右上方にある W の位置によって示される。ここで，W は X と Z を結ぶ直線上にあることに注目しよう。W が IC^1 の右上方に位置することができる唯一の条件は，図 4.A.2 で示されているように IC^1 が原点に向かって凸になっていることである。このように，無差別曲線の凸性は消費パターンの平準化動機を反映している。

消費の最適水準

　ペネロペの利用可能な消費の組み合わせを示す予算線と現在と将来消費に対する彼女の選好を示す無差別曲線を組み合わせると，彼女を最も満足させる現在消費と貯蓄の水準を示すことができる。最大に利用可能な，あるいは最適な現在消費と貯蓄の水準は，図 4.A.3 のペネロペの予算線が無差別曲線に接している点，つまり点 D によって示される。

　ペネロペはなぜ点 D で最も高い満足あるいは効用水準を得ているのかを見るため，第一に，D は無差別曲線 IC^* 上にあることに留意しよう。これは，IC^* 上のすべての消費の組み合わせは D と同じ効用水準をもたらしていることを意味する。点 D 以外のペネロペの予算線上のすべての点（たとえば点 B や点 E）は IC^* の左下方にある無差別曲線上に位置している。したがって，D 以外での他のすべての消費の組み合わせは，D での消費の組み合わせより低い効用水準しかもたらさない。ペネロペは D での消費の組み合わせより，図 4.A.3 における T のような消費の組み合わせを選好するであろう。というのは，T は IC^* の右上方の無差別曲線上にあるからである。しかし，T は予算線の上方にあるので，ペネロペはそのような消費の組み合わせを選択できない。予算制約のもとで，ペネロペは D より高い満足を得ることはできない。

　ペネロペの効用を最大化する消費と貯蓄の選択は，予算線が無差別曲線に接する点 D によって示されるということが結論である。ここでは，現在消費の最適水準は 45,000，将来消費の最適水準は 49,500 である。ペネロペの現在消費の選択は自動的に現在貯蓄 s を決定する。彼女の最適貯蓄は現在所得マイナス彼女の最適消費に等しく，次の式で表される。

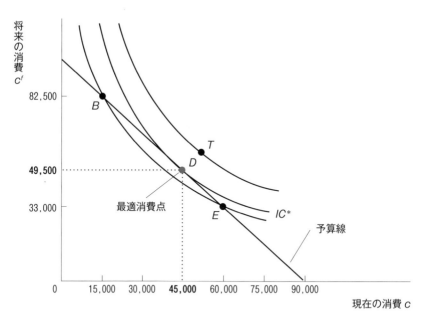

図 4.A.3 最適な消費の組み合わせ

現在消費と将来消費の最適な(最も高い効用水準)組み合わせは，予算線と無差別曲線が接している点 D である。点 B や点 E のような予算線上の他のすべての点は，無差別曲線 IC^* の左下方の無差別曲線にあり，IC^* 上にある D における消費の組み合わせに比べてより低い効用をもたらす。ペネロペは，D より T における消費の組み合わせを選好するが，T は予算線より上にあるので，彼女は T における消費の組み合わせを選択することができない。

$$s = y - c = 42{,}000 - 45{,}000 = -3{,}000$$

したがって，3,000 だけ負の貯蓄(当初資産の減少)を選択する。

所得と富の変化の消費と貯蓄に及ぼす影響

この補論で展開される数式モデルは，次のような役に立つ洞察を提供してくれる。つまり，現在所得，期待将来所得，あるいは富の変化が消費に及ぼす効果は，これらの変数の変化が消費者の生涯資源の現在価値(PVLR)にどのように影響を及ぼすのかということに依存するということである。

現在所得の増加

ペネロペが職場からボーナス 12,000 を受け取るとしよう。このため，現在実質所得が 42,000 から 54,000 に増加する。期首資産（18,000），将来所得（33,000），そして実質利子率（10%）は不変である。したがって，現在所得の 12,000 の増加は，ペネロペの生涯資産の現在価値 PVLR の同じ大きさの増加を意味する。もしペネロペがもとの消費-貯蓄計画を選択しなくてよいならば，増加した現在所得を考慮して彼女はどのように計画を修正することができるだろうか。

この問いに答えるため図 4.A.4 のグラフを用いる。図 4.A.4 において BL^1 はペネロペの本来の予算線である。そして，$c = 45{,}000$ かつ $c^f = 49{,}500$ である点 D は，ペネロペのボーナス受け取り前の本来の消費計画である。ボーナスのため，ペネロペは現在および将来の両方でより多く消費できるので，現在所得の増加によって予算線は右方にシフトする。予算線がどのようにシフトするのかを見るために，ペネロペの現在所得が 12,000 増加するということは PVLR もまた 12,000 増加するということに注意しよう。横軸と予算線が交わっている点では $c = PVLR$ なので，ボーナスはその交点を 12,000 だけ右方にシフトさせる。実質利子率 r は変化しないので，予算線の傾き $-(1+r) = -1.10$ は不変である。したがって，現在所得の増加 12,000 は，予算線を BL^1 から BL^2 へ 12,000 だけ右方に平行移動させることになる。

図より，このシフトによって，ボーナスを受け取った後，ペネロペが現在と将来消費をより多く消費することができることがわかる。新しい予算線 BL^2 上の点 K によって示されるペネロペの 1 つの戦略は，将来消費を変えないで，12,000 だけ彼女の現在消費を増やすためすべてのボーナスを使うことである。予算線 BL^2 上の点 H によって示されるもう一つの戦略は，彼女の現在資源を変えないですべてのボーナスを貯蓄し，ボーナスとボーナスの利子 1,200 を将来消費 13,200 だけ増加させるため使うことである。

もしペネロペが消費パターン平準化動機をもっているならば，彼女はボーナスを現在消費と，（その一部を貯蓄して）将来消費の両方を増やすために使うであろう。その結果，点 K（ボーナスをすべて消費する）と点 H（ボーナスをすべて貯蓄する）の間にある BL^2 上の点を選ぶ。もし彼女の無差別曲

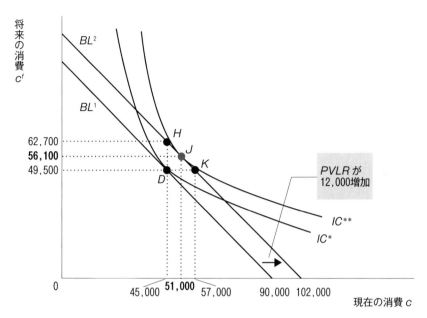

図 4.A.4 所得や富の増加

ペネロペの $PVLR$ を 12,000 増加させる現在所得，将来所得および初期の富の増加は，予算線を右方に BL^1 から BL^2 に 12,000 だけ平行移動させる。もし点 D で消費するのがペネロペの最初の計画ならば，現在消費には何も使わないで，将来消費に資源の増加をすべて使って点 H に移動することができる。あるいは，将来消費には何も使わないで，現在消費に資源の増加をすべて使って点 K に移動できる。しかし，ペネロペが消費パターン平準化動機をもっているならば，点 D に比べてより高い現在および将来消費の組み合わせをもたらす点 J に移動するだろう。点 J は，新しい予算線 BL^2 が無差別曲線 IC^{**} に接している点にあるので，最適である。

線が図 4.A.4 のように示されるなら，彼女は新しい予算線 BL^2 が無差別曲線 IC^{**} に接している点 J に移動するであろう。J では，現在消費 $c=51{,}000$，将来消費 $c^f = 56{,}100$，そして貯蓄 $s = 54{,}000 - 51{,}000 = 3{,}000$ である。現在消費および将来消費とも，点 D ($c = 45{,}000$, $c^f = 49{,}500$) よりも点 J におけるほうが大きい。ペネロペの現在消費の増加 6,000 は現在所得の増加 12,000 より小さいので，点 J における現在貯蓄 3,000 は点 D (ここでは 3,000 の負の貯蓄をしている) におけるよりも大きい。この例は，現在所得の増加は現在消費と現在貯蓄の両方を増加させることを例証している。

将来所得の増加

ペネロペには現在期間において 12,000 のボーナスが支給されないと仮定しよう。したがって，現在所得 y は最初の値 42,000 である。その代わり，企業年金計画の改善によって将来所得が 13,200 増加し，y^f が 33,000 から 46,200 に増加するとしよう。この朗報は彼女の現在消費と貯蓄にどのような影響を及ぼすであろうか。

10%の実質利子率では，年金計画の改善によってペネロペの将来所得は 13,200/1.10，すなわち 12,000 増加する。したがって，先に議論した現在期間のボーナスと同じように，年金計画の改善によってペネロペの PVLR は 12,000 引き上げられ，その分だけ予算線は右方にシフトする。つまり，現在と将来消費への影響は現在所得の 12,000 の増加に対して生じたものとまったく同じである（図 4.A.4 がここでも同じようにあてはまる）。

現在所得の増加および現在価値で等しい期待将来所得の増加は，いずれも現在と計画された将来消費に同じ影響を及ぼすが，現在貯蓄に対する影響は異なる。先に，現在所得の増加は現在貯蓄を引き上げることを示した。対照的に，将来所得の増加は現在消費を引き上げる（この例では 6,000 引き上げている）が，現在所得には影響を及ぼさないので，貯蓄を引き下げることになる（−3,000 から −9,000 へ 6,000 の減少）。ペネロペは将来より多くの所得を受け取るであろうことを知っているので，今日貯蓄する必要性を以前ほど感じていない。

富の増加

富の変化もまた消費と貯蓄に影響を及ぼす。現在所得と将来所得のケースと同じように，富の変化の消費に及ぼす影響は，PVLR がどれだけ変化するかにだけに依存している。たとえば，もしペネロペが 12,000 の価値のある預金通帳を屋根裏で発見するなら，ペネロペの PVLR は 12,000 だけ増加する。この状況を説明するため，図 4.A.4 をもう一度使う。ペネロペの富の増加は PVLR を 12,000 引き上げるので，BL^1 から BL^2 へと予算線を 12,000 だけ右方にシフトさせる。先のケースと同じように，彼女の最適消費選択は点 D

(預金通帳の発見前) から点 J (富の増加後) に移る。富の増加は現在消費を引き上げるが (点 D における 45,000 から点 J における 51,000 へ), 現在所得は一定なので (42,000), 現在貯蓄が減少する (点 D における －3,000 から点 J における －9,000 へ) ことになる。より裕福になると, 将来に備えるために, 現在所得の多くを貯蓄する必要はない (実際は, 負の貯蓄を増加させている)。

これまでの分析によって, 現在所得, 将来所得, および当初の富の変化は, それらが PVLR を変化させる額だけ予算線を平行移動させることを示した。したがって, これらのどれかの変化が現在消費と将来消費に及ぼす影響は, PVLR に対する影響に依存している。経済学者は, 予算線を平行移動させる任意の変化の影響を述べるために, **所得効果** (income effect) という用語を使う。

恒常所得理論

ここでのモデルでいえば, 所得の一時的な増加は現在所得 y の増加であり, 将来所得 y^f は一定である。所得の恒常的増加は現在所得 y と将来所得 y^f の両方を増加させる。したがって, 所得の 1 単位の恒常的な増加は所得の 1 単位の一時的な増加に比べて, より高い PVLR の増加をもたらす。所得変化は PVLR を変化させる程度に応じてのみ消費に影響を及ぼすので, 所得の 1 単位の恒常的増加は, この理論によると, 所得の 1 単位の一時的増加よりも現在消費と将来消費をより高く引き上げる。

ノーベル賞受賞者ミルトン・フリードマンは, 1950 年代に展開した消費と貯蓄に関する**恒常所得理論** (permanent income theory) のなかで, 恒常的所得と一時的所得の変化が及ぼす効果の区別を明らかにした。フリードマンはここで示したモデルを発展させた多期間モデルにおいて, PVLR を通じてのみ所得が消費に影響を及ぼすであろうと指摘した。所得の恒常的変化は多期間にわたって生じるので, 所得の一時的変化に比べてより大きな影響を消費に及ぼすであろう。結果として, 一時的所得の増加はそのほとんどが貯蓄され, 恒常的所得の増加はそのほとんどが消費として使われるであろう[7]。

多期間にわたる消費と貯蓄：ライフサイクル・モデル

2期間モデルは，貯蓄の大部分が退職後の支払のためになされることを示唆しているが，消費者の生涯所得と消費パターンの他の重要な側面を考慮していない。たとえば，所得は典型的には就業期間に上昇し，人々は退職以外の他の理由で貯蓄をする。ノーベル賞授賞者フランコ・モジリアーニとその同僚が1950年代に最初に開発した消費と貯蓄の**ライフサイクル・モデル**（life-cycle model）は，2期間モデルを多期間に拡張し，個人の生涯を通じた所得，消費，そして貯蓄のパターンに焦点をあてたモデルである。

ライフサイクル・モデルの本質は図4.A.5に示されている。図4.A.5（a）では，20歳（経済的自立の年齢）から90歳（だいたいの死亡年齢）までの消費者の年齢に対し，典型的な消費者の所得と消費パターンが描かれている。図4.A.5（a）に関して次の2点が重要である。

第一に，平均的な労働者は実質所得の持続的上昇を経験するが，その所得は通常50歳と60歳のあいだにピークに達する。退職後，所得（貯蓄からの利子は除く）はかなり急激に下落する。

第二に，生涯の消費パターンは所得パターンに比べると時間を通じてよりなめらかである。これは前に議論した消費パターン平準化動機と整合的である。図4.A.5（a）において消費は完全に水平に描かれているが，実際には消費は年齢によっていくらか異なる。たとえば，子供の養育費が高い年には消費はより高くなるであろう。消費と貯蓄を研究するためにライフサイクル・モデルを使う有利さは，生涯所得と消費のさまざまなパターンを見込んで容易に修正できるという点である。

図4.A.5（b）の生涯の貯蓄パターンは，図4.A.5（a）の所得と消費曲線との差である。らくだの背のこぶの形をした全体のパターンは実証的に確認さ

---

[7] フリードマンはまた，彼の理論に対する実証的証拠のいくつかを最初に提示している。たとえば，農家世帯消費は非農家世帯消費に比べて所得変化に対する反応が平均して小さいことを見出した。これに対するフリードマンの説明は，次のようなものである。農家の所得は非常に変動しやすい天候と穀物価格に大きく依存しているので，農家の所得変化は非農家の所得変化に比べてよりいっそう一時的である傾向が強い。したがって，農家所得の現在の変化はPVLRにより小さな影響しか及ぼさないので，現在消費により小さな影響しか及ぼさないであろう。

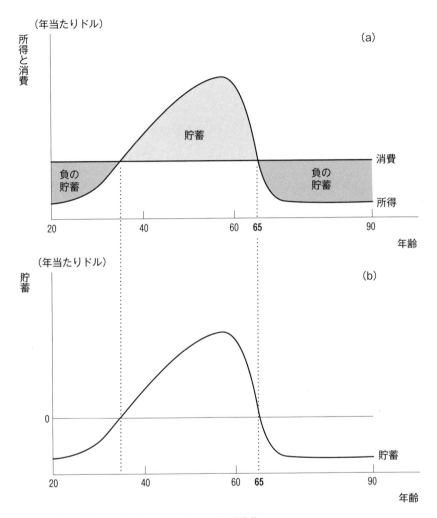

図 4.A.5 生涯にわたる消費，所得，および貯蓄

(a) 所得と消費が年齢に対して描かれている。所得は典型的に，就業期間のほとんどにわたって次第に上昇し，退職の少し前にピークに達する。消費パターンの平準化動機のために，消費は生涯を通じて所得に比べてかなり小さな変動を示している。ここでは消費は一定であるとしている。

(b) 貯蓄は所得と消費の差である。したがって，貯蓄パターンはらくだの背のこぶの形をしている。就業期間の初期に消費は所得より大きいので，貯蓄は負である。中年期には貯蓄は正である。つまり，所得が消費を超える部分は人生の初期に負った負債の返済に充てられたり，退職期に備えるために使われる。退職期に消費者は貯蓄を取り崩す。

れてきた。所得が低い初期の就職期間では貯蓄は非常に低いか，あるいは負である。所得が最も高い，労働者が50歳と60歳のあいだにいるとき，最大限の貯蓄をする。最後に，退職期間では，消費者は生活費を賄うために蓄積した富を使うので，貯蓄が取り崩される。

貯蓄のらくだの背のこぶのようなパターンの重要な含意は，国民の貯蓄率が国の人口の年齢分布に依存するということである。異常に若い，あるいは高齢の人口からなる国では貯蓄率は低くなるだろうし，中年の人口が相対的に多い国では貯蓄率は高くなるであろう。

遺産と貯蓄

消費者はすべての富と所得を生涯にわたって支出する計画を立て，相続人に何も残さないと仮定した。実際には，多くの人々は子供，慈善団体や他のものに遺産，あるいは財産を残している。生涯において彼らの資源のすべてを単に消費する状況と比較すると，消費者が残そうと思う遺産の程度に応じて，より少なく消費したり，より多く貯蓄したりするだろう。

リカードの等価定理

われわれのモデルの分析からの最も重要な結論の1つは，所得あるいは富の変化が，消費者のPVLRに影響を及ぼす程度に応じて，それらが望ましい消費に影響を及ぼすということである。つまり，第4章で議論されたリカードの等価定理が主張する重要な点は，現在および将来の政府購入を一定とするとき，現在の税の変化が消費者のPVLRに影響を与えないので，望ましい消費 C^d，あるいは望ましい国民貯蓄 $Y-C^d-G$ にも影響を与えないということである。

この考えを例証するために，政府がペネロペの現在の税を300だけ引き下げるとしよう。この減税は300だけペネロペの現在所得を増加させるので，（他の事情を一定とすると）彼女はより多く消費するだろう。しかし，政府収入は300だけ減少し，支出は一定なので，政府は（1人当たり）300だけ国民からの現在借入を増やさなければならない。さらに，政府はその借入に対し

て利子を支払わなければならない。したがって，政府がその負債に対し支払わなければならない実質利子率が10％ならば，将来期間における政府の債務は，減税がない場合より330だけ大きいであろう。

ペネロペは納税者として政府の負債に最終的に責任がある。政府は将来期間において借金と増えた利子を支払うと仮定しよう（第15章では，政府の負債がペネロペの子孫に支払として残されたならばどうなるかについて議論する）。政府は負債と利子の返済のために330だけ将来期間に増税しなければならないので，ペネロペの期待将来所得は330だけ減少する。結局，政府の税プログラムはペネロペの現在所得を300だけ引き上げるが，将来所得を330だけ引き下げることになる。10％の実質利子率では，将来所得の変化分の現在価値は－300である。これは，300の現在所得の増加を帳消しにする。このように，ペネロペのPVLRは減税によって変わらず，そして（リカードの等価定理が意味するように）彼女は現在消費を変えるはずがない。

過剰反応と借入制約

さまざまな研究によって，消費は現在所得，期待将来所得および富によって影響を受け，恒常所得の変化は一時的所得の変化に比べて消費により大きな影響を及ぼすことが確認されている。これらはすべてモデルから得られた含意である。それにもかかわらず，とくにいくつかの研究は，現在所得の変化に対する消費の反応が，現在所得の変化のPVLRへの影響にもとづいて予想された以上に大きいことを示している。消費が現在所得に対してモデルの予想以上に強く反応する傾向は，現在所得に対する消費の**過剰反応**（excess sensitivity）と呼ばれている。

過剰反応の1つの説明は，人々がモデルで仮定されているよりもっと近視眼的で，予想される以上に現在所得の増加のより多くの部分を消費するということである。モデルの精神により忠実な他の説明は，人々が借りることができる金額が制限されているということものである。将来所得を担保に借りることができる額に貸し手が課す制約は，**借入制約**（borrowing constraint）と呼ばれている。

消費者の消費-貯蓄決定に及ぼす借入制約の影響は，消費者が借入制約が

ないとき借りたいと思うかどうかに依存している。もし借入が可能だとしても，消費者が借り入れようとしなければ，借入制約は**有効でない**（nonbinding）といわれる。消費者は借りたいけれどもそれが妨げられているとき，借入制約は**有効である**（binding）といわれる。有効な借入制約に直面している消費者は借入制約がない場合の望ましい消費の組み合わせにできるだけ近づくために，すべての利用可能な現在所得と富を現在消費に使うだろう。そのような消費者は現在所得の増加のすべてを消費するだろう。このように，現在所得の増加の現在消費に及ぼす影響は借入制約がない単純なモデルで予想されている以上に借入制約が有効である消費者のほうが大きい。マクロ経済学の用語でいえば，この結果は，もし大多数の消費者が借入制約に直面しているならば，総所得（産出量）の増加に対する総消費の反応は借入制約がない基本理論で示した反応よりも大きくなると解釈できる。いい換えると，もし借入制約が有効であるならば，消費は現在所得に対して過剰に反応するかもしれない[8]。

実質利子率と消費・貯蓄決定

　実質利子率の変化が消費と貯蓄に及ぼす影響を見るために，2期間モデルとペネロペの例に戻ろう。ペネロペは初期に 42,000 の実質現在所得 y，33,000 の将来所得 y^f，18,000 の当初の富 a をもち，10% の実質利子率 r に直面している。図 4.A.1 と同じ彼女の予算線は図 4.A.6 の BL^1 として示されている。ここで，何らかの理由で実質利子率が 10% から 76% に大幅に上昇するとき，何が起きるのかを見てみよう[9]。

---

[8] どれだけの消費者が借入制約に直面しているのかを数える直接的方法はないが，いくつかの研究は，総消費と現在所得のあいだの観察された関係から，ある年におけるアメリカの消費者のおよそ 20% から 50% が借入制約に直面していると推計している。たとえば次の文献を参照せよ。John Y. Campbell and N. Gregory Mankiw, "Consumption, Income, and Interest Rates: Reinterpreting the Time Series Evidence," in O. Blanchard and S. Fischer, eds., *NBER Macroeconomics Annual*, Cambridge, MA: MIT Press, 1989; and Robert E. Hall and Frederic S. Mishkin, "The Sensitivity of Consumption to Transitory Income: Estimates from Panel Data on Households," *Econometrica*, March 1982, pp. 461-481.

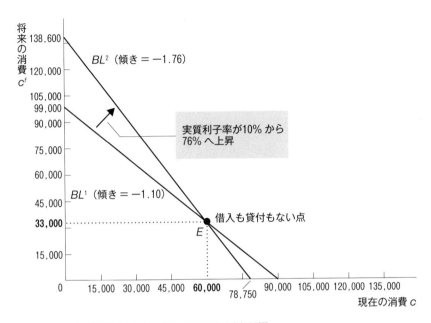

図 4.A.6　実質利子率の上昇が予算線に及ぼす影響

図は，実質利子率 r が 10% から 76% に上昇するときのペネロペの予算線に及ぼす影響を示している。予算線の傾きが $-(1+r)$，初期の実質利子率が 10% なので，初期の予算線 BL^1 の傾きは -1.10 である。初期の予算線 BL^1 はまた，ペネロペがすべての現在所得と富を現在消費に支出することによって得られる消費の組み合わせを示す借入も貸付もない点 E を通る。実質利子率が上昇するときでも，点 E は得られるので，新しい予算線 BL^2 上にもある。しかし，BL^2 の傾きは実質利子率が 76% へ上昇するのを反映して，-1.76 である。このように，実質利子率がより高くなると，予算線は借入も貸付もない点を中心に時計回りに回転する。

実質利子率と予算線

　実質利子率が上昇したとき，ペネロペの予算線がどのような影響を受けるかを見るために，予算線 BL^1 上の点 E を最初に考えよう。点 E は，現在消費が現在所得と当初の富の合計と等しく（$c = y+a = 60{,}000$），将来消費が

---

[9] 1 期間が 1 年なら，76% の実質利子率は現実的ではない。しかし，1 期間が 2 期間モデルにおけるように大人の生涯の 2 分の 1 なら，1 期間 76% は極めて現実的なように思われる。

将来所得に等しい（$c^f = y^f = 33{,}000$）という予算線上の唯一の点であるという意味で特別である。もしペネロペがこの消費の組み合わせを選択するならば、彼女は借入もしないし（彼女の現在所得と初期の富は、現在消費を支払うのにちょうど十分である）、現在資源を使い残して銀行に預金する（貸し付ける）こともしない。したがって、点 E は**借入も貸付もない点**（no-borrowing, no-lending point）である。点 E は借入も貸付もないので、そこでの消費の組み合わせは、実質利子率がどのような水準であってもペネロペに利用可能であろう。このように、実質利子率が変化するとき、借入も貸付もない点は予算線上で動かない。

次に、現在消費の1単位を犠牲にすると、ペネロペは $(1+r)$ だけ将来消費を増やすことができるという事実を反映して、予算線の傾きは $-(1+r)$ であることを思い起こそう。実質利子率 r が10%から76%に上昇するとき、予算線の傾きは -1.10 から -1.76 に変化する。すなわち新しい予算線の傾きは急になる。予算線は傾きが急になり、借入も貸付もない点 E を通っているので、予算線は E 点を中心に時計回りに回転している。

代替効果

第4章で議論したように、将来消費で測った現在消費の価格は $1+r$ である。というのは、もし1単位貯蓄を減らして今日1単位の現在消費を増やすなら、将来消費を $1+r$ だけ減少させなければならないからである。実質利子率が上昇するとき、現在消費は将来消費に比べてより高価になる。現在消費の相対価格のこの増加に反応して、ペネロペは貯蓄を増加させることによって現在消費を将来消費に代替する。貯蓄のこの増加は、第4章で紹介された実質利子率の貯蓄への代替効果を反映している。

代替効果は図4.A.7のグラフを用いて説明される。最初に、実質利子率が10%で、予算線は BL^1 としよう。いまペネロペの選好が、BL^1 が借入も貸付もない点 E で無差別曲線 IC^1 に接している状態にあると仮定しよう[10]。実質利子率が10%のとき、ペネロペは点 E での消費の組み合わせを選択す

---

[10] 図4.A.7のペネロペの無差別曲線は図4.A.4のものとは異なることに留意してほしい。

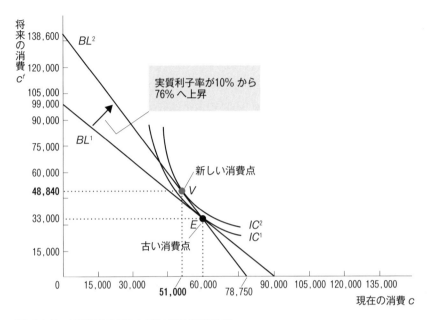

図 4.A.7　実質利子率の上昇に伴う代替効果

実質利子率が10%のとき，ペネロペは，初期の予算線 BL^1 上の借入も貸付もない点，点 E における消費の組み合わせを選択すると仮定する。点 E は無差別曲線 IC^1 上にある。実質利子率が76%に上昇すると，図 4.A.6 に示されているように，予算線は BL^1 から BL^2 へと時計回りに回転する。新しい予算線 BL^2 に沿って現在消費が将来消費に代替することによって，ペネロペは IC^1 の右上方にある点に移動することができる。これらの点は，点 E の消費の組み合わせに比べてより高い効用をもたらす消費の組み合わせを示している。より高い効用は，新しい予算線 BL^2 が無差別曲線 IC^2 に接している点 V に移動することによって達成される。点 E から点 V への移動によって生じる現在消費の減少（9,000）と貯蓄の同額の増加は，実質利子率の上昇の代替効果を反映している。

る。

　実質利子率が10%から76%に上昇すると，予算線は時計回りに回転し，BL^2 となる。ペネロペの初期の消費点，つまり借入も貸付もない点 E も新しい予算線 BL^2 にあるので，実質利子率が上昇した後も，彼女は点 E にとどまって，前と同じ現在および将来消費の組み合わせを享受する。しかし，点 E の左上方の BL^2 上の点は IC^1 の右上方に位置していることに注目しよう。これらの点はペネロペにとって利用可能であり，点 E での消費の組み合わ

せよりも高い効用をもたらす消費の組み合わせを示している。ペネロペは，BL^2 上では，無差別曲線 IC^2 が BL^2 に接している点 V で最も高い効用水準を得ることができる。将来消費の相対価格の増加に反応して，ペネロペは現在消費を 60,000 から 51,000 に減らし，BL^2 上で点 E から点 V へ移動する。点 E と点 V 間での現在消費の 9,000 の減少は貯蓄の 9,000 増加と同じことである。点 E と点 V における貯蓄の増加は，高い実質利子率の貯蓄への代替効果を反映している。

所得効果

最初にペネロペの現在消費が現在資源（現在所得プラス初期の富）に等しく，したがって貸し借りがないならば，実質利子率の上昇は図 4.A.7 に示されているように彼女の貯蓄に代替効果しか及ぼさない。しかし，もし最初に彼女の現在消費が現在資源に等しくないなら，実質利子率の増加は所得効果をもっている。第 4 章で議論したように，もし最初にペネロペが現在資源（現在所得と初期の富の合計）より現在消費が小さい貯蓄者（同じことだが，貸し手）なら，実質利子率の増加は彼女が受け取る将来の利子受け取りを増加させることよって彼女を財政的に有利にする。将来の利子所得のこの増加に反応して，彼女は現在消費を増加させ，現在の貯蓄を減少させる。他方，もし最初にペネロペが現在資源を現在消費が上回る借り手なら，実質利子率の増加は将来支払わなければならない利子を増加させる。将来より大きい利子支払をしなければならないことは，ペネロペを財政的に不利にし，彼女の現在消費を減少させることになる。このように，借り手にとっては，実質利子率の増加の所得効果は現在消費の減少と貯蓄の増加をもたらすことになる。

代替効果と所得効果を同時に考慮

最初，ペネロペを貸し手と仮定しよう。実質利子率が上昇したとき，ペネロペの貯蓄に対する代替効果と所得効果を含めた全体の影響は，図 4.A.8 で示されている。前と同じように，実質利子率が 10% のとき，ペネロペの最初の予算線は BL^1 である。ここで，ペネロペの選好は点 D で BL^1 が無差別曲

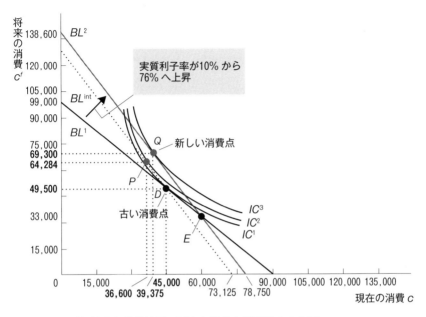

図 4.A.8　所得効果と代替効果の両方を伴う実質利子率の上昇
最初，ペネロペはもともとの予算線 BL^1 上の点 D で消費すると仮定しよう．実質利子率が 10% から 76% へ上昇すると，予算線は BL^1 から新しい予算線 BL^2 に時計回りに回転する．予算線の全体のシフトを2つの部分に分けると，次のようになる．(1) 中間の予算線 BL^{int} を得るための最初の消費点 D を中心とする回転，(2) BL^{int} から最終の予算線 BL^2 への平行移動．代替効果は最初の消費点 D から BL^{int} 上の点 P への移動で測られ，所得効果は点 P から最終の BL^2 上の点 Q への移動で測られる．図では，代替効果は所得効果より大きいので，全体の効果は現在消費の減少と貯蓄の増加である．

線 IC^1 に接している状態であると仮定すると，10% の実質利子率のもとでは，ペネロペの計画は 45,000 の現在消費，49,500 の将来消費となる．ペネロペの現在資源は 60,000（42,000 の現在所得プラス 18,000 の初期資産）であるから，もし彼女が 45,000 の現在消費を享受するならば，15,000 の資源を貸し付けるだろう．彼女が選択した点 D は借入も貸付もない点 E（現在消費は点 E よりも点 D のほうが少ない）の左方に位置しており，これはペネロペが貸し手であることを示している．

実質利子率が 10% から 76% に上昇すると，前のように，ペネロペの予算線

は借入も貸付もない点 E を中心に時計回りに回転して BL^2 になる。実質利子率の上昇による代替効果と所得効果を分離するため，予算線の BL^1 から BL^2 への動きを 2 つの段階で考えよう。

第一に，ペネロペのもともとの消費の組み合せである点 D を中心に，もともとの予算線 BL^1 が新しい予算線 BL^2 と平行になるまで（つまり，傾きは -1.76 である）時計回りに回転するとしよう。その結果生じる中間の予算線は BL^{int} として描かれている。第 2 段階として，BL^{int} が BL^2 まで右方に平行移動するとしよう。

実質利子率の上昇に対するペネロペの貯蓄と現在消費の反応もまた，2 つの段階に分けられる。最初に，点 D を中心とする予算線の BL^1 から BL^{int} への回転に対する反応を考えよう。もしこれがペネロペの予算線の唯一の変化ならば，彼女は点 D から BL^{int} 上の点 P（$c = 36,600$ と $c^f = 64,284$）に移動するだろう。点 P では，彼女は点 D におけるより，より多く貯蓄し，より少ない現在消費を享受するだろう。点 D と点 P のあいだの貯蓄の増加は，図 4.A.7 の点 E から点 V への移動と同じように，実質利子率の上昇がペネロペの貯蓄に及ぼす代替効果を示している。

第二に，BL^{int} から BL^2 への平行シフトの効果を考えよう。点 Q で新しい予算線 BL^2 が無差別曲線 IC^3 に接しているので，ペネロペは点 Q での消費の組み合わせを選択するだろう。点 P より点 Q のほうが現在と将来の消費はより高く，貯蓄はより低い。PQ 間における現在消費の増加と貯蓄の減少は実質利子率の上昇の所得効果を反映している。したがって，前に議論したように，ある変数の変化が予算線の平行移動をもたらすとき，所得効果が生じる。所得効果は予算線の平行移動に対応するので，実質利子率の変化の消費と貯蓄に対する所得効果は所得と富の変化の影響と同じである。

実質利子率の上昇のペネロペの消費と貯蓄に対する全体効果は，点 D と点 Q の間の貯蓄の変化として図 4.A.8 に描かれている。この変化は，点 D から点 P への貯蓄の増加として測定される代替効果と，点 P から点 Q への貯蓄の減少として測定される所得効果の合計である。図 4.A.8 に描かれているように，最初の点 D に比べて最終点 Q は現在消費がより減少し，貯蓄がより増加している。しかし，最終点 Q での貯蓄が最初の点 D におけるよりも低いように描かれてもよい。このように，所得効果と代替効果は貸し手に

とって反対方向に働くので，実質利子率の上昇に反応してペネロペの貯蓄が増加するか減少するかは，理論的には予測はできない。

第4章で議論したように借り手の場合，所得効果と代替効果は同じ方向に働く。より高い実質利子率は貯蓄に対する借り手の報酬を引き上げるので(いい換えると，これは現在消費の相対価格を引き上げる)，消費者はより多く貯蓄する傾向がある(代替効果)。というのは，借り手は利子を受け取るのではなく支払うから，より高い実質利子率によって貧しくなり，消費をより少なく，貯蓄をより多くするからである。

要約すると，2期間モデルから得られる含意は，実質利子率の上昇によって借り手の貯蓄を増加させるということである。しかし，代替効果と所得効果の相反する効果のため，経済理論は実質利子率の貸し手の貯蓄への影響を決定できない。第4章で議論したように，実証的研究は，実質利子率の上昇は，望ましい国民貯蓄を増加させる傾向をもっているが，影響は非常に強くはないことを示している。

第5章
開放経済における貯蓄と投資

学習の目的
5.1 国際収支の測定方法を説明する。
5.2 開放経済における財市場の均衡について議論する。
5.3 小国開放経済における貯蓄と投資に影響を与える要因，および経常収支を決定する要因について議論する。
5.4 大国開放経済における貯蓄と投資に影響を与える要因，および経常収支を決定する要因について議論する。
5.5 政府財政赤字と経常収支赤字との関係を分析する。

　現代経済は実際には例外なく開放経済であり，財・サービスの国際貿易や国際的な貸し借りを行っている。経済の開放性によって平均的な国民は多くの便益を得ている。アメリカは開放経済なので，アメリカの消費者は世界中の製品（日本製のMP3プレーヤー，イタリア製の靴，アイルランド製の毛織物）を享受することができ，アメリカ企業は自分たちの製品（コンピューター，牛肉，金融サービス）の新しい市場を海外に見つけることができる。同様に，金融市場の国際化によって，アメリカの投資家は国内の資産だけでなくドイツ国債や台湾企業の株式を購入する機会をもっている。また，投資プロジェクト資金を調達したいと思っているアメリカ企業は，ニューヨークだけでなくロンドンや東京でも借りることができる。
　経済の開放性は経済的な多様性や機会以外に，別の重要な意味をもっている。つまり，外国貿易や国際的な貸し借りが存在しない閉鎖経済ではそれぞれの期間において一国の支出額と生産額は一致しなければならなかったが，開放経済においてはその必要はない。とくに開放経済では，輸出する以上に輸入し，その差の支払のために海外から資金を借り入れることができるので，開放経済下の居住者は一時的に生産する以上に支出することができる。

生産する以上に支出することができるという開放経済がもっている能力は，経済的な機会をもっていると同時に潜在的な問題も抱えている。たとえば，アメリカは1980年代以降，輸出を超える大幅な輸入超過の資金を海外からの借入によって（また海外の投資家にアメリカが保有する資産を売却することによって）調達することができた。その結果，アメリカはより多額の消費，投資および政府購入を享受できたが，同時に，アメリカ経済にとって将来の負担になるかもしれない外国からの債務を負ったのである。

なぜ，ある国は輸出を超える輸入の支払のために海外から借入をしたり，またある国は輸入以上に輸出したりして，その差額を他国に貸し付けるのであろうか。なぜそれらの国々は毎年その帳尻を合わせて，輸出と同じだけ輸入しないのだろうか。この章で説明するように，一国の貿易上の位置を決定する基本的な要因はその国の貯蓄と投資の決定である。したがって，ここで導入する貿易収支と国際貸付の問題は，一見すると第4章で扱った内容と無関係のように思えるかもしれないが，実際は密接に関係している。

望ましい国民貯蓄と望ましい投資がどのように国際貿易や国際貸付のパターンの決定に貢献するのかをみるために，海外部門を導入し，貯蓄・投資図で説明した財市場の均衡の考えを拡張する。閉鎖経済の状況とは異なり，開放経済では望ましい国民貯蓄と望ましい投資が等しくなる必要はないということを示す。一国の望ましい国民貯蓄が望ましい投資を超えるとき，その国は国際資本市場で貸し手になり，経常収支が黒字になることを示す。同じように，一国の望ましい国民貯蓄が望ましい投資より小さいとき，その国は国際資本市場で借り手になり，経常収支が赤字になるであろう。

貯蓄と投資を強調することによって，この章の重要なテーマを発展させることになる。しかし貯蓄と投資の役割に焦点をあてるために，ここでは国際貿易と国際貸付に影響を及ぼす他のいくつかの要素を無視する。これらのなかで最も重要な要素は為替レート，すなわち国内通貨と外国通貨の交換比率である。開放経済における為替レートとその役割については第13章で詳しく議論する。

5.1 国際収支

国際的な貿易や貸付に影響を及ぼす要因を研究するためには，国際収支の基礎を理解しておく必要がある。第2章で議論した国民所得勘定の一部である**国際収支表**（balance of payments accounts）は一国の国際取引の記録である（「データとリサーチにふれよう：国際収支表」はどのように国際収支表が作成され，それらのデータがどこで得られるかについての情報を載せている）。この節を読むとき，2021年のアメリカの国際収支のデータを示した表5.1を参照してほしい。

経常収支

ある国の**経常収支表**（current account）は，現在生産されている財・サービスの国と国とのあいだの貿易と，国と国とのあいだの片務的移転などを記録する。便宜上，経常収支を（1）財・サービスの純輸出，（2）海外からの純所得，（3）純片務的移転に分ける。

財・サービスの純輸出 第2章において，GDPを測定するための支出面アプローチの中で，純輸出 NX（輸出マイナス輸入）の概念について議論した。ここでは，純輸出はしばしば財とサービスの2つのカテゴリーに分類されることを指摘する。

国際的に取引される財の例として，アメリカの大豆，フランスの香水，ブラジルのコーヒー，および日本車などがあげられる。たとえばアメリカの消費者が日本車を購入するとき，取引はアメリカにとっては財の輸入および日本にとっては財の輸出として記録される。

国際的に取引されるサービスは，観光，保険，教育，および金融サービスなどである。「応用例：グローバリゼーションのアメリカ経済への影響」では，ビジネスサービスの貿易について議論している。たとえば，アメリカからの友人グループがメキシコで1週間の休暇を過ごす場合，宿泊，食べ物，観光旅行などの彼らの支出は観光サービスの輸入としてアメリカの経常収支に記録される。また，友人の支出はメキシコにとっては観光サービスの輸出とし

表5.1 2021年のアメリカの国際収支表（単位：10億ドル）

経常収支表			
純輸出（NX）			−861.4
輸出		2,532.9	
財	1,761.7		
サービス	771.2		
（控除）輸入		3,394.3	
財	2,853.1		
サービス	541.2		
海外からの純所得（NFP）			174.9
海外からの受取所得		1,090.8	
（控除）他国の居住者への支払所得		915.9	
純片務的移転収支*			−137.5
経常収支（CA）			−824.0
金融収支表			
純資金流入			645.5
外国の対米資産の増加（資金流入）		1,858.8	
外国公的資産	266.2		
その他の対米資産	1,592.6		
（控除）アメリカの対外資産の増加（資金流出）		1,213.3	
アメリカの公的準備資産	114.0		
その他の対外資産	1,099.3		
金融派生商品，純**			41.7
金融収支（FA）			687.2
誤差脱漏			137.0
補注			
財・サービスの収支（貿易収支）			−861.4
財・サービスと所得の収支			−686.5
国際収支＝アメリカの公的準備資産の増加			
−外国公的資産の増加＝114.0−266.2			−152.2

注：四捨五入しているので，各数字の合計は合計値に一致しない。

*純片務的移転収支は，第二次所得収支（所得移転）と資本収支（資産移転）を含んでいる。資本収支は通常非常に小さい。

**BEAの表1とは符号が逆になっているので，正の数値はアメリカの在外資産純増（流入）を表している。

出所：データは"U.S. International Transactions: Fourth Quarter and Year 2021," Table 1, BEA news release と International Transactions Accounts, Table 9.1 から得ており，それぞれ次のウェブサイトからダウンロードされている。*www.bea.gov/sites/default/files/2022-03/intinv421.pdf* と *https://www.bea.gov/data/intl-trade-investment/international-transactions*。

表 5.1J　2023 年の日本の国際収支表（単位：億円）

経常収支表		
貿易・サービス収支		−94,167
貿易収支		−65,009
輸出	1,003,546	
輸入	−1,068,555	
サービス収支		−29,158
第一次所得収支		349,240
第二次所得収支		−41,263
経常収支*（CA）		213,810

資本移転等収支表	
資本移転等収支 **	−4,001

金融収支表		
直接投資	228,423	
証券投資	278,262	
金融派生商品	65,026	
その他投資	−381,117	
外貨準備	42,444	
金融収支（FA）		233,037
誤差脱漏		23,228

注：合計は四捨五入により合わないことがある。
* 日本の経常収支は約 21 兆円の黒字額であり，アメリカの経常収支赤字と対照的である。特に近年，直接投資収益等の第一次所得収支の黒字が増大している。
** 資本移転等収支は通常非常に小さいので，5.2 節以降の理論分析においては，資本移転等収支をゼロと仮定して分析を行っている。
出所：財務省，国際収支状況，I. 国際収支総括表，6s-1-1 暦年。

て記録される。同様に，外国の学生がアメリカの大学に入学すると，彼らの授業料支払はアメリカのサービスの輸出および学生の自国にとってはサービスの輸入となる。

　表 5.1 は，2021 年のアメリカの財の輸出がサービスの輸出の 2 倍以上であったことを示している。財の輸入はサービスの輸入の 5 倍以上であった。また，財の輸出は財の輸入よりかなり小さいが，サービスについてはその逆

が当てはまることにも留意しなさい。つまり，企業はアメリカに輸入されるサービスよりも多くのサービスを他国に輸出している。

海外からの純所得　海外からの純所得は，海外からの受取所得から海外の居住者への支払所得を差し引いたものに等しい。これは，第 2 章で議論した海外からの要素所得の純受取（*NFP*）に等しい[1]。ここでは *NFP* と海外からの純所得の違いを無視し，2 つを同じ概念として扱う。

ある国に流入する受取所得は，海外で働く居住者が受け取る報酬と海外資産からの投資収入からなる。海外資産からの投資収入は，利子支払，配当，ロイヤルティ，およびその国の居住者が他国に所有する資産（債券，株式，特許など）から受け取るその他の所得を含んでいる。一例として，フランス国債を所有するアメリカの貯蓄者が受け取る利子がある。もう 1 つの例として，アメリカの企業が外国子会社から得た利益が挙げられる。どちらの例でも，所得は海外からの受取所得として記録される。

一国から流出する支払所得は，その国で働いた外国人居住者に支払われた報酬とその国の資産の外国人所有者への支払で構成される。たとえば，アメリカの会社が一時的にアメリカに居住しているスウェーデン人エンジニアに支払った賃金やアメリカの自動車会社がその会社の株を所有するメキシコ人株主に支払った配当は，ともに他国の居住者への支払所得となる。

純片務的移転　片務的移転（unilateral transfers）は，ある国から他の国への支払であり，財・サービスあるいは資産の購入を伴わない。例として公的対外援助（ある国の政府から他国の政府への支払）や，ある国の居住者から他国に住んでいるその家族へのお金の送金などがある。ある国の純片務的移転は，その国が受け取る片務的移転からその国から流出する片務的移転を差し引いたものである。表 5.1 の純片務的移転の項目のマイナスの数字は，アメリカが他の国に対して純贈与者であることを示している。

---

[1] 海外からの要素所得の純受取は国民所得・生産勘定（NIPA）で表され，海外からの純所得は国際収支表（BPA）に表されている。経済分析局は，「調整表」（*Surve of Current Business* の BEA の補論に現在と過去のデータがある）を NIPA と BPA 間の比較的小さな差を説明するため発行している。

経常収支 財とサービスの純輸出，海外からの純所得，純片務的移転を加えると，**経常収支**（current account balance）と呼ばれる数字が得られる。経常収支がプラスであれば，その国は経常収支黒字になる。経常収支がマイナスの場合，その国は経常収支赤字となる。表 5.1 が示すように，2021 年のアメリカの経常収支赤字は 8,240 億ドルで，これは財・サービスの純輸出（$NX = -8,614$ 億ドル），海外からの純所得（$NFP = 1,749$ 億ドル），および純片務的移転（$-1,375$ 億ドル）の合計である。

金融収支

実物あるいは金融資産を含む国際取引は，**金融収支表**（financial account）に記録される。アメリカの企業または居住者が資産を他国に売却する場合，たとえばもしアメリカのホテルがイタリアの投資家に売却されるなら，その取引はアメリカにおける外国所有資産の増加として記録される。資産の支払のために資金がアメリカに流入するので，これは**資金流入**（financial inflow）となる。同様に，自国が海外から資産を購入する場合（たとえば，アメリカ居住者がスイスの銀行口座を開設する場合），その取引にはアメリカからの**資金流出**（financial outflow）が伴い，海外でアメリカが所有する資産の増加として記録される。

金融収支（financial account balance）は，資金流入額から資金流出額を控除した額に，アメリカにおける外国所有の金融派生商品（価値が他の資産の価値にもとづく，または「派生」する金融資産）の純増加額を加えたものに等しくなる。ある国の居住者が外国人から購入する以上に外国人に資産を売却すると，金融収支はプラスとなり，金融収支が黒字になる。自国の居住者が外国人に資産を販売する以上に外国人から資産を購入すると金融収支はマイナスとなり，金融収支が赤字になる。表 5.1 は，2021 年にアメリカ居住者の海外資産保有額（金融派生商品および片務的移転資産を無視する）が 1 兆 2,133 億ドル増加し，外国人のアメリカ資産保有額が 1 兆 8,588 億ドル増加したことを示している。したがって，アメリカの 2021 年の純資金流入は 6,455 億ドル（1 兆 8,588 億ドルから 1 兆 2,133 億ドルを引いたもの）であった。これに金融派生商品の純変動を加えると，2021 年の金融収支は 6,872 億ドルと

データとリサーチにふれよう
国際収支表

　国際収支表のもとになるアメリカの国際取引のデータは，アメリカ商務省経済分析局（the Bureau of Economic Analysis, BEA）によって四半期ごとに作成される。BEA のデータは，それぞれの四半期末の約 2 カ月半後に公表され，さらに詳細な数字は，*Survey of Current Business* の 1 月号，4 月号，7 月号および 10 月号と，ウェブサイト *www.bea.gov/data/economic-accounts/international* で公表される。近年の国際収支は毎年 6 月にさらに完全な情報を反映して改訂され，*Survey of Current Business* の 7 月号で公表される。表 5.1 のような要約データは，セントルイス連邦準備銀行の FRED データベースや毎年 2 月に出版される『大統領経済報告』などの出版物に掲載される。国際収支のデータは経済分析局のウェブサイト *www.bea.doc.gov/data/by-place-us-and the-world* でも得られる。

　国際収支表の完全な情報は四半期毎にしか利用できないが，いくつかの数字は毎月公表されている。最もよく知られている例は，貿易収支である。これは財・サービスの輸出から輸入を引いたものに等しい。これらのデータは最初，国勢調査局によって表にまとめられる（次に BEA に送られる）。これらの情報はアメリカに流出入する商品の流れを監視する政府機関であるアメリカ税関サービスが提供する情報に主にもとづいている。近年，国勢調査局は貿易の流れに関する情報を交換するため，アメリカの主要貿易取引国のデータ収集機関と交渉してきた。貿易情報を交換するメリットは，情報交換により，たとえばアメリカから受け取るカナダの輸入推定額がカナダへ輸出するアメリカの推定額と同じであるかどうかを国勢調査局がチェックすることができるという点である。もちろん原則的には，2 つの数字は同じでなければならない。

　さらなる情報については，*www.bea.gov/resouces/metjdologies/us-internatuional-economic-accounts-conepts-methods* で得られる経済分析局の *U. S. International Accounts:Concepts and Methods,June* 2014 を参照。

なった。

国際収支　表 5.1 では，一連の資金の流れ（公的準備資産の取引）が別に分類されている。これらの取引は国の貨幣供給を決定する公的機関である中央銀行（たとえばアメリカの連邦準備）によって行われているという点で，他の金融収支の取引とは異なる。中央銀行によって保有される**公的準備資産**（official reserve assets）は，国内貨幣や証券以外の，国際的支払に使用され

る資産である。歴史的には金が主な公的準備資産であったが，いまでは中央銀行の公的準備資産には主要先進国の政府債，外国銀行預金，および国際通貨基金（IMF，国際間の貿易と金融関係を促進するために設立された国際機関）によって創造された特別の資産も含まれる。

中央銀行は公的準備資産を公開市場で売買することによって，保有している公的準備資産額を変えることができる。たとえば，連邦準備はドルを使って金を購入してその準備資産を増やすことができる。表5.1によれば（「アメリカの公的準備資産」を参照），2021年にアメリカの中央銀行はその公的準備資産を1,140億ドル売却した。同じ年に，外国の中央銀行はドル表示の準備資産を2,662億ドル増大した（「外国公的資産」を参照）。**国際収支**（balance of payments）は，一国の公的準備資産の純増加（国内マイナス外国）である。1年間に準備資産の純保有が増加する国は国際収支が黒字になっており，準備資産の純保有が減少する国では国際収支が赤字になっている。アメリカの2021年の国際収支は −1,522億ドル（アメリカの公的準備資産の増加1,140億ドルから外国のドル表示準備資産の増加2,662億ドルを引いたもの）であった。このように，アメリカの2021年の国際収支は1,522億ドルの赤字であった。

この章で議論する問題にとって，経常収支と金融収支のほうが国際収支よりも重要な役割を演じる。国際収支のマクロ経済学における重要性は，第13章で為替レートを議論するときに論じる。

経常収支と金融収支の関係

国際収支の論理のもとでは，経常収支と金融収支は密接な関係にある。測定の問題による誤差を除くと，それぞれの期間において，経常収支と金融収支を足し合わせるとゼロにならなければならない。つまり，

$CA = $ 経常収支，
$FA = $ 金融収支

とすると，次のようにならなければならない。

$$CA + FA = 0 \tag{5.1}$$

（5.1）式が成立する理由は，すべての国際的取引は国々のあいだで財・サービスあるいは資産の交換取引がなされているからである。交換取引の2つの側面は経常収支と金融収支の合計（$CA+FA$）を互いに相殺するということである。したがって，経常収支と金融収支の合計はつねにゼロにならなければならない。

表5.2を使うとこの点が明らかになる。アメリカ人が輸入したイギリスのセーターを75ドルで購入すると仮定しよう。この取引はアメリカにとっては財の輸入なので，アメリカの経常収支は75ドル減少する。しかし，セーターを販売したイギリスの輸出業者はいまや75ドルもっている。彼はこれをどうするだろうか。いくつかの可能性があるが，そのどれもセーターの購入が経常収支と金融収支の合計に及ぼす影響を相殺するだろう。

イギリス人はアメリカ製品，たとえばコンピューターゲームを購入するために75ドルを使用するかもしれない。この購入はアメリカにとっては75ドルの輸出である。このアメリカの輸出にもとのセーターの輸入を合わせると，アメリカの経常収支CAはネットでは何の変化もない。資産は何も取り引きされていないので，アメリカの金融収支FAは変化しない。このように，CAとFAの合計は変わらない。

2番目の可能性は，イギリス人が75ドルを使ってアメリカの資産，たとえばアメリカ企業が発行する社債を購入するというものである。社債の購入はアメリカへの資金流入である。したがって，アメリカの金融収支の75ドルの増加は，もとのセーターの輸入によって引き起こされたアメリカの経常収支の75ドルの減少を相殺する。ふたたび，これらの取引の組み合わせによって経常収支と金融収支の合計$CA+FA$は影響を受けない。

最後に，イギリス人は銀行に行って，英ポンドと自分のドルを交換するかもしれない。もし銀行が，これらのドルをアメリカの輸出品や資産を購入したいと思っている他のイギリス人に売却するならば，あるいは銀行がアメリカの資産を銀行自身で購入するならば，前の2つのケースのいずれかが繰り返される。別の方法として，銀行はポンドと交換に連邦準備にドルを売るかもしれない。しかし，連邦準備が銀行に75ドル分の英ポンドを売却するこ

表 5.2　経常収支と金融収支の合計がゼロになる理由の例
（国際収支のデータはアメリカに関するものである）

ケースⅠ：アメリカはイギリスから 75 ドルのセーターを輸入し，イギリスはアメリカから 75 ドルのコンピューターゲームを輸入する。
- 経常収支
  - 輸出　　　　　　　　　　　　　　　　　　　75 ドル
  - （控除）輸入　　　　　　　　　　　　　　　75 ドル
  - 経常収支（CA）　　　　　　　　　　　　　0
- 金融収支
  - 取引なし
  - 金融収支（FA）　　　　　　　　　　　　　0
- 経常収支および金融収支の合計（$CA+FA$）　　0

ケースⅡ：アメリカはイギリスから 75 ドルのセーターを輸入し，イギリスはアメリカから 75 ドルの社債を購入する。
- 経常収支
  - （控除）輸入　　　　　　　　　　　　　　　75 ドル
  - 経常収支（CA）　　　　　　　　　　　　 −75 ドル
- 金融収支
  - 資金流入　　　　　　　　　　　　　　　　　75 ドル
  - 金融収支（FA）　　　　　　　　　　　　　75 ドル
- 経常収支および金融収支の合計（$CA+FA$）　　0

ケースⅢ：アメリカはイギリスから 75 ドルのセーターを輸入し，連邦準備がイギリスの銀行に 75 ドル分の英ポンドを売却する。
- 経常収支
  - （控除）輸入　　　　　　　　　　　　　　　75 ドル
  - 経常収支（CA）　　　　　　　　　　　　 −75 ドル
- 金融収支
  - 資金流入（アメリカの公的準備資産の減少）　 75 ドル
  - 金融収支（FA）　　　　　　　　　　　　 +75 ドル
- 経常収支および金融収支の合計（$CA+FA$）　　0

とは公的準備資産の保有を 75 ドル分減らすことになる。これは資金流入とみなされる。先のケースと同じように，金融収支は 75 ドル増え，セーターの輸入によって引き起こされた経常収支の減少を相殺する[2]。

　この例は，なぜ経常収支と金融収支の合計が概念的にいつもゼロにならなければならないかということを示している。実際には国際的取引の測定の問

題のために，この関係は正確には成立しない。経常収支と金融収支の合計が理論的にゼロの値に達するためにこの合計に加えられなければならない額を**誤差脱漏**と呼ぶ。表5.1から2021年の誤差脱漏は1,370億ドルだったことがわかる。

各国の経常収支のデータを吟味すると，過去10年間のほとんどにおいて，世界の先進国は共に大きな経常赤字であったのに対し，世界中の新興国と発展途上国は非常に大きな経常収支黒字であったことがわかる。これは，新興国および発展途上国が貯蓄の一部を先進国に投資したことを意味している。これが発生したいくつかの理由については，「応用例：アメリカの経常収支赤字の最近の傾向」を参照しなさい。

対外純資産と国際収支

第2章において，一国の対外純資産を，その国の居住者が保有している対外資産（たとえば，外国株式，債券，あるいは不動産など）から，その国の対外負債（外国人が所有している国内の実物・金融資産）を引いたものと定義した。対外純資産は，土地や資本ストックなどの一国の国内実物資産とともに，一国の国富の一部分である。その国の対外純資産の総価値は2つの方法で変化させることができる。第一は，アメリカ人が保有する外国企業の株価が上がったり，あるいは外国人が所有するアメリカの農場の価値が減少したりするように，現存の外国資産と外国負債の価値が変化する場合である。第二は，その国が新しい外国資産を手に入れるか，あるいは新しく外国負債を負う場合である。

一国が手に入れることができる新しい外国資産額を決定するのは何であろうか。任意の期間において，一国が手に入れることができる新しい対外純資産額は経常収支黒字額に等しい。たとえば，ある国が輸入より100億ドルだ

---

[2] この場合，連邦準備の公的準備の減少を反映して，国際収支は75ドル減少する。イギリス人がアメリカ通貨で75ドルを単に保有するだろうという可能性は考慮されていない。ドルはアメリカ（特に連邦準備）の債務なので，イギリス人のドルの取得は外国の対米資産の増加として金融収支に現れ，これは資金流入となる。この資金流入は，セーターの輸入によるアメリカの経常収支の減少を相殺する。

> **要約表7　ある国の国際的な貿易と貸付の同じ指標**
>
> それぞれの項目は同じ状況を述べている。
> 100億ドルの経常収支黒字
> 100億ドルの金融収支赤字
> 100億ドルの対外資産の純取得
> 100億ドルの対外純貸付
> 100億ドルの純輸出（海外からの純所得 NFP と純片務的移転がゼロのとき）

け多く財・サービスを輸出し，100億ドルの経常収支黒字になるとしよう（海外からの純所得 NFP と純片務的移転はともにゼロとする）。そうすると，その国は対外資産を手に入れたり，対外負債を減らしたりするために100億ドルを使用しなければならない。この場合，この国は100億ドルの対外純貸付を行ったという。

同じように，もしある国で経常収支赤字が100億ドルならば，外国人に資産を売ったり，外国人から借り入れたりすることによってこの赤字を埋めなければならない。いずれの場合も，その国の対外純資産を100億ドル減少させる。この状況をその国は100億ドルの対外純借入を行ったという。

ある国が外国人から借り入れる1つの重要な方法は外国企業が資本財を購入するか，あるいは建設するとき発生する。これは**対外直接投資**（foreign direct investment）として知られている。たとえば，日本から来たホンダがオハイオ州に新工場を建設するとき，海外での直接投資となる。工場はアメリカで建設されるが日本の資金で賄われるので，外国がアメリカで保有する資産が増加し，金融収支は改善する。対外直接投資は，ポートフォリオ投資とは異なる。ポートフォリオ投資は，アメリカ企業や投資家が売却した証券を外国人が取得することをいい，フランスの投資家がマイクロソフトの株式を購入することなどはこの例である。この取引においても，外国が保有する対米資産が増加するので，金融収支が改善する。

(5.1) 式は，経常収支と対外資産の取得の関係を強調している。$CA+FA=0$ であるから，もしある国が経常収支黒字であるならば，その国は同額の金融収支赤字にならなければならない。順に，金融収支赤字はその国の対外資産の純取得額が増加していることを意味する。同様に，経常収支

赤字は金融収支黒字とその国の対外資産の純取得額の減少を意味している。要約表7は，ある国の経常収支と同額になる対外資産の取得状況をいく通りか示している。

応用例：国際的債務国としてのアメリカ

　第1次世界大戦頃から1980年代までアメリカは国際的に純債権国であった。つまり，対外負債より対外資産を多く保有していた。しかし，1980年代初期から年間の経常収支の赤字幅が急拡大した。経常収支の赤字は対外借入（新たな対外債務を招くのと同様にアメリカが保有する資産を外国人に売却することも広い意味で含まれると定義する）によって調達しなければならなくなった。

　外国人へのアメリカの資産売却と対外債務の蓄積は，長い時間をかけてアメリカを国際的に純債権国から純債務国へと変化させた。図5.1は，1982年以降のアメリカの外国資産所有とアメリカ資産の外国所有をアメリカのGDPに対する比率（％）で示している。1980年代後半，アメリカ資産の外国所有がアメリカの外国資産所有を上回っており，両者の差がかなり拡大し続けているのがわかる。経済分析局（BEA）の推計によると，2021年末にアメリカが保有する対外資産は現在の市場価格でマイナス18兆1,000億ドルとなっている[3]。この18兆ドルを超える国際的債務は他のどの国のそれよりも大きく，アメリカを世界最大の国際的債務国にしている。この数字は，2020年末からの4.1兆ドルの債務増加を表している。2021年のアメリカの経常収支赤字は8,240億ドルであった。しかし，株式，債券，その他の資産の価格変動により，アメリカが海外に所有する資産の価値に対し，アメリカ国内の外国所有資産の価値を増加させたため，アメリカの純債務はさらに増加した。

　アメリカの国際的債務は巨額であるが，数字は大局的観点から検討する必要がある。第一に，債務がもたらす経済的負担は債務の絶対的規模に依存す

---

[3] この応用例で用いられるデータは経済分析局の News Release からのものであり，次のウェブサイトからダウンロードしている。"U.S. International Investment Position: Fourth Quarter and Year 2021," *www.bea.gov/sites/default/files/2022-03/intinv421.pdf*.

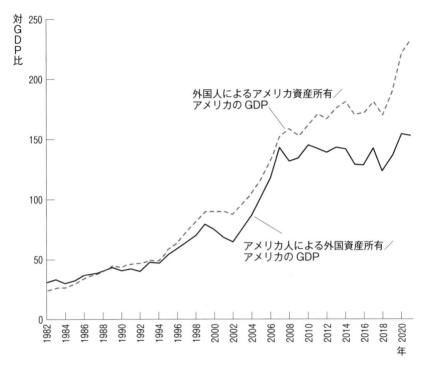

図 5.1　アメリカの GDP に対する資産の国際的所有（1982～2021 年）
このグラフは，1982 年から 2021 年までのアメリカの居住者による対外資産の所有と外国人によるアメリカ資産の所有の年間値を，それぞれアメリカの GDP に対する比率で示している。
出所：資産の国際的所有については，経済分析局の International Economic Accounts, International Investment Position, Table 1.1 から得ており，ウェブサイト *apps.bea.gov/iTable/index_ita.cfm* で入手できる。GDP は，経済分析局の国民所得・生産勘定から得ており，ウェブサイト *fred.stlouisfed.org/series/GDPA* で入手できる。

るのではなく，債務国の経済資源に対する相対的規模に依存するのである。たとえアメリカが 18 兆 1,000 億ドルの対外債務を抱えていても，年間 GDP （2021 年のアメリカの GDP は 20 兆 8,940 億ドル）の約 79％にすぎない。対照的に，いくつかの国，特に開発途上国と比較すると，それらの国々は年間 GCP の 100％を超える対外純債務を抱えている。第二に，アメリカの巨額の負の対外純資産のポジションは外国人によって「買い上げられた」あるいは

「制御された」ということではない。対外直接投資は，ある国の居住者が他国の事業の所有権をもち，その事業経営に影響を及ぼす。ここに焦点をあてると，アメリカの他国での存在感は，他国のアメリカ国内での存在感よりもわずかに小さいように思われる。2020年末時点で，アメリカの対外直接投資の市場価値は11兆350億ドル，外国の対米直接投資の市場価値は14兆8,400億ドルであった[4]。

一国の対外債務の経済的重要性を評価するとき，対外純資産はその国の国富の一部にすぎないことに注意すべきである。国富のもっとより大きな部分は，一国の物的資本と「人的資本（ヒューマンキャピタル）」である（後者は，公式の国民所得勘定には含まれないが，その国の人々がもつ経済的に高く評価される熟練の度合い（スキル）をいう）。このように一国が海外から借入していても，それを自国の物的資本や人的資本の増加のために使うのであれば，純粋に現在の消費支出を賄うために借り入れるときよりも心配が少ない。遺憾ながらアメリカの対外純資産のポジションの悪化が，アメリカにおける物的投資や人的資本形成に関して顕著な増加をもたらしているようには思えない。この意味ではアメリカの継続的な高率の対外借入は危惧すべきことだが，すぐに危機を招くようなものではない。

5.2　開放経済における財市場の均衡

いまや，国際貿易と国際借入を決定する経済的要因を検討する準備ができた。本章の後半で，一国の経常収支と対外貸付が国内支出と生産の決定に密接に関連していることを示そう。これらの関係を理解するために，まず開放経済における財市場の均衡条件を検討する。

第4章では，閉鎖経済における財市場の均衡条件を導出した。この条件は

---

[4] ちなみに，アメリカへの最大の直接投資国は日本である。日本はアメリカから最も多く直接投資を受け入れている国でもある。アメリカの対外直接投資と外国の対米直接投資の分布に関するデータについては，次の経済分析局のウェブサイトにある News Release（2021年7月）を参照。"Direct Investment by Country and Industry, 2020," *www.bea.gov/news/2021/direct-investment-country-and-industry-2020*.

望ましい国民貯蓄と望ましい投資が等しいか，あるいは同じことであるが，財の総供給が財の総需要に等しいと表現される。これら同じ2つの条件を少し修正して，開放経済における財市場の均衡を述べるのに使うことができる。

望ましい国民貯蓄が望ましい投資に等しいという条件の開放経済版から始めよう。第2章で国民所得勘定恒等式（2.9式）を導出した。

$$S = I + CA = I + (NX + NFP) \tag{5.2}$$

(5.2) 式は貯蓄利用恒等式である。これから，国民貯蓄 S は次の2つの方法で利用される。すなわち，(1) 投資 I の資金を調達してその国の資本ストックを増加する方法と (2) 外国人に貸し付けて対外純資産ストックを増やす方法（経常収支 CA は対外純貸付のために利用可能な資金量に等しいということを思い起こそう）である。また，(5.2) 式は，（純片務的移転がないと仮定すると）経常収支 CA が純輸出 NX と海外からの純所得 NFP の合計に等しいことを思い起こさせる。

(5.2) 式は恒等式なので，（定義によって）いつも成立しなければならない。財市場が均衡している経済においては，現実の国民貯蓄と投資も望ましい水準に等しくなければならない。もし現実の水準と望ましい水準が等しいならば，(5.2) 式は次のようになる。

$$S^d = I^d + CA = I^d + (NX + NFP) \tag{5.3}$$

ここで，S^d と I^d はそれぞれ望ましい国民貯蓄と望ましい投資である。(5.3) 式は開放経済の財市場の均衡条件である。経常収支 CA は外国人に対する純貸付あるいは資金流出に等しい。したがって，(5.3) 式は，開放経済の財市場の均衡において，望ましい国民貯蓄額 S^d は望ましい国内投資額 I^d プラス対外貸付額 CA に等しくなければならないことを述べている。(5.3) 式において，閉鎖経済の均衡条件は CA がゼロのときの特殊なケースであることに注目しよう。

もし簡単化のため海外からの純所得 NFP をゼロと仮定するならば，経常収支は純輸出に等しくなり，財市場の均衡条件式 (5.3) 式は，

$$S^d = I^d + NX \tag{5.4}$$

となる。(5.4) 式は，これから使う財市場の均衡条件式である。海外からの純所得がゼロの仮定のもとでは，NX の項を純輸出あるいは経常収支と交互に読み替えることができる。

閉鎖経済のときのように，開放経済の財市場の均衡条件も，財の総供給と総需要によって表すことができる。純輸出 NX が財の総需要の一部である開放経済においては，財市場の均衡条件は次のとおりである。

$$Y = C^d + I^d + G + NX \tag{5.5}$$

ここで，Y は産出量，C^d は望ましい消費支出，G は政府購入である。財市場の均衡条件のこのような表現方法は条件 (5.4) 式と同じである[5]。(5.5) 式は次のように書き換えることができる。

$$NX = Y - (C^d + I^d + G) \tag{5.6}$$

(5.6) 式によれば，財市場の均衡においては，ある国の海外への純輸出額は，その国の総産出額（国内総生産）Y から国内居住者による望ましい総支出額 ($C^d + I^d + G$) をひいたものに等しくなる。国内居住者による総支出を**アブソープション**（absorption）と呼ぶ。したがって，(5.6) 式によれば，産出額がアブソープションを上回る経済ではその差額が海外に輸出されるので（$NX > 0$），経常収支は黒字になる。また，アブソープションが産出額を上回る経済では純輸入国となり（$NX < 0$），経常収支は赤字になる。

5.3　小国開放経済における貯蓄と投資

貯蓄と投資が国際貿易と貸付にどのように関係しているのかをみるために，最初に小国開放経済のケースから説明しよう。**小国開放経済**（small open economy）は，世界実質利子率に影響を及ぼすことができないほど小さな経済である。**世界実質利子率**（world real interest rate）は個人，企業および政府が国際間で貸し借りする国際資本市場で成立する実質利子率である。

---

[5] (5.5) 式と (5.4) 式が同じであることは，(5.5) 式の両辺から $C^d + G$ を差し引き，$Y - C^d - G = I^d + NX$ を得ることで確認できる。この式の左辺は望ましい国民貯蓄 S^d，つまり (5.4) 式に等しい。

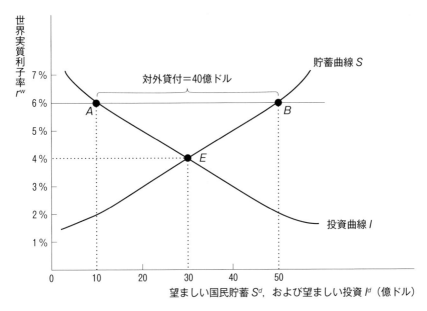

図 5.2 対外貸付がある小国開放経済

グラフは小国開放経済の貯蓄・投資図を示している。ある国が6%の固定的な世界実質利子率に直面している。この実質利子率のもとで，国民貯蓄は50億ドル（点 B），投資は10億ドル（点 A）である。投資に使われない国民貯蓄の部分は海外へ貸し付けられるので，対外貸付は40億ドル（線分 AB）である。

小国開放経済における貯蓄と投資の変化は世界実質利子率に影響を及ぼすほど十分な大きさではないので，便利で単純な方法として，われわれはこの利子率を固定されたものとみなして分析する。本章の後半部分で，アメリカ経済のように世界実質利子率に影響を及ぼすことができるほど大きな開放経済のケースを説明する。

小国開放経済の財市場の均衡は，閉鎖経済のように貯蓄・投資図を使って説明できる。ここで採用する重要で新しい仮定は，経済の居住者が国際資本市場で固定された（期待）世界実質利子率 r^w で貸し借りできるという仮定である。もし世界実質利子率が r^w ならば，国内実質利子率も r^w でなければならない。というのは，国際資本市場に参加できる国内の借り手は借入のために利子率を r^w 以上払おうとしないだろうし，国際資本市場に参加できる国内の貯蓄家は r^w 以下の貸付利子率を受け取らないからである[6]。

図 5.2 は小国開放経済の貯蓄曲線と投資曲線を示している。閉鎖経済では財市場の均衡は両曲線の交点 E で示されている。閉鎖経済における均衡実質利子率は 4％（年利），国民貯蓄と投資は 30 億ドル（年当たり）である。しかし，開放経済では望ましい国民貯蓄は望ましい投資と等しくなる必要はない。もし小国開放経済が 4％より高い固定的な世界実質利子率 r^w に直面しているならば，望ましい国民貯蓄は望ましい投資より大きくなるであろう。たとえば，もし r^w が 6％ならば，望ましい国民貯蓄は 50 億ドル，望ましい投資は 10 億ドルである。したがって，望ましい国民貯蓄は望ましい投資を 40 億ドル上回っている。

望ましい国民貯蓄が望ましい投資を 40 億ドル上回っているとき，経済は均衡状態にあるだろうか。閉鎖経済においては均衡状態ではありえない。というのは，超過貯蓄は行き場所を失い，望ましい国民貯蓄と望ましい投資を均衡させるために実質利子率は下落せざるをえないからである。しかし，開放経済では 40 億ドルの超過貯蓄は外国資産の購入に利用することができる。この資金流出が超過国民貯蓄を使い果たすので，不均衡は存在しなくなる。その代わり，望ましい国民貯蓄は 50 億ドル，望ましい投資は 10 億ドル，そして対外純貸付は 40 億ドルとなり，財市場は均衡する（5.4 式を参照。さらに純輸出 NX が対外純貸付に等しいことを思い起こそう）。

今度は，世界実質利子率 r^w が 6％ではなく 2％であると仮定しよう。図 5.3 で示されているように，望ましい国民貯蓄は 10 億ドル，望ましい投資は 50 億ドルなので，望ましい投資は望ましい貯蓄を 40 億ドル上回っている。そこで，投資を望んでいる企業は国際資本市場から 40 億ドルを借り入れなければならない。財市場は均衡しているであろうか。もちろん，望ましい国民貯蓄（10 億ドル）は望ましい投資（50 億ドル）プラス対外純貸付（−40 億ドル）に等しいので，均衡している。実際，小国開放経済では世界実質利子率のある値のもとで財市場の均衡は達成することができる。ただ唯一要求されることは，ある国の対外純貸付がその国の望ましい貯蓄と望ましい投資の差

---

[6] 単純化のため，国内実質利子率を世界実質利子率から乖離させるかもしれないリスクや税の違いのような要因はないと仮定する。また，国際貸借に対する法的障壁は存在しないと仮定する（これらが存在するとき，そのような障壁は**資本規制**（capital control）と呼ばれる）。

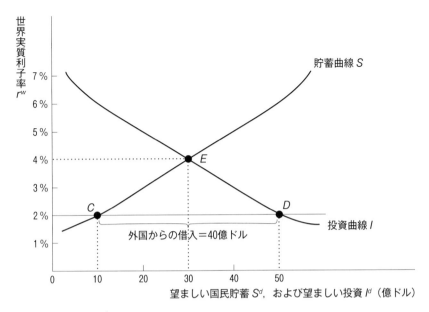

図 5.3　外国から借入がある小国開放経済
図 5.2 で示された同じ小国開放経済が 2％の固定的な世界実質利子率に直面している。この実質利子率のもとで，国民貯蓄は 10 億ドル（点 C），投資は 50 億ドル（点 D）である。40 億ドルの外国からの借入（線分 CD）は投資家が借りたいと思う金額と国内貯蓄家が貸し付けたいと思う金額の差額を埋め合わせる。

に等しいことである。

　図 5.2 と図 5.3 で示された例の数字を使って表 5.3 を作成し，より詳しい説明をしよう。この表の上の部分に示したように，この小国では国内総生産 Y は完全雇用水準 200 億ドル，政府購入 G は 40 億ドルで固定されていると仮定する。真ん中の部分に，3 つの可能な世界実質利子率 r^w の値と，それぞれの世界実質利子率の水準に対応する，望ましい国民貯蓄と望ましい投資の値を示している。より高い世界実質利子率によって（人々はより多く貯蓄しようとするので），望ましい消費はより低い水準となり，さらにより望ましい投資もより低い水準になることを意味していることに注意してほしい。表の下の部分は，上の 2 つの部分での想定値から得られるさまざまな経済変数の値を示している。

　この例における均衡は世界実質利子率 r^w の値に依存する。たとえば図 5.2

表 5.3 小国開放経済の財市場の均衡:一例(単位は億ドル)

所与の変数			
国民総生産,Y	200		
政府購入,G	40		
実質利子率の望ましい消費と投資への影響			
	(1)	(2)	(3)
(1) 世界実質利子率,r^w(%)	2	4	6
(2) 望ましい消費,C^d	150	130	110
(3) 望ましい投資,I^d	50	30	10
結果			
(4) 望ましいアブソープション,C^d+I^d+G	240	200	160
(5) 望ましい国民貯蓄,$S^d=Y-C^d-G$	10	30	50
(6) 純輸出,$NX=Y-$望ましいアブソープション	−40	0	40
(7) 望ましい対外純貸付,S^d-I^d	−40	0	40

注:海外からの純所得 NFP と純片務的移転はゼロと仮定している。

に示されているように,$r^w=6\%$と仮定しよう。表5.3の(3)列目が示すように,望ましい消費 C^d は 110 億ドル(2 行目),望ましい投資 I^d は 10 億ドル(3 行目)である。C^d が 110 億ドルのときは,望ましい国民貯蓄($Y-C^d-G$)は 50 億ドルであり(5 行目),望ましい対外純貸付(S^d-I^d)は 40 億ドルである(7 行目)。これらの結果は図 5.2 の結果と同じである。

図 5.3 におけるように,世界実質利子率が 2%になったらどうなるか。表5.3 の(1)列が示すように,望ましい貯蓄は 10 億ドル(5 行目)で,望ましい投資は 50 億ドルである(3 行目)。したがって,望ましい対外純貸付(S^d-I^d)は −40 億ドルに等しい(7 行目)。つまり,外国からの借入は総額で 40 億ドルであり,図 5.3 の値と同じである。

表 5.3 の数値例を検討する利点は,望ましい貯蓄と投資の観点から解釈してきた財市場の均衡が,産出量とアブソープションの観点からどのように解釈できるか明らかにすることができることである。ふたたび $r^w=6\%$ と仮定しよう。r^w が 6%のとき望ましい消費 C^d は 110 億ドルであり,望ましい投資 I^d は 10 億ドルである。政府購入は 40 億ドルで固定されている。このように r^w が 6%のとき,望ましいアブソープション(国内居住者の望ましい支出 C^d+I^d+G)は 160 億ドルである(4 行目の 3 列目)。

財市場が均衡しているとき,ある国の純輸出(海外に送る財・サービスの

ネットの額）は，国内総生産 Y から望ましいアブソープションを差し引いたものに等しい（5.6 式）。$r^w = 6$%のとき，Y と望ましいアブソープションはそれぞれ 200 億ドルと 160 億ドルなので，純輸出 NX は 40 億ドルである。図 5.2 におけるように，40 億ドルの純輸出は 40 億ドルの海外への貸付を意味する。もし世界実質利子率が 2%に下落するならば，望ましいアブソープションは，人々がより多く消費し，より多く投資しようとするので，160 億ドルから 240 億ドルに増大する（4 行目の 1 列目）。この場合アブソープション（240 億ドル）は国内総生産（200 億ドル）を超えているので，この国は海外から財・サービスを輸入しなければならない（$NX = -40$ 億ドル）。図 5.3 で示されているように，40 億ドルの望ましい純輸入は 40 億ドルの海外からの純借入を意味する。

小国開放経済における経済的ショックの影響

貯蓄・投資図の利用によって，小国開放経済におけるさまざまなタイプの経済的撹乱の影響を分析することができる。簡単に言えば，所与の世界実質利子率において，望ましい投資と比較して望ましい国民貯蓄を増加させる変化は，海外からの純所得と純片務的移転がゼロという仮定のもとでは，対外純貸付，経常収支，および純輸出を等しく増加させる。望ましい投資と比較して望ましい国民貯蓄を減少させる変化はそれらの量を減らす。1 つの例を見てみよう。

一時的に産出量を減少させる厳しい干ばつ（不利な供給ショック）に襲われた小国開放経済を想定しよう。干ばつが国民貯蓄，投資，および経常収支に及ぼす影響を図 5.4 で示す。初期の貯蓄と投資曲線はそれぞれ S^1 と I^1 である。世界実質利子率 r^w が与えられているとき，初期の対外純貸付（＝純輸出あるいは経常収支）は線分 AB である。

干ばつは所得の一時的減少をもたらす。現在所得の減少は所与の実質利子率水準のもとで貯蓄を減らすので，貯蓄曲線は S^1 から S^2 へと左方にシフトする。もし仮定したように供給ショックが一時的ならば，資本の期待将来限界生産力は変化しない。その結果，どの実質利子率に対しても望ましい投資は変化せず，投資曲線もシフトしない。世界実質利子率は所与で変化しない。

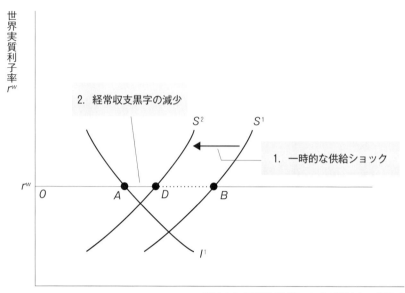

図 5.4　小国開放経済における一時的な供給ショック
曲線 S^1 は小国開放経済の当初の貯蓄曲線，I^1 は当初の投資曲線である。固定された世界実質利子率 r^w のもとで，国民貯蓄は線分 OB，投資は線分 OA に等しい。経常収支黒字（＝対外純貸付）は国民貯蓄マイナス投資で，線分 AB で示される。一時的な供給ショックは現在の生産量を減少させるので，所与の実質利子率のもとで消費者は貯蓄額をより少なくする。したがって，貯蓄曲線は S^1 から S^2 へと左方にシフトする。国民貯蓄は線分 OD に減少し，経常収支黒字は線分 AD に減少する。

新しい均衡では，対外純貸付と経常収支は線分 AD に縮まる。国民貯蓄が減少し，以前と同じだけ海外へ貸し付けることができないから，経常収支は縮小する。

この例では，この国は経常収支黒字の状態から始まったと仮定した。このとき，経常収支黒字は干ばつによって引き下げられた。もし代わりに，この国が経常収支赤字から始まったとすれば，干ばつは赤字をさらに大きくしたであろう。どちらのケースも，干ばつの影響によって対外純貸付と経常収支が（代数的な意味において）減少することになる。

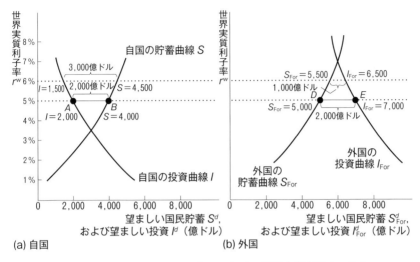

図 5.5　2 国の大国開放経済からなる世界における世界実質利子率の決定
均衡世界実質利子率は，一国の望ましい国際貸付と他国の望ましい国際借入とが等しくなるときの実質利子率である。図では，世界実質利子率が 5% のとき，自国の望ましい国際貸付は 2,000 億ドル（望ましい国民貯蓄 4,000 億ドルマイナス望ましい投資 2,000 億ドル，あるいは線分 AB）である。これは外国の望ましい国際借入 2,000 億ドルに等しい（望ましい投資 7,000 億ドルマイナス望ましい国民貯蓄 5,000 億ドル，あるいは線分 DE）。したがって，5% が均衡世界実質利子率である。同様に，利子率が 5% のとき，自国の経常収支黒字は外国の経常収支赤字に等しくなる（両者とも 2,000 億ドルである）。

5.4　大国開放経済における貯蓄と投資

　固定された実質利子率に直面する小国開放経済モデルは，世界の多くの国々を研究するのに適切なモデルであるが，主要な先進諸国の分析に適切ではない。問題は，主要国経済の貯蓄と投資の大幅な変化が世界実質利子率に影響を及ぼすことができ，実際に影響を及ぼしていることであり，これは世界実質利子率が固定されているという小国開放経済の仮定に反しているということである。幸いにも，われわれは小国開放経済の分析を**大国開放経済** (large open economy)，すなわち世界実質利子率に影響を及ぼすほど大きな経済のケースに簡単に適用することができる。

　最初に，2 つの大きな経済からなっている世界を考えよう。すなわち，(1)

自国あるいは国内経済と，(2) 外国経済（これは世界の残りの経済を表している）である。図5.5はこのケースの貯蓄・投資図を描いたものである。自国経済の貯蓄曲線 S と投資曲線 I が図5.5 (a) に描かれている。図5.5 (b) は外国経済の貯蓄曲線 S_{For} と投資曲線 I_{For} を示している。貯蓄曲線と投資曲線は小国開放経済の貯蓄と投資曲線と同じである。

小国開放経済のモデルでは世界実質利子率は所与であったが，大国開放経済では所与の世界実質利子率の代わりに，世界実質利子率をモデル内で決定する。では世界実質利子率水準を決めるのは何か。閉鎖経済においては，貯蓄家が貸し付けたいと思う額と投資家が借り入れたいと思う額とが等しくならなければならないという条件によって実質利子率が決定された。同様に，2国からなる大国開放経済においても，世界実質利子率は自国の望ましい国際貸付と外国の望ましい国際借入とが一致する水準であろう。

均衡世界実質利子率の決定を説明するために，図5.5に戻ろう。世界実質利子率 r^w は6%（年利）であると任意に仮定しよう。この率は財市場を均衡させるだろうか。図5.5 (a) からわかるように，6%の実質利子率のもとで，自国において望ましい国民貯蓄は4,500億ドル，望ましい投資は1,500億ドルである。望ましい国民貯蓄が望ましい投資を3,000億ドル上回っているので，自国が外国へ貸し付けようと思う額は3,000億ドルである。

外国がどれだけ借り入れたいと思っているかを求めるため，図5.5 (b) を見よう。実質利子率が6%のとき，外国における望ましい国民貯蓄は5,500億ドル，望ましい投資は6,500億ドルである。このように，6%の実質利子率のもとでは外国は国際資本市場で1,000億ドル（6,500億ドルマイナス5,500億ドル）を借り入れたいと思っている。この額は自国が貸し付けようと思っている3,000億ドルより小さいので，6%は国際資本市場における均衡実質利子率ではない。

6%の実質利子率のもとでは，望ましい国際貸付が望ましい国際借入を上回っているので，均衡世界実質利子率は6%以下でなければならない。ここで実質利子率を5%としよう。図5.5 (a) によれば，5%の実質利子率のもとでは，自国における望ましい国民貯蓄は4,000億ドル，望ましい投資は2,000億ドルなので，自国は2,000億ドルを外国へ貸し付けようと思っている。図5.5 (b) が示すように，実質利子率が5%のとき，外国の望ましい国民貯蓄は

5,000億ドル，望ましい投資は7,000億ドルなので，外国の望ましい国際借入は2,000億ドルである。5%の実質利子率のもとで，外国の望ましい国際借入と自国の望ましい国際貸付とが等しくなるので（両方が2,000億ドルである），この例では均衡世界実質利子率は5%である。

図5.5 (a) において，r^wが5%のとき，自国の望ましい貸付は線分ABであり，外国の望ましい借入は図5.5 (b) の線分DEである。線分ABと線分DEは等しいので，世界実質利子率が5%のとき，自国の望ましい国際貸付と外国の望ましい国際借入は等しい。

われわれは，望ましい国際貸付と望ましい国際借入の観点から国際均衡を定義した。これとまったく同様に，国際的な財・サービスの流れの観点から均衡を定義することができる。貸付国が貸し付けたいと望む額（図5.5 (a) の線分AB）はその国の経常収支黒字額に等しい。借入国が借りたいと望む額（図5.5 (b) の線分DE）はその国の経常収支赤字額に等しい。したがって，望ましい国際貸付が望ましい国際借入に等しくなければならないということは，貸付国からの財・サービスの望ましい純流出（貸付国の経常収支黒字）が借入国への財・サービスの望ましい純流入（借入国の経常収支赤字）に等しくなければならないということと同じである。

要約すると，大国開放経済における均衡世界実質利子率は，一国の望ましい国際貸付が外国の望ましい国際借入に等しいときの利子率である。まったく同様に，それは貸付国の経常収支黒字が借入国の経常収支赤字に等しいときの実質利子率である。

小国開放経済の状況と異なり，大国開放経済では世界実質利子率は固定されておらず，各国の望ましい国民貯蓄あるいは望ましい投資が変化するとき世界実質利子率が変化するであろう。一般的に，最初の世界実質利子率のもとで，望ましい国際借入と比較して望ましい国際貸付を増加させるようなどのような要因も世界実質利子率を引き下げる。同様に，最初の世界実質利子率のもとで，望ましい国際借入と比較して望ましい国際貸付を減少させるような変化は世界実質利子率を引き上げる。

応用例：グローバリゼーションのアメリカ経済への影響

5.1節「国際収支」では，国際収支表がどのように国際貿易と国際投資を記録しているかを示した。これらの項目は，財・サービスの貿易量が増加し，ある国の人々が他の国への投資を増やすにつれて，世界経済がますます相互依存的になっていることを明らかにしている。このグローバリゼーションには影響がないわけではなく，アメリカはグローバリゼーションの度合いを抑制し，貿易や国際投資を制限する必要があると幾人かの人々は主張している。このような主張を評価するには，グローバリゼーションがアメリカの他国との貿易にどのような影響を与えたか，サービス貿易がどのように変化したか，国際投資がどのように変化したかを考慮しながら，グローバリゼーションに関する事実を検討する必要がある。

最初に，アメリカの他国との貿易がこれまでどのように変化したかを見てみる。財とサービスの輸出をGDPに対する割合で調べると，経済における輸出や輸入の相対的な重要性がわかる。図5.6は，1929年から2021年までの両方の統計を示している。第2次世界大戦後，輸出と輸入はいずれも両者が急速に上昇し始めた1980年代半ばまでGDPと比較して緩やかに増加した。1980年代半ばから2006年までは，輸入が輸出を上回ったため，貿易赤字はGDPの約6.0%でピークに達した。2007年から2009年にかけて景気後退によりGDPに対する輸入が減少し，貿易赤字は約3%に減少した。2014年以降，貿易赤字は増加し，2021年までにGDPの6%以上に達した。

1980年代半ば以降，財・サービスの貿易の増加とともに，投資家は海外への投資を増加させた。「応用例・国際的債務国としてのアメリカ」の図5.1で見たように，アメリカの投資家による外国資産の所有は急速に増加したが，外国人投資家によるアメリカ資産の所有はもっとより急速に増加したため，アメリカは1980年代半ば以前の国際的純債権国（アメリカの対外資産所有が外国のアメリカ資産所有を上回っている）から，現在では国際的純債務国（アメリカの対外資産所有が外国のアメリカ資産所有を下回っている）となっている。

アメリカ経済が他の経済と相互依存的になるにつれて，何らかの代価を求

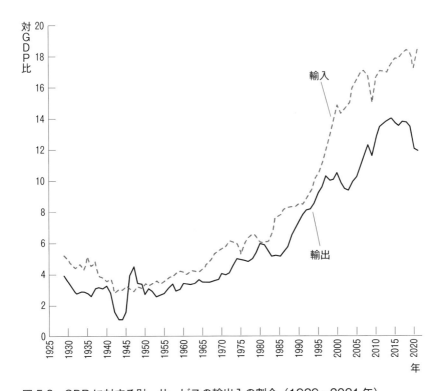

図 5.6 GDP に対する財・サービスの輸出入の割合（1929〜2021 年）
このグラフは，1929 年から 2021 年までのアメリカからの財・サービスの輸出とアメリカへの財・サービスの輸入の年間値を対 GDP 比で示している。
出所：輸出入は，経済分析局の「財・サービスの貿易」から得ており，ウェブサイト *fred.stlouisfed.org/series/EXPGSCA* と，*series/IMPGSCA* で入手できる。GDP は，経済分析局の「国民所得・生産勘定」から得ており，ウェブサイト *fred. stlouisfed. org/series/GDPCA* で入手できる。

められ不平が出るようになっている。開放性の進展は，特定の財が他国の労働者によって生産されるため，アメリカ経済のいくつかの部門の雇用が失われているかもしれないことを意味している。しばしば労働者は外国人労働者に仕事を奪われたと不平をこぼす。また，アメリカの経済紙で広く報道されているように，企業がアメリカ国内の施設を閉鎖し，外国に同じ仕事をするため施設を開設するような事例がある。外国も代価を払う。2008 年第 4 四

半期において，アメリカの GDP は金融危機と景気後退のため，年率で約 8%減少した。しかし，アメリカに輸出する多くの製品を生産していたアジア諸国は，自国製品に対するアメリカの需要が急激に減少したため，GDP の 12%（年率の成長率）以上の減少を被ったのである。

　国際貿易が雇用を破壊すると結論づける人もいる。しかし，国際貿易は雇用も生み出す。一般的に，国家間の貿易の増大による便益はコストを上回る。しかし，雇用が失われた地域では調整期間が苦痛となる可能性がある。政府ができる役割は，たとえば新しい仕事を見つけるための再訓練を支援するなど，人々の適応を助けることかもしれない。そうでないと，貿易の増大から損失を被る人々が出てくるかもしれない。

　マサチューセッツ工科大学の D・H・オーター，CEMFI の D・ドーンおよびカリフォルニア大学サンディエゴ校の G・H・ハンソンによる研究は，1990 年から 2007 年までの中国からの輸入がアメリカの労働市場に与えた影響を分析した[7]。彼らは，中国からの輸入品との競争に直接さらされる財を生産することから，多くの地方労働市場において，失業の増大，労働者の賃金の低下，労働力率の低下が見られたことを示した。過去に比べて，地方労働市場への衝撃はより大きくより厳しかった。その結果，離職者に対する失業給付金や障害手当金の形での移転支払は多額となった。他国との貿易は便益をもたらすが，政府が理解すべき多大なコストがあるのである。

応用例：アメリカにおける経常収支赤字の最近の傾向

　5.1 節の「国際収支」で説明したように，アメリカは非常に大きな経常赤字を抱えている。しかし，2007 年から 2009 年のアメリカの景気後退により輸入財の需要が減少し，経常収支赤字は縮小した。

　図 5.7 は，経常収支が 1960 年以降どのように変化したかを示している。こ

---

[7] David H. Autor, David Dorn, and Gordon H. Hanson, "The China Syndrome: Local Labor Market Effects of Import Competition in the United States," *American Economic Review*, October 2013, pp. 2121–2168.

図5.7 対GDP比に対する経常収支（1960年Q1～2021年Q4）
このグラフは，1960年の第1四半期から2021年の第4四半期までの経常収支の四半期値を対GDP比で示している。
出所：経常収支とGDPは，経済分析局から得ており，それぞれ次のウェブサイト fred.stlouisfed.org/series/NETFI と fred.stlouisfed.org/series/GDP から入手できる。

の図は，経常収支が1960年代には一般的にプラスであったが，1970年代にはゼロ付近でアップダウンを繰り返し，その後，1980年代中頃までにはGDPのほぼマイナス3％まで急落したことを示している。1980年代後半に経常収支は改善し，1991年に再び黒字に転じた。1991年から2005年にかけて経常収支は著しく悪化し，2005年末までにGDP比でマイナス6.2％まで下落した。2006年の住宅価格下落と2007年から2009年の景気後退によって，アメリカの消費者は財・サービスの輸入を以前よりも減少させたため，経常収支は2008年半ばまでにGDPのほぼマイナス5％まで改善した。2008年後半に金融危機が発生すると，アメリカの輸入は急激に減少し，経常収支は2009年半ばまでにGDPのほぼマイナス2.5％まで改善した。アメリカ経済は2009年から2018年にかけて緩やかにと改善したが，金融危機前のマイナス2％からマイナス3％の水準に比べて，経常収支はより高い水準を維持

した。2020年のパンデミック景気後退においては，経常収支はさらにマイナスとなり，マイナス3％を下回った。

1998年から2005年にかけて経常収支赤字増大の主な理由は，発展途上国の貯蓄行動の変化であった[8]。過去数十年間海外から借入をしていた発展途上国が，海外に，特にアメリカに貸付をし始めた。メキシコは1994年に，また東アジア諸国は1997年から1998年にかけて金融危機を経験しているが，この行動の変化の一部は，この過去の金融危機の結果として起こったものである。これらの危機においては，これらの国々が外国から多額の借金をしていたという事実によって危機がさらに悪化した。このような危機が再び起こらないようにするために，各国は貯蓄を増やし，外貨準備を積み上げ，そして純借り手ではなく外国への純貸し手となった。

2005年以降，ドイツや他のヨーロッパ諸国の経常収支の増加を含むそれ以外の進展が，継続的なグローバルな貯蓄増加に貢献した。その結果，グローバルな低利子率になった。将来，貯蓄増加の理由がなくなれば，これらの利子率は上昇し始めるかもしれない。

ある国は全体としては経常収支が赤字であるが，いくつかの国々とは二国間経常収支が黒字であり，他の国々とは経常収支が赤字であることもある。これらの二国間収支は，国家間の貿易の特殊な性質を反映している。たとえば，中国のような国に低賃金で働く多くの労働者がいると仮定しよう。企業は多くの未完成品を他国から中国に持ち込み，中国で最終製品に組み立てる。アメリカの消費者が多くの工業製品を購入していることから，また中国がそのような多くの製品の最終組立地点となっていることから，アメリカは中国に対して多額の二国間貿易赤字に陥っている。アメリカの消費者が工業製品を望んでいるために二国間貿易赤字がこのように大きなものになる。多くの組み立て部品が他の諸国から輸入されているにもかかわらず，国際貿易統計では最終工業製品の全額が中国からアメリカへの輸入としてカウントされているという事実によって，二国間貿易赤字の大きさはさらに拡大される。そ

---

[8] この見解を検討するために次の文献を参照。Ben S. Bernanke, "The Global Saving Glut and the U.S. Current Account Deficit," Sandridge Lecture, Virginia Association of Economists, Richmond, Virginia, March 10, 2005. *www.federalreserve.gov/boarddocs/speeches/2005* から入手できる。

れゆえに二国間貿易収支は，アメリカの対中国貿易額の指標としては誤解を招きやすい。

これがどのように機能するのか，またアメリカの中国との二国間貿易赤字がなぜ心配する必要がないのかを示す簡単な例を以下に示そう。ヘアカットを行うヘアスタイリストや，食料品店で精肉する肉屋を考えよう。スタイリストは肉屋から肉を購入すると，スタイリストは貿易赤字となる。しかし，スタイリストは他の多くの人にヘアカットを行い，そのヘアカットからの収入を肉屋からの肉の支払に充てる。このようにして，スタイリストの他者との貿易黒字は，肉屋との二国間貿易赤字を補う。

ある国が輸入品に関税などの制限を課すなら何が起こるのか。関税がかかる財はより高くなるため，それらの財の需要は減少する。しかし，ほとんどの場合，相手国は自国の関税で報復するであろう。その結果，関税によって二国間貿易収支や全体の貿易収支を悪化させる可能性は低い。最も可能性が高いのは，比較優位から得られる利益が失われるため，両国は総産出量を減らして生産するであろう[9]。このようにして，両国の経済状況はさらに悪化するであろうが，貿易収支が大きく変化する可能性は低い。

5.5　財政政策と経常収支

1980年代と1990年代のアメリカ経済の特徴は，巨額の政府財政赤字と経常収支赤字であった。これらの2つの現象は関係があったのであろうか。多くの経済学者たちは関係があったとし，実際，財政赤字が経常収支赤字の主要な原因であったと主張した。この見解を支持する人々は，政府財政赤字と経常収支赤字は密接に関係していたという考えを伝えるため「双子の赤字」という言葉をしばしば使った。しかし，かならずしも経済学者がこの解釈に同意しているわけではない。ある経済学者はこの2つの赤字はほとんど無関係であったと主張している。この節では，われわれは理論的にこの問題につ

---

[9] 比較優位とは，一部の国は特定の財の生産に相対的に優れており，他国は他の財の生産に相対的に優れているという考えである。理想的には，各国が相対的に優れている財を生産し，他国と貿易すると，世界経済の総産出量がより増大する。

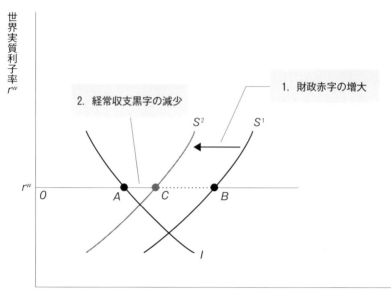

図 5.8　小国開放経済における政府財政赤字と経常収支
政府財政赤字の増大が国民貯蓄を減少させるときにのみ，財政赤字の増大は経常収支に影響を及ぼす。最初，貯蓄は S^1 で，経常収支黒字は線分 AB に等しい。もし政府赤字の増大が国民貯蓄を減少させるならば，貯蓄曲線は S^1 から S^2 へと左方にシフトする。資本に対する実効税率に変化がないと仮定すると，投資曲線 I は動かない。このように，財政赤字の増大は経常収支黒字を線分 AB から線分 AC へと減少させる。対照的に，財政赤字の増大が国民貯蓄に影響を及ぼさないならば，経常収支は影響を受けず，線分 AB にとどまる。

いて何がいえるのかを述べ，そして実証分析に移る。

重要な要素：国民貯蓄の反応

　理論的には，政府財政赤字と経常収支赤字の間に関係があるかどうかという問題は，次の命題を中心に展開されている。その命題は，政府財政赤字の増大が望ましい国民貯蓄を減少させるときのみ，政府財政赤字の増大が経常収支赤字を増加させるであろうという命題と関係する，というものである。
　最初に，なぜ国民貯蓄との関係が重要なのかを見てみよう。小国開放経済

のケースが図5.8に示されている。世界実質利子率はr^wで固定されている。最初の貯蓄曲線と投資曲線はS^1とIとすると，世界実質利子率r^wのもとで線分ABに示された経常収支黒字がある。いま，政府財政赤字が増加すると仮定しよう。簡単化のため，本節では財政政策の変化が投資に対する税制措置に影響を及ぼさず，投資曲線はシフトしないと仮定しよう。したがって，図5.8が示すように，政府赤字が望ましい国民貯蓄に影響を及ぼすときにのみ，政府赤字は経常収支を変化させるだろう。

双子の赤字論者の通常の主張は，政府財政赤字の増大は望ましい国民貯蓄を減少させるというものである。もしそうならば，政府赤字の増大は望ましい国民貯蓄曲線をS^1からS^2へと左方にシフトさせる。依然として経常収支黒字であるが，それは線分ACに等しく，最初の黒字ABより小さい。

小国開放経済においては，政府財政赤字の増大は，それが望ましい国民貯蓄を減少させる額と同じ額だけ経常収支を減少させると結論づける。財政赤字の増大は，貯蓄を減少させることによって，この世界実質利子率で国内居住者が海外に貸し付けたいと思う額を減少させるので，資金流出は減少する。同じことであるが，国民貯蓄の減少は国内生産物のより大きな部分が国内で吸収されることを意味する。つまり，海外に送られる生産物がより少なくなるので，一国の経常収支は減少する。同じ結果が大国開放経済でも成立する。

政府財政赤字と国民貯蓄

財政赤字と貯蓄の関係を見るため，2つのケース，すなわち政府購入の増加から生じる財政赤字と減税から生じる財政赤字を考えよう。

政府購入増加による財政赤字 政府財政赤字の原因が，たとえば軍備増強による政府購入の一時的増加であると仮定しよう。この場合，議論の余地はない。つまり，産出量Yが完全雇用水準で一定に保たれているとき，政府購入Gの増加は望ましい国民貯蓄$S^d = Y - C^d - G$を直接減少させることを思い起こそう（第4章)[10,11]。経済学者は，政府購入の増加による財政赤字が望ましい国民貯蓄を減少させることに同意するので，政府購入の増加から生じる財政赤字が経常収支を減少させるということにも同意する。

減税による財政赤字　次に,現在および計画された将来の政府購入を不変として,政府財政赤字は現在の減税の結果であると仮定しよう。政府購入 G は変わらず,産出量が完全雇用水準で一定に保たれているならば,減税が望ましい消費 C^d を増加させるときにのみ,減税は望ましい国民貯蓄 $S^d = Y - C^d - G$ を減少させるだろう。

　減税によって人々はより多く消費するであろうか。第4章で議論したように,リカードの等価定理の信奉者は,(現在と将来の政府購入は一定として)一括税(定額税)の変化は望ましい消費と望ましい国民貯蓄に影響を及ぼさないと主張する。つまり,彼らは,現在の減税によって政府は現在の購入支払のためにより多くの借入をせざるをえなくなり,この追加的借入と利子の合計分を将来払い戻すとき,増税しなければならなくなると指摘する。このように,減税は消費者の現在の税引き後所得を増加させるが,減税が将来における増税の必要性を生み出し,消費者が将来受け取ると予想する税引き後所得を引き下げる。結局,この議論に従えば,減税によって消費者は便益を受けないので,望ましい消費を増加させようとはしないだろう。

　もしリカードの等価定理が正しいとすれば,減税による財政赤字は望ましい国民貯蓄に影響を及ぼさないので,それは経常収支にも影響を及ぼさないだろう。しかし,第4章で述べたように,多くの経済学者は,(リカードの等価定理の論理にもかかわらず)実際は,消費者が現在の減税に反応し,消費を増加させるであろうと議論する。たとえば,現在の財政赤字の増大が将来の増税を生み出す可能性があるということを消費者が単に理解していないだけかもしれない。もし何らかの理由によって消費者が減税に反応して消費を増やすならば,減税による財政赤字は国民貯蓄を下落させ,したがって経常収支を減少させるだろう。

---

[10] しかし,政府購入の増加はまた,税が将来引き上げられ,消費者の期待将来所得が減少するかもしれないことを意味するので,望ましい消費 C^d は減少するかもしれない。しかし G の増加は一時的なので,将来の税の増加は非常に大規模である必要はなく,C^d のこの減少は G の増加の望ましい国民貯蓄への効果を相殺しないだろう。

[11] 一般的に開放経済では $S^d = Y + NFP - C^d - G$ である。しかし $NFP = 0$ と仮定しているので,$S^d = Y - C^d - G$ である。

応用例：双子の赤字

図5.9に，1960年から2021年にわたってのアメリカの政府予算と経常収支の関係が示されている。この図は連邦政府単独と連邦，州および地方を合わせた政府部門の政府購入と純政府収入（税収から移転支払と利子支払を控除したもの）のそれぞれをGDPに対する比率で示したものである。国民貯蓄が投資を上回るものとして経常収支を捉えるわれわれの議論は，連邦政府のみならず州や地方政府を含めた最も広義の政府に焦点をあてる。また，連邦予算の赤字や黒字は世間の注目を集めるので，連邦政府の政府購入や政府純収入のデータを単独で記載する。加えて，図5.9に示されるように，連邦，州および地方を合わせた政府部門の政府購入と政府純収入の動きの多くは，連邦予算の対応する項目の動きを反映している。

政府の純収入を超える政府購入の超過分は財政赤字であり，灰色で示されている[12]。経常収支の負の値は経常収支赤字を示し，これも灰色で示されている。政府と経常収支の大幅な赤字が，1980年代と1990年代の大部分にかけて発生した。

1980年代と1990年代前半におけるアメリカ政府の財政赤字と経常収支赤字との明らかに密接な関係は，財政赤字が経常収支赤字を引き起こすという双子の赤字論の考え方と整合的である。財政赤字の増大は政府購入の増加ではなく，主に減税（あるいは，政府純収入を減少させた移転支払と利子支払の増加）によるものであり，双子の赤字のこの動きは，減税は貯蓄あるいは経常収支に影響を及ぼさないだろうと主張するリカードの等価定理に矛盾するようにも思われる。

1980年代と1990年代前半のアメリカの経験が政府財政と経常収支の関係を確認したかのように思えるが，他の実証分析からの証拠は双子の赤字論を支持していない。たとえば，アメリカには両世界大戦のあいだに大きな政府財政赤字と大きな経常収支黒字が見られた（図1.5と図1.6を比較しなさい）。

---

[12] 政府購入は経常支出マイナス移転支払と利子支払である。それゆえ政府投資は政府購入には含まれていない。財政赤字は経常赤字である。この概念についての詳細は第15章を参照しなさい。

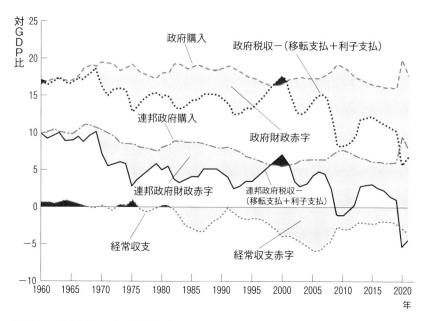

図 5.9 政府財政赤字と経常収支（1960〜2021 年）
1960 年から 2021 年におけるアメリカの政府購入，政府純収入（税収マイナス移転支払マイナス利子支払），および経常収支が示されている。すべてのデータは対 GDP 比で測られている。政府財政赤字（灰色の部分）は政府購入が政府純収入を上回る額である。1980 年代と 1990 年代前半における政府財政赤字と経常収支赤字の同時発生が，双子の赤字現象である。
出所：各変数は次のウェブサイトから得ている。政府および連邦政府の総収入，経常支出，利子，および移転所得は，経済分析局ウェブサイト *www.bea.gov*, NIPA Tables 3.1 and 3.2。GDP は経済分析局ウェブサイト NIPA Table 1.1.5。経常収支残高は，経済分析局ウェブサイト International transactions accounts Table 1.1 である。

　1990 年代後半には，連邦政府予算と政府合計予算は両方とも黒字であったが，GDP に占める割合で同時期に民間貯蓄が減少し，投資が増加したため，アメリカの経常収支は大幅な赤字の状態だった。そして，2008 年から 2011 年にかけて，政府が景気刺激のために支出を増やしたので，政府の財政赤字は大幅に増加したが，消費者が輸入財・サービスの購入を減らしたため，経常赤字は大幅に減少した。

　政府予算と経常収支赤字の関係に関する海外からの実証分析においても両

方の結果が報告されている。国際通貨基金 (IMF) は，1978年から2009年にかけて17カ国のグループにおける双子の財政赤字の体系的な分析を実施した[13]。これらの国々のサンプルにおいて291件の財政政策変更のうち，ほぼ3分の2は政府の財政赤字の削減であった。IMFは，政府の財政赤字をGDPの1％を削減する財政政策の変更は，通常，経常収支赤字をGDPの0.5％以上削減することを発見した。それにもかかわらず，政府の財政赤字と経常収支赤字の関係については，経済学者の間でかなり意見が分かれている[14]。第2章の貯蓄利用恒等式 (2.11) 式から明らかなように，確実にいえることは，もし政府財政赤字の増大が民間貯蓄の同額の増大によって相殺されなければ，国内投資の減少か，経常収支赤字の増大か，あるいはその両方が起こるということである。

章の要約

1. 国際収支表は経常収支表と金融収支表から構成されている。経常収支表は現在生産された財・サービスの国際間の取引，海外からの所得，および国際間の移転を記録する。金融収支表は現存する実物資産と金融資産の取引の記録である。
2. 経常収支 (CA) は，財・サービスの純輸出，海外からの純所得および純片務的移転の合計に等しい。海外からの純所得と純片務的移転を無視すると，経常収支は純輸出 (NX) に等しい。金融収支 (FA) は，外国人に売却した資産の価値（資金流入）から外国人から購入した資産の価値（資金流出）を控除し，これに純金融派生商品を加えたものである。
3. それぞれの期間において，測定誤差を除くと，経常収支 (CA) と金融収支 (FA) の合計はゼロでなければならない。というのは，どの国際的な取引も，国と国とのあいだの財・サービス，あるいは資産の交換を意味しているからである。そして，この交換の2つの側面が互いに相殺し，経常収支と金融収支の合計はゼロでなければならない。

---

[13] International Monetary Fund, *World Economic Outlook: Slowing Growth, Rising Risks*, Chapter 4: Separated at Birth? The Twin Budget and Trade Balances, September 2011, pp. 135–160.

[14] 双子の赤字に関する研究のレヴューについては次の文献を参照しなさい。Michele Cavallo, "Understanding the Twin Deficits: New Approaches, New Results," Federal Reserve Bank of San Francisco, *Economic Letter*, No. 2005-16, July 22, 2005.

4. 開放経済における財市場の均衡は，望ましい国民貯蓄額が，望ましい国内投資額プラス対外純貸付額に等しくなることを要求する．いい換えれば，財市場の均衡条件は，純輸出が産出量（国内総生産）から国内居住者の望ましい総支出（アブソープション）を差し引いたものに等しくなければならない．
5. 小国開放経済は，国際資本市場において固定された実質利子率に直面している．小国開放経済における財市場の均衡では，所与の世界実質利子率のもとで，望ましい国民貯蓄と望ましい投資は等しくなる．すなわち，対外貸付，純輸出，および経常収支はすべて，投資を上回る国民貯蓄の超過額に等しい．所与の世界実質利子率のもとで望ましい国民貯蓄を増加させるか，あるいは望ましい投資を減少させるいかなる要素も，小国開放経済の対外貸付（つまり，経常収支）を増加させるだろう．
6. 大国開放経済の貯蓄水準と投資水準は，世界実質利子率に影響を及ぼす．2国の大国開放経済モデルにおいて，国際資本市場における均衡実質利子率は，一国の望ましい国際貸付が他国の望ましい国際借入に等しいときの利子率の水準である．いい換えると，それは貸付国の経常収支黒字が借入国の経常収支赤字に等しいときの水準である．各々の大国において，最初の利子率のもとで望ましい国民貯蓄を増加させるか，あるいは望ましい投資を減少させるいかなる要素も，国際借入に対する需要よりも供給を増大させるので，世界実質利子率を引き下げるであろう．
7. 双子の赤字仮説によると，アメリカの1980年代と1990年代前半の巨大な政府財政赤字が，同時期のアメリカの急激な経常収支赤字増大を引き起こした．財政赤字が経常収支赤字をもたらしたかどうかは議論のあるところである．理論的には，もし投資に対する税制度に変化がないならば，政府財政赤字の増大が同じ額だけの国民貯蓄を引き下げるときのみ，政府財政赤字の増大は経常収支赤字を増大させるだろう．経済学者は一般的に，政府購入の一時的増加によって引き起こされる財政赤字の増加が国民貯蓄を減少させるだろうということには同意するが，減税によって引き起こされる財政赤字の増加が国民貯蓄を減少させるかどうかについては議論の余地がある．

キーダイアグラム 4

図の要素
- 世界実質利子率 r^w を縦軸にとり，小国開放経済の望ましい国民貯蓄 S^d および望ましい投資 I^d を横軸にとっている．
- 世界実質利子率 r^w は水平線によって示されているように，固定されている．
- 貯蓄曲線 S と投資曲線 I は，キーダイアグラム 3 の閉鎖経済の貯蓄・投資図と同じである．

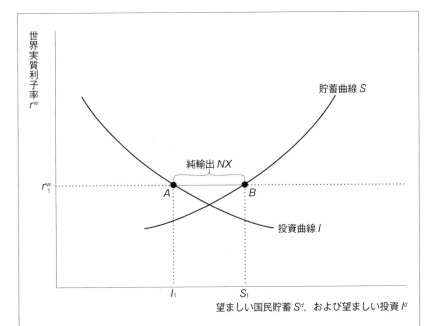

小国開放経済における国民貯蓄と投資 貯蓄・投資図のこの開放経済版は，世界実質利子率を所与とみなす小国開放経済における国民貯蓄，投資，および経常収支の決定を示している。

分析

■ 小国開放経済における財市場均衡において，(5.4) 式のように，望ましい国民貯蓄が望ましい投資プラス純輸出に等しい。図から明らかなように，世界実質利子率が r_1^w のとき，望ましい国民貯蓄は S_1 であり，望ましい投資は I_1 である。一国の純輸出 NX と経常収支 CA，あるいは $S_1 - I_1$ は線分 AB である。同じことであるが，線分 AB，すなわち望ましい貯蓄が望ましい投資を上回っている部分は，小国の開放経済の対外純貸付，あるいは金融収支赤字 ($-FA$) である。

曲線をシフトさせる要因

■ 世界実質利子率の固定された値に対して，小国の開放経済における望ましい国民貯蓄を増加させる要因は，貯蓄曲線を右方にシフトさせる。貯蓄曲線を右方にシフトさせる要因は以下の要因である（第4章の要約表5を参照）。

　現在の産出量 Y の増加
　期待将来産出量の減少

富の減少

現在の政府購入 G の減少および（もしリカードの等価定理が成立せず，租税が貯蓄に影響するなら）現在の租税 T の増加

■ 実質利子率の固定された値に対して，望ましい投資を増加させる要因は投資曲線を右にシフトさせる。投資曲線を右方にシフトさせる要因は，以下の要因である（要約表6を参照しなさい）。

資本の期待将来限界生産力 MPK^f の増加

資本の実効税率の下落

■ 望ましい国民貯蓄の増加は貯蓄曲線を右方にシフトさせ，純輸出および経常収支 CA を増加させる。同じことであるが，望ましい国民貯蓄の増加は，金融収支赤字（$-FA$）に等しい対外純貸付を増加させる。同様に，望ましい投資の増加は投資曲線を右にシフトさせ，純輸出，経常収支，対外純貸付，および金融収支赤字を減少させる。

■ 世界実質利子率 r^w の上昇は図の水平線を上昇させる。世界実質利子率の上昇は国民貯蓄を増加させ，投資を減少させるから，対外純貸付，純輸出，経常収支黒字，および金融収支赤字が増加する。

キーダイアグラム 5

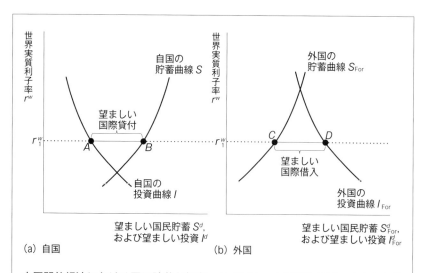

大国開放経済における国民貯蓄と投資　この図は，大国開放経済，すなわち世界実質利子率に影響を及ぼすほど大きな経済における国民貯蓄，投資，および経常収支の決定を示している。

図の要素
■ 本図は，自国と外国（自国を除く世界を表す）の2つの国の貯蓄・投資図から成り立つ．
■ 縦軸に測られている世界実質利子率 r^w は国際資本市場において2つの国が直面する実質利子率である．
■ 自国の貯蓄曲線 S と投資曲線 I，および外国の貯蓄曲線 S_{For} と投資曲線 I_{For} は，キーダイアグラム3と4で示した曲線と同じである．

分析
■ このケースはキーダイアグラム4で示した小国開放経済のケースと異なり，世界実質利子率 r^w は固定された世界実質利子率ではなく，モデルにおいて決定される．
■ 大国開放経済における財市場均衡においては，一国の望ましい対外貸付ともう1つの国の望ましい対外借入とが等しくなる．同じことであるが，一国の対外貸付は経常収支黒字に等しいから，大国開放経済における財市場均衡においては，一国の経常収支黒字とも他国の経常収支赤字が等しくなる．
■ 世界実質利子率は，財市場均衡を達成するように調整される．この図において，r^w が均衡世界実質利子率である．なぜなら，この利子率で，自国の望ましい対外貸付（望ましい国民貯蓄マイナス望ましい投資，あるいは線分 AB），と外国の望ましい対外借入（望ましい投資マイナス望ましい国民貯蓄，あるいは線分 CD）が等しいからである．

曲線をシフトさせる要因
■ 2つの国における貯蓄曲線と投資曲線は，キーダイアグラム3と4で提示した同じ要因によってシフトする．
■ どちらかの国において，望ましい投資あるいは望ましい国民貯蓄が変化するとき，世界実質利子率は変化する．当初の世界実質利子率のもとで，望ましい海外からの借入に対して望ましい対外貸付を増加させる要因は，国際資本市場における均衡を達成するために世界実質利子率を引き下げる．望ましい海外からの借入に対して望ましい対外貸付を増加させる要因は，どちらかの国において，望ましい国民貯蓄の増加，あるいは望ましい投資の減少をもたらす．同様に，どちらかの国において，望ましい国民貯蓄の減少，あるいは望ましい投資の増加は，望ましい海外からの借入に対して望ましい対外貸付を減少させ，世界実質利子率を引き上げる．

キーワード

アブソープション	国際収支	小国開放経済
金融収支	国際収支表	世界実質利子率
金融収支表	誤差脱漏	対外直接投資
経常収支	資金流出	大国開放経済
経常収支表	資金流入	
公的準備資産	純片務的移転	

重要方程式

$$CA + FA = 0 \tag{5.1}$$

測定問題を別にすると、経常収支 CA と金融収支 FA の合計はいつもゼロである。というのは、どの国際的な取引も、国と国とのあいだの財・サービス、あるいは資産の交換を意味しているからである。この交換の2つの側面が $CA+FA$ に対して常に相殺する効果をもたらす。

$$S^d = I^d + NX \tag{5.4}$$

開放経済における財市場の均衡条件は、望ましい国民貯蓄 S^d が望ましい投資 I^d と対外貸付を足したものに等しくならなければならない。対外貸付は経常収支に等しい。また（海外からの純所得の純片務的移転をゼロと仮定すれば）経常収支は純輸出 NX に等しい。

$$NX = Y - (C^d + I^d + G) \tag{5.6}$$

この式は財市場の均衡条件を表すもう1つの方法である。純輸出がその国の産出量 Y からその国の望ましいアブソープション（$C^d + I^d + G$）を差し引いたものに等しくならなければならないことを示している。

復習問題

1. ある国の経常収支に現れる取引の種類を述べなさい。経常収支表とは何か。経常収支と純輸出にはどのような関係があるのか。
2. 国際的な取引が経常収支と金融収支のどちらに現れるかを決定する大きな違いは何か。
3. アメリカの出版会社がブラジルの居住者に 200 ドルの本を売却する。この項目自

体がアメリカの経常収支を増加させる。アメリカの経常収支と金融収支の合計がゼロになるような何種類かの相殺的な取引を述べなさい。
4. ある国の経常収支と金融収支はその対外純資産にどのように影響を及ぼすか。もしA国はB国に比べ国民1人当たり対外純資産をより多く保有するならば，A国の暮らし向きはB国より必ず良いのか。
5. 小国開放経済において次のようなことがなぜ起こるかを説明しなさい。
   (a) 国民貯蓄は投資に等しくなる必要はない。
   (b) 産出量はアブソープションと等しくなる必要はない。
6. 一般的に小国開放経済では，どのようなタイプの望ましい貯蓄と望ましい投資の変化が，経常赤字の大幅な増加をもたらすのか。どのような要素が望ましい貯蓄と望ましい投資にこのような変化をもたらすのか。
7. 2国からなる大国開放経済の世界において，世界実質利子率を決定するのは何か。世界実質利子率が均衡値にあるとき，2つの国の経常収支のあいだにはどのような関係が成立しているのか。
8. 大国開放経済において，望ましい国民貯蓄の増加はどのように世界実質利子率に影響を及ぼすのか。望ましい投資の増加はどのように世界実質利子率に影響を及ぼすのか。望ましい貯蓄や投資の変化は，小国開放経済では世界実質利子率に影響を及ぼさないのに，なぜ大国開放経済では影響を及ぼすのか。
9. 小国開放経済において，どのような状況のもとで政府財政赤字は経常収支に影響を及ぼすか。経常収支が変化するケースではどれだけ変化するのか。政府の財政赤字と経常収支のあいだにはどのような関係があるのか。
10. どの時期にアメリカは双子の赤字を抱えていたか。どの時期に赤字は逆方向に動いたか。

演習問題

1. ある国の小国開放経済は次のような状況にある。
   望ましい国民貯蓄　$S^d = 100$億ドル $+$ ($1{,}000$億ドル) r^w
   望ましい投資　　　$I^d = 150$億ドル $-$ ($1{,}000$億ドル) r^w
   産出量　　　　　　$Y = 500$億ドル
   政府購入　　　　　$G = 100$億ドル
   世界実質利子率　　$r^w = 0.03$
   a. この経済の国民貯蓄，投資，経常収支黒字，純輸出，望ましい消費，およびアブソープションを求めなさい。
   b. 将来の生産性を引き上げる技術革新のため，それぞれの世界実質利子率のもとでこの国の望ましい投資が20億ドル増加する。このときのaの問題を解きなさい。
2. ある大国は，国内居住者による外国との貸借を禁止する資本規制を課している。

この国の経常収支，国民貯蓄，投資に及ぼす影響，および国内ならびに世界実質利子率に及ぼす影響を分析しなさい。資本規制が課される前，この大国は金融収支が黒字であると仮定しなさい。
3. 外国経済のみを襲う一時的に不利な供給ショックが大国開放経済に及ぼす影響を分析しなさい。自国の国民貯蓄，投資，経常収支，および世界実質利子率への影響について議論しなさい。もし不利な供給ショックが世界規模であるなら，あなたの答えはどのように変わるか。

マクロ経済データを使った演習問題

データについては，セントルイス連邦準備銀行の FRED データベース *fred.stlouisfed.org* を利用しなさい。

国際貿易において一国の「開放度」を測る一般的な指標は，その国の輸出と輸入の合計を GDP で割ったものである。アメリカの 1947 年以降の四半期データを用いて，米国の開放度指数を計算し，グラフ化しなさい。戦後のトレンドはどのようになっているか，このトレンドを説明するのに役立ちそうな要因を考えなさい（ヒント データベースによっては，輸入をマイナスの符号で記録し，それを輸出に加算して純輸出額を算出しているものもあるので注意。貿易収支ではなく，貿易総量に関心があるので，輸入額に絶対値をとってから輸出額を加算する）。景気後退期には開放度指数はどうなるか，議論しなさい。

第6章
長期の経済成長

学習の目的

6.1 経済成長の源泉と成長会計の基本について議論する。

6.2 ソロー・モデルにおける長期的生活水準に影響を及ぼす要因について説明する。

6.3 内生的成長理論について要約する。

6.4 長期的生活水準を向上させる政府の政策について議論する。

　国民の生活水準を改善する一国の能力は，その国の長期の経済成長率に決定的に依存する。一見したところわずかな経済成長率の違いであっても，長期的には国民の平均所得に大幅な差をもたらすことになる[1]。

　たとえば，イギリスと日本の歴史的経験を比較してみよう。国民経済の成長実績に関する表 6.1 のデータが示すように，1870 年の 1 人当たり実質GDP（国内総生産）では，イギリスが日本の約 4 倍だった。イギリス経済は，1870 年以降も停滞することはなかった。その後の 148 年にわたって，イギリスの 1 人当たり実質 GDP は年率 1.3％で成長し，2018 年には平均的な英国人の実質所得は 1870 年当時の 6 倍以上となった。しかしながら，同じ期間に，日本の 1 人当たり実質所得は年率 2.2％で成長し，2018 年には 1870 年当時の 20 倍以上の水準に到達した。

　日本の年率 2.2％の成長率は，イギリスの年率 1.3％と比べてそれほど劇的に大きくはないようにみえるかもしれない。だが，1 世紀前にはイギリスよりもかなり貧しい状態にあった日本が，1980 年までには 1 人当たり GDP においてイギリスを凌駕し，その後 1992 年まで両国間の差が拡大し続け，1992

---

[1] 1 人当たりの平均所得は，生活水準を測る一般的尺度であるが，国民のあいだでの生活水準の不平等を無視している。応用例「アメリカにおける所得分布の変化」では，アメリカにおける所得不平等の測定と動きを述べている。

表 6.1 主要 8 カ国の経済成長（1870～2018 年）

	1 人当たり実質 GDP の水準				
国	1870	1913	1950	2018	年成長率（%）1870～2018 年
オーストラリア	5,217	8,220	11,815	49,831	1.5
カナダ	2,702	7,088	11,622	44,869	1.9
フランス	2,990	5,555	8,266	38,516	1.7
ドイツ	2,931	5,815	6,186	46,178	1.9
日本	1,580	2,431	3,062	38,674	2.2
スウェーデン	2,144	4,581	10,742	45,542	2.1
イギリス	5,829	8,212	11,061	38,058	1.3
アメリカ	4,803	10,108	15,240	55,335	1.7

注：上記の数値は 2011 年の米ドル表示であり，各国通貨の購買力の差は調整済である。
出所：Maddison-Project のデータ，*www.ggdc.net/maddisonn/maddison-project/home.htm*, 2020 年版。

年には日本の 1 人当たり GDP がイギリスの水準を 20%以上上回るものとなった。しかしながら，1990 年代に日本の成長率が鈍化したことで 2002 年にはイギリスが再びリードを奪うこととなり，それ以来，両国の 1 人当たり GDP は同じような水準となっている。ほかにも似たような比較を表 6.1 から行うことができる。たとえば，イギリスの長期経済成長実績と，カナダないしスウェーデンのそれとを比較してみればよい。ただし，比較的緩やかに成長した国々でさえ，過去 148 年のあいだに，1 人当たり産出量が劇的に増加していることに注意してほしい。

表 6.1 が浮き彫りにする比較は長期にわたるものであるが，経済成長率の変化は 10 年や 20 年程度でも重要な影響を及ぼすことができる。たとえば，1973 年頃からアメリカや他の先進工業国では経済成長率が鈍化し続けた。1947 年から 1973 年まではアメリカの実質 GDP の総額（1 人当たりでない）は年率 4.0%で成長したが，1973 年から 2021 年までは年率 2.6%で成長したにすぎない。こうした減速がいかに重要であるかをみるために，1947～1973 年の成長傾向が続いていたと仮定しよう。すなわち，アメリカの実質 GDP が実績値の年率 2.6%でなく，年率 4.0%で成長し続けたと仮定しよう。そう

すると，2021年のアメリカの実質GDPは，実績値を92％以上も上回っていたであろう。これは，2021年の米ドル換算で約18兆ドル，1人当たりで約64,000ドルのボーナスを受け取ったに等しい。

なぜ経済が成長するかを完全に理解している人はおらず，急成長を引き起こすための魔法の公式をもっている人もいない。実際，そのような公式が存在するならば，貧しい国々は存在していないであろう。それにもかかわらず，経済学者は成長過程について有益な洞察力をもっている。本章では，長期の経済成長率を決定する諸力を明らかにするとともに，政府が成長率に影響を及ぼそうとするために用いることができる諸政策について検討しよう。ここでも再び，貯蓄と投資の決定が中心的な役割を演じることになる。つまり，生産性の変化に加えて，一国の貯蓄率と投資率（したがって，一国の資本財の蓄積率）が，達成可能な国民の生活水準を規定する重要な要因となる。

6.1 経済成長の源泉

ある経済における財・サービスの産出量は，資本や労働などの投入物の利用可能な数量とそれら投入物の生産性とに依存している。産出量と投入量との関係は，第3章で導入した生産関数を使って記述される。

$$Y = AF(K, N) \tag{6.1}$$

（6.1）式は，総産出量 Y を，経済が使用する資本 K と労働 N と生産性 A に関連づけたものである。

もし投入量と生産性が一定ならば産出量もまた一定となる（経済成長がない）ことを生産関数は述べている。産出量が増加するには，投入量の増加もしくは生産性の向上のいずれか，あるいは両方が必要である。産出量の成長率，投入量の成長率および生産性上昇率の関係は，次のとおりである。

$$\frac{\Delta Y}{Y} = \frac{\Delta A}{A} + a_K \frac{\Delta K}{K} + a_N \frac{\Delta N}{N} \tag{6.2}$$

ここで，$\Delta Y/Y =$ 産出量の成長率，$\Delta A/A =$ 生産性の上昇率，$\Delta K/K =$ 資本の成長率，$\Delta N/N =$ 労働の成長率，$a_K =$ 生産の資本に関する弾力性，

$a_N =$ 生産の労働に関する弾力性, である。

(6.2) 式において, 生産の資本に関する弾力性 a_K は資本ストックの 1% の増加から生じる産出量の増加率であり, 生産の労働に関する弾力性 a_N は労働雇用量の 1% の増加から生じる産出量の増加率である。a_K と a_N の弾力性はいずれも 0 と 1 のあいだの数値であり, 歴史的データから推定されるべきものである[2]。

成長会計式（growth accounting equation）と呼ばれる (6.2) 式は, (6.1) 式の生産関数を成長率の形で表した式である。成長会計式を理解するには, いくつかの例が役立つであろう。

企業が新発明によって, 同一の資本量と労働量で産出量を 10% 多く生産できるようになったと仮定しよう。(6.1) 式の生産関数より, 資本と労働量が一定であれば, 生産性 A の 10% の増加は産出量を 10% 増加させる。同様に, (6.2) 式の成長会計式から, もし生産性上昇率 $\Delta A/A$ が 10% で, 資本と労働の成長率がゼロであれば, 産出量の成長率 $\Delta Y/Y$ は 10% となるであろう。このように, 生産関数と成長会計式は, 当然ながら同一の結果をもたらす。

ここで, 労働投入量と生産性は不変のままで, 企業の投資によって経済の資本ストックが 10% 増加する（$\Delta K/K = 10\%$）と仮定しよう。産出量はどうなるであろうか。生産関数が示すように, 資本ストックが増加すれば産出量は増加するであろう。しかし, 資本の限界生産力逓減（第 3 章を見よ）のために, 追加資本の生産性が以前よりも低下するので, 産出量の増加は 10% 未満となるであろう。成長会計式において資本の成長率 $\Delta K/K$ に 1 より小さい係数を掛けている理由は, 資本の限界生産力逓減のためである。アメリカの場合, この係数, つまり生産の資本に関する弾力性 a_K は約 0.3 である。したがって, (6.2) 式の成長会計式によれば, 労働や生産性を一定とすると, 資本ストックの 10% の増加はアメリカの産出量を約 3%（$= 0.3 \times 10\%$）増加させるであろう。

同様に, アメリカにおける生産の労働に関する弾力性 a_N は約 0.7 である。したがって, (6.2) 式の成長会計式によれば, 資本や生産性を一定とすると, 労働雇用量の 10% の増加はアメリカの産出量を約 7%（$= 0.7 \times 10\%$）増加さ

---

[2] (6.2) 式のような弾力性と成長率の式は, 下巻の付録 A の A.3 と A.7 の節で詳しく説明する。

せるであろう[3]。

成長会計

(6.2) 式の成長会計式によれば，産出量の成長率 $\Delta Y/Y$ は，次の 3 つの部分に分けられる。

1. 生産性向上による部分，$\Delta A/A$
2. 資本投入量の増加による部分，$a_K \Delta K/K$
3. 労働投入量の増加による部分，$a_N \Delta N/N$

成長会計（growth accounting）とは，これら 3 つの産出量成長率の源泉の相対的重要性を実証的に測定することである。典型的な成長会計分析は，次の 4 つのステップからなる（要約と数値例については表 6.2 を見よ）。

■ **ステップ 1** 所与の期間における経済の産出量，資本，および労働の成長率の値（$\Delta Y/Y$, $\Delta K/K$, $\Delta N/N$）を得る。資本と労働の成長率を計算する場合，より洗練された分析では，投入量の変化だけでなくその質の変化も調整される。たとえば，質を調整した労働の測定値を得るため，熟練労働者の 1 時間の労働は未熟練労働者の 1 時間の労働に比べてより多くの労働があるとみなされる。同様に，質を調整した資本の測定値を得るため，毎分 50 個のボルトを回転させることができる機械は，毎分 30 個のボルトしか回転させることができない機械よりもより多くの資本があるとみなされる。
■ **ステップ 2** 歴史的データから弾力性 a_K と a_N の値を推定する。アメリカの a_K と a_N の推計値はそれぞれ 0.3 と 0.7 であることを覚えておこう。
■ **ステップ 3** 資本の経済成長への寄与を $a_K \Delta K/K$ として，労働の経済成長への寄与を $a_N \Delta N/N$ として計算する。
■ **ステップ 4** 資本の成長や労働の成長によらない経済成長の部分は，全要

---

[3] 第 3 章では，アメリカ経済の生産関数を $Y = AK^{0.3}N^{0.7}$ として検討した。コブ=ダグラス生産関数と呼ばれるこの生産関数では，資本ストック K の指数 0.3 は生産の資本に関する弾力性に等しく，労働投入量 N の指数 0.7 は生産の労働に関する弾力性に等しい。下巻の付録 A の A.6 節を参照。

表 6.2　成長会計のステップ：数値例

ステップ 1　研究対象となる期間の産出量の成長，資本の成長，労働の成長の値を得る。

例：　　　産出量の成長 $= \dfrac{\Delta Y}{Y} = 40\%$

　　　　　資本の成長 $= \dfrac{\Delta K}{K} = 20\%$

　　　　　労働の成長 $= \dfrac{\Delta N}{N} = 30\%$

ステップ 2　歴史的データを用いて，生産の資本と労働に関する弾力性の推計値，a_K と a_N を得る。

例：　　　$a_K = 0.3$　および　$a_N = 0.7$

ステップ 3　資本と労働の経済成長への寄与を計算する。

例：産出量の成長に対する資本の成長の寄与 $= a_K \dfrac{\Delta K}{K} = (0.3) \times (20\%) = 6\%$

　　産出量の成長に対する労働の成長の寄与 $= a_N \dfrac{\Delta N}{N} = (0.7) \times (30\%) = 21\%$

ステップ 4　生産性向上を残差（資本や労働によって説明されない産出量の成長の部分）として求める。

例：　　　生産性向上 $= \dfrac{\Delta A}{A} = \dfrac{\Delta Y}{Y} - a_K \dfrac{\Delta K}{K} - a_N \dfrac{\Delta N}{N}$
$= 40\% - 6\% - 21\% = 13\%$

素生産性 A の改善によるものである。生産性の変化率 $\Delta A/A$ は次の式から計算される。

$$\frac{\Delta A}{A} = \frac{\Delta Y}{Y} - a_K \frac{\Delta K}{K} - a_N \frac{\Delta N}{N}$$

これは，成長会計式（6.2）式を書き直して $\Delta A/A$ を左辺においた式である。したがって成長会計手法では，生産性の変化を残差として，つまり資本と労働の寄与で説明されない成長の部分として扱っている[4]。

成長会計と生産性のトレンド　成長会計は，アメリカの経済成長の源泉について何を語るだろうか。成長会計の枠組みを用いた研究として最もよく知られているのは，エドワード・デニソンがブルッキングス研究所で行った研

表6.3 アメリカにおける経済成長の源泉（年率%）

	(1) 1929〜1948	(2) 1948〜1973	(3) 1973〜1982	(4) 1929〜1982	(5) 1982〜2020
成長の源泉					
労働の成長	1.42	1.40	1.13	1.34	0.94
資本の成長	0.11	0.77	0.69	0.56	1.23
総投入量の成長	1.53	2.17	1.82	1.90	2.18
生産性向上	1.01	1.53	−0.27	1.02	0.85
総産出量の成長	2.54	3.70	1.55	2.92	3.02

出所：第1列から第4列までは，Edward F. Denison, *Trends in American Economic Growth, 1929-1982*, Washington, D.C.: The Brookings Institution, 1985, Table 8.1, p.111 による。第5列は労働統計局の全要素生産性トレンドウェブサイト *www.bls.gov/productivity/tables/total-factor-productivity-major-sectors-histrical.xlsx* による。

究である。表6.3は，1929〜1982年までの期間についてデニソンが行った研究での発見と，それ以降の1982〜2020年までの期間について労働統計局が提供しているより最近のデータを要約したものである。

表6.3における第4列の最後の行は，1929〜1982年までの期間にわたって産出量が平均年率2.92%で成長したことを示している。デニソンの測定（第4列）によると，産出量の成長のうち年率1.34%は，労働の成長によって説明される。次に，労働の成長は，主に人口の増加，労働力人口比率の上昇，労働者の熟練を高めた教育水準の上昇に起因するものであった（これらのトレンドを多少相殺する要因として，1人当たり労働時間数の減少があった）。デニソンによると，産出量の成長のうち年率0.56%は，資本ストックの成長によって説明される。したがってこれらを一緒にすると，労働と資本の成長は，産出量の年間成長率に対して1.90%寄与した。

---

[4] 生産性向上を計算するための成長会計手法は，3.1節で生産性向上を求めるために使った手法と似ている。3.1節でも，産出量の成長のうち資本と労働の増加によって説明できない部分として生産性向上を算定した。両者の違いは，以下の点にある。すなわち，成長会計では，第3章で行ったように生産関数を直接用いることはしないで，成長率の形で表された生産関数，すなわち成長会計式を用いること，また，成長会計分析では，第3章で取り上げなかった質の変化を織り込むように資本と労働の値を通常は調整していることである。

全体の成長率（2.92％）と資本・労働の成長に起因する成長率（1.90％）との差は1.02％である。成長会計手法によると，この残差としての年率1.02％の成長は生産性の向上によるものである。したがってデニソンによれば，生産要素の量的拡大とこれらの生産要素を用いた有効性の改善の両方が，1929年以降のアメリカの経済成長において重要な役割を演じたのである。

表6.3の第1列から第3列には，3分割したより短い期間のデータが示されている。こうした期間の分割によって，特筆すべき結論が浮き彫りになる。すなわち，1973～1982年の期間における生産性向上は負であった（第3列の4行目）。いい換えれば，資本と労働のある組み合わせのもとで，1973年より1982年のほうがより少ない産出量を示したとデニソンは推定したのである（こうした生産性の下落を説明する諸仮説については，応用例「生産性向上の長期的な波動」を参照）。第2列と第3列を比較してわかるのは，1948～1973年と1973～1982年の両期間のあいだにアメリカで生じた1.80パーセント・ポイント（＝1.53－（－0.27））の生産性向上の下落が，両期間のあいだに生じた2.15パーセント・ポイント（＝3.70－1.55）の産出量成長の下落幅の大部分を説明することである。

デニソンによって報告された1973年以降の生産性向上の減速がアメリカだけでなく他の先進国にも当てはまることは，他の研究でも確認されている。生産性上昇率の持続的な減速は将来の実質賃金や生活水準にマイナスの影響をもたらすために，こうした減速に対して幅広い関心が集まった。それに加えて，将来の社会保障給付が将来の労働者の賃金に課税することで賄われる限り，生産性の長期的な減速は，社会保障制度の将来を危険にさらすであろう。しかし，生産性の減速はずっと続くのだろうか。この問題の解明に役立てるべく，より最近の38年間分のデータを表6.3の第5列に加えることでデニソンの計算を延長してみた。1982年～2020年の期間に，生産性は平均年率0.85％で成長した。生産性上昇率が正の値に戻ったことは喜ばしい発展ではあるものの，0.85％という成長率は，1973年以降の減速に先立つ25年間（1948～1973年）における成長率（1.53％）の3分の2未満にすぎない。しかし，1990年代後半から生産性向上が上昇した。1995年から2007年までの間（金融危機の前）に，生産性は平均年率1.33％となり，これは1948～1973年の数値を0.2パーセント・ポイント下回るにすぎない。より詳細については，

応用例「アメリカの生産性上昇のリバウンド」を見よ。

情報技術の発展が続いているけれども，2007年以降の全要素生産性の増加はわずかなものであった（労働統計局によると，1995年から2007年までの年率1.33％と比べると，2007年から2020年までの年率は0.27％にすぎない）。何が起きているのか。確実なことを知るにはまだ早すぎるが，2008〜2009年の金融危機と2020年のパンデミックによる景気後退が生産性向上を妨げたのかもしれない。たとえば，金融危機後の信用引き締めで，企業の研究開発への投資意欲や自社のプラント・設備の更新意欲が弱まった。スタートアップの新規企業が少なくなったことも，新製品や生産技術の導入の妨げとなった。さらにその上，高い失業率が一部労働者のスキルを劣化させたかもしれない。これらの要因のそれぞれは，少なくともしばらくの間，生産性向上の減速の一因となりうるであろう。

応用例：生産性向上の長期的な波動

表6.3で見てきたように，1929年から2020年までのアメリカの生産性上昇率は平均すると年率1％弱であったが，起伏があった。1948年から1973年までの生産性上昇率は平均を上回ったが，それ以降1973年から1982年までは鈍化した。1982年以降，生産性上昇率は再び1％弱となった。ただし，1990年代後半期は急速な生産性上昇率に特徴づけられる。

生産性向上の波動は，しばらく前から続いていた[5]。1800年代前半には，水力，織物や鉄の発展が生活水準の急速な改善をもたらした。もう1つのイノベーションの波動は，鋼，蒸気や鉄道という形で1800年代後半に始まった。その次の波動は，内燃エンジン，電化や化学の利用を伴って1900年代前半に始まった。1950年代と1960年代には，商用航空，エレクトロニクスや石油化学がもたらされた。最後に，1990年代後半や2000年代初期にはインターネットと携帯電話の発展を目にした。今は，AIや車の自動運転が将来の一部になる可能性があると考えられるが，過去のイノベーション研究が示唆す

---

[5] 初期の議論については，Nikolai D. Kondratieff, "The Long Waves in Economic Life," *Review of Economics and Statistics*, November 1935, pp. 105-115 を参照。

るのは，イノベーションの結果として生産性上昇率がかなり上昇するまでには数十年かかるかもしれないということである。

　生産性の改善とイノベーションの次の波動は雇用を消滅させ，貧困をもたらすのであろうか。自動運転車やロボット工学は人間の作業活動にかなり取って代わる可能性があることを示唆するアナリストもいる。その結果，失業して，再び働くことができない労働者に対して政府が所得補償を提供すべきことを求める人もいる。第3章の労働市場理論が示すように，テクノロジーの改良は通常，労働の限界生産力を増加させる。たとえば，より正確な診断ができるように医者を支援しうる人工知能プログラムが開発されており，組立ラインではロボットが欠陥品を減らすとともに，同じ数の労働者でより多くの自動車を製造することを可能にしている。より優れたテクノロジーによって生じる労働の限界生産力の増加は，労働需要と賃金が低下するのではなくて上昇することを含意している。実際のところ，ノースウエスタン大学のジョエル・モキイア，オーバーン大学のクリス・ヴィッカース，アイオワ大学のニコラス・L・ジーバースが指摘するように，人々は何世代にもわたって自分たちの生活を破壊させるテクノロジーに悩まされてきたのである[6]。一般に，労働力の消滅や賃金下落についての予測は不正確で，誤り導くものであった。今回は，異なるものとなりうるであろうか。

応用例：アメリカの生産性上昇のリバウンド

　表6.3の生産性上昇率に関する議論が示したことは，生産性上昇率が1973年から1982年の期間に減速した（実際のところ，全要素生産性上昇率はマイナスであった）ものの，1982年以降急速に上昇し始めたということであった。1990年代後半には，労働生産性は，それに先立つ20年と比べて急拡大した。そのとき以来，労働生産性（非農業企業部門における時間当たり産出量）と全要素生産性（6.1式における A）は拡大を続けており，経済学者たちはその

---

[6] "The History of Technological Anxiety and the Future of Economic Growth: Is This Time Different?," *Journal of Economic Perspectives*, Summer 2015, pp. 31-50.

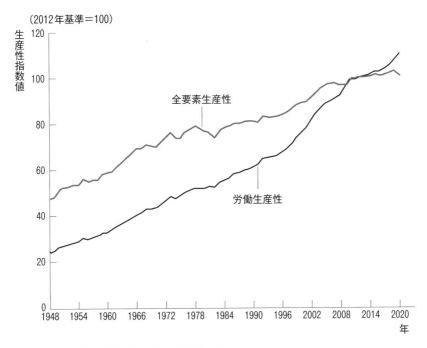

図 6.1 生産性の水準（1948〜2020 年）
図は，1948〜2020 年の期間における労働生産性（非農業企業部門における時間当たり産出量）と全要素生産性（6.1 式における係数 A）の年次数値を示している。
出所：労働生産性については，労働統計局の非農業企業部門の時間当たり産出量, *fred.stlouisfed.org/series/OPHNFB* から入手可能。全要素生産性については，労働統計局の全要素生産性トレンド，*www.bls.gov/productivity/tables/total-factor-productivity-major-sectors.xlsx* から入手可能。

成長について新たな説明を展開してきたのである。

図 6.1 は，労働生産性も全要素生産性もともに，1982 年に底を打ってから，2008 年に金融危機が始まって経済も全要素生産性も突然に減速するまでは，一貫してかなり上昇したことを示している。労働生産性の伸び率は全要素生産性と比べて多少高いものであった（両変数ともに 2012 年の値を 100 とするように指数化されていることに注意してほしい。したがって，指数の水準それ自体は固有の意味をもっていない）。

図 6.2 は，生産性上昇率の数値を表したものであり，1995 年から 2008 年ま

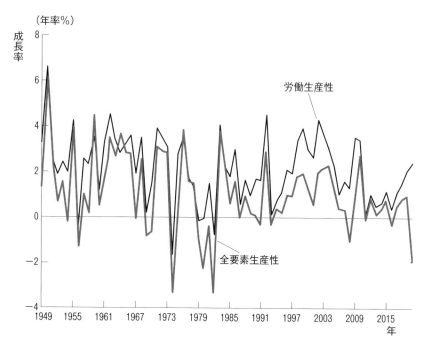

図 6.2　生産性上昇率（1949～2020 年）
図は，1949～2020 年の期間における労働生産性上昇率と全要素生産性上昇率の年次数値を示している。
出所：図 6.1 と同じ。

での間に労働生産性上昇率と全要素生産性上昇率の差が広がったことを示している。2008 年以降，2 つの生産性の尺度ともに，その生産性成長率がかなり鈍化した。全要素生産性の成長率と平均労働生産性の成長率の間の関係を理解するために，以下の（6.2）式を想起しよう。

$$\frac{\Delta Y}{Y} = \frac{\Delta A}{A} + a_K \frac{\Delta K}{K} + a_N \frac{\Delta N}{N}$$

　実証的には，生産の資本に関する弾力性 a_K と生産の労働に関する弾力性 a_N の合計は 1 に等しいので，$a_N = 1 - a_K$ である。（6.2）式の a_N に $1 - a_K$ を代入すると，次式を得る。

$$\frac{\Delta Y}{Y} = \frac{\Delta A}{A} + a_K \frac{\Delta K}{K} + (1-a_K)\frac{\Delta N}{N}$$

最後に，この式の両辺から労働成長率 $\Delta N/N$ を引くと，次式を得る。

$$\frac{\Delta Y}{Y} - \frac{\Delta N}{N} = \frac{\Delta A}{A} + a_K\left(\frac{\Delta K}{K} - \frac{\Delta N}{N}\right) \tag{6.3}$$

(6.3) 式の左辺 $(\Delta Y/Y - \Delta N/N)$ は，Y/N の成長率，つまり平均労働生産性の成長率である。労働1単位当たりの資本量 (K/N) は，$(\Delta K/K - \Delta N/N)$ の率で成長する。したがって，(6.3) 式が述べているのは，平均労働生産性の成長率は，全要素生産性の成長率 $(\Delta A/A)$ と $a_K \times$ 労働1単位当たりの資本成長率の合計に等しいということである。図6.2に示されるように，労働1単位当たりの資本は一般に成長していくので，$(\Delta K/K - \Delta N/N) > 0$ であり，平均労働生産性の成長率は一般に全要素生産性の成長率よりも高くなる。図6.2がさらに示しているのは，全要素生産性上昇率に対する平均労働生産性成長率の超過分が1995年から2008年までは異常に大きかったということであり，このことは，この期間に労働1単位当たりの資本成長率がより高かったことと整合的である。2008年から2020年までは，資本と労働の成長率が類似したものとなったことで，2つの生産性尺度の成長率間の差は，以前よりもずっと小さくなった。

1990年代後半における労働生産性上昇率の高まりは，大体，情報通信技術 (ICT) 革命に起因するものとされてきた。最近になって，経済学者による研究がそうした見方に挑戦している。経済学者がこの問題をより注意深く見るようになった1つの理由は，その他の多くの国でもICTへの大量投資が行われたものの，アメリカ並みの労働生産性の利益を得ていないということにあった。

アメリカは労働生産性においてICTから相当の利益を享受したのに，ヨーロッパが享受していないのはなぜか。研究者たちは，たくさんの理由を発見してきた[7]。ヨーロッパの企業は，アメリカの企業以上に政府規制にかなり服しており，結果として新しいテクノロジーを採択することがアメリカより遅い。ヨーロッパの政府所有企業は，競争圧力が欠如するためにしばしばイ

ノベーションを抑えてしまう。政府規制はさらに，アメリカに見られるような，消費者に財を効率的に提供する「大規模」小売アウトレットがヨーロッパに出現することを妨げてきた。新しいテクノロジーを使うのに必要とされるスキルをもった労働者がヨーロッパでは不足していることも，新しいテクノロジーの採択を遅らせてきた。アメリカでは，イノベーション促進に適応できる資本市場や研究大学が新しいテクノロジーの採択に寄与してきた。

　生産性の研究者たちを悩ませてきたもう1つの謎は，生産性向上の要因を経済学者たちはICT投資に求めているけれども，そのタイミングが不自然だということである。ICT投資と生産性向上の間には長い時間的ラグ（遅れ）があるように思われる。アメリカの企業は1980年代にかなりのコンピューター投資を行ったが，生産性向上は非常に大きいものではなかった。1995年以降と同じようには向上しなかった。それに加えて，ICT投資は2000年に激減したが，生産性上昇率は強いままであった。応用例「生産性向上の長期的な波動」で論じたように，ICT投資と生産性改善の間でのこうしたタイミングの弱い関連性が生じるのは，ICTの利用にはコンピューターを購入する以上のこと（研究開発支出，組織の再編や労働者の訓練など）が求められるためかもしれない。経済学者たちが無形資本投資と呼んでいるこうした活動には時間がかかり，企業の産出量を増加させるよりも一時的に減少させるかもしれない。したがって，無形資本への投資は，ICT投資の増加と生産性上昇率の間のラグを説明する手助けとなりうる。

　1995年から2008年までの生産性向上は，アメリカの歴史では例を見ないものか。まったくそうではない。事実，研究者たちは，われわれの過去には類似した期間が3つあったことを明らかにしてきた。すなわち，南北戦争後の1873年から1890年までの期間，第1次世界大戦後の1917年から1927年までの期間，そして，第2次世界大戦後の1948年から1973年までの期間である[8]。これらの出来事のそれぞれにおいて，生産性向上がアメリカの生活水準を大幅に引き上げたのである。新しいテクノロジーに含まれるものに

---

[7] こうした研究についての読みやすい概要とオリジナルの文献については，Ben S. Bernanke, "Productivity," Remarks at the Peter C. McColough Roundtable Series on International Economics at the University of Arkansas at Little Rock, February 24, 2005 を見なさい。*www.federalreserve.gov/boarddocs/speeches/2005* でも入手可能。

は，1800年代後半の蒸気力，鉄道輸送や電信を使った通信，第1次世界大戦後の工場電化，第2次世界大戦後のトランジスターがあった。これらの期間のそれぞれは，新しいテクノロジーによって特徴づけられるだけでなく，企業の組織方法の変化や労働者への投資（教育と訓練）によっても特徴づけられる。

2008年頃から生産性向上は鈍化し始めた。経済学者たちは，こうした減速の原因について論争するようになり，主に3つの説明が現れた。すなわち，測定の問題，重要な技術イノベーションの欠如，そして企業がテクノロジーに追いついていけないこと，である。第一に，政府の統計官たちは，テクノロジーに追いついていくこと，特に無形資産投資をきちんと会計処理するのに苦労しているかもしれない[9]。第二に，主要な技術的改良がすでに使い果たされている結果，生産性上昇率が低い局面に経済があるかもしれない[10]。第三に，企業は単に技術的変化に追いついていけないか，あるいは，恐らく企業間競争が欠如しているためにその意欲もないかもしれない[11]。

インターネット時代にあっては，スマートフォンのアプリから，われわれが生産性が向上した新時代にいることを確かに思わせる。しかし，テクノロジーの便益は，GDPや生産性統計には表れない形で人々を助けているのかもしれない。連邦準備制度理事会のデヴィッド・M・バーン，サンフランシスコ連銀のジョン・G・フェルナルド，国際通貨基金のマーシャル・B・ラインスドルフが指摘するように，「消費者たちは，市場とは無関係な時間を使って自分たちが評価する事柄を生み出すことに積極的である。こうした便益は消費者の幸福感を高めるものの，市場部門の生産関数が測定値よりも急速に外側へシフトしていることを意味しない」[12]。したがって，生産性向上が減

---

[8] 詳細については，Roger W. Ferguson, Jr., and William L. Wascher, "Lessons from Past Productivity Booms," *Journal of Economic Perspectives*, 18 (Spring 2004), pp. 3-28 を見なさい。

[9] Carol A. Corrado and Charles R. Hulten, "How Do You Measure a 'Technological Revolution'?," *American Economic Review*, May 2010, pp. 99-104 を見なさい。

[10] Robert J. Gordon, *The Rise and Fall of American Growth*, Prinston: Princeton University Press, 2016 を見なさい。

[11] Martin Neil Baily and Nicholas Montalbano, "Why Is U.S. Productivity Growth So Slow?: Possible Explanations and Policy Responses," The Brookings Institution, Hutchins Center Working Paper #22, September 2016.

速する理由は，まさに消費者が利用する財やサービスの構造変化にあり，測定ミスである可能性は低い。

歴史から学べる教訓は，イノベーションや，アメリカ企業が新しいテクノロジーを採択・利用する能力が変わるとともに，生産性向上も時間とともに変化するということである。過去の歴史的期間との比較から，生産性向上は2008年以降非常に鈍化したことが示唆されるけれども，消費者の厚生は実際にはかなり改善されているかもしれない。

6.2 長期的成長：ソロー・モデル

成長会計は経済成長の源泉について有益な情報を与えてくれるが，一国の成長実績を完全に説明するものではない。成長会計は当該経済の投入量成長率を所与とみなすために，なぜ資本と労働がそのような率で成長するのかを説明できない。とくに資本ストックの成長は，家計や企業による無数の貯蓄と投資についての決定の結果である。資本ストックの成長を所与とすることによって，成長会計手法は，論点の重要部分を除外していることになる。

この節では，経済成長の動学，あるいは成長過程が時間とともにどのように進化するかということについて詳しく見ていく。その際，資本ストックは固定されているという第3章での仮定を外し，経済の資本ストックを成長させる要因を研究する。われわれの分析は，マサチューセッツ工科大学（MIT）のノーベル賞受賞者ロバート・ソローが1950年代後半に開発した有名な経済成長モデルにもとづいている[13]。このモデルは，その後のほとんどの経済成長研究の基本的な枠組みとなっている。ソロー・モデルは，資本蓄積と経済成長がどのように関係しているのかを明確にするだけでなく，成長に関する次の2つの基本問題を研究するのに有益である。

1. 一国の長期的生活水準と，その国の貯蓄率，人口成長率，および技術進歩

---

[12] "Does the United States Have a Productivity Slowdown or a Measurement Problem?" *Brookings Papers on Economic Activity*, Spring 2019, pp. 109-182.

[13] 原典は以下の論文である。Robert M. Solow, "A Contribution to the Theory of Economic Growth," *Quarterly Journal of Economics*, February 1956, pp.65-94.

率などの基礎的要因とのあいだにどのような関係があるのか。
2. 一国の経済成長率は時間とともにどのように進化するのか。経済成長は安定するのか，加速するのか，それとも停止するのか。

ソロー・モデルの構築

　ソロー・モデルは時間とともに進化する経済を研究する。資本の変化だけでなく労働力増加の影響を分析するために，人口は成長しており，任意の特定時点において人口の一定割合が生産年齢人口であると仮定する。任意の年 t に関して，

　　$N_t =$ 利用可能な労働者数

である。人口と労働力の両者は一定率 n で成長すると仮定する。したがって，もし $n = 0.01$ ならば，任意の年の労働者数はその前年より 1% 多い。

　各年 t の期首において，経済では資本ストック K_t が利用可能である（すぐ後で，この資本ストックがどのように決定されるかを説明する）。それぞれの年 t において，経済全体の総産出量 Y_t を生産するために資本 K_t と労働 N_t が使われる。それぞれの年に生産された産出量の一部は新しい資本に，あるいは摩耗した資本の置換のために投資される。さらに閉鎖経済であり，政府購入がない[14]と仮定するので，産出量のうち投資されない部分は人々によって消費される。もし，

　　$Y_t = t$ 年に生産された産出量
　　$I_t = t$ 年における総（粗）投資
　　$C_t = t$ 年における消費

とすると，それぞれの年における消費，産出量，および投資のあいだの関係は次のようになる。

$$C_t = Y_t - I_t \tag{6.4}$$

---

[14] 本章末の演習問題 3 では，このモデルに政府購入を追加している。

(6.4) 式は，経済の産出量のうち投資されない部分は消費されることを示している。

この経済においては人口と労働力は成長しているので，労働者1人当たりで測った産出量，消費，および資本ストックの概念を使ったほうが便利である。したがって，次の記号を用いる。

$y_t = Y_t/N_t = t$ 年における労働者1人当たり産出量
$c_t = C_t/N_t = t$ 年における労働者1人当たり消費
$k_t = K_t/N_t = t$ 年における労働者1人当たり資本ストック

労働者1人当たり資本ストック k_t は，**資本・労働比率**（capital-labor ratio）とも呼ばれている。このモデルの1つの重要な目的は，労働者1人当たり産出量，労働者1人当たり消費，および資本・労働比率が時間とともにどのように変化するのかを理解することである[15]。

労働者1人当たり生産関数 一般的に，特定の投入量によって生産できる産出量は生産関数によって決定される。これまでは生産関数を，総産出量 Y と資本 K，労働 N の総投入量のあいだの関係として表してきた。しかしながら，生産関数は，労働者1人当たりの概念によって次のように表すこともできる。

$$y_t = f(k_t) \tag{6.5}$$

(6.5) 式の生産関数は，それぞれの年 t において，労働者1人当たり産出量 y_t が，利用可能な労働者1人当たり資本量 k_t に依存していることを示している[16]。ここで，産出量と資本が労働者1人当たりの概念で表示されてい

---

[15] 分析の目的上，経済全体の人口1人当たり産出量と消費ではなく，労働者1人当たり産出量と消費を議論するほうがより便利である。労働力は人口の一定割合で完全雇用されているという仮定のもとでは，労働者1人当たり産出量や消費の成長率に関して言えることはすべて，人口1人当たり産出量や消費の成長率についてもあてはまる。

[16] (6.5) 式の形で生産関数を書くためには，規模に関する収穫一定の仮定，つまり資本と労働の等しい増加率が総産出量の等しい増加率をもたらすということが必要である。したがって，たとえば規模に関する収穫一定のもとでは，資本と労働の両者の10％の増加は産出量を10％増加させる。成長会計式 (6.2) 式の観点からは，規模に関する収穫一定が成り立つには $a_K + a_N = 1$ となることが必要である。

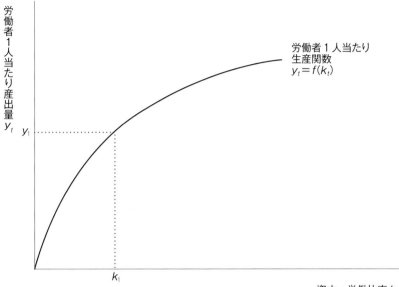

図 6.3 労働者 1 人当たり生産関数
労働者 1 人当たり生産関数 $y = f(k_t)$ は，労働者 1 人当たり産出量 y_t を資本・労働比率 k_t に関連づける。たとえば，資本・労働比率が k_1 のとき，労働者 1 人当たり産出量は y_1 である。労働者 1 人当たり生産関数は，資本・労働比率の上昇が労働者 1 人当たり産出量を増加させるので右上がりの傾きをもつ。生産関数の弓のような形は，資本の限界生産力逓減を反映している。

ることを強調するため，大文字 F の代わりに小文字の f を用いて生産関数を表す。さしあたり生産性向上はないと仮定することで，生産性の項を (6.5) 式の生産関数から取り除き，成長過程における資本ストックの役割に焦点をあてる[17]。のちに生産性向上をモデルに取り入れる。

労働者 1 人当たり生産関数は，図 6.3 に描かれている。資本・労働比率（労働者 1 人当たり資本量）k_t は図の横軸に，労働者 1 人当たり産出量 y_t は縦軸に測られている。労働者 1 人当たり資本量の増加は各労働者の産出量を増加させるので，生産関数は右上がりの傾きをもつ。標準的な生産関数と同じよ

---

[17] より正確には，全要素生産性の係数 A を 1 と置いている。

うに，労働者1人当たり生産関数の弓のような傾きは資本の限界生産力逓減を反映している。したがって，資本・労働比率がすでに高いとすれば，資本・労働比率の増加は，労働者1人当たり産出量に比較的小さな影響しか及ぼさない。

定常状態 ソロー・モデルから得られる最も顕著な結論の1つは，生産性向上がないとき，経済は長期的に定常状態に到達するということである。**定常状態**（steady state）とは，その経済の労働者1人当たり産出量，労働者1人当たり消費，および労働者1人当たり資本ストックが一定の状況である。つまり定常状態では，y_t，c_t，および k_t は時間とともに変化しない[18]。ソロー・モデルがどのように作動するのかを説明するため，最初に定常状態の性質を吟味し，その次に，どのようにして経済がそのような状況にたどりつくのかを議論しよう。

最初に，定常状態における投資を見ることから始めよう。一般的に，t 年における総（粗）投資は2つの目的，すなわち（1）減耗または減価した資本の置換と，（2）資本ストックの規模の拡大，に向けられる。もし d を資本減耗率，あるいは資本が毎年減耗する割合であるとすれば，t 年における総減耗分は dK_t である。資本ストックの増加分は純投資である。定常状態における純投資とは何であろうか。労働者1人当たり資本 K_t/N_t は定常状態では一定なので，総資本ストックは労働力と同じ率，すなわち n の率で成長する。したがって，定常状態においては，純投資は nK_t である[19]。定常状態の総投資を得るために，定常状態の純投資 nK_t と資本減耗 dK_t を加えると，次のようになる。

$$I_t = (n+d)K_t \quad \text{（定常状態において）} \tag{6.6}$$

定常状態の消費（産出量マイナス投資）を求めるために，（6.6）式を（6.4）

---

[18] もし労働者1人当たりの産出量，消費，および資本が一定ならば，総産出量，総消費，および総資本はすべて労働力成長率 n の率で成長していることに留意してほしい。

[19] 代数的には，t 年の純投資は $K_{t+1}-K_t$ である。もし総資本が n の率で成長するならば，$K_{t+1} = (1+n)K_t$ である。K_{t+1} の代わりに $(1+n)K_t$ を純投資の定義に代入すると，定常状態における純投資は $(1+n)K_t-K_t = nK_t$ となることがわかる。

式に代入する。

$$C_t = Y_t - (n+d)K_t \quad \text{(定常状態において)} \tag{6.7}$$

(6.7) 式は，労働者1人当たりの表示ではなく，経済全体の消費，産出量，および資本を表している。これらを労働者1人当たりの単位に直すため，(6.7) 式の両辺を労働者数 N_t で割る。$c_t = C_t/N_t$, $y_t = Y_t/N_t$, および $k_t = K_t/N_t$ であることを思い起こし，(6.5) 式の労働者1人当たり生産関数を用いて Y_t を $f(k_t)$ に置き換えると，次のようになる。

$$c = f(k) - (n+d)k \quad \text{(定常状態において)} \tag{6.8}$$

(6.8) 式は，定常状態における労働者1人当たり消費 c と資本・労働比率 k の関係を表している。労働者1人当たり消費と資本・労働比率は定常状態では一定なので，時間の添字 t を省略した。

(6.8) 式によれば，定常状態の資本・労働比率 k の上昇は，定常状態の労働者1人当たり消費 c に対して，2つの対立する影響を及ぼす。第一に，定常状態の資本・労働比率の上昇は，それぞれの労働者が生産できる産出量 $f(k)$ を増加させる。第二に，定常状態の資本・労働比率の上昇は，投資 $(n+d)k$ に充当すべき労働者1人当たり産出量を増加させる。投資に充当される財が多くなれば，消費に残される財は少なくなる。

図 6.4 は，これらの2つの影響のあいだのトレードオフを表している。図 6.4 (a) では，定常状態の資本・労働比率 k の異なる可能な値が横軸に測られている。曲線は，図 6.3 で示したような労働者1人当たりの生産関数 $y = f(k)$ である。直線は，定常状態の労働者1人当たり投資 $(n+d)k$ を表す。(6.8) 式によれば，定常状態の労働者1人当たり消費 c は，曲線 $f(k)$ の高さから直線 $(n+d)k$ の高さを引いたものに等しい。したがって，労働者1人当たり消費は，陰の部分の高さである。

定常状態における労働者1人当たり消費と資本・労働比率の関係は，もっと明示的に図 6.4 (b) に描かれている。定常状態のさまざまな資本・労働比率 k の値に対し，定常状態の消費 c は，図 6.4 (a) における生産関数と投資の差として求められる。k の低い値（図 6.4 (b) の k_G より低い値）から出発すると，定常状態の資本・労働比率の上昇は，労働者1人当たり消費を増加さ

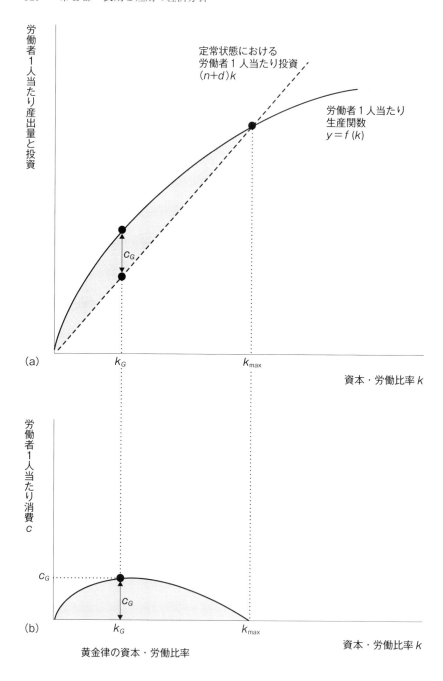

図 6.4 定常状態における労働者 1 人当たり消費と資本・労働比率との関係

（a）資本・労働比率 k のそれぞれの水準に対し，定常状態の労働者 1 人当たり産出量 y が，労働者 1 人当たり生産関数 $f(k)$ によって与えられている。定常状態の労働者 1 人当たり投資 $(n+d)k$ は，傾き $(n+d)$ の直線として表される。定常状態の労働者 1 人当たり消費 c は，労働者 1 人当たり産出量と投資の差（陰の部分）である。たとえば，もし資本・労働比率が k_G ならば，定常状態の労働者 1 人当たり消費は c_G である。

（b）定常状態の資本・労働比率 k のそれぞれの水準に対し，定常状態の労働者 1 人当たり消費 c は，労働者 1 人当たり産出量と労働者 1 人当たり投資の差として図（a）で導出される。したがって，図（b）の陰の部分は，図（a）の陰の部分に対応している。資本・労働比率の低い水準から出発すると，資本・労働比率の上昇は，定常状態の労働者 1 人当たり消費を引き上げることに注意せよ。しかしながら，黄金律の水準 k_G より高い資本・労働比率から出発すると，資本・労働比率の上昇は，労働者 1 人当たり消費を実際に引き下げる。資本・労働比率が k_{max} のときには，すべての産出量が投資に充当され，定常状態の労働者 1 人当たり消費はゼロとなる。

せることに注意せよ。図 6.4 における k_G のように，定常状態における労働者 1 人当たり消費を最大化する資本・労働比率の水準は，将来世代の経済厚生を最大化することから，いわゆる**黄金律の資本・労働比率**（Golden Rule capita-labor ratio）として知られている[20]。

しかしながら，k が高い値（黄金律の資本・労働比率 k_G より高い値）の場合，定常状態の資本・労働比率の上昇は，労働者 1 人当たり消費を実際に減少させてしまう。というのは，高い労働者 1 人当たり資本水準を維持するために大量の投資が必要とされるからである。図 6.4 において $k = k_{max}$ となる極端なケースでは，すべての産出量が資本ストックの置換と拡張に充当される必要があるので，消費には何も残されない。

政策立案者は，貯蓄と投資を刺激して資本・労働比率を高めようとする政策を使って，長期的な生活水準を改善しようとしばしば試みる。図 6.4 は，この戦略には限界があることを教える。労働者 1 人当たり資本量が低い国では，資本・労働比率を上昇させることによって長期的な（定常状態の）生活水準をかなり向上させることが期待できるかもしれない。しかしながら，労

---

[20] 微分積分学に精通している読者であれば，黄金律の資本・労働比率では資本の限界生産力が $n+d$ に等しいことを，(6.8) 式を使って確認できるであろう。

働者 1 人当たり資本水準がすでに高い国では，資本・労働比率をさらに高めても，定常状態の消費をあまり増やさないかもしれない。こうした結果が生じる基本的な理由は，資本の限界生産力逓減にある。すなわち，すでに存在する資本ストックが多ければ多いほど，資本ストックの拡大による便益がより小さくなるのである。実際，図 6.4 によれば，理論上，労働者 1 人当たり資本が非常に高くなると，資本のいっそうの増加は定常状態の労働者 1 人当たり消費を実際に減少させてしまう可能性がある。

　世界のどこかの経済において，資本ストックの増加が長期的に消費の減少を招くことが可能であろうか。先進 7 カ国に関する実証研究によれば，答えは「ノー」である。高貯蓄国のドイツでさえ，労働者 1 人当たり資本の増加は，定常状態の労働者 1 人当たり消費の増加を招くであろう[21]。したがって，われわれの分析では，定常状態の資本・労働比率の上昇は，定常状態の労働者 1 人当たり消費を引き上げると常に仮定しよう。

定常状態への到達　定常状態に関するわれわれの議論には，2 つの未決事項が残されている。第一に，われわれが先に主張したように，ここで論じているような経済が最終的に定常状態に到達する，という理由については何らかの説明が必要である。第二に，経済はどの定常状態に到達するのかをまだ明確にしていない。つまり，経済が最終的に到達する定常状態における労働者 1 人当たり消費と資本・労働比率の水準を知りたいのである。

　これらの未決事項に決着を付けるためには，さらにもう 1 つの情報，つまり人々の貯蓄率の情報が必要とされる。できるだけ簡単にするため，この経済における貯蓄は現在所得に比例していると仮定しよう。すなわち，

$$S_t = sY_t \tag{6.9}$$

である。ここで，S_t は t 年における国民貯蓄[22]，s は貯蓄率で一定と仮定する。現在所得の 1 ドルの増加がもたらす貯蓄の増加は 1 ドルより少ないので（第

---

[21] 次の文献を見なさい。Andrew B. Abel, N.Gregory Mankiw, Lowrence H. Summers, and Richard J.Zeckhauser, "Assessing Dynamic Efficiency: Theory and Evidence," *Review of Economic Studies*, January 1989, pp.1-20.

[22] このモデルには政府が存在しないので，国民貯蓄と民間貯蓄が等しい。

4章を見よ），s は0と1のあいだの数値をとる．(6.9) 式は，これまでの章で議論した実質利子率などの，貯蓄に関する他の決定要因を無視している．しかし，これらの他の要因を含めても基本的な結論は変わらないので，簡単化のため，それらは省略する．

各年において，国民貯蓄 S_t は投資 I_t に等しいことから，次式が得られる．

$$sY_t = (n+d)K_t \quad (定常状態において) \tag{6.10}$$

ここで，(6.10) 式の左辺は，(6.9) 式より貯蓄であり，右辺は，(6.6) 式より定常状態の投資である．

(6.10) 式は，定常状態で成立する総産出量 Y_t と総資本ストック K_t の関係を示している．定常状態の労働者1人当たり資本を決定するために，(6.10) 式の両辺を N_t で割る．その次に (6.5) 式の生産関数を用いて y_t を $f(k_t)$ に置き換えると，以下の関係が導かれる．

$$sf(k) = (n+d)k \quad (定常状態において) \tag{6.11}$$

(6.11) 式は，労働者1人当たり貯蓄 $sf(k)$ が定常状態の労働者1人当たり投資 $(n+d)k$ に等しいことを述べている．資本・労働比率 k は定常状態では一定なので，式から時間の添字 t を再び省略している．

(6.11) 式を使えば，図6.5に示されているように，経済が到達する定常状態の資本・労働比率をただちに決定することができる．図6.5では，資本・労働比率を横軸に，労働者1人当たり貯蓄と労働者1人当たり投資を縦軸にとっている．

弓の形の曲線は，労働者1人当たり貯蓄 $sf(k)$ が資本・労働比率とどのように関連するかを示している．資本・労働比率の上昇は，労働者1人当たり産出量の増加を，したがって労働者1人当たり貯蓄の増加を含意しているので，この曲線の傾きは右上がりである．労働者1人当たり貯蓄曲線は，労働者1人当たり生産関数と同じ一般的な形をしている．というのは，労働者1人当たり貯蓄は，労働者1人当たり生産関数 $f(k)$ に一定の貯蓄率 s を掛けたものに等しいからである．

図6.5の直線は，定常状態の労働者1人当たり投資 $(n+d)k$ を表している．定常状態の投資直線が右上がりになるのは，資本・労働比率が高いほど，減

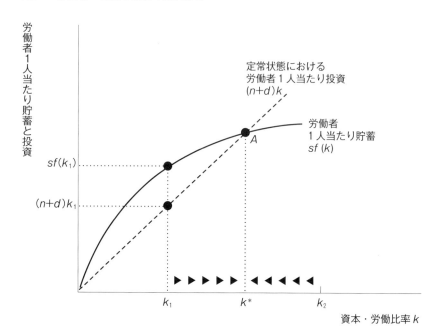

図6.5　定常状態における資本・労働比率の決定

定常状態の資本・労働比率 k^* は，労働者1人当たり貯蓄 $sf(k)$ が定常状態の労働者1人当たり投資 $(n+d)k$ に等しいという条件によって決定される。定常状態の資本・労働比率 k^* は，貯蓄曲線と定常状態の投資直線が交わる点 A に対応する値である。どの点から出発しても，資本・労働比率は最終的に k^* に到達する。もし資本・労働比率がたまたま k^* を下回り，たとえば k_1 にあるならば，労働者1人当たり貯蓄 $sf(k_1)$ は，資本・労働比率を k_1 に維持するために必要とされる労働者1人当たり投資 $(n+d)k_1$ を超えている。この超過貯蓄が資本に転換されるとともに，矢印で示されているように，資本・労働比率が上昇する。同様に，資本・労働比率が k^* より大きく，たとえば k_2 にあるならば，貯蓄が低すぎてその資本・労働比率を維持することができず，資本・労働比率は時間とともに下落する。

耗した資本を置換したり，新しい労働者に同じ高水準の資本を装備したりするために，労働者1人当たり投資がより多く必要となるからである。

　（6.11）式によると，定常状態の資本・労働比率は，労働者1人当たり貯蓄と労働者1人当たり投資が等しいことを保証しなければならない。この条件が満たされる資本・労働比率の1つの水準は，貯蓄曲線と定常状態の投資直線が交わる k の値である k^* として図6.5で示されている。k がこれ以外の

値をとる場合には，貯蓄と定常状態の投資は等しくならないであろう。したがって，k^* は，この経済にとって唯一可能な定常状態の資本・労働比率である[23]。

定常状態の一意的な資本・労働比率 k^* が与えられると，定常状態における労働者1人当たり産出量と労働者1人当たり消費を求めることもできる。(6.5)式の労働者1人当たり生産関数から，もし定常状態の資本・労働比率が k^* ならば，定常状態の労働者1人当たり産出量 y^* は次のようになる。

$$y^* = f(k^*)$$

(6.8)式から，定常状態の労働者1人当たり消費 c^* は，定常状態の労働者1人当たり産出量 $f(k^*)$ マイナス定常状態の労働者1人当たり投資 $(n+d)k^*$ に等しく，次のように表される。

$$c^* = f(k^*) - (n+d)k^*$$

先に述べたように，経験的に現実的なケースでは，定常状態の資本・労働比率 k^* の上昇は，定常状態の労働者1人当たり消費 c^* の増加を含意する。

定常状態では国民貯蓄が定常状態の投資に等しいという条件を使って，定常状態の資本・労働比率 k^* を求めた。労働者1人当たり資本が k^* であるとき，人々が選択する貯蓄額は，労働者1人当たり資本 k^* を維持するために必要な投資額にちょうど等しいであろう。したがって，経済の資本・労働比率がいったん k^* に達すると，それは永久にそこにとどまるであろう。

しかし，もし資本・労働比率が他の任意の値から出発しても，いつも k^* に到達すると信ずべき何らかの理由があるのだろうか。確かに理由がある。資本・労働比率がたまたま k^* より小さく，たとえば，図 6.5 の k_1 に等しいと仮定しよう。資本・労働比率が k_1 のとき，労働者1人当たり貯蓄額 $sf(k_1)$ は，資本・労働比率を一定にするために必要とされる資本額 $(n+d)k_1$ を上回っている。この超過貯蓄が新たな資本創出に投資されると，資本・労働比率は上昇するであろう。横軸上の矢印によって示されているように，資本・労

---

[23] 実際には，資本ストック，産出量，および消費が永久にゼロである点，つまり $k=0$ となる点でも定常状態が存在する。しかし，経済が正の資本量から出発するかぎり，経済が資本ゼロの定常状態に到達することは決してないであろう。

比率は k_1 から k^* に向かって上昇するであろう。

　もし資本・労働比率が最初 k^* を上回り，たとえば，図6.5の k_2 に等しいとしても，経済が定常状態に収斂するのはなぜかという説明は，同じようにできる。もし資本・労働比率が k^* を上回っているならば，為される貯蓄額は，資本・労働比率を一定にするために必要な投資額より小さいであろう（図6.5において，k が k_2 に等しいとき，貯蓄曲線は定常状態の投資直線より低い位置にある）。したがって，矢印が示すように，資本・労働比率は時間とともに k_2 から k^* にまで低下するであろう。労働者1人当たり産出量もまた，その定常状態の値に到達するまで減少するであろう。

　要約すると，生産性向上がないという仮定のもとでは，経済は最終的には定常状態に到達せざるをえない。この定常状態においては，資本・労働比率，労働者1人当たり産出量および労働者1人当たり消費は，時間とともに一定である（しかしながら，総資本，産出量および消費は，労働力の成長率 n の率で成長する）。この結論は，生活水準の改善が結局は停止せざるをえないことを含意するために，かなり陰気な結論として受けとめられるかもしれない。しかしながら，もし生産性が事実として継続的に向上するならば，この結論は避けることができる。

長期的生活水準の基本的決定要因

　ある経済において，平均的個人の長期的な厚生を決定する要因は何であろうか。もし定常状態の労働者1人当たり消費によって長期的厚生を測るならば，ソロー・モデルを使ってこの問題に答えることができる（定常状態の資本・労働比率の上昇が労働者1人当たり消費を高めるであろうとわれわれが仮定していることに留意すると）。以下では，長期的生活水準に影響を及ぼす3つの要因，すなわち貯蓄率，人口成長，および生産性向上について議論する（要約表8を参照）。

貯蓄率　ソロー・モデルによると，図6.6に示されるように，貯蓄率の上昇は長期的生活水準の上昇を含意する。経済の当初の貯蓄率が s_1 で，労働者1人当たり貯蓄が $s_1 f(k)$ であるとしよう。貯蓄率が s_1 のときの貯蓄曲線を「労

要約表 8　長期的生活水準の基本的決定要因

増加（上昇）する要因	労働者1人当たりの長期産出量・消費・資本への影響	理　由
貯蓄率 s	増加	貯蓄率の上昇は投資と資本ストックを増加させる。
人口成長率 n	減少	人口成長率が上昇すると，新たな労働者用の資本装備のために消費に充当できる産出量を減少させるか，あるいは労働者1人当たり資本を増加させるために，より多くの産出量を使用せざるをえない。
生産性	増加	生産性の向上は産出量を直接増加させ，所得を高めることによって貯蓄と資本ストックをも増加させる。

働者1人当たり初期貯蓄」と表示する。当初の定常状態の資本・労働比率 k_1^* は，当初の貯蓄曲線と投資直線が交わる点（点 A）における資本・労働比率である。

　いま，政府が貯蓄意欲を高める政策を導入し，国の貯蓄率が s_1 から s_2 に上昇したと仮定しよう。貯蓄率の上昇は，資本・労働比率の各水準における貯蓄を増加させる。図で説明すると，貯蓄曲線が $s_1 f(k)$ から $s_2 f(k)$ へ上方にシフトする。新しい定常状態の資本・労働比率 k_2^* は，新しい貯蓄曲線と投資直線の交点（点 B）に対応する。k_2^* は k_1^* より大きいので，貯蓄率の上昇は定常状態の資本・労働比率を増加させている。横軸上の矢印が示すように，この経済は，より高い定常状態の資本・労働比率に向かって次第に動くであろう。新しい定常状態における労働者1人当たり産出量と労働者1人当たり消費は，当初の定常状態と比べて増加するであろう。

　貯蓄率の上昇は，長期的には労働者1人当たり産出量，消費および資本の増加をもたらすので，一国の貯蓄率をできるだけ高くすることが政策目的となるべきだと思われるかもしれない。しかしながら，この結論は必ずしも正しいわけではない。より高い貯蓄率は長期的に労働者1人当たり消費を引き

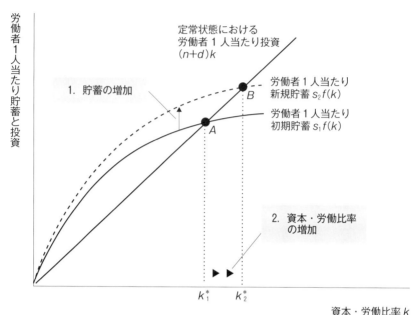

図 6.6　貯蓄率の上昇が定常状態の資本・労働比率に及ぼす影響
貯蓄率の s_1 から s_2 への上昇は，貯蓄曲線を $s_1 f(k)$ から $s_2 f(k)$ に引き上げる。労働者1人当たり貯蓄と定常状態の労働者1人当たり投資が一致する点は A から B に移動し，それに対応する資本・労働比率は k_1^* から k_2^* に上昇する。したがって，貯蓄率の上昇は定常状態の資本・労働比率を高める。

上げるけれども，貯蓄率の上昇によって消費が当初減少する。こうした減少が生じるのは，当初の産出量水準において貯蓄と投資の増加が現在消費に充当可能な分を減少させるからである。このように，将来消費の増加は，現在消費の減少という代償を伴っている。貯蓄率の社会的選択では，現在消費と将来消費のあいだのこうしたトレードオフを考慮すべきである。ある点を超えると，今日の消費削減の費用は，貯蓄率上昇による長期的便益を上回ってしまうであろう。

人口成長　多くの発展途上諸国では，高い人口成長率が主要な経済問題と考えられており，その引下げが主要な政策目標となっている。人口成長と，労働者1人当たり産出量・消費・資本によって測られるような国の発展水準

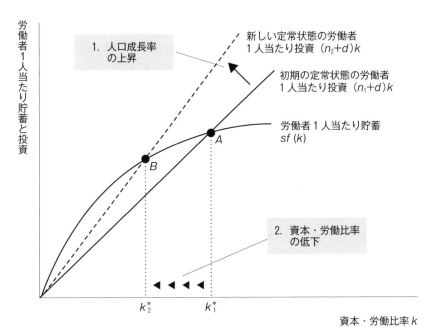

図6.7 人口成長率の上昇が定常状態の資本・労働比率に及ぼす影響
人口成長率の n_1 から n_2 への上昇は,定常状態の労働者1人当たり投資を $(n_1+d)k$ から $(n_2+d)k$ へと増加させる。定常状態の投資直線は左上方向に回転し,その傾きが (n_1+d) から (n_2+d) へと大きくなる。労働者1人当たり貯蓄が定常状態の労働者1人当たり投資に等しい点は,点 A から点 B に移り,それに対応する資本・労働比率は k_1^* から k_2^* に低下する。したがって,人口成長率の上昇は,定常状態の資本・労働比率の低下を招く。

のあいだには,どのような関係があるか。

この問題に対するソロー・モデルの答えは,図6.7 で示される。当初の定常状態の資本・労働比率 k_1^* は,定常状態の投資直線と貯蓄曲線の交点 A に対応している。いま,人口成長率が労働力成長率と同率であるとし,当初の水準の n_1 から n_2 に上昇すると仮定しよう。このとき何が起こるか。

人口成長率の上昇は,労働者が以前よりも急速に労働力に加わることを意味する。これらの新規労働者には資本が装備されねばならない。したがって,定常状態の資本・労働比率を同一水準に維持するためには,現行の労働者1人当たり投資額は増加しなければならない。代数的には,n の増加は,

定常状態の労働者1人当たり投資を $(n_1+d)k$ から $(n_2+d)k$ へ増加させることになる。この人口成長率の増加は，定常状態の投資直線を左上方向に回転させ，その傾きは (n_1+d) から (n_2+d) へと大きくなる。

定常状態の投資直線が回転したあと，新しい定常状態は点 B となる。新しい定常状態の資本・労働比率 k_2^* は初期の資本・労働比率 k_1^* より低い。新しい定常状態の資本・労働比率が低下するために，新しい定常状態の労働者1人当たり産出量と労働者1人当たり消費も低下するであろう。

このように，ソロー・モデルは，人口成長の増加が生活水準の低下を招くことを含意している。基本的な問題は，労働力が急速に成長するとき，現行の産出量の相当部分を新規労働者が使用する資本の供給に充当される必要があるということである。この結論は，人口成長を抑制する政策が実際には生活水準を改善させることを示唆する。

人口成長の抑制を政策目的にすべきであるという結論にはいくつか反論がある。第一に，人口成長率 n の低下は労働者1人当たり消費を増加させるけれども，それはまた，定常状態において n の率で成長する総産出量と消費の成長率を低下させてしまう。人口が少なくなることは，各人の取り分が大きくなることを意味するが，総生産能力が減少するということをも意味する。軍事や政治など何らかの目的で，人口1人当たり産出量だけでなくその総産出量にも国が関心をもつかもしれない。したがって，たとえばヨーロッパのいくつかの国は，人口が今後数十年で現実に減少していき，これによっておそらく自国の自己防衛能力や世界的な出来事に影響を及ぼす能力が低下してしまうという予測に懸念を抱いている。

第二に，ソロー・モデルの仮定の1つは，総人口に占める生産年齢人口の比率が固定されていることである。人口成長率が急速に変化する場合，この仮定が成立しない可能性がある。たとえば，アメリカでの出生率下落が含意するのは，退職者に対する生産年齢人口の比率が21世紀に低下し，それが進展すると社会保障財源や医療などの分野で問題を引き起こすということである。

生産性向上　基本的なソロー・モデルの1つの重要な側面は，1人当たり産出量が一定である定常状態に経済が最終的に到達するということである。し

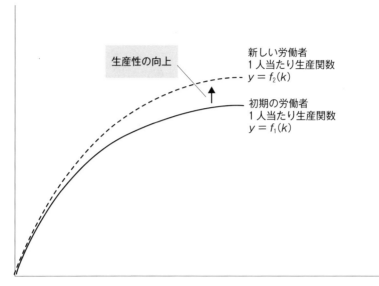

図 6.8 生産性の改善
生産性の改善は，労働者1人当たり生産関数の上方シフトとして，すなわち当初の生産関数 $y = f_1(k)$ から新しい生産関数 $y = f_2(k)$ へのシフトとして示される。生産性改善後，任意の資本・労働比率 k のもとで，労働者1人当たり産出量 y の増加が可能となる。

かし，本章の冒頭では，日本の1人当たり産出量が1870年以来，どのように約30倍にまで成長したかについて述べた。ソロー・モデルは，そうした持続的成長をどのように説明できるだろうか。それを解く鍵は，これまでの分析にまだ導入していない要因，すなわち生産性向上である。

生産性改善（たとえば新しいテクノロジーの結果として）の影響は，図6.8と図6.9に示されている。生産性の改善は，労働者1人当たり生産関数の上方シフトに対応している。というのは，現行の資本・労働比率のもとで，各労働者は，より多くの産出量を生産できるからである。図6.8は，当初の生産関数 $y = f_1(k)$ から「新しい，改善された」生産関数 $y = f_2(k)$ へのシフトを示している。生産性改善は，第3章で説明したような有利な供給ショックに対応している。

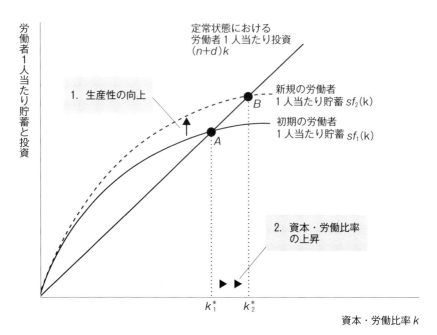

図 6.9　生産性の改善が定常状態の資本・労働比率に及ぼす影響
生産性改善は，生産関数を $f_1(k)$ から $f_2(k)$ へ上方にシフトさせ，任意の資本・労働比率における労働者1人当たり産出量を増加させる。貯蓄は産出量の一定割合なので，労働者1人当たり貯蓄も $sf_1(k)$ から $sf_2(k)$ に上昇する。労働者1人当たり貯蓄と定常状態の労働者1人当たり投資が等しい点は，点 A から点 B に移動し，それに対応する定常状態の資本・労働比率は k_1^* から k_2^* に上昇する。したがって，生産性改善は，定常状態の資本・労働比率を上昇させる。

図 6.9 は，ソロー・モデルにおけるこうした生産性改善の影響を示している。これまでと同じく，当初の定常状態は貯蓄曲線と定常状態の投資直線の交点 A に決まり，これに対応する定常状態の資本・労働比率は k_1^* である。生産性改善は，任意の資本・労働比率水準における労働者1人当たり産出量を増加させる。労働者1人当たり貯蓄は労働者1人当たり産出量の一定割合 s なので，労働者1人当たり貯蓄もまた，任意の資本・労働比率のもとで増加する。図を用いると，貯蓄曲線は $sf_1(k)$ から $sf_2(k)$ へと上方にシフトし，いまや点 B で定常状態の投資直線と交差する。新しい定常状態の資本・労働比率は k_2^* であり，それは当初の定常状態の資本・労働比率 k_1^* より高い。

全体的に見れば，生産性改善は，2つの方法で定常状態の労働者1人当たり産出量と労働者1人当たり消費を増加させる。第一に，生産性改善は，任意の資本・労働比率のもとで生産可能な産出量を直接増加させる。第二に，図6.9が示すように，生産性改善は貯蓄の供給を増やすことによって，長期的な資本・労働比率を上昇させる。このように，生産性改善は，生活水準に対して二重のプラス効果を及ぼす。

　一度だけの貯蓄率上昇や人口成長率低下と同じように，一度だけの生産性改善は，ある定常状態からより高い定常状態に経済をシフトさせるだけである。経済が新しい定常状態に到達すると，労働者1人当たり消費は再び一定となる。労働者1人当たり消費を無限に成長させる何らかの方法は存在するだろうか。

　現実的には，貯蓄率をどれだけ上昇させることができるか，あるいは人口成長率をどれだけ低下させることができるかについては限界がある（確かに貯蓄率は100％を超えることができない）。したがって，貯蓄率の上昇や人口成長率の低下は，生活水準を継続的に高める源泉となりそうにない。しかしながら，産業革命以来，それ以前はそうでなかったとしても，人々は生産性を向上させていく方法の発見に驚くべき創意を示してきた。ソロー・モデルによれば，非常に長期的な期間においては，こうした継続的な生産性の向上のみが，恒常的に生活水準を引き上げるという可能性を秘めているのである。したがって，長期においては，生活水準が上昇する速さを決定する支配的要因は生産性改善率であると結論することができる。

経済モデル，内生変数，および外生変数

　ソロー・モデルは，成長を分析するための有益な枠組みを提供するとともに，多くの異なるタイプの経済モデルについての特徴（均衡条件，内生変数や外生変数）を示している。

均衡条件　経済学者は，均衡点を見つけることによってモデルの解を求める。ソロー・モデルでは，定常状態均衡が生じるのは，図6.5において2つの線が交わるところであり，図では，定常状態の労働者1人当たり投資と労働

者1人当たり貯蓄が等しくなる定常状態の資本・労働比率を描いている。グラフでは (6.11) 式を満たす点が1つ示されていることから，われわれはその式（等式）を**均衡条件**（equilibrium condition）と呼ぶ。多くの理論経済分析は，経済状況を説明するモデルを展開することと均衡（諸）条件を探し出すことを伴っている。

外生変数対内生変数 すべての可能な変数に対して均衡条件を展開できる経済モデルは存在しない。その代わりに，いくつかの変数は所与とみなされ，その他の変数の値は，モデルの均衡によって決まる。所与とみなされる変数は，**外生変数**（exogenous variable）と呼ばれる。モデル内の均衡によって決まる変数は，**内生変数**（endogenous variable）と呼ばれる。たとえば，ソロー・モデルでは，変数 n, s, d の値が所与とみなされる。モデルがこれらの変数を決めることはないので，それらは外生変数である。しかしながら，n, s や d の値と生産関数 f の知識を所与とすると，変数 k, y, c の値を決めることができるので，これらの変数は内生的である。これを確認するため，図6.5 あるいは (6.11) 式が k の値を決めることに注意しよう。そのあとで，われわれは (6.5) 式を使って y を決めることができ，(6.8) 式を使って c を決めることができる。

経済学者が経済モデルを分析する場合，彼らが解答できる最も一般的なタイプの問題とは，ある外生変数の変化がすべての内生変数にどのような影響を及ぼすかというものである。たとえば，図6.6 での分析は，貯蓄率（外生変数）の上昇が，定常状態の k の値（内生変数）にどのような影響を及ぼすかを示している。そのあとで，(6.5) 式と (6.8) 式を使って，貯蓄率上昇のために定常状態の y と c の値がどのように変化するかを示すことができる。同様に，図6.7 は，人口成長率の上昇の影響を示している。同じように，われわれは生産関数 f を所与とみなしているので，図6.9 のように，生産性の変化が内生変数に及ぼす影響を分析することができる。

経済モデルの分析の中で生じるあるタイプの問題は，満足に提起されないか，あるいは有意味ではない。たとえば，内生変数が外生変数に対してどのような影響を及ぼすかを問うことは無意味である。そこで，誰かがあなたに「定常状態の資本ストックの増加が人口成長率に対してどのような影響を及

表6.4 中国，日本，アメリカの経済成長

	1人当たり実質GDP水準				
国	1870	1913	1950	2018	1870～2018年の年成長率
中国	945	985	799	13,102	1.8
日本	1,580	2,431	3,062	38,674	2.2
アメリカ	4,803	10,108	15,240	55,335	1.7

注：数値は，2011年米ドル価格表示で，各国通貨の購買力の差を調整済。
出所：Maddison-Project, *www.ggdc.net/maddion/maddison-project/home.htm*, 2020年版からのデータ。

ぼすか」を問うたとしよう。あなたの解答は，「ソロー・モデルでは人口成長率が外生変数なので，このモデルを使っては問題に解答することができない」ということになるであろう。その問題に解答するためには，あなたは，人口成長が外生変数よりも内生変数である別のモデルを必要とするであろう。外生変数と内生変数が適切に選択されたモデルを開発することは，経済研究者の最も重要な仕事の1つである。

もう1つの意味のない質問は，一方の内生変数が他方の内生変数に対してどのような影響を及ぼすかを問うことである。あなたは，「ソロー・モデルにおいて，定常状態の1人当たり消費 c の変化が定常状態の1人当たり資本 k に対してどのような影響を及ぼすか」という問題に解答することはできない。c と k はともに内生的であるために，あなたは最初に，外生変数のいかなる変化が c の変化を引き起こしたかを検討すべきである。c の変化の究極的な原因は，ある外生変数における何らかの変化か，あるいは，これも所与とみなされている生産関数における何らかの変化かのいずれかに違いない。

本書のこれ以降のモデルでは，どの変数が外生的で，どの変数が内生的であるかを識別することが，均衡条件の発見とともに，分析の主要部分となるであろう。

応用例：中国の成長

中国は近年，急成長を経験してきた。その規模（14億の人口）のために，

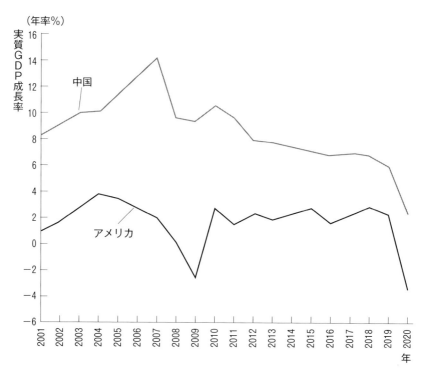

図 6.10　中国とアメリカの実質 GDP 成長（2001〜2020 年）
図は，2001〜2020 年の期間における中国とアメリカの実質 GDP 成長率の年次数値を示している。
出所：国際通貨基金（IMF），*World Economic Outlook*（*www.imf.org/en/Publications/WEO/weo-database/2021/October* から入手可能）からのデータ。

中国は次の世界的経済大国となることができるであろう。中国は，過去数十年に急成長を遂げたけれども，低い 1 人当たり GDP 水準からスタートしたのであり，中国の 1 人当たり GDP が先進国経済の 1 人当たり GDP に追いつくまでには長い道のりがある。

表 6.4 は，中国の 1 人当たり GDP が諸外国と肩を並べるまでには至っていないことを示している。さらにその上，中国の 1 人当たり実質 GDP は，1950 年にはその 80 年前の 1870 年よりも実際に低かったのである。1870 年における中国の 1 人当たり実質 GDP は日本の 1 人当たり実質 GDP の 65% であったにもかかわらず，最近の 2000 年でも，中国の 1 人当たり実質 GDP

は日本の約13％にすぎないのである。

近年，中国の1人当たり実質GDP成長は非常に急速であった。図6.10は，中国のGDP成長率とアメリカのGDP成長率を比較したものである。2001～2020年の期間における中国のGDP成長率は平均年率8.7％であった一方で，アメリカのGDP成長率は平均年率1.7％にすぎなかった。アナリストたちは，中国の急速な成長率の要因は資本投資の驚異的な増加，中央計画経済から市場経済への移行から一部生じた急速な生産性向上や諸外国との交易増加にあると考えてきた。

中国は，極めて高いGDP成長率を維持することができるであろうか。多数の諸外国の経験が示唆するのは，発展途上国が高度経済成長を遂げた期間のあと，しばしば経済成長がかなり減速したということである[24]。経済発展の初期段階では，中国のような発展途上国がアメリカのような先進国経済よりも急速に成長することは，しばしばある。こうした急成長が生じるのは，発展途上国が，労働などの十分に活用されていなかった資源をより効果的に利用したり，外国で開発されたより先進的なテクノロジーを活用したり，あるいは中央計画経済から，財産権保護を伴った市場経済への移行などの重要な経済的移行を行ったりするからである。しかし，発展途上国で経済成長が進むとともに，十分に活用されていなかった資源は豊富ではなくなり，テクノロジーは先進経済の水準に近づいていき，改善された経済システムへの移行がもたらす便益はほぼ使い果たされていく。その時点で，経済成長は不可避的に減速する。将来に目を向けると，中国の成長がいつ減速するかとか，どれだけ減速するかについて述べることはできない。しかしながら，2018年の1人当たりGDP水準からスタートすると，中国が1人当たりGDPを年率10％で何とか増加させようとする一方，アメリカの1人当たりGDPがわずか年率1％で成長するならば，中国の1人当たりGDPがアメリカの1人当たりGDPに追いつくには約17年かかるであろうということは言える。しかし，中国の1人当たりGDP成長率が平均年率5％程度（それでも非常にめざましい成長率である）となる一方，アメリカの1人当たりGDPが年率

---

[24] Barry Eichengreen, Donghyun Park, and Kwanho Shin, "When Fast Growing Economies Slow Down: International Evidence and Implications for China," *Asian Economic Papers*, Winter/Spring 2012, pp. 42-87 を見なさい。

1%で成長するならば，中国の1人当たりGDPがアメリカの水準に追いつくには37年かかるであろう。

6.3 内生的成長理論

　経済成長に関する伝統的なソロー・モデルは非常に有益であることがわかったが，それにもかかわらず，経済成長のモデルとしては少なくとも1つの重大な欠点がある。ソロー・モデルによると，生産性向上は，1人当たり産出量の長期的成長の唯一の源泉であるので，長期的経済成長を完全に説明するには，生産性向上の説明が求められる。しかしながら，ソロー・モデルでは，生産性上昇率は単に所与として扱われるだけで，それがどのように決まるかについての説明がない。つまり，ソロー・モデルは，1人当たり産出量の長期的成長率の重要な決定要因の行動について，それを説明するよりもむしろ仮定しているのである。いい換えれば，ソロー・モデルでは，生産性は外生変数なのである。

　こうしたソロー・モデルの欠点を受けて，生産性向上，つまり産出量の成長率を内生的にあるいはモデルのなかで説明しようとするために，新たな成長理論の分野として**内生的成長理論**（endoneous growth theory）が展開されてきた[25]。以下で見るように，内生的成長理論が含意する重要な点は，一国の長期成長率は（ソロー・モデルによって含意されるような）外生的な生産性向上だけでなく，その国の貯蓄・投資率にも依存しているということである。

　ここでわれわれは，労働者数を一定とする単純な内生的成長モデルを提示する。労働者数一定という条件は，労働者1人当たり産出量の成長率が産出量成長率と単純に一致することを意味する。われわれの単純な内生的成長モ

---

[25] 内生的成長理論に関する初期の2つの重要論文は，Paul Romer, "Increasing Returns and Long-Run Growth," *Journal of Political Economy*, October 1986, pp.1002-1037 および Robert E. Lucas, Jr., "On the Mechanics of Economic Development," *Journal of Monetary Economics*, July 1988, pp.3-42 である。内生的成長理論に関するもっと理解しやすい解説として，Paul Romer, "The Origins of Endogenous Growth," *Journal of Economic Perspectives*, Winter 1994, pp.3-22 がある。

デルは，以下の集計的生産関数にもとづく。すなわち，

$$Y = AK \tag{6.12}$$

ここで，Y は総産出量であり，K は総資本ストックである。(6.12) 式におけるパラメーター A は，正の定数である。(6.12) 式の生産関数によると，何単位の資本が生産に使用されるかとは無関係に，資本の追加 1 単位は産出量を A 単位だけ増加させる。資本の限界生産力は A に等しく，資本ストック K の大きさには依存しないために，(6.12) 式の生産関数は，資本の限界生産力逓減を含意していない。限界生産力が逓減せずにむしろ一定であるという仮定は，ソローの成長モデルから離脱する鍵となっている。

内生的成長の理論家たちは，全体としての経済について資本の限界生産力が逓減しないのはなぜかを説明するために多数の理由を提示してきた。1つの説明は，個々人の知識・スキル・訓練に対して経済学者が名付けた用語である**人的資本**（human capital）の役割を強調するものである。経済が資本を蓄積し，より豊かになるとともに，栄養の改善・学校教育・医療・職場訓練を通じて，より多くの資源が「人間への投資」に充当される。こうした人々への投資は，一国の人的資本を増加させ，このことが次に生産性を向上させる。人的資本ストックが一定のままで物的資本ストックが増加すると，物的資本の各単位はより少量の人的資本を使って力を発揮せざるをえなくなるので，物的資本の限界生産力逓減が生じるであろう。内生的成長理論は，経済の物的資本ストックが増加するとともに，その人的資本も同じ比率で増加する傾向があると論じている。したがって，物的資本ストックが増加する場合，物的資本の各単位は以前と同じ量の人的資本を使って力を発揮するので，資本の限界生産力が逓減する必要がない。

資本の限界生産力一定についての第二の合理的説明は，成長経済のもとで企業は研究・開発（R&D）活動に着手する誘因をもつという観察をもとにしている。こうした活動は，新製品や新生産技術を含め，商業的価値のある知識のストックを高める。こうした R&D に焦点をあてた説明によると，資本と産出量の増加は，技術的ノウハウの増加をもたらす傾向があり，その結果として生じる生産性向上が資本の限界生産力逓減化傾向を相殺する。

人的資本の増加や研究・開発などの要因を考慮すれば，(6.12) 式のような

生産関数によって全体としての経済を合理的に説明できるという理由について検討を加えたので，ここで (6.12) 式の含意することを解明してみよう。ソロー・モデルのときと同じように，国民貯蓄 S は総産出量 AK の一定割合 s であり，$S = sAK$ であると仮定しよう。閉鎖経済では，投資と貯蓄は一致しなければならない。総投資は，純投資（資本ストックの純増）と資本減耗の合計に等しいこと，つまり $I = \Delta K + dK$ であることを想起せよ。したがって，投資と貯蓄が等しいとおけば，以下の式を得る。

$$\Delta K + dK = sAK \tag{6.13}$$

次に，(6.13) 式の両辺を K で割り，その結果得られた式の両辺から d を差し引けば，以下の資本ストック成長率を得る。

$$\frac{\Delta K}{K} = sA - d \tag{6.14}$$

産出量は資本ストックに比例するので，産出量の成長率 $\Delta Y/Y$ は資本ストックの成長率 $\Delta K/K$ に等しい。したがって，(6.14) 式は，以下の関係を含意する。

$$\frac{\Delta Y}{Y} = sA - d \tag{6.15}$$

(6.15) 式は，内生的成長モデルにおいて，産出量の成長率が貯蓄率 s に依存していることを示している。われわれは，時間を通じて労働者数が一定であると仮定しているので，労働者1人当たり産出量は (6.15) 式で与えられる産出量の成長率と等しく，したがって貯蓄率 s に依存している。貯蓄率が長期の産出量成長率に影響を及ぼすという結果は，貯蓄率が長期の成長率に影響しないとするソロー・モデルの結果とは著しく違っている。内生的成長モデルの枠組みにおいて貯蓄が長期的成長に影響を及ぼすのは，この枠組みでは，より高い貯蓄率と資本形成率が人的資本と R&D への投資増加を刺激するからである。結果として生じる生産性の向上は，長期的成長を加速するのに役立つ。要約すると，内生的成長モデルは，長期的成長の源泉としての貯蓄，人的資本形成や R&D の役割をソロー・モデルよりも重視している。

内生的成長理論のアプローチには，少なくとも2つの次元で有望な展開が期待できるように思われる。第一に，内生的成長理論は，経済の生産性上昇率を仮定するよりもむしろ説明しようとしている。第二に，内生的成長理論は，政府の政策によって影響されうる一国の貯蓄率などの要因に長期の産出量成長率がどのように依存しているかを示している。この領域で研究している多くの経済学者は楽観的であり，生産性向上の基礎にある創造的な過程について内生的成長理論がいっそうの洞察を与えると同時に，世界の最貧困諸国が生活水準の大幅向上を達成するのを支援するために適用できる教訓を内生的成長理論が提示していると考えている。

6.4 長期的生活水準を引き上げるための政府の政策

政治指導者たちは，長期における成長拡大や生活水準向上を主要な政策目標としてしばしば取り上げる。以下では，一国の長期的な生活水準の引き上げに役立つかもしれない政府の政策を詳しく見てみよう。

貯蓄率に影響を及ぼす政策

ソロー・モデルは，国民貯蓄率が長期的な生活水準の主な決定要因であることを示唆する。しかしながら，この結論は，政策立案者は貯蓄率の引上げに努めるべきだということを必ずしも意味しない。なぜなら，貯蓄の増加は短期的には消費の削減を意味するからである。実際，もし自由市場の「見えざる手」が有効に機能するならば，個人が自由に選択した貯蓄率は，貯蓄増加による便益（将来の生活水準の向上）と費用（現在消費の削減）を最適に均衡させる水準になっているはずである。

貯蓄の決定は私人や自由市場に委ねることが最善であるという議論にもかかわらず，アメリカ人があまり貯蓄をしないのでアメリカの政策は貯蓄率の引上げを目的にすべきであると主張する人がいる。この主張を正当化する1つの理由は，現行税法は貯蓄収益の一部を課税で取り去り，貯蓄に対して差別をしているというものである。そこで，「貯蓄優遇」政策がこうした偏向を相殺するために必要とされる。もう1つの正当化は，アメリカ人が貯蓄決定

ではあまりにも近視眼的に考えるので，貯蓄を奨励する必要があるというものである。

　貯蓄を増加させるにはどのような政策を用いることができるだろうか。もし貯蓄が実質利子率に非常に敏感ならば，貯蓄家が受け取る実質収益を増加させる優遇税制措置が効果的であろう。たとえば，どれだけ稼いだかではなくどれだけ消費したかにもとづいて家計に課税し，所得のうち貯蓄される分は非課税とすることを提唱する経済学者がいる。しかし第4章で述べたように，貯蓄家にとっての期待実質収益が増加すると貯蓄が増加するように思われるが，ほとんどの研究はこの反応が小さいことを見出している。

　国民貯蓄率を高めるための代替的な，そしておそらくより直接的な方法は，政府の貯蓄額を増やすことである。いい換えれば，政府は赤字を減らすか，黒字を増やすことを試みるべきである。「双子の赤字」論争の分析（第5章）では，政府購入を減らして赤字を減少させることが国民貯蓄の増加につながることを示した。多くの経済学者はまた，赤字削減や黒字増加のための増税も，人々の消費を減らすことによって国民貯蓄を増加させるであろうと論じている。しかしながら，リカードの等価定理の信奉者は，現在のあるいは計画された政府購入の変更を伴わない増税は消費や国民貯蓄に影響を及ぼさないであろうと主張している。

生産性上昇率を高めるための政策

　持続的な生産性向上のみが労働者1人当たりの産出量と消費の持続的改善をもたらすことができるとするソロー・モデルによれば，長期的生活水準に影響を及ぼす要因のなかで，生産性上昇率がおそらく最も重要なものであろう。政府は，生産性を上昇させる政策をいくつかの方法を用いて実施することができる[26]。

インフラストラクチャーの改善　いくつかの研究成果は，生産性と一国の

---

[26] 内生的成長理論によると，貯蓄率の上昇は，生産性上昇率を高め，結果として1人当たりの産出量と消費の成長率を増加させる。したがって，以下で議論される政策に加え，政府は，貯蓄率を高めようと試みることで生産性上昇率を高めようとするかもしれない。

インフラストラクチャー（高速道路，橋，公益事業，ダム，空港，および他の公的機関所有の資本，以下インフラと略す）の質とのあいだに重要な関連があることを示唆している[27]。たとえば，アメリカの州と州を結ぶ高速道路システムの建設によって，財の輸送費が大幅に削減され，観光産業などの産業が活性化した。過去10年間にアメリカ政府のインフラ投資率が低下し，これによって公共資本の質と量の低下を招いた[28]。経済学者の中には，この傾向を逆転させることが生産性を向上させるのに役立つと論じている人もいる。しかしながら，より多くのインフラ投資が必要であることをすべての人が認めているわけではない。たとえば，生産性向上とインフラのあいだの関連が明らかでないことを指摘した批判がいくつかある。もし豊かな国ほど道路や病院をつくる傾向があるならば，おそらくは，より高い生産性向上がより多くのインフラをもたらしているのであって，その逆ではない。また，政府によるインフラ投資が経済的効率を促進させること以上に政治的思惑（たとえば，議会の有力議員の地域を優遇する）が関与していることを憂慮する声もある。

人的資本形成　最近の研究成果は，生産性向上と人的資本のあいだに強いつながりがあることを指摘している。政府は，教育政策，労働者の訓練・再配置プログラム，保健プログラムなどの方法を通して，人的資本の発展に影響を及ぼしている。個々のプログラムについては，その便益が費用を超えるかどうかが注意深く検討されるべきであるが，生産性向上を高める方法として人的資本形成を推進することには論拠がある。

　これまで言及してこなかった人的資本の1つの重要な形態は，企業家的スキルである。成功を収める新規事業を起こす，あるいは新製品を市場に投入する能力をもった人々は，経済成長において主要な役割を演じる。もし政府

---

[27] たとえば，John G. Fernald, "Roads to Prosperity: Assessing the Link Between Public Capital and Productivity," *American Economic Review*, 89 (June 1999), pp. 619-638 を見なさい。

[28] データと議論については，"Trends in Public Spending on Transportation and Water Infrastructure, 1956 to 2014," Congressional Budget Office, March 2015 (*www.cbo.gov/sites/default/files/cbofiles/attachments/49910-Infrastructure.pdf* から入手可能) を見なさい。

が企業家的活動に対する不必要な障壁（たとえば行き過ぎた官僚主義）を取り除いて，企業家的スキルをもった人々にこれらのスキルを生産的に使うという強い誘引を与えるならば，生産性向上が高まるかもしれない[29]。

研究・開発の奨励　政府はまた，科学・技術進歩率に影響を与えることによって，生産性向上を刺激することができるかもしれない。アメリカ政府は，（たとえば，全米科学財団を通して）多くの基礎的科学研究を直接的に支援している。そうした支援を行う合理的根拠は，発明者たちの発明が社会に大きな便益をもたらすとしても，発明者たちが自分たちの発明から利益を得ることがしばしば困難であるという事実から生じる[30]。それゆえに，政府の支援がないと，民間部門が行う研究・開発は，社会的最適水準を下回るであろう。社会に便益をもたらすことが証明されてきた研究開発に対する政府支援の事例には，ハイブリッド（交配種）トウモロコシ種子，遺伝子工学，リチウムイオン電池，がん研究がある。

　政府は，政府研究機関への資金供与，研究者への資金助成，特定プロジェクトへの民間部門委託先の参加，租税誘因の提供など，多様なメカニズムを通して研究開発を支援することができる。政府支援の研究開発は，迅速な報酬をもたらす投資というよりもむしろ，将来の長期にわたる生活水準の改善を目的とする長期的投資であるといことに留意することが重要である。たとえば，インターネットが1990年代まで広く利用されることはなかったとしても，インターネットの基礎は，1970年代と1980年代の研究が生み出したものである。最後に，政府は，教育政策を通して研究開発を支援することができる。たとえば，政府は，学生たちが科学者やエンジニアになるように奨励することができるであろう。

---

[29] 企業家的活動および企業家的活動が生産性にどのような影響及ぼすかに関する議論については，Douglas Holtz-Eakin and Chihwa Kao, "Entrepreneurship and Economic Growth: The Proof is in the Productivity," Center for Policy Research working paper 50, Syracuse University, February 2003 を見なさい。

[30] 本節での議論は，連邦準備理事会議長ベン・バーナンキのジョージタウン大学での2011年5月16日の演説 "New Building Blocks for Jobs and Economic Growth," にもとづく。以下のウェブサイト *www.federalreserve.gov/newsevents/speech/bernanke20110516a.htm* から入手可能。

応用例：アメリカにおける所得分布の変化

　本章では，1人当たりGDPに焦点をあてたものの，それは人々の所得についてわれわれが知りたいであろうすべてのことを語るものではない。もう1つの有益な尺度は，家計間の所得分布である。

　たとえば，ある国の1人当たり所得が年5万ドルであると仮定しよう。全員の所得が5万ドルの前後数千ドルの範囲内にある社会と，その代わりに，極端に高所得を得る少数の人々がいる一方で大多数の人々が貧困のもとで暮らしている社会とでは，同じ所得水準であってもその意味することが大きく異なるであろう。それでは，アメリカの所得分布はどのようなもので，時間とともにどのように変わってきたのだろうか。

　ローレンツ曲線（Lorenz curve）は，所得分布をグラフで表したものである。図6.11は，1967年と2020年のローレンツ曲線を表している。横軸は，最低所得から最高所得まで順位を付けたときの累積人口シェアを表している。縦軸は，その点までの人口の累積所得シェアを表している。その結果，このグラフでは，家計間での2020年の所得分布が1967年の所得分布よりも不平等であることが示されている。

　所得分布を簡単な数値尺度で表したものがジニ係数である。ある年のジニ係数を計算するために，図6.11におけるローレンツ曲線と45度線とで囲まれた面積を計算し，この面積を45度線の下の面積で割る。全員が完全に同一の所得をもっている経済では，ローレンツ曲線は45度線となるだけであり，ジニ係数はゼロとなるであろう。その対極として，1人が所得のすべてを得る一方，残りの全員が所得ゼロである経済では，ローレンツ曲線は，全所得を得ている1人を除く全員については横軸線上に位置することになる。この場合，ジニ係数は1に等しいであろう。このようにして，より大きなジニ係数ほど，より大きな所得不平等を示していることが確認できる。

　1967〜2020年のデータを用いて，図6.12には，1967〜2020年の各年におけるジニ係数をプロットしている。このプロットから，ジニ係数が時間とともに上昇傾向にあり，44年間にわたって所得不平等が拡大していることが示される。

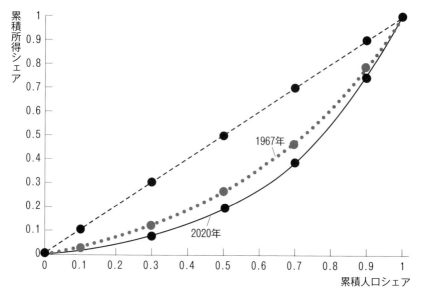

図 6.11　1967 年と 2020 年のローレンツ曲線
1967 年と 2020 年のローレンツ曲線は，両年の所得分布を例証したものであり，最低所得から最高所得までの人々を順位づけた累積人口シェアとその総所得シェアをプロットしている。曲線は，2020 年のほうが 1967 年よりも外側にあり，これは 2020 年の所得分布がより不平等であることを示している。
出所：アメリカの国勢調査局，Income Inequality Dara Table A-5, *www.census.gov/topics/income-poverty/income-inequality/data/data-tables.html*。

　所得不平等が拡大している経済にはどのような帰結が待っているのか。議会証言の中で，ブルッキングス研究所のメリッサ・キーニー（Melissa Kearney）は，不平等拡大について3つの主要な観察を指摘した[31]。第一に，不平等拡大の大部分は，高レベルのスキルをもった労働者の報酬が増加したことによって生じた。第二に，不平等拡大は，富者と貧者のあいだでの教育ギャップの拡大を招いており，それは将来的にさらなる不平等につながるだろう。第三に，機会が欠如しているという認識が所得分布の底辺にいる人々の上昇意欲を妨げるならば，不平等拡大はいつまでも続くものとなりうる。

---

[31] 2014 年 1 月の連邦議会合同経済委員会を前にした証言「アメリカにおける所得不平等」。

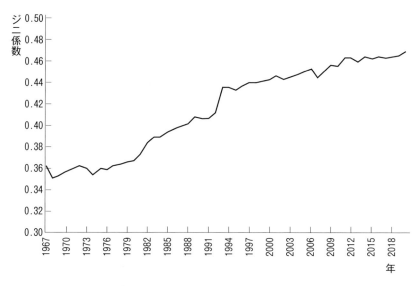

図6.12 アメリカのジニ係数（1967〜2020年）
1967年から2020年までのジニ係数が全体的に上昇しているのは，アメリカの所得分布が時間とともにより不平等になっていることを示している。
出所：アメリカ国勢調査局，Income Inequality Dara Table A-5, *www.census.gov/topics/income-poverty/income-inequality/data/data-tables.html*。

章の要約

1. 経済成長は時間とともに生活水準を改善する主要な源泉である。成長率のわずかな差でさえ，長期的には国民の生活水準に大きな影響を与えることができる。
2. 成長会計は，総産出量の成長を，資本投入量の成長による部分，労働投入量の成長による部分，および生産性向上による部分に分ける方法である。アメリカにおいて，3つの要素すべてが長期の経済成長に寄与してきた。しかしながら，1973年以降のアメリカ（および他の諸国）における産出量成長の減速は，主に生産性向上の急激な下落を反映している。1990年代後半における産出量成長の加速は，主に情報通信技術の向上による生産性向上の加速と無形資本への投資が結びついたことに起因する。
3. ソローの経済成長モデルでは，長期の成長，貯蓄および資本蓄積の相互作用を検討する。ソロー・モデルによれば，生産性向上がないとき，経済は，労働者1人当

たり産出量・消費・資本が一定である定常状態に到達するであろう。
4. ソロー・モデルによると，貯蓄率の上昇，人口成長率の下落，および生産性の向上のいずれもが，労働者1人当たり産出量・消費・資本を長期的に増加させる。
5. 内生的成長理論は，経済全体の生産性向上を仮定するよりもむしろ説明しようと試みる。このアプローチの第一の流れは，労働者によるスキルの取得や訓練を含めた人的資本の形成を強調する。第二の流れは，企業による研究・開発活動に焦点をあてる。内生的成長の理論家たちは，資本や産出量の成長が人的資本や発明の増加を引き起こすために，全体としての経済については資本の限界生産力が逓減しないであろうと論じている。この理論が含意する点は，長期的な経済成長率に貯蓄率が影響を及ぼしうるということである。
6. 長期的生活水準を引き上げる政府の政策として，貯蓄率を引き上げる政策と生産性を向上させる政策がある。生産性を向上させる方法として，公共資本（インフラストラクチャー）への投資，人的資本形成の促進，および研究・開発の増加が考えられる。

キーワード

黄金律の資本・労働比率	人的資本	内生的成長理論
外生変数	成長会計	成長会計
均衡条件	成長会計式	
資本・労働比率	定常状態	

重要方程式

$$\frac{\Delta Y}{Y} = \frac{\Delta A}{A} + a_K \frac{\Delta K}{K} + a_N \frac{\Delta N}{N} \tag{6.2}$$

成長会計式によれば，産出量の成長率 $\Delta Y/Y$ は生産性上昇率 $\Delta A/A$，資本の成長率 $\Delta K/K$ および労働の成長率 $\Delta N/N$ に依存する。生産の資本に関する弾力性 a_K は，資本が1%増加するときに生じる産出量の増加割合である。生産の労働に関する弾力性 a_N は，労働が1%増加するときに生じる産出量の増加割合である。

$$y_t = f(k_t) \tag{6.5}$$

任意の年 t における労働者1人当たりの生産関数は，労働者1人当たり産出量 y_t を労働者1人当たり資本（資本・労働比率とも呼ぶ）k_t に関連づける。

$$c = f(k) - (n+d)k \tag{6.8}$$

定常状態の労働者1人当たり消費 c は，定常状態の労働者1人当たり産出量 $f(k)$ から，定常状態の労働者1人当たり投資 $(n+d)k$ を控除したものに等しい。定常状態の労働者1人当たり産出量は，労働者1人当たりの生産 $f(k)$ によって決定される。ここで，k は定常状態の資本・労働比率である。定常状態の労働者1人当たり投資は，2つの部分から構成される。つまり，新規労働者に労働者1人当たり資本ストックを装備するために使われる部分 nk と，摩耗あるいは減価した資本を置換するために使われる部分 dk である。

$$sf(k) = (n+d)k \tag{6.11}$$

定常状態は，労働者1人当たり貯蓄 $sf(k)$ が定常状態の労働者1人当たり投資 $(n+d)k$ に等しいという条件によって決定される。労働者1人当たり貯蓄は，貯蓄率 s に労働者1人当たり産出量 $f(k)$ を掛けた値に等しい。

$$Y = AK \tag{6.12}$$

内生的成長理論は，資本の限界生産力が逓減するという仮定を取り去って，資本の限界生産力は資本ストック水準に依存しないという仮定に置き換える。総産出量 Y を総資本ストック K に関連づける（6.12）式の生産関数では，資本の限界生産力は一定であり，パラメーター A に等しい。

$$\frac{\Delta Y}{Y} = sA - d \tag{6.15}$$

内生的成長モデルでは，産出量の成長率 $\Delta Y/Y$ は，貯蓄率 s によって内生的に決定される。貯蓄率の上昇は，産出量の成長率を高める。

復習問題

1. 成長会計アプローチによると，経済成長の3つの源泉とは何か。どのような基礎的経済関係から成長会計アプローチが導出されるのか。
2. 成長会計によって確認された成長の3つの源泉のうち，どれが1973年以降のアメリカの経済成長減速の主因か。こうした成長の源泉の減退について，どのような説明がなされたのか。
3. テクノロジーは，1990年代におけるアメリカの経済成長をどのように高めたのか。
4. 定常状態は何を意味するかについて説明しなさい。ソロー・モデルでは，定常状態において一定の変数はどれか。
5. ソローの経済成長モデルによると，もし生産性向上がないならば，労働者1人当たり産出量・消費・資本は長期的にどうなるのか。
6. 真か偽か。定常状態の資本・労働比率が高ければ高いほど，各労働者が長期的に享受できる消費が増加する。あなたの答えを説明しなさい。

7. ソロー・モデルによれば,次のことは長期的生活水準にどのような影響を及ぼすだろうか。
   a. 貯蓄率の増加
   b. 人口成長率の増加
   c. 1回かぎりの生産性の改善
8. 内生的成長理論によると,生産性向上を説明する2つの説明とは何か。内生的成長モデルにおける生産関数は,ソロー・モデルにおける生産関数とはどのように異なるのか。
9. 経済成長を促進したいと考える政府にとって,どのようなタイプの政策が利用可能か。あなたがあげたそれぞれの政策のタイプについて,その政策がどのように機能するかを簡単に説明し,その政策に関わる費用や欠点をあげなさい。内生的成長理論は,貯蓄率の上昇などのさまざまな成長促進政策の有効性に関するわれわれの考えをどのように変えるだろうか。

演習問題

1. ある経済における資本投入量 K と労働投入量 N の数値が,4カ年について以下のように報告された。

年	K	N
1	200	1,000
2	250	1,000
3	250	1,250
4	300	1,200

   この経済の生産関数は,
   $$Y = K^{0.3} N^{0.7}$$
   である。ここで,Y は総産出量である。
   a. 各年の総産出量,資本・労働比率,労働者1人当たり産出量を求めなさい。1年目と3年目,2年目と4年目について比較しなさい。この生産関数は労働者1人当たりの形で書くことができるか。もしそうであれば,労働者1人当たりで定義された生産関数を代数的に表しなさい。
   b. 生産関数を $Y = K^{0.3} N^{0.8}$ と仮定して,問題(a)を繰り返しなさい。
2. ある経済の労働者1人当たり生産関数は次のとおりである。
   $$y_t = 3k_t^{0.5}$$
   ここで,y_t は労働者1人当たり産出量,k_t は資本・労働比率である。償却率は0.1,人口成長率は0.05である。貯蓄関数は,
   $$S_t = 0.3 Y_t$$
   である。ここで,S_t は総国民貯蓄,Y_t は総産出量である。

a. 定常状態の資本・労働比率，労働者1人当たり産出量，労働者1人当たり消費のそれぞれの値はいくらか。

以下の問題は，長期的生活水準に関する3つの基礎的決定要因が変化した場合の影響を示している。

b. 貯蓄率を 0.3 ではなく 0.4 として，問題（a）を繰り返しなさい。

c. 人口成長率が 0.08 に上昇するとして（貯蓄率は 0.3 に戻す），問題（a）を繰り返しなさい。

d. 生産関数を，
$$y_t = 4k_t^{0.5}$$
として，問題（a）を繰り返しなさい。ただし，貯蓄率と人口成長率の値はもとのままである。

3. この問題は，ソロー・モデルに政府購入を追加した問題である。毎年の労働者1人当たり政府購入を g, t 年の労働者数を N_t，総政府購入を gN_t としよう。政府は，t 年の税収 T_t が総政府購入に等しくなるように均衡予算を組む。総国民貯蓄 S_t は，
$$S_t = s(Y_t - T_t)$$
である。ただし，Y_t は総産出量，s は貯蓄率である。

a. 労働者1人当たり政府購入の最初の水準に対応する定常状態を図で示しなさい。

b. 政府が労働者1人当たり政府購入を恒常的に増加するものとしよう。これは，労働者1人当たりの資本，労働者1人当たりの産出量，労働者1人当たりの消費の定常状態の水準に対してどのような影響を及ぼすのか。政府購入の最適水準がゼロであるという結果は得られるか。

4. 閉鎖経済のもとで，人口と労働力がともに年率 1%（$n = 0.01$）で成長する。消費は，$C = 0.5(1-t)Y$ である。ここで，t は所得に対する税率，Y は総産出量である。労働者1人当たり生産関数は $y = 8\sqrt{k}$ である。ここで，y は労働者1人当たり産出量，k は資本・労働比率である。資本の償却率は，年率 9%（$d = 0.09$）である。さしあたり政府購入はなく，所得に対する税率は $t = 0$ であると仮定しよう。

a. 労働者1人当たりの国民貯蓄と定常状態の労働者1人当たり投資水準を，資本・労働比率 k の関数として表しなさい。定常状態では，資本・労働比率，労働者1人当たり産出量，労働者1人当たり消費，労働者1人当たり投資のそれぞれの値はいくらか。

b. 政府が財を毎年購入し，所得に対する税金を使ってその支払に充てると仮定しよう。政府は均衡予算を毎期編成し，所得に対する税率は $t = 0.5$ である。問題（a）を繰り返し，2つの結果を比較しなさい。

マクロ経済データを使った演習問題

データについては,セントルイス連邦準備銀行の FRED データベース *fred.stlouisfed.org* を利用しなさい。

1960 年以降のアメリカの資本・労働比率を図示しなさい(資本の指標として BEA ウェブサイト,*www.bea.gov*,表 6.2 の固定資産セクションにある民間固定資産を,労働の指標として民間雇用を使用する)。第 2 次世界大戦後において定常状態への収束を示す証拠はあるか,議論しなさい。次に,労働者 1 人当たり実質産出量・実質消費をグラフ化しなさい。ソロー・モデルによれば,この 2 つの変数の上昇トレンドに対する 2 つの基本的な説明は何か,議論しなさい。資本・労働比率の上昇が止まっても,労働者 1 人当たりの産出量・消費は成長し続けることができるか,議論しなさい。

第7章
資産市場，貨幣，および物価

学習の目的
7.1 貨幣を定義し，その機能について説明し，アメリカにおける貨幣の測定方法について説明する。
7.2 人々が所有する資産をどのように選択するかに影響を与える要因について説明する。
7.3 貨幣需要に影響を与えるマクロ経済変数について検討する。
7.4 資産市場均衡の基礎について説明する。
7.5 貨幣成長とインフレーションの関係について説明する。

　マクロ経済モデルにおける3つの市場のうち，労働市場と財市場の2つの市場について第3章と第4章で論じた。この章では，第3番目の市場である資産市場について論じよう。**資産市場**（asset market）とは，たとえば金，住宅，株式および債券などの実物および金融資産を人々が売買する市場全体のことである。
　マクロ経済においてとくに重要だと長いあいだ信じられてきた資産は，貨幣である。貨幣とは，現金や当座預金といった支払に用いることのできる資産に対して，経済学者が用いる用語である。貨幣が重要である理由の1つは，たいていの価格がドルや円またはユーロなどの貨幣単位で表示されているからである。価格が貨幣単位で測られるので，経済における貨幣の役割を理解することが，インフレやその原因などの物価水準に関連した諸問題を研究するうえでの基礎となる。さらに，多くの経済学者は，経済における貨幣量が，産出量や雇用などの実物経済変数に影響を及ぼすと信じているからである。もしそうであるならば，第Ⅲ部で議論するように，安定した経済成長を達成するためや失業をなくすために金融政策を行うことは可能かもしれない。
　貨幣がこのように大変重要な資産であるので，まず資産市場に焦点をあて

て議論しよう。本章の最初の節で，貨幣とは何か，そしてなぜ人々はそれを保有しようとするのかを説明する。人々がどれだけ貨幣を保有するのか（貨幣需要）という決定は，所有する富を利用可能な資産のあいだでどのように配分するのかという決定の一部分であることを示す。次に，資産市場における均衡を分析するために，貨幣需要と中央銀行が決定する貨幣供給を導入する。この分析によって，経済全体の物価水準は貨幣量と密接な関係があることがわかる。したがって，高インフレ率，すなわち物価の急上昇は，マネーサプライ（貨幣供給量）が急激に増加するときに生じやすいのである。

7.1 貨幣とは何か

　経済学において使われる貨幣という用語の意味は，日常的に用いられる意味と違っている。人々は「あの仕事はお金が高い」とか「彼女の家はお金持ちだ」などのように，所得や富を意味するときにお金という言葉をしばしば用いる。しかしながら，経済学において**貨幣**（money）は，とくに支払手段として広く用いられ認められている資産のことをさす。歴史的に見れば，貨幣の形態は，ガラス玉や貝殻から金や銀，さらにはタバコにまで及んでいる（「データとリサーチにふれよう：捕虜収容所での貨幣」を参照）。現代の経済における最も典型的な貨幣形態は，硬貨と紙幣，すなわち**現金通貨**（currency）である。貨幣の他の典型的な形態としては，小切手を支払のために使うことができる当座預金や銀行口座がある。

貨幣の機能

　古代以来，最も原始的な社会から多様な政治・経済システムをもち高度に分業化された社会まで，ほとんどすべての社会において貨幣は用いられてきた。貨幣は経済において，交換手段，計算単位，および価値貯蔵手段という3つの有用な機能をもっている。

交換手段　貨幣が存在しない経済では，取引は物々交換，あるいはある財と他の財の直接交換の形態をとらなければならない。今日でさえも，仲間同士

で財・サービスを交換する物々交換クラブに属している人々がいる。しかし，一般的に，欲しい財をもっていて，もっている財と喜んで引き換えてくれる相手を見つけるのは難しく，時間がかかるから，物々交換は取引をするうえで非効率な方法である。たとえば，物々交換システムでは，もし本書の著者の1人がレストランで食事をしたいと思ったならば，まずそのレストランの料理と経済学の講義を交換してくれるレストラン経営者を探さなければならない。しかしこれは困難であろう。

　貨幣を用いることによって，自分と取引してくれる完全なパートナーを探す必要はなくなる。つまり，貨幣経済においては，経済学の教授は知識欲が旺盛なレストランのオーナーを探す必要はない。代わりに，教授は最初に貨幣と引き換えに学生たちに経済学の講義をし，次に食事をするために貨幣を利用すればよいのである。貨幣が**交換手段**（medium of exchange），または取引の装置としての機能をもっているから，人々は時間と労力を節約して取引ができる。さらに，交換手段をもつことで，人々は最も得意とする経済活動に特化することができ，生産性が向上する。貨幣経済では，特化した生産者たちは，自分たちが必要とする財・サービスと自分たちが生産した財・サービスとを取引するのに何も問題が起こらない。しかし，物々交換経済では取引が困難であるので，人々はほとんどの衣食住に関する財・サービスを自らの手で作らざるをえない。したがって，物々交換経済では，特化する機会が著しく減ることになる。

計算単位　貨幣は**計算単位**（unit of account）として機能する。すなわち，貨幣は経済価値を測るための基礎的な単位である。たとえば，アメリカでは，事実上すべての価格，賃金，資産価値，および負債はドル表示である。経済価値を単一的，統一的に測ることは便利である。たとえば，ある財を円，または金で，あるいはまた別の財をマイクロソフトの株式で価格づけをするのではなく，アメリカにおけるすべての財の価格をドル表示するならば，異なる財を簡単に比較することができる。

　貨幣の交換手段と計算単位の機能は密接につながっている。財・サービスが頻繁に貨幣と交換される（交換手段の機能）ので，経済価値を貨幣単位で表示する（計算単位の機能）ことは自然である。そうでなければ，経済価値

データとリサーチにふれよう
捕虜収容所での貨幣

　第2次世界大戦が終わり，ドイツの捕虜収容所（POW）から解放された連合軍兵士の中に，R・A・ラドフォードという名前の青年がいた。ラドフォードは経済学を学んでいたので，帰国後間もなく「捕虜収容所（POW）の経済組織」という題の論文を発表した[1]。経済学の文献上少し古典的であるが，この論文はいくつかの捕虜収容所での兵士の日常生活を興味深く述べたものである。これは，収容所で自発的にできあがった原始的な「経済」にとくに焦点をあてている。

　捕虜収容所での経済活動の範囲は著しく制限されていたようであるが，ある程度はその通りだった。収容所内では，洗濯や洋服の仕立て，さらには肖像画の作成などのサービスの取引はなされていたが，財の生産はほとんどなされなかった。しかし，捕虜たちは，収容所内を自由に動きまわることが許されており，赤十字やドイツ人，あるいは他の場所から得た財を活発に取引していた。交換された財は，缶詰の牛乳，ジャム，バター，ビスケット，チョコレート，砂糖，衣服，トイレ用品などであった。5万人を上回る多くの国籍の捕虜がいたある特別な収容所のなかに，捕虜たちによって運営される活発な取引所があった。

　実務上の重要な問題は，どのように取引を行うか，ということであった。まず，収容所での経済取引は物々交換によって行われていたが，それは時間がかかり，非効率な取引方法であることがわかった。それから，捕虜たちはタバコを貨幣として利用することを思いついた。まもなく，すべての財の価格はタバコを単位として表示され，またタバコはすべての財・サービスの取引の支払に利用された。たとえ煙草を吸わない捕虜でも，他の欲しい財をタバコと簡単に交換できることを知っていたので，喜んでタバコを取引の支払手段として受け取った。タバコ貨幣の利用によって取引が大幅に簡単になり，収容所の経済がより円滑に機能するようになった。

　なぜ，他の商品よりもタバコが捕虜収容所で貨幣として利用されたのであろうか。タバコは良い貨幣としての多くの基準を満たしていた。すなわち，タバコは買い手と売り手の両者にとってその価値が確かめやすく，公平に標準化された商品であった。個々のタバコは「交換」をするのに支障をきたさないくらい大変価値が低く，もち運びやすく渡しやすく，そしてすぐに劣化することがないのである。

　欠点は，商品貨幣（代替的な用途をもつ貨幣）として，タバコ貨幣には資源費用がかかることだった。つまり，貨幣として使用されるタバコは，同時に喫煙することができなかった。同じように，伝統的な金や銀の貨幣としての使用は，これらの金属を別の用途から転用するという点で費用がかかっていた。

　タバコを貨幣として使うのは捕虜収容所に限ったことではない。東欧の共産主義が崩壊する直前まで，ルーマニアやその他の国々では，ほとんど価値のない公的な

| 貨幣の代わりにタバコ貨幣が使用されていたと伝えられている。 |

をたとえば小麦で表したほうがよいかもしれない。しかし，交換手段と計算単位の機能はかならずしも同じではない。たとえば，高率かつ不安定なインフレが続く国では，価格を頻繁に変えなければならないので，通貨価値の変動によって，貨幣が計算単位として機能しなくなる。このような場合には，たとえ取引がその国の通貨で行われていようとも，経済価値はドル，あるいは金のオンスなどのもっと安定した計算単位によって表示されるのが普通である。

価値貯蔵手段 価値貯蔵手段 (store of value) として，貨幣は富を保有する1つの方法である。極端な例としては，一生分の貯蓄を現金でベッドの下に保有している守銭奴があげられよう。しかし，たとえ現金で給料を受け取った15分後にそれを使う人でさえも，その短いあいだは，価値の貯蔵手段として貨幣を用いているのである。

　ほとんど多くの場合，貨幣のみが交換手段，または計算単位として機能しているが，たとえば，株式，債券または不動産などのどんな資産でも価値の貯蔵手段となりうる。通常，これらの資産を所有する人々は貨幣を保有している人々よりも高い収益を受け取るにもかかわらず，なぜ人々は価値の貯蔵手段として貨幣を用いるのであろうか。その答えは，たとえ貨幣の収益が相対的に低くても，貨幣の交換手段としての有益性によって，それを保有することに価値があるからである。

貨幣の測定：貨幣集計量 貨幣は，支払手段として広く利用され受け入れられている資産と定義できる。この定義によれば，貨幣としてみなされる資産とそうでない資産とのあいだにははっきりと一線が引けるが，実際には貨幣と非貨幣資産との区別は明確ではない。

　たとえば，1970年代後半に入って人気が出た短期金融市場投資信託 (MMMFs：マネー・マーケット・ファンド (MMF) とも呼ばれる) を考えて

---

[1] R. A. Radford, "The Economic Organisation of a POW Camp," *Economica*, November, 1945, pp.189–201 を参照。

表 7.1　アメリカにおける貨幣の尺度（2021 年 12 月，単位：10 億ドル）

M1	20,600.1
現金通貨	2,129.1
流動性預金	18,471.1
M2	21,724.0
M1	20,600.1
小口定期預金	93.2
小口 MMMF	1,030.0

注：四捨五入の関係で合計が合わない場合がある。
出所：連邦準備統計リリース H.6, 2022 年 3 月 22 日による。データは季節調整済みではない。

みよう。この投資信託は，人々から資金を集め，これを短期国債や社債などに投資する組織によって運営される。当然に高い収益を得ることが目的である。同時に，資金を預けた人々は，通常は手数料を払うことによって，その口座に対して毎月小切手を振り出すことが認められている。このように支払手段に用いることはできるが，現金や通常の当座預金ほどには便利ではない。これを貨幣とみなすべきだろうか，明確な答えを出すことはできない。資産は「貨幣らしさ」によっていろいろ区分できるので，単一の尺度でマクロ経済レベルにおける貨幣量，あるいはいわゆる貨幣ストックを測定することは不可能である。そのため，ほとんどの国のエコノミストや政策立案者は，貨幣ストックをいくつかの異なる尺度で測定している。公式な尺度は，**貨幣集計量**（monetary aggregates）として知られている。貨幣集計量は，どれだけ狭く貨幣の概念を定義するかによって異なってくる。アメリカで最も広く用いられている 2 つの貨幣集計量は，M1 と M2 である。これら 2 つの貨幣量の定義の要約とデータは表 7.1 で示されている。貨幣集計量に関するデータをどこで見つけるかについては「データとリサーチにふれよう：貨幣集計量」で説明する。

M1 貨幣集計量　最も狭義の公式な貨幣の尺度である M1（エムワン）は，主に現金通貨，要求払預金残高，貯蓄預金残高からなる。より正確に言うと，M1 は，現金通貨（アメリカ以外の国でも流通しているアメリカの現金通貨も含まれる。

表7.1J　日本における貨幣の尺度（2024年1月，単位：億円）

M1 ＝ 現金通貨＋預金通貨	10,858,750
現金通貨	1,165,574
預金通貨	9,693,176
（預金通貨の発行者は全預金取扱機関）	
M2 ＝ 現金通貨＋ 預金通貨＋準通貨＋ CD（譲渡性預金）	12,431,010
（預金通貨，準通貨，CD の発行者は国内銀行，ゆうちょ銀行・農協等を除く）	
M3 ＝ 現金通貨＋ 預金通貨＋準通貨＋ CD	15,981,792
（預金通貨，準通貨，CD の発行者は全預金取扱機関）	
広義流動性 ＝ M3 ＋金銭の信託＋投資信託＋金融債＋ 　銀行発行普通社債＋金融機関発行 CP ＋国債＋外債	21,291,933

日本の M1 は 1,085 兆円であり，M2 は 1,243 兆円である。最近日銀は M3 や広義流動性の動向も注視している。

注1：現金通貨 ＝ 日本銀行券発行高 ＋ 貨幣流通高
注2：預金通貨 ＝ 要求払預金（当座，普通，貯蓄，通知，別段，納税準備）
　　　－ 調査対象金融機関保有小切手・手形
注3：準通貨 ＝ 定期預金 ＋ 据置貯金 ＋ 定期積金 ＋ 外貨預金
出所：日本銀行，時系列統計データ検索サイト。データは季節調整済みではない。

データとリサーチにふれよう

貨幣集計量

　ワシントンの連邦準備制度理事会が，公的な貨幣集計量である M1 と M2 についてデータを収集し報告している。連邦準備が M2 と M3 を導入した 1971 年まで，M1 に関するデータのみが報告されていた。それ以来，貨幣集計量の定義は金融システムの発展に伴い何度か変わってきた。2006 年に，連邦準備は M3 の報告を中止した。2021 年初めに，連邦準備は 2020 年 5 月に遡及して貯蓄性預金を M2 から M1 に移し，その結果 M1 の連続性が途切れた。

　連邦準備は，銀行，財務省，金融市場投資信託，外国の中央銀行，および他の情報源から得られたデータを用いて，貨幣量を測定し，週および月単位で報告している。連邦準備は，毎週木曜日の 16 時 30 分に，先週の月曜日までの 1 週間分の M1 と M2 のデータを公表している。過去まで遡ったデータは，「連邦準備制度理事会報」，セントルイス連邦準備銀行 FRED データベース *fred.stlouisfed.org*，「大統領経済報告」，および 連邦準備制度のウェブサイト *www.federalreserve.gov/releases/h6/current/default.htm* で入手できる。金融データは，連邦準備による新しいデータの受領や貨幣集計量の定義の変更を反映して，頻繁に改訂される。

　貨幣集計量を公表することで，市場や議会に連邦準備がどのようにマネーサプライを変化させようとしているのかを知らせることができる。

データとリサーチにふれよう
すべてのドルはどこへ行ったのか？

　2021年12月におけるアメリカの現金通貨残高は2兆2,253億ドル，国民1人当たりで見れば約6,700ドルであった。この数字は驚くほど高い。実際，6,700ドルの現金を常時手元に置いている人がどれだけいるのだろうか。また，4人家族で2万6,800ドルの現金を持っている家庭がどれだけあるだろうか。

　企業，特に小売業者は取引を行うために現金通貨を保有しているが，アメリカの企業が保有している現金通貨の量は「消えた」ドルのごく一部にすぎないようだ。現金通貨はまた地下経済において，違法取引（違法薬物の取引など）または合法的な取引を徴税官から隠すために広く用いられている。アメリカの「消えた」現金通貨の大部分（通貨発行残高の50％以上）は，外国で保有されていることが研究で明らかになった[2]。

　なぜ他国の人々はアメリカ・ドルを保有したがるのだろうか。たとえドルが交換手段として，あるいはその国の計算単位として機能しなくても，特に経済的に，あるいは政治的に不安定な国にとって，価値貯蔵手段としてとても魅力的であるからである。たとえば，高インフレ率の国では，高インフレ率のため自国通貨の実質価値（購買力）が下落するので，自国通貨は特に価値貯蔵手段としての役割を果たさない。高インフレの国では，比較的安定した購買力をもつドルは，富の保有手段として自国通貨よりもかなり魅力的であるかもしれない。その国の政治的な不安定さも，国民にアメリカ・ドルを要求させるかもしれない。政治的な混乱で人々が国外脱出を余儀なくされた場合，アメリカ・ドルを持ち出すことが彼らの富の一部を持ち出す最も簡単な方法かもしれないからだ。1988年から1995年の間に海外へ送られたアメリカの通貨の約半分はヨーロッパに送られ，その大部分は，その間，経済的にも政治的にも大きな不安定を経験したロシアやその他の東欧諸国に送られた（「応用例：移行期のヨーロッパ諸国における貨幣の成長とインフレーション」を参照）。

　現金通貨は海外でも保有されるので，外国の対ドル需要を変化させるような出来事は，アメリカの貨幣集計量にも大きな変化をもたらす。1947年以降，アメリカの現金通貨保有量が急速に増加した月の多くは，外国で危機が起こった月であった。たとえば，アメリカの現金通貨の伸びは，1990年にイラクがクウェートに侵略した後の数カ月間急激であった。そして，2008年後半から2009年前半の世界金融危機の数カ月間は，多数の外国人が自国通貨を安全なアメリカ・ドルに交換しようとして，最大の伸びとなった[3]。アメリカの現金通貨の大幅な伸びは，アメリカ経済での貨幣需要を決定する国内要因というよりも，外国での政治的，軍事的，金融的不安定性から来ている。

> 外国でのアメリカ・ドル保有は，アメリカ経済の状態を示す指標としての貨幣集計量の信頼性を低下させるが，アメリカは通貨の外国保有から多大な便益を得ている。アメリカの通貨は連邦準備制度の負債であるため，連邦準備制度（そして最終的には連邦準備の利潤のほとんどが支払われるアメリカ政府）への貸付を意味する。しかしながら，通貨には利子が付かないから，外国のアメリカ通貨保有者がアメリカに提供するこの貸付は無利子である。このアメリカ政府への無利子貸付に伴う利子の節約効果は，毎年何十億ドルにものぼる。

「データとリサーチにふれよう：すべてのドルはどこへ行ったのか？」を参照）と流動性預金（預金者に小切手を振り出すことが認められている取引口座のほかに，貯蓄口座も含まれる）からなる。2021年初め，連邦準備が貯蓄性預金と取引預金の区分をやめたことで，貯蓄預金はM1の流動性預金に加えられたことに留意する必要がある。連邦準備はこの区分をなくし，貯蓄性預金をM1の中に移動したので，M1が大きく増加することになった。

M2貨幣集計量 M2は，M1にやや「貨幣らしくない」資産を加えたものである。M2に加えられる主な資産は，10万ドル以下の小口定期預金と非機関投資家保有の短期金融市場投資信託（MMMFs）である。この2つには，毎月振り出せる小切手の枚数や取引の数に制限がある。定期預金は，一定の期間後に利子が付く預金（期間より早く引き出すと通常はペナルティが課せられる預金）である。すでに説明したように，MMMFsは，出資者の資金を短期債券に投資し，市場ベースの利子率を支払うとともに，出資者に制限された数の小切手を振り出すことを認めるファンドである。

マネーサプライ マネーサプライ（money supply，**貨幣供給量**）は，経済において利用可能な貨幣量のことである[4]。現代経済では，マネーサプライは

---

[2] Ruth Judson, "Crisis and Calm: Demand for U.S. Currency at Home and Abroad from the Fall of the Berlin Wall to 2011," Federal Reserve Board of Governors, International Finance Discussion Paper 1058, November 2012 を参照。
[3] 通貨の伸び率（季節調整済み）が最も高かった月は1999年12月であった。それはロールオーバー，Y2Kに備え，企業や個人が現金に対する需要を急速に増加させたからである。
[4] マネーサプライ（貨幣供給量）とマネーストックの用語は同意語である。

中央銀行（アメリカでは**連邦準備制度**，Federal Reserve System，以下連邦準備と略称）によって決定される。

ここで，中央銀行がどのようにマネーサプライをコントロールするかを詳細に説明すると多くの問題が生じ主題からそれてしまうので，詳細な議論は第 14 章に譲り，ここでは基本的な考え方のみを示そう。唯一の貨幣形態が現金通貨である簡単な仮説上のケースを想定しよう。この場合，マネーサプライを増やすために，中央銀行は市場に出回っている現金通貨を増加させる必要がある。中央銀行はどうすればよいのであろうか。

1 つの方法は，実際に行われている方法に近いものであるが，中央銀行が新しく発行した現金通貨で国債などの金融資産を市中から買い取る方法である。この取引によって，公衆の貨幣保有量が増え，流通している貨幣量が増大する。中央銀行が公衆から国債を購入するのに貨幣を使うと，マネーサプライが増加する。これを**買いオペレーション（買いオペ）**が行われたと言う。

マネーサプライを減らすには，中央銀行が，現金通貨と交換に，公衆に対して保有している国債を売却すればよい。中央銀行が流通している通貨を回収すれば，マネーサプライは減少する。中央銀行がマネーサプライを減少させるために公衆に国債を売却するとき，この取引を**売りオペレーション（売りオペ）**が行われたと言う。買いオペと売りオペとを合わせて**公開市場操作**（open-market operations）と呼ぶ。

市中から国債を買う方法以外に，マネーサプライを増やす方法は，新規に発行された国債を中央銀行が政府自身から直接購入する方法である。たとえば，ある国の財務省が，新しい戦闘機を購入し，その支払のために 10 億ドル必要であるとしよう。財務省は新たに印刷された 10 億ドルの現金通貨と引き換えに中央銀行に 10 億ドルの信用証書（国債）を与える。次に，財務省は戦闘機の製造業者に購入代金として 10 億ドルの現金通貨を手渡す。ひとたび財務省がこの現金通貨を配分すれば，流通している貨幣量，すなわちマネーサプライは 10 億ドル増加することになる。マネーサプライを増加させるこの 2 番目の方法は，結局，貨幣を印刷することで政府支出を賄おうとする方法である[5]。この方法は，政府支出がしばしば税収よりも大きくなる貧しい国々や，戦争や自然災害にあった国々で採用されている[6]。

この章の後半では，中央銀行によって決定される M ドルのマネーサプラ

イがあるものと仮定する。記号 M は，M1，M2 または他の貨幣の尺度を表すものであるが，理論モデルを展開するのが目的であるから，M がどの貨幣の尺度を指しているかはあまり問題ではない。

7.2 ポートフォリオ配分と資産需要

次の目標は，人々がどのようにして保有する貨幣量を決定するのかを理解することである。まず，人々が利用可能な多くの異なる資産に富をどのように配分するかについて考察してみよう。貨幣も多くの資産の一例として考える。

消費者，企業，年金基金，大学，その他の富の保有者は，富を多くの資産形態にどのように配分すればよいのかを決めなければならない。富の保有者が選択する資産の組み合わせを**ポートフォリオ**（portfolio）と呼ぶ。経済主体がどの金融資産をどのくらい保有すればよいのかを決定するのを，**ポートフォリオ配分決定**（portfolio allocation decision）と呼ぶ。

ポートフォリオ配分の決定は複雑かもしれないが，多くの金融エコノミストが富の保有者に金融証券投資のアドバイスをして生計を立てており，金融経済学と呼ばれる経済学の主要な分野では，ポートフォリオ配分決定の研究が盛んである。しかし，基本的には期待収益，リスク，流動性，および満期までの期間という資産の4つの特性が重要である。

期待収益

資産の収益率とは，時間1単位当たりの資産価値の増加率である。たとえば，銀行口座の預金の収益はその預金に付く利子である。株式に対する収益とは株式の配当に株価の上昇分を加えたものである。高収益は資産を保有す

---

[5] 第2章において，租税によって賄えない政府支出の部分は民間部門から借り入れなければならないと述べたが，政府が貨幣を印刷することによって政府支出の一部を賄う場合にも，このことは正しいのであろうか。答えは「イエス」である。国民所得勘定体系では，連邦準備は民間部門の一部門として扱われるから，財務省が現金通貨と引き換えに国債を中央銀行に売る場合，これは民間部門からの借入であるといえる。

[6] 貨幣（信用）創造を通じて政府支出を賄う方法については，第15章で詳細に論ずる。

る場合に望ましい要因となる。他の条件が等しければ、富の保有者のポートフォリオの収益が高ければ高いほど、今日された貯蓄量で、将来より多くの消費を享受することができることになる。

　もちろん、資産がどのくらいの収益をもたらすかは、前もってわからない。たとえば、株価は上がったり下がったりするから、富の保有者は、資産の収益について最善の予測をするか、あるいは**期待収益**（expected return）にもとづいて資産選択決定をしなければならない。他の条件が等しければ、税金や仲介者のコミッションといった費用を差し引いた後の資産の期待収益が高ければ高いほど、その資産はより望ましく、富の保有者はその資産をもっと所有したがるであろう[7]。

リスク

　資産が生み出す収益に関する不確実性は、リスクという第2の重要な資産の特徴と関連している。もし、実際に受け取った収益が期待収益と著しく異なれば、資産や資産のポートフォリオは高い**リスク**（risk）をもっているといわれる。リスクのある資産の例として、操業を始めたばかりのインターネット会社の株式があげられる。もし会社が事業に失敗すると無価値になるが、成功するとその価値は10倍になる。たいていの人々はリスクを嫌うので、人々は、リスクのある資産の期待収益が国債などの比較的安全な資産のそれよりも高い場合に限って、それを保有しようとする。**リスク・プレミアム**（risk premium）は、リスク資産の期待収益率がそれ以外の比較的安全な資産の収益率を超える額のことである。

流動性

　リスクや収益以外に、流動性という第3番目の特徴が資産の望ましさに影

---

　　[7] 異なる資産間の期待収益を比較する場合、収益は実質、または名目単位で表示される。ある水準の期待インフレのもとで、資産Aの名目収益が資産Bよりも1%高いならば、資産Aの期待実質収益（＝名目収益−期待インフレ）もまた資産Bより1%高くなるであろう。

響を与える。資産の**流動性**（liquidity）は，ある資産が財・サービス，あるいは他の資産と容易にすばやく交換できることを示す指標である。貨幣は支払手段として認められているので，流動性の高い資産といえよう。非常に流動性の低い資産の例として自動車があげられよう。自動車を買いたいと思っている人を見つけ，所有権の法的移転をしなければならないので，中古自動車を他の財・サービスと交換するには時間と労力がかかる。流動的な貨幣と非流動的な自動車とのあいだに，株式や債券といった両者の中間に位置する流動性のある資産が多く存在する。たとえば，株式は現金のように財の支払に直接利用することはできないが，少し時間をかけ手数料を払えば現金に換えることができる。

　容易に，そして安く交換ができる以外に，流動性は富の保有者に柔軟性を与える。資金に緊急に必要な事態が生じた場合とか，予想外のよい証券投資の機会が生じた場合に，流動性の高い資産は容易に処分することができる。したがって，他の条件が等しければ，資産の流動性が高ければ高いほど，富の保有者にとってその資産はより魅力的である。

満期までの期間

　金融証券には第4の，しかも最後の重要な性質である，満期までの期間がある。**満期までの期間**（time to maturity）とは，金融証券が満期になるまでの期間のことであり，投資家にその元本が払い戻されるまでの期間のことである。投資家はいつでも満期がくる債券を購入できるので，1日，1週間，1カ月，1年，あるいは30年といったようにあらゆる種類の債券について，満期までの期間を考慮することが適切である。

　ティムとネイサンの夫婦が債券を購入し，投資したお金を2年間そのままにしておきたいと思っているとしよう。彼らは，2つのプランのうち，1つを選べる。プランAは，今日2年物の債券を買うという単純なものである。プランBは，今日1年物の債券を買い，それが1年後に満期になったときに別の1年物の債券を買うというものである。少しの間，プランAとプランBのリスクの差を無視すると，投資家はこの2年間で最も高い収益をもたらすことが期待されるプランを選択するであろう。たとえば，もし今日の2年物

債券の利子率が年7％，1年物の債券の利子率が年5％であるとするならば，さらにもし彼らが今から1年後の1年物債券の利子率を年6％と期待するならば，そのときには（2年物債券を買う）プランAからの収益は年7％であり，プランBから期待される収益は年5.5％となる。これは，今日買ったときの1年物債券の年5％の収益と今日から1年後に買うであろう債券に期待される年6％の期待収益の平均である。したがって，投資家はプランAを選択するであろう。すなわち彼らは今日2年物債券を買うであろう。

投資家は，どれが最も高い収益をもたらすかを見るために，債券の収益と満期までの期間の差異とを比較する。これは利子率についての**期間構造の期待理論**（expectations theory of the term structure）にもとづいている。「期間構造」によって，満期までの期間を除いてすべての点で類似している債券が，なぜ違った収益率になるのかを説明できる。期待理論に従うと，均衡では，同じ2年の期間であるが，満期までの期間が異なる債券をもつことを意味するプランAとBは，同じ期待収益をもたらすべきである。すなわち，投資家が投資を選り好みしないように，2年物債券の利子率は，2つの連続する1年物債券から期待される平均利子率と等しくなるべきである。より一般的に言うと，N年物債券の期待収益率は，今年からN−1年までの連続する1年物債券の期待収益率の平均と等しくなるべきである。

利子率に関し期間構造の期待理論は有益な出発点ではあるが，なぜ一般的に長期債の利子率が短期債の利子率を上回るのかを説明することができない（利子率の期間構造を示している第4章の「データとリサーチにふれよう：利子率」のイールド・カーブのグラフを参照）。短期利子率が今の短期利子率よりも将来高くなることが期待されるとき，期待理論では，長期利子率が短期利子率を上回るであろうと予測する。しかし，短期利子率が今の短期利子率よりも将来低くなることが期待されるとき，期待理論では，長期利子率が短期利子率よりも低いであろうと予測する。なぜ，通常，長期利子率が短期利子率を上回るのかを理解するためには，利子率が変化する際，長期債の価格が短期債の価格よりも感応的であることから，長期債は短期債よりもリスキーであるという事実を考慮する必要がある。投資家はリスクを嫌うから，より長い期間の債券を保有することに対して何らかの埋め合わせがなされなければならない。この結果が**期間プレミアム**（term premium）である。長期

債の利子率は，期待理論が示唆するものよりも，いくぶん高くなる。

期待理論に期間プレミアムを考え合わせると，利子率が満期までの期間によってどのように変わるかを説明するより完全な理論が得られる。たとえば，今日1年物債券の利子率が年5％であり，今から1年後の1年物債券の利子率が6％であることが期待され，そして2年物債券の期間プレミアムが年0.75％であるとしよう。そのとき，均衡では，2年物債券の利子率は，1年物債券の平均利子率，すなわち（5％＋6％）/2 ＝ 5.5％に，期間プレミアム0.75％を加えた6.25％になる。

資産の種類とその特性

人々はどのような種類の資産を保有するのだろうか。これらの資産の特性はどのように違っているのだろうか。たくさんの違った資産があるけれども，ごく大衆的ないくつかの資産，すなわち貨幣，債券，株式，住宅，そして耐久消費財を考えてみよう。

すでに7.1節で示したように，貨幣には異なる種類がある。通常，どの種類の貨幣も他の資産と比べて期待収益率が低い。通常，貨幣には大きなリスクがないが，インフレーションが期待された以上に高くなるというリスクはいつもあるので，貨幣を保有する実質収益は，期待されたものよりも低くなる。けれども，貨幣は他の資産と比べて非常に流動的である。それどころか，貨幣の流動性は，一般には，われわれが何を貨幣と呼ぶのかを定義する特性そのものである。その流動性のゆえに，一般には貨幣の満期までの期間は非常に短い。しかしながら，M2に区分されるもののうち小口定期預金のような資産は，満期までの期間がより長く，とても流動的とはいえない。

債券は金融証券であり，債券保有者に特定の期日に特定の金額を支払うことを約束することから，**確定所得証券**と呼ばれることもある。アメリカ政府が発行する債券は債務不履行のリスクがほとんどないため，人々はしばしばその債券を保有することを選択する。企業が発行する債券も似たようなものであるが，企業が倒産して債券保有者に支払うべき利子支払や元本の返済が滞る可能性は常にある。それゆえ，債券には貨幣よりも高い期待収益がつけられるが，その分リスクも高い。多くの債券，特にアメリカ政府が売り出す

債券は非常に流動性が高い。というのも，投資家は自分の債券を低い取引費用で，容易に迅速に売却できるからである。しかしながら，社債の中には流動性があまり高くないものもあり，特に景気が悪いときには，高い費用をかけずに売却することが難しい場合もある。債券の満期までの期間は，さまざまで，一般には3カ月から30年まである。

株式は会社の所有権を示すものである。たいていの株式では株主に定期的に配当金が支払われるが，この配当の支払は保証されるものではない。経済が弱々しく会社の運営がうまくいっていないと，企業は一時的に完全に配当金の支払を止めてしまうこともある。株価は，毎日上がり下がりするので，株主にとっての総収益は，配当金受取に，株式価値の増加に起因するキャピタル・ゲインを加え，株式価値の減少に起因するキャピタル・ロスを減じたものになる。配当金と株価，とりわけ株価は予測できないほど変化するので，株式には大きなリスクがともなう。大企業の株式は非常に流動的な市場で売却されるが，株式の売買では，取引の約定から支払の清算までの間に数日の猶予がある。たいていの株式には満期日がなく，満期までの期間は無限である。

ほとんどの大企業は，ニューヨーク証券取引所のような組織化された株式市場において簡単に株式を売買する株主たちによって所有されるが，中小企業の多くは，一人か，少人数によって所有されている。個人事業主によって直接所有される企業は，法人化されておらず，取引所で取引されるような株式を発行していない。こうした会社には市場取引できる株式がないので，オーナーが会社の所有権を速やかに売却することが難しく，この所有権はとても流動的とはいえない。実際のところ，市場取引できる株式がないから，このような会社の所有権の価値を正確に見積もることは難しい。会社のオーナーにとっての収益は，会社の利潤に，いつの日か会社を売ることができる機会を加えたものになる。

ほとんどの住宅所有者にとって，住宅は最大の資産である。住宅所有の収益には2つのタイプがある。すなわち，(1)維持費と固定資産税を差し引いたシェルターとしての家計の便益と，(2)住宅(またはその土地)の価値の経年変化である。2000年代の一時期，多くの人々は住宅に投資することにリスクはないと考えていたように思われ，アメリカや他の多くの国々は，とて

つもない好景気になった。数百万個の住宅が建設されたが，不動産担保ローンによって住宅購入は非常に容易であった。しかし，そのリスクは投資家が考えていたよりもはるかに高いことが判明し，住宅価格の予期せざる下落によって，「データとリサーチにふれよう：2007年から2011年の住宅危機」で論じるような金融危機が発生した。他の資産に比べて，住宅は非常に，とりわけ景気後退期には非流動的であり，所有者が住宅を売却するには，数カ月ないし数年かかるかもしれない。とはいえ，住宅担保ローンと住宅担保信用供与を利用すれば，家計は住宅価値の一定割合の金額の借入ができる。住宅は金融資産ではないので，当然のこととして，決まった満期の期間というものはない。

家計は，自動車や家具のように耐久消費財の形で資産のいくらかをもっている。住宅の場合と同様に，耐久消費財も一定期間にわたって（交通移動のような）サービスを提供するが，維持のための支出も必要になるし時間とともに減価する。耐久消費財の価値にも，多少のリスクがともなう。中古の耐久消費財市場は，株式市場や債券市場のようには整っていないので，耐久消費財を売ることは難しく費用がかかるかもしれない。それゆえ，耐久消費財は，とても流動的とはいえないし，住宅と同様に決まった満期の期間というものもない。

家計は，これらのさまざまな資産をどう組み合わせるのが自分にとって理想的なのかを決めなければならない。一般に，裕福な家計ほど，貧しい家計よりも総資産に占める金融資産（株式や債券）の購入額が多い。また，多くの家計は，株式，債券，および（短期金融市場投資信託のような）ある種の貨幣を保有運用している年金基金に資産を預けることで退職後の生活のための資金を蓄えておくであろう。もちろん，市場の状況が変化すれば，家計の資産の組み合わせも変化するだろう。たとえば，表7.2が示すように，2007年から2011年の住宅危機と2008年の金融危機において，住宅価値と株式保有価値が劇的に下落した。表には，家計（および非営利団体）が2006年末，2009年第1四半期末，2021年第4四半期に保有した資産の種類ごとの金額が示されている。多くの現金通貨が海外で保有されていることから，また企業が現金通貨と当座預金を大幅に保有していることから，現金通貨と当座預金の金額は，M1について説明した表7.1の金額よりずっと少ないことに留

表 7.2 家計の資産（2006 年，2009 年，2021 年）

	金額（単位：1 兆ドル）			総資産の割合（％）		
	2006 年 Q4	2009 年 Q1	2021 年 Q4	2006 年 Q4	2009 年 Q1	2021 年 Q4
不動産	26.5	22.7	42.4	32.3	30.7	25.1
耐久消費財	4.3	4.6	7.3	5.2	6.2	4.3
現金通貨と当座預金	0.3	0.5	4.1	0.4	0.6	2.4
定期，貯蓄，その他の預金	6.8	8.2	14.0	8.3	11.1	8.3
債券	3.8	5.2	4.3	4.7	7.0	2.5
株式	13.9	7.8	45.1	16.9	10.5	26.7
個人事業主の投資	8.3	6.8	15.1	10.1	9.2	9.0
年金基金	15.5	15.4	31.8	19.0	20.8	18.8
その他の資産	2.6	2.9	4.6	3.1	3.9	2.8
総資産	81.9	73.9	168.6	100.0	100.0	100.0

注：四捨五入の関係で合計が合わない場合がある。
出所：アメリカの連邦準備制度理事会金融収支，統計リリース Z.1，2022 年 3 月 10 日。

意してほしい（「データとリサーチにふれよう：すべてのドルはどこへ行ったのか？」を参照）。表は，また資産の種類ごとに総資産の割合がどう変わったかを示しているので，2006 年，2009 年，2021 年の間にこれらがどのように変化したかを知ることができる。

　2006 年末に，家計は 26 兆 5,000 億ドルの不動産，約 14 兆ドルの株式，約 15 兆 5,000 億ドルの年金基金資産と合わせて，80 兆ドルを超える資産をもっている。住宅価格と株価の急激な下落と法人ではない個人事業主の投資の減少によって，2009 年第 1 四半期までにほぼ 8 兆ドルの家計資産が減少した。2006 年末から 2009 年初めにかけて不動産の価値は 14％下落し，株式の価値はほぼ 44％下落した。この期間に，家計はポートフォリオを見直し，資産の多くを貨幣（定期預金と貯蓄預金）と債券（特にほとんどデフォルトのリスクがない政府債券）の形に組み替えた。2016 年半ばには不動産価値が 2006 年水準を超え，家計資産のうち株式と年金基金の価値は住宅危機前よりもかなり増大した。

> データとリサーチにふれよう

2007年から2011年の住宅危機

　アメリカの家計は，1990年代末から2000年代初めに驚異的な資産を手にした。住宅市場は急騰し，家計の住宅所有率は，2007年には68.6％という記録的水準にまで上昇した。しかし，住宅は「絶対に外せない」投資であると人々がますます確信し，住宅価格がますます高騰するにつれ，住宅担保資金の貸し手と住宅所有者は，深刻な金融危機を起こすような重大な過ちを犯し始めた。

　2000年代初めには住宅価格が益々高くなったことで，月々の住宅ローンの支払が月々の所得に比べてあまりにも高くなったため，多くの人々は家を買う余裕がないことを実感した。特に，住宅ローンの貸出基準は借り手には月々の十分な所得があり，月々の住宅ローンの支払が月々の所得の一定割合を超えないというものだったが，住宅価格が急速に上昇したので，住宅ローンの貸し手は貸出基準に合わない人々に対してもローンを貸し始めた。これらの人々が，いわゆる**サブプライムの借り手**である。サブプライム住宅ローン市場は急速に拡大した。サブプライムの借り手に対する貸出にともなう追加的なリスクと潜在的なコストを補うために，サブプライム住宅ローンの利子率は，従来型あるいは貸出基準を満たす住宅ローンの利子率よりも高くなった。多くの場合，サブプライムの貸し手は通常必要な借り手の所得証明さえも免除し，それによって借り手が返済することができないというリスクを自らが負ったのである。さらに，いくつかのローンには少なくともしばらくの間だが，借り手が毎月の支払を支払える余裕があるようにみえる，ある特徴があった。たとえば，ほとんどのサブプライム・ローンは，最初は低金利だが2，3年後には上がる変動金利ローンであった。

　貸し手はなぜサブプライムの借り手にこうしたリスキーなローンを提供したのだろうか。また，借り手はなぜこうしたリスキーな返済義務を受け入れたのだろうか。大まかに言うと，答えは，彼らが，住宅価格がしばらくは急速に上がり続けることを期待したことにある。将来の支払を心配する借り手は，住宅価格が絶えず上がり続ける限り，住宅を売って利益を得て住宅ローンを完済するか，あるいは住宅価格が上昇するにつれて高くなる住宅の資産価値を担保に借入を行うことができる。こうして借り手と貸し手の双方がリスクから遮断されると考えるようになったのである。

　サブプライム・ローンの問題は，住宅価格が絶えず上がり続けるときに限り，借り手と貸し手がリスクから遮断されることにある。2005年には，住宅ローンの利子率はアメリカ中で上がり始め，住宅価格の上昇率が低下し始めた。2006年には，サブプライム物件のデフォルト（債務不履行）が増え始めた。それは，借り手が急速な住宅価格の値上がりを当てに返済しようとしたが，期待したほど住宅には価値が

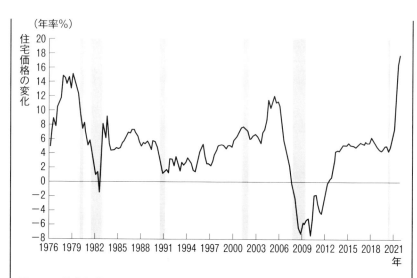

図 7.1　住宅価格の上昇（1976 年 Q1～2021 年 Q4）
このグラフは，1976 年第 1 四半期から 2021 年第 4 四半期までの全米平均の住宅価格の 1 年前からの上昇率に関する四半期データを示している。住宅価格の上昇率は全期間を通じて平均年率 4.7％だが，2004 年初頭から 2006 年初頭までは，年率 10％を超えた。2007 年に住宅価格の伸び率が急激に低下し，2008 年には住宅価格が下落し始め，住宅ローン市場に危機が生じた。パンデミック景気後退後の 2021 年，住宅価格は約 18％上昇した。
出所：連邦住宅金融庁，セントルイス連邦準備銀行 FRED データベース *fred.stlouisfed.org/series/USSTPI* からダウンロード。

ないことに気づいたためである。さらに，より高い利子率での住宅ローンの借り換えが始まり，もはや借り手は月々の住宅ローンの支払ができなくなり，住宅ローンのデフォルトが起こり始めた。デフォルトがますます増え始めたことから，銀行は貸出基準を厳しくし，2007 年半ばにはどのようなサブプライム・ローンも提供しなくなった。このことにより，住宅需要が減少し，住宅価格の上昇がいっそう鈍化した。2007 年にはある地域で住宅価格が下落し始め，2008 年までには図 7.1 が示すようにアメリカ中で下落し始めた。

　住宅価格の下落は，ミクロレベルとマクロレベルの両方で種々の問題を引き起こした。サブプライム住宅ローンで住宅を購入した何千もの家計は，住宅ローンの返済ができなくなり，担保物件を差し押さえられ住宅を失った。住宅所有者は，住宅の価値が住宅ローンを使って手に入れた金額以下にはるかに下落したこと（「水面下」として知られる状況）に気づき，住宅ローン支払を止め，住宅が他人に渡ることを受け入れた。金融機関もこうした取引によって何十億ドルの損失を被った。金

融機関は住宅ローン返済を受け取る権利をもっていたが，もはや回収できなくなった。住宅価格が下落したので，住宅を所有することになった者（通常は銀行）は通常，住宅ローンの未払残高よりもはるかに低い価格でその住宅を売却しなければならなくなった。

しかし，住宅ローン市場の問題で多くの人々を驚かせたのは，その影響がさらに広範囲に及んでいたことである。たいていの銀行が住宅ローンの束を不動産担保証券（MBSs）の形にして売却しており，MBSs を購入した投資家が大きな損失を被った。ひとたび損失が出始めれば，投資家たちは一斉にそういった投資から手を引こうとし，MBSs 価格は大幅に下落した。このことが，2008 年の金融危機につながった。それは，多くの金融機関が不動産担保関連証券によって数千億ドルの損失を被ったことに投資家が気づき始めたからである。パニックが起こり，株価，とりわけ金融関連企業の株価が劇的に下落し，政府と連邦準備は多数の金融関連企業に資金援助を行った。これについては，第 4 章の「応用例：株価高騰と暴落のマクロ経済的影響」でより詳細に説明した通りである。

資産需要

一般的に，資産を望ましいものとする 4 つの特性，すなわち高い期待収益，安全性（低リスク），流動性，および満期までの短い期間のあいだにはトレードオフがある。たとえば，当座預金のような満期までの期間の短い安全で流動性の高い資産は，期待収益が低い。したがってポートフォリオ配分決定の本質は，期待収益，安全性，流動性，および満期までの期間の特性の組み合わせから，富の保有者にとって望ましい資産の組み合わせを決定することである。それぞれの資産には違ったリスクがあるので，投資家は**分散投資**（diversification）も考慮する必要がある。分散は，ある資産が低収益のときでも，他の資産は高収益かも知れないので，特性の異なる資産に投資を広げることが全体としてリスクを軽減するという考え方である。

富の保有者が自分のポートフォリオに組み入れたいと望む各資産の量が，その資産に対する需要となる。すべての富は何らかの資産として保有されていなければならないため，資産保有者の資産需要の合計はその人の総資産と等しくならなければならない。たとえば，いまあなたが 1 万ドルの富をもっており，5,000 ドルを株式，3,000 ドルを短期債券，1,000 ドルを長期債券，そして 1,000 ドルを現金で保有しようとすると，あなたの 4 つの資産需要の合計は，あなたの総資産 1 万ドルに等しくなければならない。

7.3 貨幣需要

貨幣需要（demand for money）とは，人々がポートフォリオに組み入れようとする現金通貨や当座預金などの貨幣量である。したがって，どのくらい貨幣を需要するかという選択は，ポートフォリオ配分決定の一部分である。一般的に，他の資産に対する需要のように，貨幣需要も，貨幣や他の資産の期待収益，リスクおよび流動性に依存する。

実際には，貨幣の2つの特徴がとくに重要である。第一は，貨幣が最も流動性の高い資産であるという点である。この流動性が高いことが，貨幣を保有する最大の利点である[8]。第二は，貨幣が低い収益しか生まない（実際，現金通貨は名目収益がゼロである）という点である。他の資産に比べて相対的に低い収益しか生まないことが，貨幣保有の主なコストである。貨幣需要は，流動性の必要度と低収益のコストとのトレードオフ関係によって決定される。

この節では，主要なマクロ経済変数がどのように貨幣需要に影響を及ぼすかを考察しよう。まず，マクロ全体の貨幣需要を考えるが，総貨幣需要は個人の貨幣需要を合計したものであるから，同様な議論が個人の貨幣需要にもあてはまるものとする。

貨幣需要に最も影響を与えるマクロ経済変数は，物価水準，実質所得，および利子率である。高い物価や所得は流動性の必要性を増加させるので，貨幣需要を増大させる。利子率は，期待収益のチャンネルを通じて貨幣需要に影響を与える。すなわち，貨幣の利子率が高ければ高いほど，人々はより多くの貨幣を需要するであろう。しかし，貨幣以外の資産の利子率が高ければ高いほど，より多くの人々は，貨幣から貨幣以外の資産に資金を移すであろう。

物価水準

一般物価水準が高ければ高いほど，取引を行うのにより多くのドルが必要

---

[8] 貨幣もまた低リスクであるが，短期国債などの多くの他の資産は貨幣よりリスクが高くなく，高い収益を得ることができる。

となり，人々はますますドルを保有したくなるであろう。たとえば，65年前のアメリカの物価水準は，今日の物価水準の10分の1ぐらいであった。取引に必要な貨幣が少なかったため，人々がもっていた現金通貨または当座預金の総額，すなわち名目貨幣需要は，あなたが今日もっている金額よりもずっと少なかったであろう。このことから，物価水準が高くなるほど流動性に対する必要性が高まるので，名目貨幣需要が増大する，という一般的な結論が得られる。実際，物価は1950年よりも今日のほうが10倍高いので，同じ取引を今日行うとすれば，当時よりも10倍ドルが必要になる。このように，他の条件が等しければ，名目貨幣需要は，物価水準に比例する。

実質所得

個人や企業が取引を行えば行うほど流動性が必要となり，貨幣需要が増大する。取引の数を決める重要な要素は実質所得である。たとえば，大型で品ぞろえの多いスーパーマーケットは，街角の雑貨屋に比べると，より多くのお客と供給者とを相手にしなければならず，多くの従業員に給料を支払わなければならない。同様に，高所得者は，低所得者よりもより多く財・サービスを購入する。実質所得が高いほど取引量が多くなり，流動性へのニーズも高まるので，実質所得が増加すれば貨幣需要も増加するはずである。

物価水準の変化に対する貨幣需要の反応と違い，貨幣需要は実質所得の増加に対して比例的に増加する必要はない。実際，実質所得が1％増加しても，通常貨幣需要は1％以下しか増加しない。貨幣需要が所得よりゆっくり増加する1つの理由は，高所得者や企業は貨幣をより効率的に使うからである。たとえば，高所得者は，現在の取引に使わない貨幣をより高い収益を生む非貨幣資産に自動的に投資する特別な現金管理口座を開くであろう。一方，低所得者にとっては，預金に最低限の預け入れ残高や手数料を要求するような預金口座は利用価値がないであろう。

貨幣需要が所得よりも緩やかに増加するもう1つの理由は，国民所得が増加するにつれて，その国の金融システムが発達する傾向があるからである。貧しい国々では，ほかによいものがないため，人々は貯蓄のかなりの部分を貨幣の形で所有するだろうが，裕福な国では，人々は貨幣よりも魅力的な多

くの代替物をもっている。クレジットカードのような貨幣と代替するものは，国が裕福になるにつれて普及する。したがって，貨幣需要は所得よりゆっくり増加する。

利子率

ポートフォリオ配分理論によれば，リスクと流動性が一定であると仮定すれば，貨幣需要は貨幣の期待収益と代替的な非貨幣資産の期待収益の両方に依存する。貨幣の期待収益が高まると貨幣需要が増大するが，代替資産の期待収益が高まると，富の保有者は貨幣から高収益の代替資産へ資金をシフトさせるので，貨幣需要が減少する。

たとえば，自分の1万ドルの富から，8,000ドルを利子8％の国債に，2,000ドルを収益3％の利子を生む当座預金に振り向けるとしよう。流動性が高いので，低収益な当座預金を喜んで保有する。しかし，もし国債の利子率が10％に上がり，当座預金の利子率がそのままであれば，1,000ドルを当座預金から国債に切り換えるであろう。この切り換えによって，貨幣保有額（貨幣需要）は2,000ドルから1,000ドルに減少する。実際，国債の高利回りのために流動性を手放すことを選んだことになる。

同様に，もし貨幣の利子率が上昇すれば，富の保有者はより多く貨幣を保有することを選ぶであろう。一例として，もし国債の利子8％が一定で，当座預金が3％の代わりに5％の利子を支払い始めたら，1,000ドル分の国債を売却し，保有する国債を7,000ドルに下げ，当座預金を3,000ドルに引き上げるだろう。貨幣保有による収益の犠牲が以前より少ないので，当座預金の残高が増加し，柔軟性や流動性から得られる便益を享受することができよう。このように，貨幣の高い利子率は貨幣需要を増加させる。

原理的には，貨幣と代替的な多くの資産の利子率は貨幣需要に影響を及ぼす。しかし，前述したように（第4章「データとリサーチにふれよう：利子率」を参照），経済における多くの利子率は，一般的にともに上昇したり下落したりする傾向がある。それゆえ，マクロ経済分析を行ううえで，非貨幣資産の名目収益を測るただ1つの名目利子率iのみが存在すると仮定する。これは単純化の仮定であり，あまり誤解を招かないであろう。名目利子率iか

ら期待インフレ率 π^e を差し引けば、第 4 章で議論したように、貯蓄と投資の意思決定に重要な役目を果たす期待実質利子率 r が得られる。

現実には、いろいろな利子率が貨幣に対して支払われている。たとえば、現金通貨の利子率はゼロであるが、異なった種類の当座預金にはさまざまな利子率が支払われている。もう一度単純に、貨幣にはただ 1 つの名目利子率 i^m が存在すると仮定しよう。重要な結論は、非貨幣資産の利子率 i が上昇すれば貨幣需要量が減少し、一方、貨幣の利子率 i^m が上昇すれば貨幣需要量は増加するということである。

貨幣需要関数

貨幣需要関数は、次の物価水準、実質所得、および利子率の関数である。

$$M^d = P \times L(Y, i) \tag{7.1}$$

ここで、M^d は名目貨幣需要、P は物価水準、Y は実質所得または産出量、i は代替的な非貨幣資産の名目利子率、L は実質所得と名目利子率による貨幣需要関数である。

(7.1) 式は、名目貨幣需要 M^d が、物価水準 P に対して比例的であることを示している。したがって、もし物価水準 P が 2 倍になれば（実質所得と利子率は一定と仮定する）、実質的に同じ取引を行うには 2 倍の貨幣量が必要であるという事実を反映して、名目貨幣需要も同様に 2 倍になる。(7.1) 式はまた、どの物価水準 P でも、貨幣需要は（関数 L を通じて）実質所得 Y と非貨幣資産の名目利子率 i に依存することを示している。実質所得 Y の増加は流動性に対する需要を高め、貨幣需要を増加させる。非貨幣資産の名目利子率 i の上昇は非貨幣資産をより魅力的にさせ、貨幣需要を減少させる。

貨幣利子率の上昇によって人々はより多くの貨幣を保有するので、貨幣需要は増大する。したがって、(7.1) 式のなかに貨幣の名目利子率 i^m を導入することは可能である。しかし、歴史的に見れば、貨幣の名目利子率は非貨幣資産の名目利子率ほど大幅に変化しない（たとえば、現金通貨および当座預金口座の金利はつねにゼロである）から、(7.1) 式の貨幣需要の実証分析では、貨幣の利子率を説明変数として含めない研究が多い。そこで、分析を単

純にするために，ここでは (7.1) 式に貨幣の名目利子率を導入しないことにする。

貨幣需要の別の表記方法として，名目利子率 i を期待実質利子率と期待インフレ率で表す方法がある。(2.14) 式で述べたように，期待実質利子率 r は名目利子率 i から期待インフレ率 π^e を差し引いたものであるから，名目利子率 i は $r+\pi^e$ と等しくなる。(7.1) 式の i に $r+\pi^e$ を代入して，(7.2) 式を得る。

$$M^d = P \times L(Y, r+\pi^e) \tag{7.2}$$

(7.2) 式は，どのような期待インフレ率 π^e においても，実質利子率が上昇すれば，名目利子率を押し上げ貨幣需要を減少させるということを示している。同様に，実質利子率がある一定水準にある場合に，期待インフレ率が上昇すれば，名目利子率を押し上げ，貨幣需要を減少させる。

名目貨幣需要 M^d は，ドル（円またはユーロ）単位で測られるが，実質値で貨幣需要を測るほうが便利なときもある。(7.2) 式の両辺を物価水準 P で割ると，(7.3) 式が得られる。

$$\frac{M^d}{P} = L(Y, r+\pi^e) \tag{7.3}$$

(7.3) 式の左辺 M^d/P は，実質貨幣需要または**実質貨幣残高需要**（demand for real balances）と呼ばれる。実質貨幣需要は，実際に買うことができる財によって測られた貨幣需要量である。(7.3) 式は，実質貨幣需要 M^d/P が実質所得（または産出量）Y，非貨幣資産の名目利子率（実質利子率 r プラス期待インフレ率 π^e）に依存していることを示している。(7.3) 式のように実質貨幣需要を所得と利子率で説明する関数 L は，**貨幣需要関数**（money demand function）と呼ばれる。

貨幣需要に影響を与える他の要因

(7.3) 式の貨幣需要関数は主要なマクロ経済的な貨幣需要決定要因を示しているが，他の要因にも言及したい。これらの要因として，すでに説明した

貨幣の名目利子率以外にも，富，リスク，貨幣以外の代替資産の流動性，および支払技術があげられよう。要約表9は，貨幣需要に影響を与える変数のリストを示した表である。

富 富が増大すれば，増加した富の一部分を貨幣として保有するであろうから，総貨幣需要は増加する。しかし，所得と取引水準が一定であれば，富の保有者が増大した富をより高い収益が得られる非貨幣資産よりも貨幣の形で保有するとは考えられないから，貨幣需要に対する富の増加の効果は，あまり大きくなさそうである。

リスク 貨幣には通常確定された名目利子率（現金通貨の場合はゼロ）が支払われるので，貨幣を保有すること自体，通常，リスクはない。しかし，株式や不動産などの貨幣以外の代替資産のリスクが極めて大きくなれば，人々は貨幣などの安全資産に対する需要を増やすであろう。要するに，経済においてリスクが増大すれば貨幣需要は増加するであろう[9]。

しかしながら，貨幣はつねにリスクが低いとは限らない。インフレが不規則な動きをする時期には，たとえ貨幣の名目収益が一定でも，貨幣の実質収益（名目収益からンフレ率を差し引いたもの）が極めて不確実なものとなるので，貨幣保有のリスクは高くなるかもしれない。したがって，人々は，金，耐久消費財，および不動産などの資産（実質収益が不規則なインフレによってあまり影響を受けない資産）にインフレ・ヘッジするので，貨幣需要は減少するだろう。

貨幣以外の代替資産の流動性 貨幣以外の代替資産を迅速かつ容易に現金化できればできるほど，貨幣を保有する必要性は低くなる。最近の金融市場における規制緩和，競争，および技術革新の複合的な影響により，貨幣に対する代替資産の流動性がより高まっている。たとえば，ホームエクイティ・ライン・オブ・クレジット（HELOC）を利用すれば，自宅の価値を担保に投

---

[9] この効果が1980年代初めに起こったことについては，James M. McGibany and Farrokh Nourzad, "Interest Rate Volatility and the Demand for Money," *Quarterly Review of Economics and Business*, Autumn 1986, pp.73-83 を参照。

要約表9　貨幣需要のマクロ経済決定要因

増加（上昇）する要因	貨幣需要への影響	理　由
物価水準, P	比例的に増加	物価水準が2倍になることは取引に必要なドルが2倍になることである。
実質所得, Y	比例的以下に増加	より高い実質所得はより多くの取引を意味し，したがって流動性に対する需要がより増加する。
実質利子率, r	減少	より高い実質利子率は貨幣以外の代替資産のより高い収益を意味し，貨幣からシフトする。
期待インフレ率, π^e	減少	より高い期待インフレ率は代替資産のより高い収益を意味し，貨幣からシフトする。
非貨幣資産の名目利子率, i	減少	貨幣以外の代替資産のより高い収益は，人々に貨幣を保有させない。
貨幣の名目利子率, i^m	増加	貨幣に対するより高い収益は，人々にもっと多くの貨幣を保有させる。
富	増加	富の増加の一部分は貨幣の形で保有されるかもしれない。
リスク	もし代替資産のリスクが上昇すれば増加する。	代替資産のより高いリスクは貨幣をより魅力的にさせる。
	もし貨幣のリスクが上昇すれば減少する。	貨幣のより高いリスクは貨幣を魅力的にさせない。
代替資産の流動性	減少	貨幣以外の代替資産のより高い流動性はこれらの資産をより魅力的にさせる。
支払技術の効率性	減少	人々はより少ない貨幣保有で生活できる。

資や購入ができるようになった。前節で述べたように，個人向け現金管理アカウントの導入によって，株式などの高い収益を生む資産とより流動性の高い資産との乗り換えが容易にできるようになった。貨幣以外の代替資産がよ

り流動性を高めれば，ますます貨幣需要は減少するであろう。

支払技術　貨幣需要はまた，支払と受取を可能にする技術にも影響される。たとえば，クレジットカードの導入によって，少なくとも月末にクレジットカードの請求書で支払を済ませるまでは，お金を使わずに取引ができるようになった。現金自動預け払い機（ATM）によって，現金が必要なときにすぐに手に入ることがわかっているので，現金の需要は減ったと思われる。2000年代半ばには，小切手21法の施行により小切手の電子画像を使った清算が認められ，小切手処理がより効率的になった。この方法により小切手処理コストが大きく下がり，施行前より速やかに清算できるようなったのである。将来，取引のためにスマートフォンを使って小切手を振り出したり支払が可能になったりするような技術のイノベーションが起これば，疑いもなくいっそうキャシュレス化が促進されるであろう[10]。ある専門家は，われわれが究極的に「キャッシュレス社会」で暮らすこと，すなわちほとんどすべての支払がいつでもアクセス可能なコンピュータ会計システムを通して行われ，現金に対する需要はゼロになるであろうと予測している。近年，ビットコインや他の暗号通貨への驚くような関心は，多くの障害，特に安全性とセキュリティの問題が残されているものの，われわれがキャッシュレス社会に近づいていることを示唆している。「応用例：ビットコインと暗号通貨」を参照されたい。

応用例：ビットコインと暗号通貨

　現金通貨や硬貨の形の貨幣は伝統的に一国の政府によって発行される。しかしながら，近年，政府以外の組織によって創造される暗号通貨が数多く使

---

[10] 2003年にアメリカで初めて電子決済件数が小切手決済件数を上回った。変化のペースは加速しており，わずか3年後には電子決済件数は小切手決済件数の2倍となった。詳細は連邦準備理事会のスタッフによる"The Federal Reserve Payments Study 2016: Recent Developments in Consumer and Business Payment Choices"（*www.federalreserve.gov/newsevents/pressreleases/files/2016-payments-study-recent-developments-20170630.pdf*）を参照。

われている。これらの中でよく知られているのがビットコインである。

　暗号通貨は物理的な形では存在せず，コンピューター・システムに記録された種々の事項に対する請求権である。たとえば，ビットコインは，ブロックチェーンと呼ばれる技術を使って，誰が何単位のビットコインを所有しているかを記録している。ビットコインの売買は，そのようなサービスを提供する取引所を通じて，ドルなどの通貨を使って行うことができる。ビットコインとドルの交換レートは需要と供給によって決まる。

　ビットコインやその他の暗号通貨の特徴のひとつは，匿名取引ができることである。あなたがビットコインを使って何かを買うとしても，あなたが誰であるかは誰にもわからない。あなたが所有するビットコインを何枚所有しているかを記録するアカウントへの認証情報はあるが，誰もあなたの身元を知ることはできない。このため，ビットコインのような暗号通貨は，脱税者や犯罪者など，取引を見られたくない人々に利用されやすい。

　ビットコインは，ブロックチェーンを使って口座と取引を確認する。ふたりの間の取引は，他の人たちとコンピューター・システムによって確認される。取引が公に記録され，システムの中の多数のコンピューターに複製される。結果的に詐欺的な取引をすることはほとんど不可能になる。ブロックチェーンを最初に使ったのはビットコインであるが，ビジネスの世界でも，「インターネット上の融資仲介，文書の検証，ライドシェアリング，クラウドファンディング，その他の用途」においても将来性のある利用が多数なされている[11]。

　ビットコインやその他の暗号通貨は，ドルに代わって取引に使われる可能性があるだろうか。いつかは可能かもしれないが，暗号通貨には，人々が便利だと感じる貨幣の特徴が欠けている。何かが貨幣として有用であるためには，交換手段や価値貯蔵の機能をもつことが必要である。交換手段の機能において，貨幣というアイテムはモノを買うために簡単に利用できるものでなければならない。もともと，ビットコインはその役割にふさわしいと思われ，多くの商人がビットコインと引き換えに商品を売ることに同意した。しか

---

[11] Christopher Koch and Gina C. Pieters, "Blockchain Technology Disrupting Traditional Records Systems," *Financial Insight*, Federal Reserve Bank of Dallas, Second Quarter 2017 を参照。

し，ビットコインの取引にかかる費用は，クレジットカードのような他の支払手段よりも高い。そのためビットコインが少額の取引に使われる可能性は低い。また，ビットコイン取引のセキュリティがあっても，ビットコインユーザーが，ハッカーやパスワード情報の紛失を含め，大きな損失を被ることから免れることはできない。価値貯蔵の機能に関して，貨幣として有用であるためには，その価値は安定していなければならない。しかし，ビットコインの価値は時間の経過とともに，劇的に上下しており，2017年には20％以上値下がりした日が5回もあった[12]。こうした変動を避けるために，新しい金融企業が設立され，「安定コイン」と呼ばれる別の類の暗号通貨が開発されるようになった。その目標は，価値の変動が少なく，将来，貨幣として使用できる可能性のある暗号通貨を開発することである。

いつの日か，われわれすべてがドルに代わって暗号通貨を使うようになるかもしれない。しかしながら，その前に乗り越えなければならない壁がたくさんある。有用な暗号通貨は，交換手段と価値貯蔵の両方の役割を果たさなければならない。その両方がうまく機能している暗号通貨はまだ存在しない。

貨幣需要の弾力性　ポートフォリオ配分理論は，経済学者が総貨幣需要に影響を及ぼす要因を特定する際に役立つ。しかし，たとえば経済の予測や数量分析などの多くの目的のために，経済学者はどの要因が貨幣需要に影響を与えるかだけでなく，さまざまな効果がどのくらい強く影響を与えるのかを知る必要がある。この情報はデータの統計分析を通じてのみ得ることができる。

過去50年にわたって，経済学者たちは貨幣需要関数に関して多くの実証分析を行ってきた。これらの研究の結果には，貨幣需要の説明変数の変化が貨幣需要の変化にどれだけインパクトを与えたかを測る弾力性という用語がしばしば使われる。とくに，貨幣需要の所得弾力性はよく使われるものである。**貨幣需要の所得弾力性**（income elasticity of money demand）とは，実質

---

[12] Scott Wolla, "Bitcoin: Money or Financial Investment?" *Federal Reserve Bank of St. Louis Page One Economics*, March 2018 を参照。

所得が1％変化したときの貨幣需要の変化率をみるものである。たとえば，もし貨幣需要の所得弾力性が2/3であれば，実質所得が3％増加するとき貨幣需要は2％（＝2/3×3％）増加する。同様に，**貨幣需要の利子弾力性**（interest elasticity of money demand）とは，利子率が1％変化したときの貨幣需要の変化率をみるものである。

　貨幣需要の利子弾力性を用いる際，よく陥る罠から逃れるために多少の注意が必要である。利子率が年5％から6％に上昇する場合を想定しよう。この利子率の上昇を1％の利子率の上昇と記述する誘惑にかられそうであるが，これは間違いである。実際には，6は5より20％大きいので利子率の増加は20％である[13]。たとえば，もし貨幣需要の利子弾力性が－0.1であれば，5％から6％へ利子率が上昇すると貨幣需要は2％（－0.1×20％＝－2％）減少する。この例のように，もし貨幣需要の利子弾力性が負であれば，利子率の上昇は貨幣需要を減少させる，ということに留意する必要がある。

　貨幣需要の所得弾力性と利子弾力性の実際の値はどうなっているのだろうか。貨幣需要に関する多くの統計的研究によって解答が提供されており，ある共通の解答が得られている。第一は，貨幣需要の所得弾力性は正の値であるということである。たとえば，プリンストン大学のスティーブン・ゴールドフェルドは，貨幣需要の枠組みを作った1973年の貨幣需要M1の古典的研究において，所得弾力性がほぼ2/3であることを見出した[14]。正の貨幣需要の所得弾力性は，理論分析で明らかにしたように，所得が増加するとき貨幣需要も増加することを意味する。この弾力性の値は1.0であるとする研究もいくつかあったが，貨幣需要の所得弾力性は1.0より小さいというゴールドフェルドの発見は多くの他の実証分析の結果と類似している。貨幣需要の所得弾力性が1.0以下であるということは所得の増加分ほど貨幣需要が増加しないということを意味する。この章の初めのところで，個人または国が豊かになるにつれて，貨幣需要は所得よりもっとゆっくりと増加する理由について議論したことを思い出してほしい。

---

[13] 5％から6％への変化は1パーセント・ポイントの上昇，または20％の上昇と表記する。
[14] "The Demand for Money Revisited," *Brookings Papers on Economic Activity*, 1973:4, pp. 577-638を参照。ゴールドフェルドは短期と長期の貨幣需要の弾力性を計測した。ここで紹介した数字は長期の弾力性である。

第二は，多くの研究において貨幣需要の利子弾力性が低い負の値を得ているということである。たとえば，ゴールドフェルドは貨幣需要の利子弾力性が -0.1 または -0.2 くらいになるということを見出した。貨幣需要の利子弾力性が負の値であるとは，非貨幣資産の利子率が上昇するとき，これも理論の予測通り，民間は貨幣保有を減少させるということを意味する。

最後は，ゴールドフェルドの研究や他の経済学者の研究が，名目貨幣需要は物価水準と比例的であることを実証的に裏付けたということである。この結果は，(7.3) 式の貨幣需要関数に反映されているように理論と一致している。

流通速度と貨幣数量説

貨幣需要に関連して金融政策の議論において用いられる概念に，流通速度がある。流通速度は，一定期間内に貨幣量がどのくらいの頻度で「回転」するかを示す。とくに**流通速度**（velocity）は，名目 GDP（物価水準 P に実質産出量 Y を乗じたもの）を名目貨幣量 M で割ったものである。V を流通速度とするならば，以下のように表すことができる。

$$V = \frac{名目\ GDP}{名目貨幣量} = \frac{PY}{M} \tag{7.4}$$

取引量が GDP に比例的であると仮定すると，もし流通速度が上昇すれば，貨幣量の各々のドルは各期間内における取引でより多く使用される。図 7.2 は 1959 年第 1 四半期から 2021 年第 4 四半期までのアメリカの M2 の流通速度を示している。

流通速度の概念は，初期の貨幣需要理論の 1 つである貨幣数量説に由来している[15]。**貨幣数量説**（quantity theory of money）は，実質貨幣需要が実質所得に比例的であると主張する。すなわち，次式で表される。

---

[15] 貨幣数量説は 19 世紀後半と 20 世紀初頭において活躍した古典派経済学者たち，とくにアービング・フィッシャーによって発展した。この理論の有名な主張は，フィッシャーの著書 *The Purchasing Power of Money*（New York: Macmillan, 1911）のなかに含まれている。

図 7.2　M2 の流通速度（1959 年 Q1～2021 年 Q4）
M2 の流通速度は名目 GDP を M2 で割った値である。M2 の流通速度は，1990 年代末から低下傾向にある。
出所：データは連邦準備制度理事会，セントルイス連邦準備銀行の FRED データベース *fred.stlouisfed.org* series/M2SL と GDP からダウンロード。

$$\frac{M^d}{P} = kY \tag{7.5}$$

ここで，M^d/P は実質貨幣需要，Y は実質所得，そして k は定数である。(7.5) 式において，実質貨幣需要関数 $L(Y, r+\pi^e)$ は簡単な形 kY をとっている。これは，流通速度が $1/k$ で一定であり，所得または利子率に依存しないという強い仮定にもとづいている[16]。

しかし，流通速度は実際に一定なのだろうか。図 7.2 が示すように，M2 流通速度は，短期間では予測不可能である。1998 年にピークに達した後，傾向的に下降を示している。人々は 1990 年代にはその貯蓄を以前よりも多く金融資産に向け始めた。すなわち，（M2 に区分される）銀行口座から引き出し，

---

[16] 貨幣数量説のもとで流通速度を求めるために，名目貨幣需要 M^d は実際の貨幣量 M に等しいと仮定しなければならない。この仮定については本章の後半で説明する。この仮定のもとで，$V = 1/k$ になることを確かめてほしい。

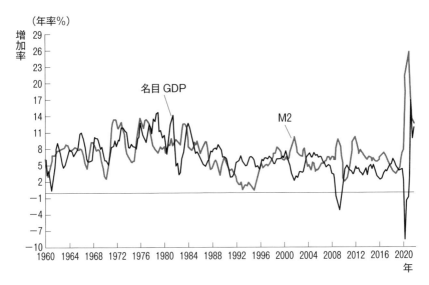

図 7.3　M2 と名目 GDP の増加率（1960 年 Q1〜2021 年 Q4）
ここにプロットした M2 と名目 GDP の増加率は，四半期データを用いて，両変数の 1 年前の水準からの増加率を示している。M2 の増加率は金融イノベーションと海外からの現金通貨需要によって大きく変動している。名目マネーサプライの増加率が名目 GDP の増加率を上回ると，流通速度は低下する。
出所：図 7.2 と同じ。

（M2 には区分されない）株式と債券に投資し始めた。その結果，どのような GDP の水準においても M2 に対する需要は減少し，M2 の流通速度が上昇した。さらに，1990 年代から 2000 年代半ばにかけて住宅市場が急騰したことで，住宅ローンの再融資からの資金が一時的に M2 口座に停滞し，M2 が増加し流通速度が低下した。パンデミックによる景気後退のあと，人々が M2 口座の残高を増やしたことから流通速度が急激に低下した。

　流通速度は名目 GDP の名目マネーサプライに対する比率であるので，流通速度の増加率は，名目 GDP の増加率から名目マネーサプライの増加率を差し引いたものに等しい。それゆえ，名目マネーサプライの増加率が名目 GDP の増加率よりも低ければ，流通速度の増加率は正で，すなわち流通速度は上昇する。当然のことながら，名目マネーサプライの増加率が名目 GDP の増加率よりも高ければ，流通速度は下落する。図 7.3 は名目 GDP の増加

率とともに名目 M2 の増加率を示している。図が示すように，1998 年以降一般的には M2 の増加率が名目 GDP の増加率を上回っている。それゆえ，図 7.2 に示されているように，この期間の M2 流通速度は低下した。名目 M2 の増加率はパンデミックの景気後退の後でも非常に高く，名目 GDP 増加率をはるかに上回り，M2 流通速度が急激に低下している。

7.4 資産市場均衡

　資産市場は，実際に実物資産と金融資産が取引される一連の市場のことであることを思い出してほしい。ある資産の需要，たとえば国債の需要は富の保有者が自分のポートフォリオに入れておきたいとする資産量である。それぞれの資産に対する需要は，他の資産に対する期待収益，リスク，流動性，および満期までの期間に依存している。また，それぞれの資産の供給は利用可能なその資産の量である。時間とともに，政府がもっと国債を発行したり，企業が新しい株式を発行したり，金がもっと発掘されるなど，資産供給は変化するが，ある特定時点における個人の資産供給は固定されている。

　富の保有者が需要する資産量と利用可能な資産供給量とが等しいとき，資産市場は均衡している。この節では，貨幣の役割に焦点をあてながら，資産市場の均衡について議論し，その後，資産市場均衡がいかに物価水準と結びついているのかを示す。

資産市場均衡：集計の仮定

　第 3 章の労働市場分析，第 4 章の財市場分析において，分析を容易にするために集計の概念を導入した。すなわち，経済における多くの異なった種類の労働と財の需給を見る代わりに，一般的に全体の労働と財の需給について分析した。このように集計することで，詳細を失うことなく全体としての経済の動きを分析することができる。

　多くの異なった種類の資産があるので，集計は資産市場の研究においても同様に必要である。そこで，経済学者がマクロ経済分析をするときによく用いる集計の仮定を資産市場の分析でも採用しよう。すべての資産は貨幣と非

貨幣資産の2つの範疇に分類されると仮定する。貨幣は，現金通貨や当座預金といった支払に用いることのできる資産のことである。すべての貨幣は同じリスクと流動性をもち，同じ名目利子率 i^m を支払うものと仮定する。名目マネーサプライは一定であり，M で表す。非貨幣資産は株式，債券，土地などの貨幣以外のすべての資産である。すべての非貨幣資産は同じリスクと流動性をもち，名目利子率 $i = r + \pi^e$ を支払うと仮定する。ここで r は期待実質利子率であり，π^e は期待インフレ率である。非貨幣資産の名目供給量は一定であり，NM で表す。

資産が2つのグループに集約できるという仮定は，資産間の多くの興味深い違いを無視することになるが，マクロ経済分析を簡単にし，とても役に立つ仮定である。この仮定による利点は，資産を2種類だけとするならば，資産市場均衡の条件は，貨幣需要量とマネーサプライ（貨幣供給量）とが等しいということだけになる点である。

この点を示すために，エドという名前の一個人のポートフォリオ配分決定を見てみよう。エドは一定額の富を所有し，貨幣と非貨幣資産に配分するとしよう。m^d がエドの所有する名目貨幣量，nm^d が所有する名目非貨幣資産量であるとすれば，エドが望む貨幣と非貨幣資産の合計は，彼の富全体でなければならない。すなわち

$$m^d + nm^d = \text{エドの名目富}$$

となる。この式は，経済全体の富の保有者すべてに成り立たなければならない。

経済全体の富の保有者すべてについて，この式を合計しよう。個人の貨幣需要 m^d の合計は総貨幣需要 M^d に等しい。個人の非貨幣資産 nm^d の合計は総非貨幣資産 NM^d となる。最後に，富の保有者すべてに対して名目富を足し上げれば，経済全体の名目富を得るから，次式が得られる。

$$M^d + NM^d = \text{総名目富} \tag{7.6}$$

(7.6) 式は，経済における総貨幣需要と非貨幣資産需要を足したものが経済全体の名目富と等しくなければならないことを示している。

次に，貨幣と非貨幣資産の総供給と総富との関係を見てみよう。貨幣と非

貨幣資産は経済における唯一の資産であるから，総名目富はマネーサプライ M に非貨幣資産の供給量 NM を加えたものに等しい。

$$M + NM = 総名目富 \tag{7.7}$$

最後に，(7.6) 式から (7.7) 式を差し引くと，次式が得られる。

$$(M^d - M) + (NM^d - NM) = 0 \tag{7.8}$$

(7.8) 式の $(M^d - M)$ 項は貨幣の超過需要，すなわち総貨幣需要量がマネーサプライを上回っていることを示している。同様に，(7.8) 式の $(NM^d - NM)$ 項は，非貨幣資産の超過需要を表している。

さて，貨幣の超過需要 $(M^d - M)$ がゼロ，すなわち貨幣需要量 M^d がマネーサプライ M と等しいとしよう。(7.8) 式から，もし $(M^d - M)$ がゼロとなるならば，$(NM^d - NM)$ もゼロにならなければならない。すなわち，もし貨幣の需要量と供給量が等しければ，非貨幣資産の需要量と供給量も等しくならなければならない。定義によって，もしそれぞれの形態の資産の需要量と供給量が等しいならば，資産市場は均衡の状態である。

資産が貨幣と非貨幣資産のみに分類できるという単純な仮定を置けば，貨幣の需要量と供給量が等しい場合のみ，資産市場は均衡しているということができる。この結果は大変便利である。というのは，資産市場均衡の研究をするうえで貨幣の需要と供給だけを見ていればよく，非貨幣資産を無視することができるからである。貨幣の需要量と貨幣の供給量が等しいかぎりにおいて，資産市場は均衡しているのである。

資産市場の均衡条件

資産市場において貨幣の需要量と供給量が等しいとき，資産市場が均衡する。この条件は，貨幣の需給が名目または実質で表示されようとも有効である。この条件を実質値でみてみよう。

$$\frac{M}{P} = L(Y, r+\pi^e) \tag{7.9}$$

(7.9) 式の左辺は名目マネーサプライ M を物価水準 P で割って実質値で測られたマネーサプライである。右辺は，(7.3) 式で説明した実質貨幣需要 M^d/P である。実質マネーサプライと実質貨幣需要量が等しいことを表す (7.9) 式は，資産市場の均衡条件と呼ばれる。

資産市場の均衡条件（asset market equilibrium condition）は，名目マネーサプライ M，物価水準 P，実質所得 Y，実質利子率 r，および期待インフレ率 π^e の5変数からなる。名目マネーサプライ M は公開市場操作を通じて中央銀行によって決定される。ここでは，期待インフレ率 π^e を一定とし，外生的なものとして扱う（本章の後半部分で期待インフレ率の決定について説明する）。資産市場の均衡条件において，まだ特定できない3変数，実質所得 Y，実質利子率 r，および物価水準 P が残っている。

第Ⅱ部では，経済は完全雇用，いい換えればすべての市場は均衡していると仮定してきた。古典派およびケインズ学派の経済学者双方とも，経済の長期行動を分析するうえで，この完全雇用の仮定に同意している。もし完全雇用の仮定を採用するならば，産出量と実質利子率の決定については以前の章と同じ分析を引き続き用いることができる[17]。第3章では，労働市場が均衡していれば雇用は完全雇用水準にあり，産出量は完全雇用産出量 $\bar{Y}$ に等しくなることを示した。第4章では，どの産出水準でも，実質利子率は望ましい国民貯蓄と望ましい投資を等しくするような値（財市場の均衡条件）をとらなければならないことを示した。

産出量と実質利子率は労働市場と財市場における均衡によって(内生的に)決定されるので，資産市場の均衡条件で決定される唯一の変数は物価水準 P である。物価水準が資産市場の均衡条件によって決定される変数であることを強調するために，(7.9) 式の両辺に P を乗じ，両辺を実質貨幣需要 $L(Y, r+\pi^e)$ で割ると，次式が得られる。

---

[17] この完全雇用の仮定は短期経済変動を議論する第8章と第Ⅲ部で緩められる。

$$P = \frac{M}{L(Y, r+\pi^e)} \tag{7.10}$$

(7.10)式によれば，経済全体の物価水準Pは，名目貨幣供給Mと実質貨幣需要$L(Y, r+\pi^e)$の比率に等しい．所与の実質産出量Y，実質利子率r，および期待インフレ率π^eのもとで，実質貨幣需要$L(Y, r+\pi^e)$は決定され，ある一定の値に固定される．したがって，(7.10)式は物価水準が名目貨幣供給に比例することを表している．たとえば，名目マネーサプライMが2倍になると，他の要素が一定であれば，物価水準Pは2倍になるであろう．経済全体における物価水準とマネーサプライとのあいだに緊密な関係が存在することは，マクロ経済の動向に関する最も古くて最も信頼のある結論の1つであり，何千年とはいわないが何百年ものあいだ何らかの形で認められているものである．次の7.5節で，この関係に対する実証的研究を紹介し，この関係が支持されることを説明しよう．

物価水準を(7.10)式で示される均衡値に導く力は何だろうか．物価水準がどのように均衡値に調整されるかを完全に説明するには，財市場と資産市場の分析が必要であり，3市場の関連をより詳細に論ずる第8章まで待たねばならない．手短にいえば，第8章では，マネーサプライの増加は人々の財・サービスに対する名目支出を増加させ，この生産物に対する名目需要の増加は物価の上昇につながることを示す．物価は，人々が増加した名目貨幣量をポートフォリオの一部として保有することに満足するまで上昇し続け，資産市場の均衡条件（7.10式と書き換えられる）を満たす．

7.5　貨幣成長とインフレーション

7.4節において，労働市場，財市場，および資産市場がすべて均衡しているとき，物価水準Pは名目マネーサプライMと比例することを述べた．しかし，一般的に物価水準自体は，政策担当者や企業にとってインフレ率や物価水準の上昇率ほど重大な関心事ではない．この節では，物価水準の分析をインフレがどのように決定されるかを示すところまで広げることにしよう．物価水準の上昇率であるインフレ率は，名目マネーサプライの成長率と密接に

関連していると結論できる。

インフレ率の方程式を得るために，(7.10) 式の左辺の成長率を右辺の成長率に等しくすると，次式を得る。

$$\frac{\Delta P}{P} = \frac{\Delta M}{M} - \frac{\Delta L(Y, r+\pi^e)}{L(Y, r+\pi^e)} \tag{7.11}$$

ここで，記号 Δ はある年から次の年への変数の変化分を示している。(7.11) 式の左辺は物価水準の上昇率 $\Delta P/P$ で，インフレ率 π と同じである。(7.11) 式の右辺は (7.10) 式の右辺の比率の成長率を表しており，分子 M の成長率から分母 $L(Y, r+\pi^e)$ の成長率を差し引いたものである（下巻の付録 A の A.7 節では，成長率を計算するための便利な公式をいくつか紹介している）。(7.11) 式は，もし資産市場が均衡していれば，インフレ率は名目マネーサプライの成長率から実質貨幣需要の成長率を差し引いたものに等しいことを示している。

(7.11) 式は，インフレ率が名目マネーサプライの伸び率と密接に関係している点を強調している。しかし，(7.11) 式を使ってインフレの動向を予測するには，実質貨幣需要がどの程度の速さで増加するかを知る必要がある。(7.3) 式の貨幣需要関数は実質貨幣需要に大きな影響を与える 2 つのマクロ経済変数，すなわち所得（産出量）Y と名目利子率 $r+\pi^e$ に焦点をあてた関数であったことを思い起こしてほしい。貨幣需要の所得弾力性とは 1% の実質所得の増加から生じる貨幣需要の変化率である。$\Delta Y/Y$ をある年から次の年までの実質所得の変化率，そして η_Y を貨幣需要の所得弾力性とすると，$\eta_Y \Delta Y/Y$ は貨幣需要に影響を及ぼす名目利子率と他の要因を一定にしたときの実質所得増加による実質貨幣需要の増加分である[18]。(7.11) 式の $\Delta P/P$ に π を，実質貨幣需要の伸び率に $\eta_Y \Delta Y/Y$ を代入すると，次式が得られる。

---

[18] 名目利子率が一定であるという仮定は，$\Delta Y/Y$，$\Delta M/M$，η_Y および実質利子率 r が一定である長期均衡と整合的である。インフレ率 π は一定であり，期待インフレ率 π^e は一定で π と等しいということが理にかなうからである。したがって，名目利子率 $i = r+\pi^e$ は一定となる。

$$\pi = \frac{\Delta M}{M} - \eta_Y \frac{\Delta Y}{Y} \tag{7.12}$$

（7.12）式はインフレ率に関する役に立つ簡便式である。（7.12）式によれば，インフレ率は，名目マネーサプライの伸び率から実質産出量の増加から生じる実質貨幣需要の伸び率の調整分を差し引いたものと等しくなる。たとえば，名目マネーサプライの伸び率が年10％，実質所得が年3％の率で成長し，貨幣需要の所得弾力性が2/3であったとすると，（7.12）式からインフレ率は，10％－(2/3)(3％)，すなわち年率8％となる。

応用例：移行期のヨーロッパ諸国における貨幣の成長とインフレーション

　東ヨーロッパの共産主義体制が崩れ，ソビエト連邦が崩壊したことは，経済的，政治的，社会的大変動をもたらした。程度はさまざまだが，これらのすべての国において，市場をより重視した経済にする改革が導入され，多くは（特にソビエト連邦の崩壊によって形成された新しい国々は）新しい通貨を導入した。しかし，ロシアや東ヨーロッパの多くの経済は，とても高いインフレ率を含め，深刻な経済問題に直面し続けた。これらの国における高いインフレ率の主な原因は，貨幣の急速な成長率にある。

　一般に，名目貨幣供給の増加と実質貨幣需要の増加（たとえば，実質所得の増加によって生ずる）の両方がインフレ率に影響を及ぼす（7.12式を参照）。しかし，高いインフレ率の国々では，これら2つの要因のうち名目マネーサプライの伸びのほうが通常より重要になっている。たとえば，ある国の貨幣需要の所得弾力性が2/3で，実質産出量が驚くべき年率，15％で成長しているのであれば，（7.12）式からその国の実質貨幣需要の伸び率は年率10％（＝2/3×15％）になる。2番目の国の貨幣需要の所得弾力性も2/3であるが，所得が悲惨なことに年率15％で下落したとすると，実質貨幣需要の伸び率は年率－10％になる。したがって，根本的に異なった所得の成長率をもっていても，実質貨幣需要の伸び率の差は年率20％にすぎない。

　比較的控えめな各国間の実質貨幣需要の伸び率の差とは対照的に，各国間

第 7 章 資産市場，貨幣，および物価　401

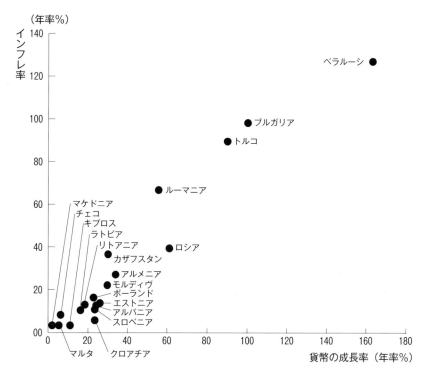

図 7.4　貨幣の成長とインフレーションとの関係
ヨーロッパの国々の 1995 年から 2001 年までの名目貨幣成長率とインフレ率の変遷を図示したものである．貨幣の成長率とインフレーションとの間には密接な関係があり，80％を超えるような高い貨幣成長率の国々は 80％を超える高インフレ率も経験している．
出所：貨幣成長率と消費者物価インフレーションは，*International Financial Statistics*, February 2003, International Monetary Fund より．図は完全なデータのあるヨーロッパの国々における変遷を示している．

の名目マネーサプライの成長率は，年率数百パーセント・ポイントも異なる．したがって，各国間のインフレ率の差は，ほとんどつねにマネーサプライの成長率の違いから生ずるものであるといえよう．

図 7.4 は，インフレ率とマネーサプライの成長率との関係を示している．これは，国際通貨基金（IMF）によって「移行国」として指定されたヨーロッパ諸国の 1995 年から 2001 年の期間におけるインフレ率とマネーサプライの

成長率の年平均値を示している。ほとんどの国が共産主義体制から自由市場資本主義への移行過程にあった。この期間における，ベラルーシ，トルコ，ブルガリアの3国のインフレ率と貨幣の成長率はともに年平均80％以上である。これら3国間のインフレ率を比較しようと，これら3国の高いインフレ率を他の16カ国の比較的低いインフレ率と比較しようと，貨幣の成長率とインフレ率の間には密接な関係があることが明らかであろう。

　もし急激なマネーサプライの増加がインフレを引き起こすならば，なぜ各国政府はマネーサプライをそのように急増させるのであろうか。以前論じたように，政府はときどき（中央銀行からの借入により）貨幣を印刷し，これが政府支出を賄う唯一の方法であると考えることがある。とくに貧しい国々や，戦争や自然災害，（移行期のヨーロッパの国々の場合のような）大きな政治的，経済的変化に関連した経済の大変動を経験した国々の政府がこの方法を利用しがちである。残念なことに，このような方法で政府支出を賄う場合，ほとんど避けられないのがインフレの進行である。

インフレ率と名目利子率

　期待インフレ率は，おそらく動向調査による以外，直接に観測することはできない（「応用例：インフレ期待の測定」を参照）。しかし，(7.11)式から明らかなように，もし名目マネーサプライの成長率や，実質所得の伸びなど貨幣需要の伸び率に影響を及ぼす要因が，現在値からあまり変化しないと予想されるならば，そのときにはインフレ率も現在値からあまり変化しないと予想される。すなわち，π^e はおおよそ π に等しい。それゆえ，名目利子率 $i = r + \pi^e$ もおおよそ $r + \pi$ に等しい。もしさらに実質利子率 r が一定ならば，名目利子率は現実のインフレ率 π に対応して動くであろう。

　図7.5では，名目利子率とインフレ率との歴史的関係が示されている。ここには，1960年1月から2021年12月までの1年物財務省短期証券の名目利子率とアメリカの消費者物価指数で測られた12カ月インフレ率の月次データが示されている。名目利子率とインフレ率は連動して動く傾向があり，1960年代から1970年代にかけて上昇し，1980年代初めにピークに達した後

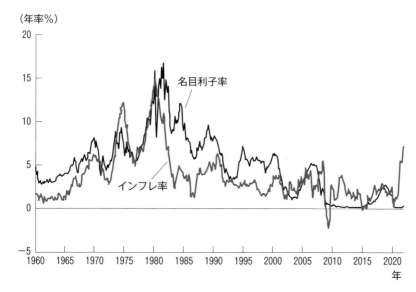

図 7.5　アメリカにおけるインフレ率と名目利子率（1960〜2021 年）
図には 1 年物財務省短期証券の名目利子率と消費者物価指数で測られた 12 カ月インフレ率が示されている。名目利子率はインフレ率と同方向に動く傾向があるが，2008 年以降のようにこの 2 つの変数が連動して動かないような期間もある。
出所：利子率は連邦準備制度理事会，セントルイス連邦準備銀行の FRED データベース fred.stlouisfed.org/series/GS1。CPI は労働統計局，FRED series/CPIAUCNS からダウンロード。

は急激に低下している。しかし，この期間，実質利子率が一定ではなかったから，インフレ率の動きは名目利子率の動きと完全に一致しない。とりわけ，1970 年代終わりから 1980 年代初めには，名目利子率の上昇がインフレ率の上昇をはるかに上回っている。これは，実質利子率が 1970 年代半ばのマイナスの値から 1980 年代のより高いプラスの値まで上昇したことを反映している。また，2008 年の金融危機の後，名目利子率がほぼゼロになり，インフレ率も年率 1〜2％であったため，実質利子率はマイナスになった（図 2.6 の実質利子率のグラフを参照）。2021 年には，名目利子率がほぼゼロ近辺で推移するなか，新型コロナのパンデミックからの景気回復に伴い，インフレ率が急上昇し始めた。

応用例：インフレ期待の測定

資産市場の均衡は，インフレーションに対する人々の期待に依存する。では人々はどのようにしてインフレ期待を形成するのだろうか。経済予測を専門とするエコノミストの動向調査を参考にすることもできる[19]。もしそうであれば，フィラデルフィア連邦準備銀行経済予測調査やミシガン大学消費者調査のような長期的にインフレ率がどうなると思うかを対象者に尋ねる調査から，われわれは長期的なインフレ期待に関する情報を集めることができる。しかし，調査対象者がインフレ率の決定要因を理解することに強い関心をもっていなければ，動向調査の情報は信頼できないかもしれない。その一方で，債券を購入する人々は，インフレ率の変化が投資の実質収益に影響するので，インフレを気にする可能性が高い。そのため，金融市場からのデータはインフレ率に対する投資家の期待を表すものと見ることができる[20]。

アメリカ政府は名目国債を発行し，また（1997年以降）財務省インフレ連動債（TIPS）を発行して国民全体から借入を行っている。名目国債には，国債の償還期間までの間，確定した名目利子率が付くが，実質利子率は国債の償還期間中のインフレ率に依存する。名目国債の期待実質利子率は，(2.14)式の $r = i - \pi^e$ である。ここで，i は名目利子率，π^e は国債の償還期間中の期待インフレ率である。TIPSには，国債の償還期間中に起こるインフレ率にかかわらず，その間確定した実質利子率が付く。TIPSでは，国債の利払と元本償還の両方を調整することで，実質利子率はインフレ率の変動から遮断される。

図7.6には名目国債の名目利子率とTIPSの実質利子率が示されている。2007-2009年の景気後退の期間およびそれ以降の期間では，2008年末の金融危機の間のごく短期的な上方へ向かうスパイク波形の期間を除き，10年物

---

[19] Christopher D. Carroll, "Macroeconomic Expectations of Households and Professional Forecasters," *Quarterly Journal of Economics*, 118（February 2003），pp. 269-298 を参照。

[20] 以下の分析は，Ben S. Bernanke, "What Policymakers Can Learn from Asset Prices"（Remarks before the Investment Analysts Society of Chicago, April 15, 2004）にもとづいている。

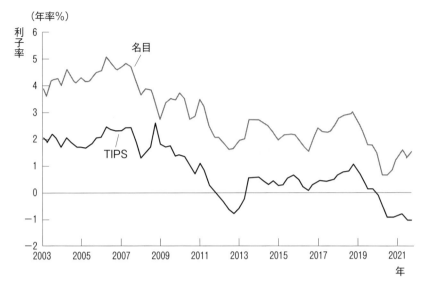

図7.6　名目国債とTIPSの10年債の利子率（2003年Q1～2021年Q4）
グラフには，2003年Q1以後のアメリカ財務省10年物中期証券の名目利子率と財務省10年物インフレ連動債（TIPS）の実質利子率が四半期ごとに示されている。
出所：名目利子率は連邦準備理事会，*fred.stlouisfed.org/series/GS10*から利用可能。TIPS利子率は，FRED series/FII10から利用可能。

TIPSの実質利子率は低下した。また，2020年の新型コロナによる景気後退期とそれ以降の期間では，マイナスになっている。

　もし名目国債とTIPSのリスクが等しく，流動性も等しいならば，そのときには資産市場均衡では名目国債の期待実質利子率 $i-\pi^e$ がTIPSの実質利子率 r_{TIPS} に等しくなるであろう。$i-\pi^e$ が r_{TIPS} に等しいとすると，$\pi^e = i - r_{TIPS}$ となる。それゆえ，名目利子率がTIPS利子率を上回る率，すなわち $i - r_{TIPS}$ は，期待インフレの大まかな尺度になっている。投資家にとっては名目国債とTIPSとで同じ収益が得られるときのインフレ率を表すことから，しばしば，**損益分岐インフレ率**と呼ばれている。しかしながら，インフレの予測不可能な変動による投資家のリスクはTIPSによって取り除かれるため，2つの利子率の差異の一部は期待インフレの差異というよりもインフレ・リスクの差異に起因する。すなわち，名目国債を購入する投資家は，TIPSを購入する場合よりも，予測不可能なインフレ変動によるリスクが

図 7.7 期待インフレ率の代替指標（2003 年 Q1〜2021 年 Q4）
この図は，期待インフレ率に関する 2 つの異なる指標の四半期値を示している。すなわち，2003 年 Q1 以後の損益分岐インフレ率と経済予測調査から引用した 10 年を見通した期待インフレ率の 2 つである。前者は，アメリカ財務省 10 年物中期証券の名目利子率から財務省 10 年物インフレ連動債（TIPS）の実質利子率を差し引いたものである。
出所：経済予測調査はフィラデルフィア連邦準備銀行による。*www.phladelphiafed.org/reseach-and-data/real-timecenter/* から利用可能。損益分岐インフレ率は図 7.6 のデータから計算。

大きいことを知っている。したがって，名目国債の利子率は，名目国債の保有者がそのリスクを負担することを補償するために高くなる。他方，TIPS 市場は決して流動的ではない（すなわち，買い手と売り手がともに少ない）ので，流動的な市場で売られる場合よりも TPIS の利子率は高くなる。これら 2 つの相反する効果によって，図 7.6 の損益分岐インフレ率が，今後 10 年間の期待インフレ率を過大，あるいは過小に見積もっているのかどうかは明らかではない。しかし，これら 2 つの効果は小さいものと思われ，しかも相反する方向に働くので，その正味の効果は非常に小さいと見られる。したがって，われわれは人々の期待インフレ率を測る尺度として，損益分岐インフレ率を用いることにする。

図7.7は損益分岐インフレ率（図7.6の2つの線の差）を経時的にプロットしたものである。このグラフから，各年の期待インフレ率が時間とともに大きく変化し，2008年の金融危機には急激に低下したことがわかる[21]。この変動的な動きは，同じく図7.7に示したフィラデルフィア連銀経済予測調査による期待インフレ率のサーベイ指標の滑らかな動きとは対照的である。期待インフレのサーベイ指数は，2003年から2012年の期間ではほぼ2.5％で推移し，2013年から2020年の期間では2.0％から2.3％の間で安定していたが，2021年からは大きく上昇し始めた。これは，調査対象となった経済予測の専門家が今後10年間の期待インフレについてあまり見方を変えなかったことを表している。しかし，市場参加者の期待インフレに対する見方は，より大きく変動していたようである。もしそうでなければ，この期間，TIPS市場ではインフレ・リスクと流動性の度合いが大きく変動したに違いない。

章の要約

1. 貨幣とは，現金通貨や当座預金といった支払手段として広く利用され，受け入れられている資産のことである。貨幣は，交換手段，計算単位，および価値貯蔵手段として機能する。
2. マネーサプライ（貨幣供給量）は中央銀行（アメリカでは連邦準備制度）によって決定される。中央銀行の公式な貨幣の尺度は貨幣集計量と呼ばれる。M1は主として現金通貨と流動性預金で構成されるが，M2には，より広範な貨幣資産が含まれる。
3. ポートフォリオ配分の決定は，それぞれの資産をどれだけ保有するかを決定する際に，富の保有者によって行われる。資産の望ましい特性に最も影響を与えるのは，期待収益，リスク，流動性，および金融証券においては満期までの期間である。人々が保有する主な資産は，貨幣，債券，株式，住宅，および耐久消費財である。
4. 貨幣需要とは，人々がポートフォリオに組み入れようとする貨幣量のことである。貨幣需要に影響を与える主なマクロ経済変数は，物価水準，実質所得，および利子

---

[21] 2008年後半に発生した損益分岐インフレ率の低下は，通常の連邦政府債に比べてTIPSの流動性が低下したことによるものとする識者もいる。TIPSの流動性が低下したという見解は，投資家が通常の政府債に比べてTIPSに対してより高い期待収益率を求め，それによって通常の政府債とTIPSの利子率の差が縮小したことを意味する。

率である。名目貨幣需要は物価水準に比例的である。実質所得が高ければ取引回数を増加させ，その結果，実質貨幣需要を増加させる。代替的な非貨幣資産の利子率が高くなると，貨幣に対する代替資産の相対的な魅力が増し，実質貨幣需要を減少させる。貨幣需要関数は，実質貨幣需要とこれらのマクロ経済変数とのあいだの関係を表すものである。

5. 流通速度は，名目 GDP の名目マネーサプライに対する比率である。貨幣数量説は流通速度が一定であるという仮定にもとづき，貨幣需要が所得に比例的であると主張する初期の貨幣需要理論である。歴史的には M2 の流通速度は一定でない。

6. 資産が貨幣と非貨幣資産という 2 つの範疇に分類できるという単純化された仮定の下で，貨幣需要量とマネーサプライが等しければ資産市場は均衡する。すべての市場が均衡するとき（経済は完全雇用状態にある場合），産出量水準は労働市場の均衡によって決定され，実質利子率は財市場の均衡によって決定され，そして物価水準は資産市場の均衡によって決定される。均衡物価水準は名目マネーサプライと比例的である。

7. インフレ率は名目マネーサプライの成長率から実質貨幣需要の成長率を差し引いたものである。実質貨幣需要の伸び率は主に実質所得の成長率に依存している。期待インフレ率は名目マネーサプライと実質所得の予想成長率に依存する。所与の実質利子率のもとでは，名目利子率は期待インフレの変化に対応して決まる。

キーワード

M1	貨幣数量説	分散投資
M2	期間構造の期待理論	ポートフォリオ配分の決定
価値の貯蔵手段	期間プレミアム	マネーサプライ（貨幣供給量）
貨幣	期待収益	満期までの期間
貨幣集計量	計算単位	リスク
貨幣需要	現金通貨	リスク・プレミアム
貨幣需要関数	公開市場操作	流通速度
貨幣需要の所得弾力性	交換手段	流動性
貨幣需要の利子弾力性	実質貨幣残高	

重要方程式

$$\frac{M^d}{P} = L(Y, r + \pi^e) \tag{7.3}$$

貨幣需要関数によれば，実質貨幣需要量 M^d/P は実質所得（または産出量）と非貨

幣資産の名目利子率に依存する。実質所得 Y の増加は人々の取引回数を増加させるから，貨幣需要を増加させる。非貨幣資産の名目利子率 i（$=$ 実質利子率 $r+$ 期待インフレ率 π^e）の上昇によって代替的な非貨幣資産の魅力が増すので，貨幣需要は減少する。

$$V = \frac{名目\,GDP}{名目貨幣量} = \frac{PY}{M} \tag{7.4}$$

流通速度 V は，名目 GDP（または物価 P に実質産出量 Y を乗じたもの）を名目貨幣量 M で割ったものである。流通速度は貨幣数量説によって一定であると仮定されている。

$$\frac{M}{P} = L(Y, r+\pi^e) \tag{7.9}$$

資産市場の均衡条件は，実質マネーサプライ M/P と実質貨幣需要 $L(Y,r+\pi^e)$ が等しいことを示している。

$$\pi = \frac{\Delta M}{M} - \eta_Y \frac{\Delta Y}{Y} \tag{7.12}$$

インフレ率 π は名目マネーサプライの伸び率 $\Delta M/M$ から実質貨幣需要の伸び率を差し引いたものに等しい。名目利子率が一定の長期の均衡では，実質貨幣需要の伸び率は貨幣需要の所得弾力性 η_Y に実質所得（または産出量）の成長率 $\Delta Y/Y$ を乗じたものに等しい。

復習問題

1. 貨幣とは何か，定義しなさい。経済学者が使うこの用語は日常で用いられる意味とどのように異なるのか。
2. 貨幣の3つの機能とは何か。各々の機能はよりスムーズに運営されている経済にどのように貢献しているのか。
3. 一国のマネーサプライは誰が決定しているのか。すべての貨幣が現金通貨の形をとっている経済において，マネーサプライがどのように増加したり，減少したりするのかを説明しなさい。
4. 富の保有者にとって最も重要である資産の4つの特徴とは何か。貨幣は各々の特徴についてどのように他の資産と比較できるのか。
5. 利子率の期間構造に関する期待理論が何を意味するのか述べなさい。われわれが観測する利子率データを説明するのに，期待理論では不十分なのはなぜか。より正確な理論を形成するためには，期待理論に何を付け加えなければならないのか。
6. 貨幣需要に影響を及ぼすマクロ経済変数を列挙し，議論しなさい。
7. 流通速度とは何か定義せよ。貨幣数量説における流通速度の役割について論じなさい。

8. 実質貨幣需要が実質マネーサプライと等しいという条件によって，なぜ資産市場の均衡が説明されるのか。非貨幣資産に関する市場を無視することができる集計の仮定とは何か。
9. 物価水準と名目マネーサプライとのあいだの関係は何か。インフレと名目マネーサプライの伸び率とのあいだの関係は何か。
10. 人々の期待インフレ率を高める要因の例を列挙しなさい。他の条件が等しければ，この期待インフレ率の上昇は利子率にどのような影響を及ぼすか。

演習問題

1. 今日の1年債の利子率は年率6％であるが，今から1年後には年率4％になり，今から2年後には年率3％になると予想される。2年債の期間プレミアムは年率0.5％，3年債の期間プレミアムは年率1.0％である。均衡では，今日の2年債の利子率はいくらか。3年債ではいくらか。イールド・カーブの形状はどうなるか。
2. 貨幣に利子が支払われない経済における貨幣需要関数は次式で示される。

$$\frac{M^d}{P} = 500 + 0.2Y - 1{,}000i$$

   a. $P = 100$，$Y = 1{,}000$，そして $i = 0.1$ であるとしよう。この場合の実質貨幣需要，名目貨幣需要，および流通速度を求めなさい。
   b. 物価水準が $P = 100$ から $P = 200$ へと2倍になるとしよう。この場合の実質貨幣需要，名目貨幣需要，および流通速度を求めなさい。
   c. （a）で与えられた変数の値から始めて，この貨幣需要関数があてはまると仮定し，実質所得の増加によって流通速度がどのように影響を受けるのか。名目利子率の上昇の影響はどうか。物価水準の上昇の影響はどうか。
3. マネーサプライが一定で，実質生産量は $Y = 100$ に固定され，そして実質利子率が $r = 0.1$ である経済を考えよう。貨幣需要の所得弾力性は0.5で，貨幣需要の利子弾力性は -0.1 としよう。
   a. 生産量が $Y = 106$ に増加する（そして r は0.1のままである）と均衡物価水準は初期値から何パーセント変化するか（ヒント：7.12式を用いよ）。
   b. 実質利子率が $r = 0.11$ に上昇する（そして Y は100のままである）と，均衡物価水準は初期値から何パーセント変化するか。
   c. 実質利子率が $r = 0.11$ に上昇するとしよう。均衡物価水準が初期値のままであるためには，実質生産量をいくらにしなければならないか。

マクロ経済データを使った演習問題

データについては，セントルイス連邦準備銀行のFREDデータベース *fred.stlouisfed.*

org を利用しなさい。

　1959 年からの年次データを利用して，アメリカの CPI インフレ率，M1 と M2 の成長率をグラフ化しなさい（12 月から 12 月までの年間成長率を求めなさい）。次に，1962 年からのデータを用いて，3 年平均のインフレ率，M1 と M2 の 3 年平均の成長率を計算しなさい（たとえば，1978 年の 3 年平均のインフレ率とは，1976，77，78 年のインフレ率の平均であり，M1 と M2 の 3 年平均の成長率の計算も同様である）。この計測結果から，インフレ率は，M1 の成長率と M2 の成長率のどちらと似かよった動きをしているか。短期的（年次成長率）と長期的（3 年平均の成長率）で，インフレ率と貨幣成長率の関係はどちらが強いか。1980 年以降，インフレ率と貨幣成長率とのあいだの関係はどうなっているのか，議論しなさい。

第8章
IS-LM／AD-AS モデル：マクロ経済分析の一般的な枠組み

学習の目的

8.1 完全雇用（FE）線に影響を与える要因について議論する。
8.2 財市場の均衡を表す IS 曲線に影響を与える要因について議論する。
8.3 資産市場の均衡を表す LM 曲線に影響を与える要因について議論する。
8.4 IS-LM モデルを用いて，一般均衡に必要な条件を記述する。
8.5 一般均衡を達成するための価格調整の役割について議論する。
8.6 AD-AS モデルの基礎と含意について説明する。

　本章と下巻の第Ⅲ部では，景気循環を説明し，そしていかに政策担当者が景気循環に対応すべきかを説明する。そこで，最初に，循環的変動と政策の変化の経済への影響を分析するために利用することができるマクロ経済モデルを開発しなければならない。第3章で労働市場を，第4章で財市場を，そして第7章では資産市場を精査することにより，すでに完全なマクロ経済モデルの3つの構成要素を理解した。したがって，本章では，これら3つの構成要素を同時に分析できるようなマクロ経済分析の一般的な枠組みを構築する。つまり本章では，これまでの分析を整理統合し，本書の後半（下巻）部分のマクロ経済政策を分析するための理論的な構造を提供する。
　この章で組み立てる基本的なマクロ経済モデルは，IS-LM モデルとして知られている（あとで説明するように，この名前は2つの基本的な均衡条件に由来している。すなわち，望ましい投資 I は望ましい貯蓄 S に等しく，貨幣需要 L はマネーサプライ M/P に等しくなければならないというものである）。IS-LM モデルはノーベル賞受賞者ジョン・ヒックス卿によって 1937 年に開発されたものである[1]。ヒックスは，ケインズの有名な 1936 年の著書『雇

用・利子および貨幣の一般理論』で示されたアイデアを図式化し解釈としようとした。賃金と物価が市場を均衡させるようには速やかに調整されないというケインズの確信（1.3節を参照）を反映させて，ヒックスは最初の IS-LM モデルにおいて，物価水準が少なくとも一時的に固定されると仮定した。ヒックス以来，何世代かの経済学者たちによって IS-LM モデルを緻密にするための研究が重ねられ，それらは循環的変動やマクロ経済政策の分析と予測のために幅広く応用されてきた。

IS-LM モデルは，その起源から，一般的に景気循環分析におけるケインジアン・アプローチと同一視されてきた。賃金と物価が速やかに市場を均衡させるように瞬時に動くと信じている古典派経済学者たちは，物価水準が固定されているという仮定のために，ヒックスの IS-LM モデルを拒絶しようとした。しかし，賃金と物価の瞬時調整のもとででも通常の IS-LM モデルは容易に適応させることができる。したがって，IS-LM の枠組みはもともとケインジアンによって発展させられたものではあるが，景気循環分析への古典派アプローチを提示し，議論するためにも利用することができる。さらに，IS-LM モデルは，本章の後半で，IS-LM モデルから AD-AS モデルがどのように導出されるのかを示し，AD-AS モデルが古典派とケインジアンのどちらの視点でも利用できることを説明する。さらに，次章の9.4節でこの IS-LM モデルは AD-AS モデルと同じものであることを説明する。

IS-LM モデル（および同等な AD-AS モデル）を古典派とケインジアンの両方の分析の枠組みとして用いることには，いくつかの実用的な利点がある。第一に，古典派とケインジアンの両方の分析に単一のモデルを使うことによって，2つの異なったモデルを学ぶ必要がなくなる。第二に，単一の枠組みを利用することで，ケインジアンと古典派のアプローチがいかに異なるかを明確に示すことができる一方で，両者が一致する部分が多いことを強調できる。さらに，IS-LM モデル（およびその概念と専門用語）の考え方は経済やマクロ経済政策の分析に非常に頻繁に適応されているので，この枠組みを学ぶことによって，現在の経済論争がよく理解でき，より深くこの議論に参加できるようになるであろう。

---

[1] ヒックスは "Mr.Keynes and the Classics: A Suggested Interpretation," *Econometrica*, April 1937, pp.137-159 において，IS-LM の枠組みの概要を論じた。

われわれは図を用いながら IS-LM モデルを展開する。補論 8.A では，同じ分析を数式を用いて説明する。もしグラフに出てくる曲線がなぜそのような傾きをもち，なぜそれらがシフトするのかについて理解しにくい場合，下巻の付録 A の数学的解説が役立つであろう。

できるかぎり単純に物事を見るために，この章では閉鎖経済を仮定する。第 13 章で，外国部門を考慮する場合にこの IS-LM モデルをどのように拡張すればよいかを説明する。

8.1 *FE* 線：労働市場の均衡

これまでの章では，経済の 3 つの主要な市場（労働市場，財市場，および資産市場）について議論し，またこれらの市場間のつながりの一部も明らかにしたが，ここでは，これらの市場が完全なマクロ経済システムの中にどのように位置づけられるかについて，より正確にみてみよう。

最初に，労働市場に目を向け，第 3 章で議論した雇用の完全雇用水準と完全雇用産出量の概念を思い起こそう。**雇用の完全雇用水準** $\bar{N}$ は，労働需要量と労働供給量とが等しくなるように賃金と物価が完全に調整されたあとに到達する雇用の均衡水準である。**完全雇用産出量** $\bar{Y}$ は，現在の資本ストックの水準と生産関数のもとで，雇用が完全雇用水準にあるときに生産される総産出量である。数式で表すと，K を資本ストック，A を生産性，F を生産関数とするとき，完全雇用産出量 $\bar{Y}$ は $AF(K, \bar{N})$ に等しい (3.4 式を参照)。

われわれが最終的に目指すのは，縦軸に実質利子率，横軸に産出量をとった図である。この図では，労働市場の均衡は図 8.1 の**完全雇用線**（full-employment line）あるいは *FE* 線で表される。労働市場が均衡している場合，産出量は利子率とは関係なく完全雇用水準にあるので，*FE* 線は $Y = \bar{Y}$ で垂直である[2]。

---

[2] 実質利子率は投資に影響し，したがって企業が将来保有する総資本量に影響を及ぼすが，現在の資本ストックには影響を与えないため，現在の完全雇用産出量には影響を与えない。

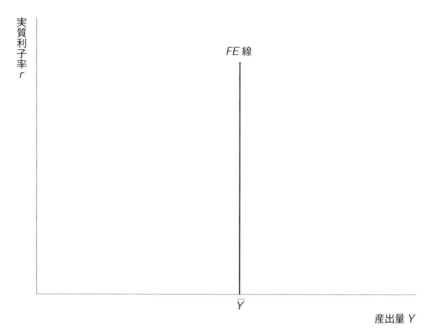

図8.1　FE線
完全雇用 (FE) 線は労働市場の均衡を表している。労働市場が均衡しているとき，実質利子率の値に関係なく，雇用は完全雇用水準 $\bar{N}$ に等しく，産出量は完全雇用産出量 $\bar{Y}$ に等しくなる。したがって，FE 線は $Y = \bar{Y}$ のところで垂直である。

FE 線をシフトさせる要因

　産出量の完全雇用水準は労働の完全雇用水準，資本と生産性の現在の水準によって決定される。完全雇用産出量 $\bar{Y}$ に影響を及ぼす変化は FE 線をシフトさせる。労働供給量が増加するとき (均衡雇用量 N を増加させる)，あるいは資本ストックが増加するとき，または有利な供給ショックが生じるとき，完全雇用産出量 $\bar{Y}$ は増加し，したがって FE 線も右方にシフトする。同様に労働供給量や資本ストックの減少，あるいは不利な供給ショックは完全雇用産出量 $\bar{Y}$ を低下させ，FE 線を左方にシフトさせる。FE 線をシフトさせる要因を要約表 10 に掲げている。

要約表 10　完全雇用（FE）線をシフトさせる要因

要　因	FE 線のシフト方向	理　由
有利な供給ショック	右	1. 同じ量の資本と労働でより多くの生産が可能になる。 2. もし MPN が増加するときには労働需要が増加し雇用が増える。 2 つの理由によって完全雇用産出量が増加する。
労働供給量の増加	右	均衡雇用量が増加し，完全雇用産出量を引き上げる。
資本ストックの増加	右	同じ労働量でより多くの産出物が生産される。さらに増加した資本は MPN を増大させ，労働需要と均衡雇用量を増加させるかもしれない。

8.2　IS 曲線：財市場の均衡

　われわれのモデルにおける 3 つの市場の 2 番目は財市場である。第 4 章で議論したように，望ましい投資と望ましい国民貯蓄とが等しいとき，あるいは同じことであるが，財の総需要量が総供給量と等しいとき，財市場は均衡状態にある。実質利子率の調整によって財市場が均衡することを思い出してほしい。

　縦軸に実質利子率，横軸に実質産出量をとった図において，財市場の均衡は IS 曲線と呼ばれる曲線で表される。あらゆる水準の産出量（あるいは所得）Y に対しても，IS 曲線（IS curve）は財市場が均衡する実質利子率 r を示している。IS 曲線は，この曲線上のすべての点で，望ましい投資 I^d が望ましい国民貯蓄 S^d に等しいことから，このように名づけられている。

　図 8.2 は，第 4 章（キーダイアグラム 3 を参照）で紹介した貯蓄・投資図から IS 曲線の導出を示したものである。図 8.2(a) は任意に選んだ 2 つの産出量水準，4,000 と 5,000 に対する貯蓄-投資曲線を表している。各々の産出量の水準に貯蓄曲線が対応しており，その横の括弧のなかにその水準が示されている。実質利子率の上昇は家計における望ましい貯蓄を増加させるので，

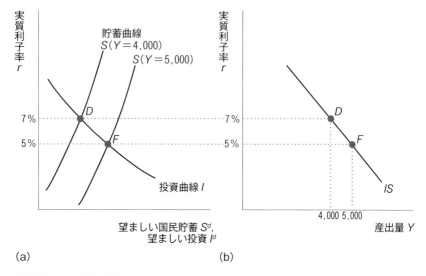

図 8.2　IS 曲線の導出

(a) 図は 2 つの異なった産出水準 4,000 と 5,000 に対する財市場の均衡を表している（各々の貯蓄曲線に対応する産出量は曲線の横の括弧のなかに示されている）。産出量（所得）が増加すると望ましい国民貯蓄が増加し，貯蓄曲線は右方にシフトする。産出量が 4,000 のとき，財市場を均衡させる実質利子率は 7%（点 D）である。産出量が 5,000 のときには，市場均衡実質利子率は 5% である（点 F）。

(b) IS 曲線は，産出量の各々の水準に対応して財市場を均衡させる実質利子率を示している。したがって，IS 曲線上のそれぞれの点は財市場の均衡点に対応している。図(a)でみたように，産出量が 4,000 のとき財市場を均衡させる実質利子率は 7% である（点 D）。産出量が 5,000 のときには市場均衡実質利子率は 5% である（点 F）。産出量が増加すると貯蓄が増加し，市場均衡実質利子率が低下するので，IS 曲線は右下がりである。

貯蓄曲線はそれぞれ右上がりである。今期の産出量（所得）の上昇はあらゆる実質利子率のもとで望ましい貯蓄を増加させるので，$Y = 5{,}000$ に対する貯蓄曲線 (S) は $Y = 4{,}000$ に対する貯蓄曲線 (S) よりも右に位置する。

図 8.2(a)には投資曲線も描かれている。第 4 章で，実質利子率の上昇は資本の使用者費用を引き上げ，それが望ましい資本ストックを減少させ，したがって望ましい投資を減少させるので，投資曲線は右下がりになると議論したことを思い出してほしい。望ましい投資は現在の産出量によって影響されないので，投資曲線は $Y = 4{,}000$ であっても $Y = 5{,}000$ であっても同じで

ある。

　産出量の各々の水準は異なった市場均衡実質利子率をもたらす。産出量が4,000のときには財市場の均衡は点Dで，市場均衡実質利子率は7%である。産出量が5,000のときには点Fで財市場が均衡し，市場均衡実質利子率は5%である。

　図8.2(b)では，横軸に産出量，縦軸に実質利子率をとり，この経済のIS曲線が示されている。産出量のあらゆる水準に対して，IS曲線は財市場を均衡させる実質利子率を示している。したがって，IS曲線上の点Dでは$Y=4,000$であり，$r=7\%$である（図8.2(b)の点Dは図8.2(a)の点Dに対応していることに留意してほしい）。同じく，産出量が5,000のときは財市場を均衡させる実質利子率は5%である。この産出量と実質利子率の組み合わせは図8.2(b)のIS曲線上の点Fである。これは図8.2(a)の点Fに対応している。一般的に，産出量の増加が望ましい国民貯蓄を増加させ，したがって財市場を均衡させる実質利子率を低下させるので，IS曲線は右下がりになる。

　IS曲線の傾きは，財市場の均衡条件の（同じであるが）別の見方，すなわち均衡では財の総需要量は総供給量に等しくなければならないという表現からも解釈できる。このことを説明するために，まず経済が図8.2(b)の点Fにあるとしよう。点FはIS曲線上にあり，これはその点において財市場が均衡していることを意味するので，財の総需要量と総供給量は点Fにおいて等しい[3]。

　さて，何らかの理由によって，実質利子率rが5%から7%に上昇するとしよう。第4章で議論したように，実質利子率の上昇は，人々は実質利子率が上昇するとより多く貯蓄しようとするので，望ましい消費C^dを減少させ，また望ましい投資I^dを減少させる。したがって財に対する総需要量を減少させる。もし産出量Yが最初の水準5,000のままであるならば，実質利子率の上昇は需要されるよりも多い財が供給されることを意味するであろう。よ

---

[3] 点Fにおいて望ましい国民貯蓄が望ましい投資と等しいこと，すなわち$S^d=I^d$であることを示したばかりである。望ましい国民貯蓄の定義，$Y-C^d-G$を望ましい国民貯蓄が望ましい投資と等しいという条件のS^dに代入すると，点Fにおいて$Y=C^d+I^d+G$となる。

り高い実質利子率のもとで財市場が均衡に至るためには，財の供給量が減少しなければならない。図8.2(b)の点Dにおいて，財の需要量と供給量とが等しくなるまで産出量が（5,000から4,000へと）減少し，財市場は均衡状態に戻る[4]。ふたたび，財市場の均衡状態においては，より高い実質利子率がより少ない産出量と結びつけられており，IS曲線は右下がりになる。

IS曲線をシフトさせる要因

IS曲線は，産出量のあらゆる水準に対して，財市場を均衡させるのに必要な実質利子率を示す。産出量を一定とすると，市場均衡実質利子率の値を変化させるような経済撹乱や政策変更は，IS曲線をシフトさせる。より明確にいえば，一定の産出量のもとで，望ましい投資に対して望ましい貯蓄を相対的に引き下げるような変化はすべて，財市場を均衡させる実質利子率を上昇させ，したがってIS曲線を右上方にシフトさせる。同様に，一定の産出量のもとで，望ましい投資に対して望ましい貯蓄を相対的に増加させるような変化は財市場を均衡させる実質利子率を下落させ，したがって，IS曲線を左下方にシフトさせる。IS曲線をシフトさせる要因は要約表11に掲げられている。

より一般的にIS曲線のシフトを図解するために，現在の政府購入が変化するとしよう。政府購入の一時的な増加がIS曲線に及ぼす効果は図8.3に示されている。図8.3(a)は貯蓄・投資図を表しており，そこでは当初の貯蓄曲線はS^1，投資曲線はIである。S^1曲線は産出量（所得）が$Y = 4,500$に固定されているときの貯蓄を表している。図8.3(b)のIS^1は当初のIS曲線である。産出量Yが4,500のときの当初の財市場均衡は(a)と(b)ともに点Eで表されている。点Eにおいて，当初の市場均衡実質利子率は6%である。

---

[4] 産出量Yの下落は明らかに財の供給量を減少させるが，財に対する需要量をも減少させる。その理由は産出量の低下は所得の低下でもあり，それは望ましい消費を低下させるからである。しかしながら，産出量の1ドルの低下は財の供給を1ドルだけ減少させるが，所得の1ドルの減少は望ましい消費C^dを1ドルよりも少ない分だけしか減少させない（すなわち，第4章で定義した限界消費性向が1よりも小さい）。このように，産出量Yの下落は財の供給を需要以上に減少させ，したがって財の超過供給を小さくする。

要約表 11　IS 曲線をシフトさせる要因

増加（上昇）する要因	IS 曲線のシフト	理　由
期待将来産出量	右上方	望ましい貯蓄が下落（望ましい消費が上昇）し，財市場を均衡させる実質利子率を上昇させる。
富	右上方	望ましい貯蓄が下落（望ましい消費が上昇）し，財市場を均衡させる実質利子率を上昇させる。
政府購入，G	右上方	望ましい貯蓄が下落（望ましい消費が上昇）し，財市場を均衡させる実質利子率を上昇させる。
租税，T	不変あるいは左下方	もし消費者が現在の増税を相殺するような将来の減税を考慮し，消費を変化させなければ不変である（リカードの等価定理）。もし消費者が現在の増税に対して将来の減税を考慮せず，望ましい消費を減少させるならば，望ましい国民貯蓄が増加し，財市場を均衡させる実質利子率が下落するので左下方にシフトする。
期待将来 TFP	右上方	望ましい投資や望ましい消費が増加し，財市場を均衡させる実質利子率を上昇させる。
資本に対する実効税率	左下方	望ましい投資が減少し，財市場を均衡させる実質利子率を下落させる。

　さて，政府が現在の財の購入 G を増加させたとしよう。あらゆる実質利子率のもとでの望ましい投資は政府購入の増加の影響を受けないので，投資曲線はシフトしない。しかし，第 4 章で論じたように，政府購入の一時的な増加は望ましい国民貯蓄 $Y-C^d-G$ を減少させ（要約表 5 を参照），図 8.3(a) において貯蓄曲線は S^1 から S^2 へと左方にシフトする。望ましい国民貯蓄の減少の結果，産出量が 4,500 のときに財市場を均衡させる実質利子率は 6% から 7%（図 8.3(a) の点 F）へ上昇する。

　IS 曲線に対する効果は図 8.3(b) に示されている。産出量が 4,500 で一定のまま，点 E から点 F への移動で示されるように，財市場を均衡させる実質利子率は 6% から 7% へ上昇する。新しい IS^2 曲線は点 F を通り，当初の IS^1 曲

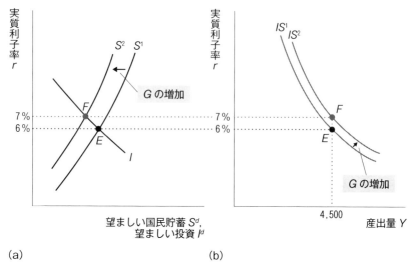

図 8.3 政府購入の一時的増加による IS 曲線への影響

(a) 貯蓄・投資図は，産出量 Y が 4,500 で一定のもとで，政府購入 G の一時的増加の効果を表している。G の増加は望ましい国民貯蓄を減少させ，貯蓄曲線を S^1 から S^2 へと左方にシフトさせる。財市場の均衡点は点 E から点 F に移り，実質利子率は 6% から 7% へ上昇する。

(b) G の増加は，あらゆる産出量のもとで財市場を均衡させる実質利子率を上昇させる。したがって，IS 曲線は IS^1 から IS^2 へと右上方にシフトする。この例では，産出量が 4,500 で一定に保たれているとき，政府購入の増加は財市場を均衡させる実質利子率を 6%（点 E）から 7%（点 F）へと引き上げる。

線の右上方に位置する。このように政府購入の一時的な増加は IS 曲線を右上方にシフトさせる。

　IS 曲線のシフトについてのここまでの議論では，望ましい国民貯蓄は望ましい投資に等しくなければならないという財市場の均衡条件に焦点をあててきた。しかし，IS 曲線をシフトさせる要因は，もう 1 つ別の（同等の）財市場の均衡条件，すなわち財の総需要量と総供給量が等しいという条件で説明することもできる。詳細にいえば，ある与えられた産出量水準のもとで，財に対する総需要を増加させるすべての変化は，IS 曲線を右上方にシフトさせる。

　最初の産出量水準のもとでは，財に対する総需要の増加によって供給量を

上回る財の需要量が生み出されるから，このルールは機能する。実質利子率の上昇は，望ましい消費 C^d と望ましい投資 I^d を減少させることによって，同じ産出量水準のもとで財市場をふたたび均衡させる。どのような産出量水準においても，財に対する総需要の増加は財市場を均衡させる実質利子率を上昇させるので，財に対する総需要の増加は IS 曲線を右上方にシフトさせると結論づけることができる。

IS 曲線のシフトに関するこの別の考え方を説明するために，政府購入の一時的増加の例をもう一度使ってみよう。政府購入 G の増加は直接的に財に対する需要 C^d+I^d+G を増やし，当初の産出量水準のもとで財に対する超過需要を引き起こす。財に対する超過需要は，実質利子率の上昇による C^d と I^d の減少によって消去され，財市場の均衡が当初の産出量水準のもとで復活する。政府購入が増加するとき，財市場が均衡するためには実質利子率がより高くなる必要があるので，政府購入 G の増加は IS 曲線を右上方にシフトさせる。

8.3　LM 曲線：資産市場の均衡

マクロ経済モデルの3番目の市場は，第7章で説明した資産市場である。富の保有者のポートフォリオによる資産の総需要量が経済全体の資産の供給量に等しいとき，資産市場は均衡である。現実には，実物資産（住宅，耐久消費財，オフィス・ビル）や金融資産（当座預金，国債）などの数多くの異なった資産が存在する。しかし，すべての資産を貨幣と非貨幣資産の2つの種類に集計したことを思い出してほしい。名目マネーサプライを M，そして貨幣には固定された名目利子率 i^m を支払うと仮定した。同様に，非貨幣資産の名目供給量を NM とし，これらの資産は名目利子率 i と（期待インフレ π^e が所与のもとで）期待実質利子率 r を支払うと仮定した。

先に述べたように，この集計の仮定によって，資産市場の均衡条件は貨幣の需要量と供給量とが等しくなることであるといい換えることができる。この節では，資産市場の均衡は LM 曲線で表現されることを示す。しかしながら，資産市場がどのように均衡に至るのか（第7章では完了しなかった作業であるが）を議論するために，最初に，金融市場でトレーダーたちが毎日使っ

ている重要な関係を紹介しよう．この関係とは非貨幣資産の価格とその資産の利子率との関係である．

利子率と非貨幣資産の価格

国債などの非貨幣資産の価格とは，それを購入者が支払わなければならない価格である．その価格はその資産が支払う利子率（利回りと呼ばれることもある）と密接に関係している．この関係を説明するために，1年で満期となる債券の例を考えてみよう．債券の保有者は満期時にそれと引き替えに10,000ドルを受け取るものと仮定する．この債券は満期になるまで利子をいっさい支払わない[5]．いまこの債券を9,615ドルで購入できるとしよう．この価格で，この債券はこれからの1年間で385ドル（10,000ドル－9,615ドル），あるいは現在の価格9,615ドルの約4％だけ価値が上昇する．したがって，この債券の名目利子率，あるいは利回りは年4％である．

さて，1年満期の10,000ドルの債券の現在価格が何らかの理由によって9,524ドルまで下落したとしよう．いま債券を9,524ドルで購入できたとすると，この債券の1年間の価値の増加は476ドル（10,000ドル－9,524ドル），あるいは購入価格9,524ドルの約5％になるであろう．それゆえに，債券の現在価格が9,524ドルに下落するときには，債券の名目利子率は年5％に上昇する．より一般的には，債券やその他の非貨幣資産の確約された払戻し計画が与えられている場合には，資産の価格が上昇すればするほど，その資産が支払う名目利子率は低下する．したがって，昨日の取引で債券市場が「強含み」であった（債券価格の上昇）という報道は，名目利子率が低下したということと同じことである．

非貨幣資産の価格とその名目利子率がなぜ互いに負の関係にあるのかを説明した．期待インフレ率 π^e が一定であれば，名目利子率の動きは実質利子率の動きと一致するので，非貨幣資産の価格とその実質利子率もまた負の関係にある．この関係は LM 曲線の導出と資産市場がどのようにして均衡に至るのかの説明の鍵となる．

---

[5] 満期時までいっさい利子が支払われない債券は**割引債**，あるいはゼロ・クーポン債と呼ばれる．

貨幣需要とマネーサプライの均等

資産市場の均衡を表す LM 曲線を導出するために，貨幣需要量が現在利用可能なマネーサプライに等しいときにのみ資産市場が均衡状態にあることを思い出してほしい。図 8.4(a) で示されている**貨幣需要-供給図**を使って，貨幣需要とマネーサプライが等しいことを示そう。実質利子率を縦軸に，実質で測った貨幣を横軸にとっている[6]。MS 線はこの経済の実質マネーサプライ M/P を示している。名目マネーサプライ M は中央銀行によって決められる。したがって，与えられた物価水準 P のもとで，実質マネーサプライ M/P は固定された数値であり，MS 線は垂直である。たとえば $M = 2,000$ で $P = 2$ であれば，MS 線は $M/P = 1,000$ のところで垂直になる。

2 つの異なる所得（産出量）水準 Y における実質貨幣需要は，図 8.4(a) の 2 本の MD 曲線で示されている。第 7 章で，期待インフレ率 π^e が一定であれば，実質利子率 r が高ければ高いほど，非貨幣性資産の相対的な魅力が増し，富の保有者は実質貨幣需要を少なくすることを思い出してほしい。したがって，貨幣需要曲線は右下がりである。$Y = 4,000$ に対する貨幣需要曲線 MD は，産出量が 4,000 のときの実質貨幣需要を表している。同様に，$Y = 5,000$ に対する MD 曲線は産出量が 5,000 のときの実質貨幣需要を表している。所得の増加はどのような名実質利子率においても貨幣需要量を増加させるので，$Y = 5,000$ に対する貨幣需要曲線は $Y = 4,000$ に対する貨幣需要曲線よりも右方に位置する。

図で説明すれば，資産市場は貨幣需要曲線とマネーサプライ曲線の交点，すなわち実質貨幣需要量と実質マネーサプライとが等しくなる点で均衡する。たとえば，図 8.4(a) において，産出量が 4,000 で貨幣需要曲線が MD ($Y = 4,000$) であるとき，貨幣需要曲線とマネーサプライ曲線は点 A で交わる。点 A における実質利子率は 3％である。したがって，産出量が 4,000 のとき，資産市場を均衡させる（貨幣需要量とマネーサプライを等しくさせる）実質利子率は 3％である。実質利子率が 3％で産出量が 4,000 のとき，資産保

---

[6] 資産市場の均衡は，名目貨幣需要量が名目マネーサプライに等しい，あるいは実質貨幣需要量が実質マネーサプライに等しい，のいずれかで表現される。第 7 章で用いたように，ここでは実質で表現された条件を用いることにする。

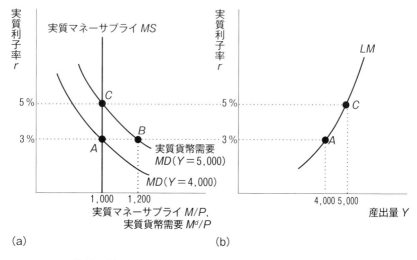

図 8.4　LM 曲線の導出

(a) 実質貨幣需要曲線と実質マネーサプライの直線を表している。実質マネーサプライは 1,000 で固定されている。産出量が 4,000 のとき，実質貨幣需要曲線は $MD\,(Y=4{,}000)$ であり，資産市場を均衡させる実質利子率は 3 ％になる（点 A）。産出量が 5,000 のときは，同じ実質利子率のもとでより多くの貨幣が需要されるので，実質貨幣需要曲線は $MD\,(Y=5{,}000)$ へと右方にシフトする。この場合資産市場を均衡させる実質利子率は 5 ％になる（点 C）。

(b) 図は対応する LM 曲線を示している。産出量の各々の水準に対して，LM 曲線は資産市場を均衡させる実質利子率を示している。したがって，産出量が 4,000 のとき，LM 曲線は資産市場を均衡させる利子率が 3 ％であることを示している（点 A）。産出量が 5,000 のとき，LM 曲線は市場均衡実質利子率が 5 ％であることを示している（点 C）。産出量の増加は貨幣需要の増加を招き，したがって，資産市場を均衡させる実質利子率を上昇させるので，LM 曲線は右上がりである。

有者による実質貨幣需要量は 1,000 であり，これは中央銀行が供給する実質マネーサプライに等しい。

　もし産出量が 4,000 から 5,000 に増加するとすれば，資産市場均衡に何が起こるのであろうか。人々はより多くの取引を行う必要があるので，人々の実質貨幣需要はどの実質利子率のもとでも増加する。その結果，貨幣需要曲線は $Y=5{,}000$ に対する MD のところまで右方にシフトする。もし実質利子率が 3 ％のままであるならば，実質貨幣需要量は実質マネーサプライを上回るであろう。図 8.4(a)の点 B において実質貨幣需要量は 1,200 であり，こ

れは実質マネーサプライ1,000よりも大きい。貨幣の需要量と供給量をふたたび等しくさせ，資産市場を均衡状態に引き戻すためには，実質利子率は5%まで上昇しなければならない。実質利子率が5%のとき，実質貨幣需要量は固定されている実質マネーサプライと等しい1,000まで低下する（図8.4(a)の点C）。

実質利子率の上昇はどのようにして貨幣の超過需要を解消し，何がこの実質利子率の上昇を引き起こすのであろうか。非貨幣資産の価格とそれらが支払う利子率の間には負の関係があったことを思い出してほしい。最初の実質利子率3%のもとで，産出量が4,000から5,000へと増加すると，人々はより多くの貨幣を需要する（図8.4(a)でMD曲線は右方にシフトする）。より多くの貨幣を保有したいという欲求を満たすため，人々は非貨幣資産のいくらかを売り貨幣を手に入れようとするであろう。しかし人々が非貨幣資産の一部を競って売ろうとすると，これらの資産の価格は下落し，これらの資産の実質利子率が上昇し始めるであろう。このように，実質利子率の上昇を引き起こすのは，人々が非貨幣資産を売却し貨幣の保有を増やそうとするからである。

経済の実質マネーサプライは固定されているので，公衆は全体として保有する貨幣の量を増加させることができない。人々が非貨幣資産を売ることによってそうしようとするかぎり，実質利子率は上昇し続けるであろう。しかし非貨幣資産によって支払われる実質利子率の上昇は，貨幣に対してこれらの資産をより魅力的なものにし，実質貨幣需要量を減少させる（これは図8.4(a)のY = 5,000に対応するMD曲線に沿った点Bから点Cへの移動である）。実質利子率は実質貨幣需要量が固定された実質マネーサプライにふたたび等しくなり，資産市場の均衡が回復するまで上昇するであろう。新しい資産市場の均衡は点Cであり，そこでは実質利子率は3%から5%へと上昇する。

これまでの例では，産出量が上昇するときには，実質貨幣需要が増加し，資産市場の均衡を維持するためには，実質利子率がより上昇する必要があることを示した。一般的に，産出量と資産市場を均衡させる実質利子率の関係は，図ではLM曲線によって表現される。**LM曲線**（LM curve）はあらゆる産出量水準に対して，貨幣需要量とマネーサプライとが等しくなる資産市場

の均衡をもたらす実質利子率を示す。LM という概念は，実質貨幣需要関数 L によって決定される実質貨幣需要量が実質マネーサプライ M/P に等しくなければならないという資産市場の均衡条件に由来している。

　数値例に対応した LM 曲線は，実質利子率 r を縦軸，産出量 Y を横軸にとった図 8.4(b) に描かれている。点 A と点 C は LM 曲線上にある。図 8.4(a) における貨幣需要-供給図の点 A に対応した点 A では，産出量 Y は 4,000 で，実質利子率 r は 3% である。点 A は LM 曲線上にあるので，産出量が 4,000 のとき，資産市場を均衡させる実質利子率は 3% である。同様に，点 C は LM 曲線上にあるので，産出量が 5,000 のとき，貨幣の需要と供給を等しくさせる実質利子率は 5% である。この産出量-実質利子率の組み合わせは図 8.4(a) の点 C における資産市場均衡に対応している。

　図 8.4(b) では，LM 曲線が左から右に向かって右上がりであるという一般的な性質を描いている。その理由は，産出量の増加が貨幣需要の増加を招き，資産市場を均衡させるために必要な非貨幣資産の実質利子率を上昇させるからである。

LM 曲線をシフトさせる要因

　われわれは LM 曲線を導出するときに産出量を変化させたが，資産市場を均衡させる実質利子率に影響を及ぼすその他の要因，たとえば物価水準などは一定に保っていた。これらの要因のどの変化も LM 曲線のシフトを引き起こすであろう。とくに産出量が一定のもとで，実質貨幣需要に対して実質マネーサプライを相対的に減少させるような変化は，すべて資産市場を均衡させる実質利子率を上昇させ，LM 曲線を左上方にシフトさせるであろう。同様に，産出量が一定のもとで，実質貨幣需要に対して実質マネーサプライを増加させる変化はすべて資産市場を均衡させる実質利子率を下落させ，LM 曲線を右下方にシフトさせるであろう。ここで，一般的な表現で，実質マネーサプライや実質貨幣需要の変化がどのように LM 曲線に影響を及ぼすのかを議論しよう。要約表 12 は LM 曲線をシフトさせる要因をまとめたものである。

　さらに，一定の産出量に対して，実質貨幣需要を増加させるすべての要因

要約表 12　LM 曲線をシフトさせる要因

増加（上昇）する要因	LM 曲線のシフト	理由
名目マネーサプライ，M	右下方	実質マネーサプライが増加し，資産市場を均衡させる（貨幣需要とマネーサプライの均等）実質利子率を低下させる。
物価水準，P	左上方	実質マネーサプライが減少し，資産市場を均衡させる実質利子率を上昇させる。
期待インフレ率，π^e	右下方	貨幣需要が減少し，資産市場を均衡させる実質利子率を下落させる。
貨幣の名目利子率，i^m	左上方	貨幣需要が増加し，資産市場を均衡させる実質利子率を上昇させる。

さらに，一定の産出量に対して，実質貨幣需要を増加させるすべての要因は，資産市場を均衡させる実質利子率を上昇させ，LM 曲線を左上方にシフトさせる。実質貨幣需要を増加させるその他の要因（第 7 章の要約表 9 を参照）には，次のものがある。
■富の増加
■貨幣保有のリスクに対する代替的な非貨幣資産のリスクの増大
■代替的な非貨幣資産の流動性の低下
■支払技術の効率性の低下

は，資産市場を均衡させる実質利子率を上昇させ，LM 曲線を左上方にシフトさせる。実質貨幣需要を増加させるその他の要因（第 7 章の要約表 9 を参照）には，次のものがある。

　富の増加
　貨幣保有のリスクに対する非貨幣資産のリスクの増大
　代替的な非貨幣資産の流動性の低下
　支払技術の効率性の低下

実質マネーサプライの変化　実質マネーサプライ M/P の増加は，資産市場を均衡させる実質利子率を低下させ，LM 曲線を右下方にシフトさせるであろう。図 8.5 ではこの点が図示されており，以前の数値例を拡張したものである。

図 8.5(a) は貨幣需要-供給図である。まず，実質マネーサプライ M/P が

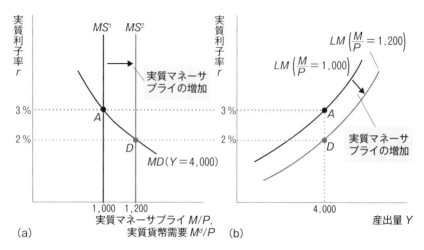

図 8.5 実質マネーサプライの増加による LM 曲線の右下方シフト
(a) 実質マネーサプライの増加によってマネーサプライ曲線は MS^1 から MS^2 へ右方にシフトする。一定の産出量水準のもとで、資産市場を均衡させる実質利子率は下落する。たとえば産出量が 4,000 に固定されているとき、貨幣需要曲線は $MD\ (Y = 4{,}000)$ で、資産市場を均衡させる実質利子率は 3%(点 A)から 2%(点 D)まで下落する。
(b) 図は実質マネーサプライの増加が LM 曲線に与える影響を示している。どの産出量水準のもとでも、実質マネーサプライの増加によって資産市場を均衡させる実質利子率は下落する。したがって、たとえば産出量水準が 4,000 のとき、実質マネーサプライの増加は資産市場を均衡させる実質利子率を 3%(点 A)から 2%(点 D)まで下落させる。このように LM 曲線は $M/P = 1{,}000$ に対する LM から $M/P = 1{,}200$ に対する LM へと右下方にシフトする。

1,000 で産出量が 4,000 であり、貨幣需要曲線が $MD\ (Y = 4{,}000)$ であるとしよう。このとき点 A で資産市場が均衡し、市場均衡実質利子率は 3%である。実質マネーサプライ 1,000 に対応する LM 曲線は図 8.5(b) の $LM\ (M/P = 1{,}000)$ で表されている。この LM 曲線上の点 A では、図 8.5(a) における貨幣需要–供給図の点 A と同じく、産出量は 4,000 で実質利子率は 3 である。点 A は当初の LM 曲線上にあるので、産出量が 4,000 でマネーサプライが 1,000 のとき、資産市場を均衡させる実質利子率は 3%である。

さて、産出量を 4,000 で一定にしたまま、実質マネーサプライが 1,000 から 1,200 に増加するとしよう。実質マネーサプライのこの増加は図 8.5(a) にお

いて，垂直なマネーサプライ曲線を MS^1 から MS^2 へと右方にシフトさせる。いまや資産市場の均衡点は点 D であり，ここでは産出量が 4,000 のままで市場均衡実質利子率は 2 ％まで下落する。

なぜ資産市場を均衡させる実質利子率が下落したのであろうか。最初の 3 ％の実質利子率のもとでは，貨幣の超過供給が存在する。すなわち，富の保有者はポートフォリオにおいて保有したい以上の貨幣をもっており，したがって，非貨幣資産の保有割合が彼らの望む量よりも少なくなっている。資産選択のこの不均衡をなくすために，資産保有者は貨幣のいくらかを非貨幣資産を買うために使いたいであろう。しかし，資産の保有者が群れをなして非貨幣資産を買おうとすれば，非貨幣資産の価格は競り上がり，したがってこれらの資産に支払われる実質利子率は下落する。実質利子率が下落するにつれて非貨幣資産は貨幣に対して魅力的ではなくなる。実質利子率は図 8.5 (a) の点 D における 2 ％に至るまで下落し続け，点 D では貨幣の超過供給と非貨幣資産の超過需要が解消され，資産市場は均衡状態に戻る。

実質マネーサプライの増加が LM 曲線に与える影響は図 8.5 (b) に描かれている。産出量が 4,000 で一定のもとで，実質マネーサプライの増加は資産市場を均衡させる実質利子率を 3 ％から 2 ％へ下落させる。したがって，いまや $Y = 4,000$，$r = 2$ ％である点 D が資産市場の均衡点であり，点 A はもはや均衡点ではない。より一般的には，どのような産出量水準のもとでも，実質マネーサプライの増加は資産市場を均衡させる実質利子率を下落させる。したがって，LM 曲線全体が右下方にシフトする。$M/P = 1,200$ に対する新しい LM 曲線は新しい均衡点 D を通り，前の $M/P = 1,000$ に対する LM 曲線の下方に位置する。

このように，固定された産出量のもとで，実質マネーサプライの増加は資産市場を均衡させる実質利子率を下落させ，LM 曲線を右下方にシフトさせる。同様の分析によって，実質マネーサプライの減少が LM 曲線を左上方にシフトさせることを示すことができる。

何が実質マネーサプライの増加を引き起こすのであろうか。一般的に，実質マネーサプライは M/P に等しいから，中央銀行がコントロールする名目マネーサプライ M が物価水準 P が上昇する以上に増加するときは，いつでも実質マネーサプライが増加する。

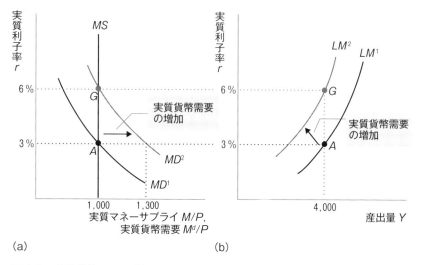

図8.6　実質貨幣需要の増加によるLM曲線の左上方シフト
(a) 産出量が4,000で一定であり，実質マネーサプライが1,000のとき，貨幣に支払われる利子率の上昇は貨幣需要を増加させる。貨幣需要曲線は MD^1 から MD^2 へと右方にシフトし，資産市場を均衡させる実質利子率は3%（点A）から6%（点G）へ上昇する。
(b) 図は実質貨幣需要の増加がLM曲線に与える影響を示している。産出量が4,000のとき，実質貨幣需要の増加によって資産市場を均衡させる実質利子率は3%（点A）から6%（点G）へ上昇する。より一般的には，産出量のあらゆる水準のもとで，実質貨幣需要の増加は資産市場を均衡させる実質利子率を上昇させる。したがって，LM曲線は LM^1 から LM^2 へと左上方にシフトする。

実質貨幣需要の変化　産出量や実質利子率以外の実質貨幣需要に影響するすべての変数の変化は，LM曲線をシフトさせるであろう。より厳密には，産出量が一定のもとで，実質貨幣需要の増加は資産市場を均衡させる実質利子率を上昇させ，したがってLM曲線を左上方にシフトさせる。同様に，産出量が一定のもとで，実質貨幣需要が低下すればLM曲線は右下方にシフトする。

図8.6は，図8.5に示した実質マネーサプライの変化の分析の図と同様に，実質貨幣需要の増加を図を用いて分析したものである。前と同じように，貨幣需要–供給図が左側の図8.6(a)に描かれている。産出量は4,000で一定であり，実質マネーサプライはふたたび1,000である。当初の貨幣需要曲線は

MD^1 である．当初の資産市場均衡点は点 A であり，ここで貨幣需要曲線 MD^1 とマネーサプライ曲線 MS とが交わっている．最初の均衡点 A では，資産市場を均衡させる実質利子率は3%である．

さて，一定の産出量のもとで，実質貨幣需要を増加させるような変化がこの経済で発生するとしよう．たとえば，銀行が貨幣に対して支払われる利子率 i^m を引き上げる決定をしたとすれば，公衆は同じ産出量と実質利子率のもとでより多くの貨幣を保有したがるであろう．図解すれば，貨幣需要の増加は，図8.6(a)の貨幣需要曲線を MD^1 から MD^2 へと右方にシフトさせる．当初の3%の実質利子率では実質貨幣需要は1,300となり，これは利用可能なマネーサプライ1,000を超えている．したがって3%はもはや資産市場を均衡させる実質利子率ではない．

貨幣需要が増加したあとで，資産市場を均衡させる実質利子率はどのように変化するのであろうか．もし富の保有者が貨幣をより多くもちたいと考えれば，彼らは非貨幣資産を貨幣に交換するであろう．非貨幣資産の売りが増えると，これらの価格が下落し，したがってこれらが支払う実質利子率は上昇する．貨幣を保有する魅力が少なくなり，公衆が利用できる実質マネーサプライ（1,000）を保有するのに満足するまで実質利子率は上昇するであろう．実質利子率は点 A の当初の値3%から点 G の6%まで上昇する．

図8.6(b)は貨幣需要の増加が LM 曲線に与える影響を示している．当初の LM 曲線 LM^1 は点 A を通り，産出量が4,000のとき資産市場を均衡させる実質利子率は3%である（図8.6(b)の点 A は図8.6(a)の点 A に対応している）．貨幣需要の増加に従って，産出量が4,000に固定された状態で，市場均衡実質利子率は6%まで上昇する．したがって新しい LM 曲線は $Y=4,000$ および $r=6$% である点 G（これは図8.6(a)の点 G に対応している）を通らなければならない．いまや資産市場を均衡させる実質利子率は産出量のどの水準に対しても高くなったので，新しい LM 曲線 LM^2 は LM^1 よりも上方に位置する．

8.4 完全な IS-LM モデルにおける一般均衡

次の段階は，労働市場，財市場，および資産市場を1つにまとめ，全体と

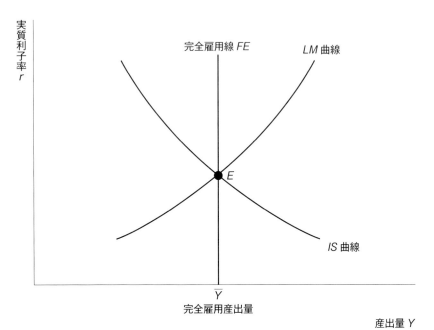

図 8.7　IS-LM モデルの一般均衡
各々の市場で需要量が供給量に等しいとき,経済は一般均衡である。一般均衡点 E は IS 曲線, LM 曲線,および FE 線の線上にある。したがって,点 E においてのみ,財市場,資産市場,および労働市場が同時に均衡する。

して経済の均衡を調べることである。経済のすべての市場が同時に均衡である状態を**一般均衡**(general equilibrium)と呼ぶ。図 8.7 には完全な IS-LM モデルが描かれ,経済の一般均衡がいかに決定されるのかが示されている。描かれているのは次のものである。

■ 完全雇用線あるいは FE 線,この線に沿って労働市場は均衡である。
■ IS 曲線,この曲線に沿って財市場は均衡である。
■ LM 曲線,この曲線に沿って資産市場は均衡である。

　3 本の曲線は点 E で交差しており,3 つの市場すべてがこの点で均衡していることを示している。したがって,点 E は一般均衡を表し,それは 3 本すべての曲線上にある唯一の点であるので,この経済にとって唯一の一般均衡

である。

点 E は一般均衡点であることは明らかであるが，どのような力が経済をその点に向かわせるのか（もしあるとすれば）は，それほど明確ではない。いい換えれば，IS 曲線と FE 線はどこかで交わらなければならないが，LM 曲線が同じ点を通らなければならない理由はまだ説明されていない。次の 8.5 節で，経済を一般均衡に導く経済力については論じる。そこでは，(1) 経済の一般均衡はつねに IS 曲線と FE 線の交点で発生することと，(2) 物価水準の調整によって LM 曲線は，IS 曲線と FE 線の交点で定義される一般均衡点を通るまでシフトすることを示す。しかし，この調整過程について詳しく議論する前に，完全な IS-LM モデルの利用を説明する例を考えてみよう。

IS-LM の枠組みの応用：一時的な不利な供給ショック

景気循環の分析において問題となる経済ショックは不利な供給ショックである。具体的に，（悪天候あるいは原油価格の一時的な上昇などによって）生産関数の生産性パラメータ A が一時的に小さくなったと想定してみよう[7]。このショックが経済の一般均衡と，実質賃金，雇用，産出量，実質利子率，物価水準，消費，および投資などの経済変数の一般均衡値に及ぼす影響を分析するために IS-LM モデルを使うことができる。

図 8.8 において，この経済の当初の FE 線である FE^1，IS 曲線，および LM 曲線である LM^1 が交差する点 E で，経済が初期の一般均衡状態にあるとしよう。一時的な供給ショックがこの経済の一般均衡に与える影響を分析するためには，生産性 A の一時的な下落が FE 線と IS 曲線と LM 曲線の位置にどのような影響を及ぼすのかを検討しなければならない。

FE 線は労働市場の均衡を表現しているから，供給ショックの FE 線に対する影響を分析するためには，供給ショックが労働の需給にどのような影響を及ぼすのかを調べることから始めなければならない。第 3 章において，不利な供給ショックは労働の限界生産力を減少させ，したがって労働需要曲線を下方にシフトさせることを明らかにした（図 3.10 を参照）。供給ショック

---

[7] 第 3 章の生産関数 (3.1) 式は $Y = AF(K, N)$ であり，A の下落はあらゆる資本 K と労働 N のもとで生産される産出量を減少させることを思い出してほしい。

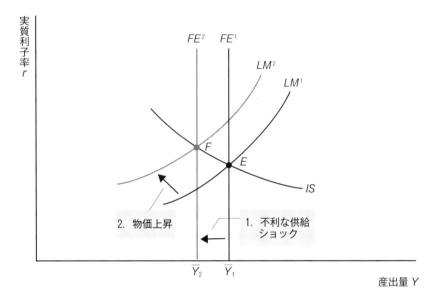

図 8.8　一時的な不利な供給ショックの影響
まず，経済は点 E で一般均衡にあり，産出量は完全雇用産出量水準 $\bar{Y}_1$ である。一時的な不利な供給ショックによって完全雇用産出量は $\bar{Y}_1$ から $\bar{Y}_2$ まで下落し，FE 線は FE^1 から FE^2 へ左方にシフトする。新しい一般均衡点は FE^2 と変化していない IS 曲線とが交わる点 F で表される。物価水準が上昇し，LM 曲線は LM^1 から LM^2 へと点 F を通るまで左上方へシフトする。新しい一般均衡点 F では産出量はより減少し，実質利子率はより上昇する。また物価水準はもとの一般均衡点 E よりも高くなる。

は一時的なものなので，これは労働者の富や予想される将来賃金に影響せず，したがって労働供給曲線には影響を与えないものと仮定する。労働需要の減少の結果として，実質賃金と雇用 N の均衡値は下落する。

　FE 線は完全雇用産出量 $\bar{Y}$ が変化する分だけシフトする。$\bar{Y}$ は変化するのであろうか。第 3 章で議論したように，次の 2 つの理由によって不利な供給ショックは $AF(K, \bar{N})$ に等しい完全雇用産出量 $\bar{Y}$ を減少させる。(1) いままさに示したように，供給ショックは雇用の均衡水準 $\bar{N}$ を引き下げ，これは生産可能な産出量を減少させる。(2) 生産性 A の下落は，あらゆる資本と労働の組み合わせにおいて生産される産出量を直接減少させる。$\bar{Y}$ の減少は図 8.8 における FE 線の FE^1 から FE^2 への左方シフトによって表される。

さて，次に一時的な不利な供給ショックが IS 曲線に及ぼす影響を考察しよう。図 8.2 の貯蓄・投資図において，現在の産出量水準を変化させ，その産出量の各々の水準に対して，望ましい貯蓄が望ましい投資に等しくなるような実質利子率を見つけることによって，IS 曲線を導き出したことを思い出してほしい。一時的な不利な供給ショックによって現在の産出量は減少するが，望ましい貯蓄あるいは望ましい投資に影響するその他の要因（富，期待将来所得，あるいは資本の将来限界生産力など）は変化しない。それゆえに，一時的な供給ショックはまさに IS 曲線を描き出すために用いた現在の産出量の変化のようなものである。一時的な不利な供給ショックは IS 曲線をシフトさせるのではなく，IS 曲線に沿った動きであると結論づけることができよう[8]。

最後に，LM 曲線に及ぼす影響について考察しよう。一時的な供給ショックは貨幣の需要と供給に直接影響を与えないので，LM 曲線はシフトしない。

次に，経済の新しい一般均衡を求めよう。図 8.8 において，FE^2（新しい FE 線），IS，そして LM^1 のすべてが交わる点は存在しない。すでに言及したように，FE 線，IS 曲線，および LM 曲線が共通の点で交わらないときには，LM 曲線が FE 線と IS 曲線の交差する点までシフトする（次の 8.5 節で論証する）。LM 曲線のこのシフトは物価水準 P の変化によって引き起こされ，実質マネーサプライ M/P を変化させ，したがって資産市場の均衡に影響を与える。図 8.8 で示されるように，点 F で一般均衡が回復するためには，LM 曲線は LM^1 から LM^2 へと左上方にシフトしなければならない。このようになるためには実質マネーサプライ M/P が減少しなければならず（要約表 13 を見よ），したがって物価水準 P は上昇しなければならない。このことから，（経済的な説明は与えられていないが）不利な供給ショックは物価水準の上昇を引き起こすと推論できる。

一時的な供給ショックが物価水準ではなくインフレ率に与える影響とは何か。インフレ率は物価水準の上昇率なので，物価水準がより高い新しい水準に向けて上昇している期間には，急激なインフレが発生する。しかし，物価水準がより高い水準に落ち着いた（そしてそれ以上に上昇しなくなった）あ

---

[8] 章末の演習問題 3 は，恒常的な供給ショックの影響とこの場合の IS 曲線をシフトさせる要因を論じている。

とには，インフレは沈静化する。したがって一時的な供給ショックはインフレ率の恒久的な上昇ではなく一時的なインフレ率の上昇を引き起こすに違いない。

ここでいままでの結論をまとめてみよう。

1. 第3章ですでに示したように，一時的な不利な供給ショックは実質賃金と雇用の均衡値を引き下げる。
2. 図8.8において新しい一般均衡，点Fと古い一般均衡，点Eとを比較すれば，供給ショックは産出量を低下させ，実質利子率を上昇させることがわかる。
3. 供給ショックは物価水準を上昇させ，一時的に急激なインフレを引き起こす。
4. 新しい一般均衡では，実質利子率が上昇し，産出量が減少するので，消費は供給ショック以前よりも少なくなっているはずである。実質利子率が高くなっているので，供給ショック後では民間投資も減少しているはずである。

「応用例：2008年の原油価格ショック」では，われわれのモデルが過去の経済行動をどの程度説明できるかを検証しよう。その前に，*IS-LM* モデルのような経済モデルが経済予測に広く用いられていることを知ってほしい（「データとリサーチにふれよう：金融政策分析のための計量モデルとマクロ経済予測」）。

応用例：2008年の原油価格ショック

2008年，原油価格は乱高下した。上半期の原油価格（ウェスト・テキサス・インターミディエイト級原油1バレル価格で測定）は，1月1日の96ドル（2007年1月には51ドルまで下落していたが）から7月のピーク145ドルまで上昇した。これほどの供給ショックは通常，産出量，雇用，もちろん投資に悪影響を及ぼすが，2008年に発生した住宅危機や金融危機と相まって，産出量，雇用，投資の落ち込みは極めて急激で，経済は1930年代の大恐慌以来

最大の景気後退に突入した。

われわれの理論では，2008年の原油価格ショックのような不利な供給ショックは実質利子率の上昇を引き起こすと予測している。しかし，住宅危機とその後の金融危機に対抗するため，連邦準備は名目利子率を大幅に引き下げ，特に2008年9月に金融危機が深刻化すると，名目利子率を大幅に引き下げた。その結果，実質利子率も低下し，多くの場合マイナスとなった。

金融危機が世界中に広がるにつれ，世界的な原油需要が激減し，原油価格は7月の145ドルから12月中旬には30ドルまで下落した。こうして，不利な供給ショックは有利な供給ショックとなった。しかし，もちろん住宅危機と金融危機による経済への打撃は，原油価格下落の有利な効果を上回っていた。

8.5 物価の調整と一般均衡の達成

さて，物価水準を変化させ，IS 曲線と FE 線の交点を通るまで LM 曲線をシフトさせる経済的な力について説明しよう。経済を一般均衡に引き戻す物価調整の役割を論じるなかで，景気循環分析に対する2つの主要なアプローチである古典派とケインジアンの基本的な違いを紹介しよう。

調整過程を説明するにあたって，もし名目マネーサプライが増加するならば経済に何が起こるのかを考察するために完全な IS-LM モデルを使うことにする。この分析によって，金融政策（マネーサプライのコントロール）を論じ，金融政策が経済に及ぼす影響について現在繰り広げられているいくつかの論争を紹介することができる。

マネーサプライ拡張の効果

中央銀行が名目マネーサプライ M を10%増加させる決定をするとしよう。物価水準 P が一定のままであれば，実質マネーサプライ M/P もまた10%だけ増加する。このマネーサプライ拡張は経済にどのような影響を与えるだろうか。図8.9は完全な IS-LM モデルを用いてこの問いに答えるのに

> データとリサーチにふれよう

金融政策分析のための
計量モデルとマクロ経済予測

　この章で展開された IS-LM モデルはマクロ経済モデルの比較的単純な例である。もっと複雑な経済モデルのすべてではないが，その多くが IS-LM の枠組みにもとづいており，それらは応用マクロ経済研究や分析に用いられている。

　マクロ経済モデルは，一般に経済学者が経済の動向を予測するための手助けとして利用されている。一般的に，数量的な経済予測を得るためにマクロ経済モデルを利用するには，次の3つのステップをふむ。第一に，モデルのパラメータの数値（貨幣需要の所得弾力性など）を得なければならない。計量経済モデルでは，これらの値はデータの統計分析によって推定される。第二に，関連する**外生変数**，あるいはモデルのなかでは値が決定されない変数のもっともらしい動向を予想しなければならない。この外生変数の例には，政策変数（政府支出やマネーサプライなど）や原油価格，および生産性の変化などが含まれる。第三に，外生変数の予想径路とモデルのパラメータにもとづいて，モデル内で決定される変数（産出量，雇用，および利子率など）を予側するために，モデルをコンピューターによって解かなければならない。モデルのなかで決定される変数を**内生変数**と呼ぶ[9]。

　この章で展開された IS-LM モデルのような比較的単純なモデルを現実の予測に使うことは可能ではあるが，その予測結果はおそらくあまり良いものではないだろう。現実世界の経済は複雑であり，実際に予測に用いられるマクロ計量モデルは，ここで提示した IS-LM モデルよりもはるかに緻密で大規模なモデルである。たとえば，連邦準備理事会（FRB）は，経済分析と金融政策に使用する予測策定のために，このようなモデルを長い間導入してきた。

　1996年，連邦準備理事会は FRB/US モデルとして知られる政策分析・予測用の新しいモデルを作成し，それ以来継続的にモデルをアップグレードしてきた。FRB/US は，理論的な IS-LM モデルから密接に開発された MPS モデルとして知られる以前のモデルをベースにしていたが，それ以降，さまざまな産業や経済部門を表す数百の方程式が追加されている。新しい FRB/US モデルは，旧 MPS モデルとは多くの点で異なっている。主な点は，インフレ率やその他の変数の将来値に関する人々の期待値を扱う能力が大幅に向上したこと，経済ショックに対する人々や企業の反応のモデル化が改善されたこと，モデルの推定に新しい統計的手法が用いられたことなどである。このモデルは，連邦準備理事会のウェブサイト（*www.federalreserve.gov/econres/us-models-about.htm*）で誰でも利用することができる。

　連邦準備理事会のスタッフ・エコノミストは現在，このモデルを利用して政策分

析を行っている。たとえば，次のような金融政策シナリオを分析するためにモデルの結果を応用している。FRB がフェデラル・ファンド・レートを 3% に引き上げた場合，0.25% のような低水準に設定したシナリオと比較して，今後 2 年間の経済がどうなるかを分析する。この分析により，政策立案者は政策が経済にどのような影響を与え，政策選択の結果としてどのようなことが起こり得るかを知ることができる。

このモデルは，IS-LM モデルと同様に，家計，企業，金融市場という経済の 3 つの主要部門から構成されている。家計は，3.3 節で議論したように労働力を供給し，4.1 節と補論 4.A で見たように消費と貯蓄の量を決定する。企業は，4.2 節で述べたように適切な投資水準を選択しながら利潤を最大化し，3.2 節で述べたように労働力を需要する。企業と家計の金融資産の需要と供給は，第 7 章で議論したように金融市場の均衡を決定する。労働市場については 3.4 節，財市場については 4.3 節，資産市場については 7.4 節で示したように，モデルは一般均衡の概念で解かれる。全体的な経済成長は第 6 章で論じた原理にもとづいている。モデルのその他の仮定は，第 11 章で議論するように，新しいケインジアン理論にもとづいている。

このモデルはかなり詳細ではあるが，どんなマクロ経済モデルも人間の判断なしには正確な予測を提供することはできない。したがって，FRB がティールブック（旧グリーンブック）で内部用に使用する予測を作成するために，FRB/US のモデル予測は連邦準備理事会のスタッフによって分析され，金融政策立案者に提示される前に多少修正される。経済の各分野の専門家であるスタッフ・エコノミストの判断が，ティールブックの予測に重要なインプットとしていかされている。調査によると，この方法による予測は，特にインフレ率の予測において民間の予測よりも良い成果をあげているとされている[10]。

役立つだろう。

図 8.9 の 2 つのパネルは分析に関連する出来事を順に示したものである。単純化のために経済は最初に一般均衡状態にあり，図 8.9(a) において，IS 曲線，FE 線，そして最初の LM 曲線 LM^1 のすべてが一般均衡点 E を通っているものとしよう。点 E では産出量は完全雇用産出量 1,000 に等しく，実質利子率は 5% である。IS 曲線と LM 曲線はどちらも点 E を通っているので，5% は財市場と資産市場の両方の市場均衡実質利子率であることがわかる。当面のあいだ，物価水準 P は最初の水準 100 に固定されているとしよう。

産出量と実質利子率が一定に保たれた状態で，実質マネーサプライ M/P の変化は，望ましい国民貯蓄，望ましい投資，労働需要，労働供給，および

---

[9] 外生変数と内生変数についてのこの議論は，第 6 章でのこれらのタイプの変数の議論を詳しくしたものである。

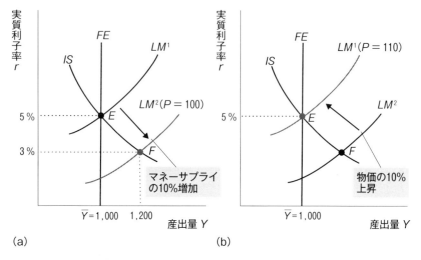

図 8.9　マネーサプライ拡張の効果
(a) 経済は点 E で一般均衡状態である。産出量は完全雇用水準 1,000，実質利子率は 5% であり，物価水準は 100 である。物価水準を固定した状態で，名目マネーサプライ M の 10% の増加は実質マネーサプライ M/P を増加させ，LM 曲線を LM^1 から LM^2 へと右下方にシフトさせる。IS 曲線と新しい LM 曲線 LM^2 の交点 F において実質利子率は 3% に下落しており，これは財に対する総需要を増加させる。もし企業が総需要の増加に対応するために余分に財を生産するとすれば，産出量は（完全雇用産出量 1,000 よりも高い）1,200 まで増加する。
(b) 点 F において総需要は完全雇用産出量を超えているので，企業は価格を引き上げる。100 から 110 への 10% の物価の上昇によって，実質マネーサプライはもとの水準に戻り，LM 曲線はもとの位置 LM^1 まで戻る。このことによって経済は点 E に戻り，産出量がふたたび完全雇用水準 1,000 になるが，物価水準は 100 から 110 に 10% 上昇したままである。

生産性に影響を及ぼさないので，実質マネーサプライ M/P の 10% の増加は IS 曲線も FE 線もシフトさせない。しかし，図 8.5 では，実質マネーサプライの増加が LM 曲線を右下方にシフトさせることを示した。それは図 8.9(a) においては LM 曲線の LM^1 から LM^2 へのシフトとして示される。LM 曲線は

---

[10] Christina Romer and David Romer, "Federal Reserve Information and the Behavior of Interest Rates," *American Economic Review*（June 2000）, pp. 429–457，および Christopher Sims, "The Role of Models and Probabilities in the Monetary Policy Process," *Brookings Papers on Economic Activity*（2：2002）, pp. 1–62 を参照。

第 8 章　*IS-LM／AD-AS* モデル：マクロ経済分析の一般的な枠組み　　443

右下方にシフトするが，これは産出量のどの水準のもとでも，マネーサプライの増加が資産市場を均衡させるために必要な実質利子率を下落させるからである。

　図8.9(a)には *LM* 曲線が LM^2 に右下方へシフトしたあと，3本のすべての線が交わる点が存在しないことに留意してほしい。いい換えれば，財市場，労働市場，および資産市場はもはや同時に均衡しないのである。ここで，経済が一般均衡にないとき経済がどのように動くのかについて，いくつかの仮定を置かなければならない。

　IS-LM モデルにおける3つの市場のうち，資産市場は経済情勢の変化に対して瞬時に反応することができるので，資産市場（*LM* 曲線で表される）は疑いもなく最も速やかに調整する。労働者と仕事のマッチング過程には時間がかかり，賃金はおそらく定期的にしか再交渉されないから，労働市場（*FE* 線で表される）はおそらく最もゆっくりと調整する。財市場（*IS* 曲線で表される）の調整速度はそのあいだのどこかである。経済が一般均衡にないとき，資産市場と財市場は均衡しており，産出量と実質利子率は*IS*曲線と*LM*曲線の交点によって与えられる，と仮定する。経済が一般均衡にないとき，*IS* 曲線と *LM* 曲線の交点は *FE* 線上にはないので，労働市場は均衡していないことに留意してほしい。

　それゆえ，名目マネーサプライが増加した直後，経済は一般均衡から外れ，図8.9(a)において，その産出量水準と実質利子率は新しい *LM* 曲線 LM^2 が *IS* 曲線と交わる点*F*によって表される。点*F*ではもとの一般均衡点*E*に比べて産出量（1,200）は増加し，実質利子率（3％）は低下する。物価水準の調整が起こる前に経済が静止することになる点*F*は**短期均衡点**（short-run equilibrium point）と呼ばれる（点*F*を短期均衡点と呼ぶが，資産市場と財市場だけがそこで均衡しており，労働市場は均衡していないことを忘れないでほしい）。

　経済学的には，なぜマネーサプライの増加が経済を点*F*に移動させるのだろうか。その過程は次のように説明できる。マネーサプライの増加後，当初の産出量と実質利子率のもとで，富の保有者はポートフォリオで望む以上に貨幣を保有している。彼らはポートフォリオを均衡に戻すため，非貨幣資産を購入するために余剰貨幣を使おうとする。しかし，富の保有者が非貨幣資

産に競って値付けをするので，この資産の価格に上昇圧力がかかることになり，それらの利子率が下落する。したがって，マネーサプライの増加のあとで，富の保有者が貨幣と非貨幣資産の望ましい組み合わせを達成しようとするので，利子率の下落を引き起こす。

しかし，実質利子率の下落で話が終わるわけではない。より低い実質利子率は家計による消費需要 C^d と企業による投資需要 I^d を増加させ，財に対する総需要が増加する。ここで，次のような基本的な仮定をおこう。需要者が財に対する支出を増やすとき，企業は生産物に対する超過需要に見合うように喜んで（少なくとも一時的に）生産を行う。したがって，実質利子率の下落によって財に対する総需要が増加すると，それに反応して企業は生産を増加し，これによって短期均衡点 F でより高い産出量が達成されると仮定する。

要約すれば，物価水準が一定のもとで，名目マネーサプライの増加によって経済は図 8.9(a) の短期均衡点 F に到達し，そこでは最初の一般均衡点 E に比べて実質利子率は下落し，産出量は増加する。ここで次の2つの仮定をおく。(1) 経済が一般均衡でないとき，経済の短期均衡は IS 曲線と LM 曲線の交点で達成される。そして，(2) 財に対する総需要が増加すると，企業は拡大された需要に見合うように財を喜んで余分に（少なくとも一時的に）生産する。

物価水準の調整　これまで物価水準 P は固定されていると単純に扱ってきたが，現実には，物価水準は経済の需要と供給の状況に反応する。物価水準 P は，生産物（財）の価格をさすので，この例で物価がどのように調整されるのかを考察するために，マネーサプライの増加が財市場に与える影響を再度考察してみよう。

図 8.9(a) において，短期均衡点 F は IS 曲線上にあり，これは財の総需要量と総供給量とが等しい点で財市場は均衡していることを意味する。ここで企業は総需要の増加に見合うように喜んで生産を増加させるという仮定を思い出してほしい。この意味において，財の総需要量は総供給量に等しいわけである。しかし，別の意味では，財市場は点 F で均衡ではない。問題は，点 F における財に対する総需要に対応するため，企業は完全雇用産出量水準

$\bar{Y}$ よりも多くの財を生産しなければならないことである。完全雇用産出量 $\bar{Y}$ は，企業の利潤を最大にする雇用量に対応した産出量水準であるので，企業の利潤を最大化する産出量水準である（第3章を参照）。したがって，より高い総需要水準を満たすために，企業は望む以上に財を生産していることになる。点 F では，企業による財の生産が利潤を最大化させる産出水準ではないという意味で，財市場は本当に均衡であるとはいえないのである。

点 F では財に対する総需要が企業にとって望ましい生産物の供給量 $\bar{Y}$ を超えており，企業がその価格を引き上げ始め，物価水準 P の上昇を引き起こすと予想することができる。中央銀行が決定する名目マネーサプライ M に対して，物価水準 P の上昇は実質マネーサプライ M/P を減少させ，これが LM 曲線を左上方にシフトさせる。まさに，財に対する総需要量が企業の供給したい量を上回るかぎり，物価は上昇し続けるであろう。このように LM 曲線は財に対する総需要が完全雇用産出量に等しくなるまで左上方にシフトし続けるであろう。図8.9(b)において，LM 曲線が最初の一般均衡点 E を通るもとの位置 LM^1 に戻ったときにのみ，総需要が完全雇用産出量に等しくなる。点 E ではふたたび経済の3つの市場すべてが均衡しており，産出量は完全雇用水準にある。

図8.9(b)を同図(a)の最初の状態と比較し，物価水準が調整された後には，名目マネーサプライの10％の増加は，産出量や実質利子率に影響を与えていないことに留意してほしい。経済はもとの産出量水準に戻っているので，雇用もまた最初の値から変化していない。しかし，名目マネーサプライが10％増加した結果，物価水準は10％高くなっている（したがって $P = 110$）。物価水準がちょうど10％だけ変化したとどうしてわかるのだろうか。LM 曲線がもとの位置に戻るためには，物価水準の上昇によって実質マネーサプライ M/P がもとの値に戻らなければならない。名目マネーサプライ M が10％だけ増加したのであるから，M/P がもとの値に戻るためには，物価水準 P もまた10％上昇しなければならない。したがって，名目マネーサプライの変化は比例的に物価水準を変化させる。この結果は，すべての市場が均衡であると仮定していた第7章で得られた結論と同じものである（7.10式を参照）。

一般均衡において，物価水準は10％上昇しているが実質の経済変数は影響を受けていないので，すべての名目の経済変数もまた10％上昇することにな

る。とくに，物価水準が10%上昇した後にも実質賃金が以前と同じ値であるためには，名目賃金が10%上昇しなければならない。このように，経済が一般均衡に戻るためには，財の価格と同じく名目賃金（労働の価格）の調整が必要になる。

貨幣成長の趨勢とインフレーション　図8.9において，名目マネーサプライが一度かぎり10%増加するときの効果と，それに続く一度かぎりの10%の物価水準の調整について分析を行った。現実には，多くの国々においてマネーサプライと物価水準は持続的に増加（上昇）している。われわれの分析の枠組みはこの状況を容易に取り扱うことができる。ある国で名目マネーサプライMと物価水準Pの両方が年率7%で安定的に増加（上昇）しており，実質マネーサプライM/Pは一定であるとしよう。LM曲線は実質マネーサプライM/Pに依存するので，この状況ではたとえ名目マネーサプライと物価が増加（上昇）していてもLM曲線はシフトしないであろう。

さて，ある年に物価水準が7%上昇する一方で，この国のマネーサプライがさらに3%増加する（合計10%）としよう。そうすると実質マネーサプライM/Pは3%（10%マイナス7%）増加し，LM曲線は右下方へシフトする。同様に，ある年にインフレが年率7%のままで名目マネーサプライが4%だけしか増加しなければ，実質マネーサプライの3%の減少（−3%＝4%−7%）を反映してLM曲線は左上方へシフトするであろう。

この例は，貨幣とインフレの期待された増加（上昇）率や趨勢的な増加（上昇）率（この例では7%）に対するMやPの変化が，LM曲線をシフトさせることを示している。したがって，「マネーサプライの増加」の効果を分析するときには，期待された，あるいは趨勢的な貨幣成長率に対するマネーサプライの増加（たとえば，ある年において7%から10%への上昇）を念頭におくことになる。「マネーサプライの減少」とは趨勢的な率に対しての下落（たとえば貨幣の7%から4%成長への低下）を意味する。同様に，「物価水準が一般均衡を回復させるまで下落する」という場合，これは物価水準が文字通りに下落することを必ずしも意味する必要はなく，それが趨勢的なあるいは期待された成長率よりも少なくしか増加しないということが示唆されているのである。

IS-LM モデルの古典派版とケインジアン版

　マネーサプライが変化したときの効果について図を使って説明したが，これはマクロ経済学の研究方法についての古典派とケインジアンの論争の中心となる2つの疑問を浮き上がらせる。(1) 経済はどの程度速く一般均衡に到達するのか，そして (2) 金融政策の経済に及ぼす影響は何か。これら2つの問いの最初の問いに対しては，次章の9.4節で *AD-AS* モデルを用いて簡単に議論する。さて，ここではこの2つの問いに対して *IS-LM* モデルを用いて詳細に議論しよう。

物価調整と自動制御経済　マネーサプライ増加の効果の分析において，経済は物価水準の調整によって一般均衡に至ることを示した。図による説明では，もし *IS* 曲線と *LM* 曲線の交点が *FE* 線の右側にあれば（したがって，図8.9(a)にあるように財に対する総需要が完全雇用産出量を超えていれば）物価水準は上昇するであろう。P の上昇は，図8.9(b)にあるように，3本の曲線が一般均衡点で交わるまで *LM* 曲線を左上方にシフトさせ，財に対する需要量を減少させる。同様に，もし *IS-LM* 曲線の交点が完全雇用線の左側にあれば（したがって，財に対する望ましい支出が企業の利潤を最大化させる産出量水準を下回るならば）企業は価格を切り下げるであろう。物価水準の下落は実質マネーサプライを増加させ，3本の曲線がふたたび交わり経済が一般均衡を回復するまで，*LM* 曲線を右下方にシフトさせる。

　ある程度の経済的撹乱のあと，物価水準の調整によって最終的に経済の一般均衡が回復するであろうという考え方にほとんど論争はない。しかし，次章の9.4節で議論するが，この過程が進む**速度** (speed) は，マクロ経済学においておおいに議論される問題である。古典派の仮定のもとでは，物価は伸縮的であり，調整速度は速い。物価が伸縮的であるとき，経済は十分に自動制御的で，ショックによって一般均衡から離れたとしても自動的に完全雇用に戻る[11]。確かに，需要の増加に対して企業が（前に仮定したように）一時的に生産を増加させるよりもむしろ価格を上昇させるように反応するのであれ

---
[11] 価格が伸縮的である自由市場経済が必然的に自動制御的であるという命題は，第1章で論じたアダム・スミスの見えざる手の考えと整合的である。

ば，調整過程はほとんど即時的なものであろう。

しかし，これとは逆のケインジアンの観点からすると，おそらく価格の（そして労働の価格である賃金の）ゆっくりとした調整によって，とても長い期間，場合によっては数年間にもわたって一般均衡の達成が妨げられるであろう。経済が一般均衡ではないあいだでは，ケインジアンは IS 曲線と LM 曲線の交点で表される総需要の水準で産出量が決定されると論じる。経済は FE 線上になく，労働市場は均衡ではない。このゆっくりした物価調整の仮定と，それによる労働市場の不均衡は，IS-LM モデルのケインジアンの説明を古典派の説明から区別するものである。

貨幣の中立性　経済がどの程度速く一般均衡に到達するかという問題に密接に関係するのは，名目マネーサプライの変化が経済にどのような影響を及ぼすのかという問いである。経済が一般均衡に到達した後には，名目マネーサプライの増加は産出量，雇用，あるいは実質利子率などの実質変数には影響を与えず，物価水準を上昇させるだけであることを示した。もし名目マネーサプライの変化が物価水準を比例的に変化させるが実質変数に影響を与えないならば，**貨幣の中立性**（monetary neutrality）が存在する，あるいは単に貨幣は中立的であるという。われわれの分析は，完全な物価調整の後には，IS-LM モデルにおいて貨幣は中立的であることを示している。

貨幣の中立性の現実的な妥当性は古典派とケインジアンによっておおいに議論されるところである。基本的な論点はやはり物価の調整速度である。古典派の観点からすれば，マネーサプライの増加は速やかに物価に伝達され，実質変数にせいぜい一時的な影響を及ぼす程度である。つまり，経済が図 8.9(a) の一般均衡の状態から，同図(b) の一般均衡の状態に素早く移行し，同図(a) の点 F で一般均衡から外れている時間はほとんどない。ケインジアンは，物価が完全に調整された後には貨幣が中立的であることに同意するが，物価の調整が遅いため，経済が長い期間不均衡状態にあると考える。この期間，増加したマネーサプライは産出量と雇用を増加させ，実質利子率を下落させる（図 8.9(a) の点 E と点 F を比較してみよ）。

要するに，ケインジアンは貨幣の中立性を（物価調整後の）長期では信じるが，短期では信じないのである。古典派は比較的短い期間でも貨幣が中立

的であるという見解を受け入れている。第10章と第11章で古典派とケインジアンの景気循環モデルを詳しく展開するときに，貨幣の中立性の問題に立ち返る。

8.6 総需要と総供給

本章で導入した IS-LM モデルは，経済の一般均衡を表す完全なモデルである。この節では，この IS-LM モデルを利用して総需要・総供給（AD-AS）モデルを導出し，さらに 9.4 節で，この AD-AS モデルを用いて総需要ショックと総供給ショックを分析する。AD-AS モデルと IS-LM モデルは異なるようにみえるが，実際には 2 つのモデルは同じものである。この 2 つのモデルは経済行動や価格調整に関して同じ仮定にもとづいており，いろいろなショックの経済への影響を分析するために用いられた場合に，同じ解答を与える。では，なぜわざわざ 2 つのモデルを紹介するのだろうか。その理由は，分析される問題によっては，経済を表現する方法として，もう一方の方法よりも便利な場合があるためである。IS-LM モデルは実質利子率を産出量に関連づけ，そして AD-AS モデルは物価水準を産出量に関連づける。したがって，IS-LM モデルは，さまざまなショックが実質利子率や，実質利子率に依存する貯蓄および投資のような変数に及ぼす影響を調べるのにより役に立つ。たとえば，第 13 章で開放経済における国際的な貸し借りについて議論するとき，実質利子率の動きは重要である。それゆえ，第 13 章では IS-LM アプローチを採用する。しかしながら，物価水準，あるいはインフレに関連する問題では，AD-AS モデルを利用する方がより便利である。たとえば，第 12 章の失業とインフレの間の関係を描写するときには，AD-AS の枠組みを採用する。IS-LM の枠組みか，または AD-AS の枠組みかの選択はどちらが便利であるかによるが，2 つのモデルは同じ基本的なマクロ経済理論を表現していることに，留意してほしい。

総需要曲線

総需要曲線（AD 曲線，aggregate demand curve）は，財の総需要量

(C^d+I^d+G) と物価水準 P との関係を示している。総需要曲線は，個々の生産物（たとえば，りんご）の需要曲線のように，右下がりである。しかし，AD 曲線と特定の財の需要曲線との間の表面上の類似性にもかかわらず，これらの2つの曲線には大きな違いがある。りんごの需要曲線は，りんごの需要と他の財の価格に対するりんごの価格とを関係づけているのに対して，AD 曲線は，財の総需要量と**一般物価水準**（general price level）との関係である。もしすべての財の価格が10％上昇すれば，すべての財の相対価格は変化しないけれども，物価水準 P は10％上昇する。物価水準の上昇によって財の総需要量は減少する。

図 8.10 には，物価水準 P の上昇によって生産物の総需要量が減少する理由が説明されている。所与の物価水準のもとで，家計，企業，および政府が需要することを選択する生産物の総量は，IS 曲線と LM 曲線が交わるところであったということを思い起こそう。名目マネーサプライが M で，最初の物価水準が P_1 であると仮定しよう。そのときには，実質マネーサプライは M/P_1 になり，最初の LM 曲線は図 8.10(a) の LM^1 になる。IS 曲線と LM^1 曲線は点 E で交わっており，そこでは，家計，企業，および政府が買いたいと思っている生産物の総量は Y_1 である。それゆえ，物価水準が P_1 であるとき，生産物の総需要量は Y_1 になると結論付けることができる。

さていま，物価水準が P_2 に上昇したと想定しよう。名目マネーサプライが M のままなので，この物価水準の上昇によって実質マネーサプライは M/P_1 から M/P_2 へ減少する。実質マネーサプライが減少すると LM^1 曲線が左上方へ，LM^2 へシフトすることを思い起こそう（本章の要約表12）。IS 曲線と LM^2 曲線は，生産物の総需要量が Y_2 である点 F で交わっている。それゆえ，P_1 から P_2 への物価水準の上昇によって，生産物の総需要量が Y_1 から Y_2 へ減少する。

物価水準と生産物の総需要量のあいだのこの負の関係が，図 8.10(b) の右下がりの AD 曲線として示されている。図 8.10(b) の点 E と点 F は，図 8.10(a) の点 E と点 F に対応している。物価水準の上昇によって実質マネーサプライが減少し，さらにこれによって LM 曲線が左上方へシフトする。すなわち実質マネーサプライの減少によって実質利子率が上昇し，これによって家計や企業が需要する財の総量が減少するから，AD 曲線は右下がりになる。

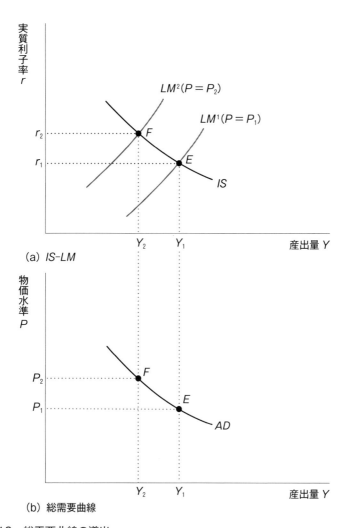

図 8.10 総需要曲線の導出
所与の物価水準に対して，需要される生産物の総量は IS 曲線と LM 曲線とが交わるところに決定される。もし物価水準 P が P_1 であり，最初の LM 曲線が LM^1 であるならば，最初の生産物の総需要量は Y_1 になる。この点は(a)と(b)の両方の図の点 E に対応している。総需要曲線を導出するために，物価が変化するとき生産物の総需要量に何が起こるかを考えてみよう。
(a) 物価水準が P_1 から P_2 へ上昇すると実質マネーサプライが減少し，LM 曲線が

左上方へ，LM^1 から LM^2 へシフトする．したがって，IS 曲線と LM 曲線の交点によって示される生産物の総需要量は Y_1 から Y_2 へ減少する．
(b) 物価水準が P_1 から P_2 へ上昇すると，生産物の総需要量が Y_1 から Y_2 へ減少するので，総需要曲線が右下がりになる．

AD 曲線をシフトさせる要因 AD 曲線は生産物の総需要量と物価水準とを関係づけたものである．一定の物価水準のもとでは，生産物の総需要を変化させる要因は AD 曲線をシフトさせる．すなわち，総需要の増加によって AD 曲線は右上方へシフトし，総需要の減少によって AD 曲線は左下方へシフトする．総需要は IS 曲線と LM 曲線の交点によって決定されるから，物価水準を一定として考えると，IS 曲線と LM 曲線の交点を右方にシフトさせるようないかなる要因も総需要を増加させ，AD 曲線を右上方へシフトさせるということができる．同様にして，一定の物価水準のもとでは，IS 曲線と LM 曲線の交点を左方にシフトさせるようないかなる要因も AD 曲線を左下方へシフトさせる．

　AD 曲線を右上方へシフトさせる要因の1つの例は，われわれが以前に考察した一時的な政府購入の増加である．図 8.11 では，政府購入の増加が AD 曲線に及ぼす影響が説明されている．最初の IS 曲線 IS^1 は，図 8.11(a) の点 E で LM 曲線と交差するので，最初の生産物の総需要量は Y_1 になる．すでに示したように，一時的な政府購入の増加によって IS 曲線が右上方へ，つまり IS^2 へとシフトする．物価水準が最初の P_1 の値で一定に保たれるとすると，IS 曲線と LM 曲線の交点は点 F へ移動するので，生産物の総需要量は Y_1 から Y_2 へと増加する．図 8.11(b) には，政府購入の増加の結果起こる AD 曲線のシフトが示されている．物価水準 P_1 での生産物の総需要量は点 E から点 F への移動として示されている．いかなる物価水準においても，政府購入の増加によって生産物の総需要量が増加するから，AD 曲線全体が右上方へ，すなわち AD^1 から AD^2 へとシフトする．AD 曲線をシフトさせる他の要因については要約表 13 にリストアップされている．AD 曲線の導出に対する数学的説明は補論 8.B で行う．

第 8 章　IS-LM／AD-AS モデル：マクロ経済分析の一般的な枠組み　　453

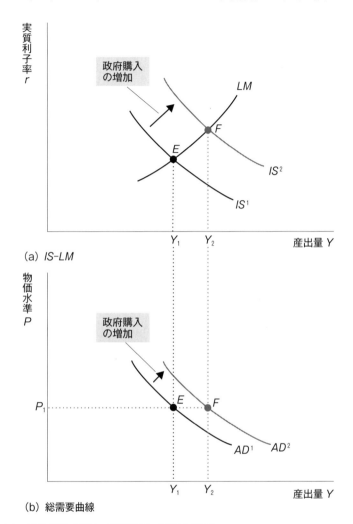

図 8.11　政府購入の増加が総需要に及ぼす影響
(a) 政府購入の増加によって IS 曲線が右上方へ，IS^1 から IS^2 へシフトする。物価水準 P_1 のもとでは IS-LM の交点が点 E から点 F へシフトするから，生産物の総需要量が Y_1 から Y_2 へ増加する。
(b) どんな物価水準でも生産物の総需要量が増加するから，AD 曲線が右上方へシフトする。パネル(b)の点 E と点 F はパネル(a)の点 E と点 F に対応している。

要約表13　AD曲線をシフトさせる要因

　一定の物価水準に対して，IS曲線とLM曲線の交点を右方にシフトさせるようないかなる要因も総需要を増加させ，AD曲線を右上方へシフトさせる。IS曲線を右上方へ，したがってAD曲線を右上方へシフトさせる要因には次のものがある（本章の要約表11を参照）。
- 期待将来産出量の増加
- 富の増加
- 政府購入 G の増加
- 減税 T（リカードの等価定理を仮定しないので，消費者は望ましい消費を増加するといった反応をする。）
- 期待将来 TFP の上昇
- 資本の実効税率の引き下げ

LM曲線を右下方へ，したがってAD曲線を右上方へシフトさせる要因には次のものがある（本章の要約表12を参照）。
- 名目マネーサプライ M の増加
- 期待インフレ率 π^e の上昇
- 貨幣の名目利子率 i^m の低下
- 実質貨幣需要を減少させるような他の変化

総供給曲線

　総供給曲線（AS曲線，aggregate supply curve）は，物価水準と企業が供給する生産物の総供給量との関係を示している。IS-LMモデルの議論において，企業は長期と短期とでは異なって行動をすると仮定したことを思い起こしてほしい。短期においては物価が一定であり，企業は一定の物価水準のもとで需要された生産物の量を供給すると仮定される。したがって，**短期総供給曲線**（SRAS曲線，short-run aggregate supply curve）は図8.12に示されるように，水平になる。

　長期においては，物価と賃金は経済におけるすべての市場を均衡するように調整する。特に，労働市場では，雇用が企業の利潤を最大にするような雇用水準 $\bar{N}$ に等しくなるように清算される。雇用が $\bar{N}$ に等しいとき，物価水準にかかわらず生産物の総供給量は $AF(K,\bar{N})$ に等しい完全雇用産出量水準 $\bar{Y}$ になる。すなわち，長期において，企業はいかなる物価水準でも $\bar{Y}$ を

第8章　IS-LM／AD-AS モデル：マクロ経済分析の一般的な枠組み　455

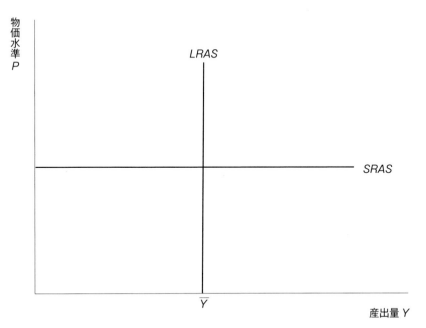

図 8.12　短期と長期の総供給曲線
短期において，企業は一定の物価水準のもとで需要された生産物の量を供給するから，短期総供給（SRAS）曲線は水平になる。一方，長期では，労働市場が清算されているとき，物価水準にかかわらず完全雇用産出量水準 $\bar{Y}$ を供給する。したがって，長期総供給（LRAS）曲線は $Y = \bar{Y}$ で垂直になる。

供給する。したがって，**長期総供給曲線**（**LRAS 曲線**, long-run aggregate supply curve）は図 8.12 に示されるように，$Y = \bar{Y}$ で垂直になる。

AS 曲線をシフトさせる要因　完全雇用産出量水準 $\bar{Y}$ を増加させるいかなる要因も長期総供給曲線（LRAS）を右方へシフトさせるし，$\bar{Y}$ を減少させるいかなる要因も LRAS 曲線を左方へシフトさせる。それゆえ，IS-LM 図において FE 線を右方へシフトさせるいかなる変化も LRAS 曲線を右方へシフトさせる。たとえば，労働力の増加は，雇用の完全雇用と完全雇用産出量水準を増加させるので，LRAS 曲線を右方へシフトさせる。

企業が短期において価格を変化させるときには必ず，短期総供給曲線はシフトする。費用の上昇などの短期に価格を上昇させるいかなる要因も SRAS

曲線を上にシフトさせ，逆に短期に価格を下落させるいかなる要因も SRAS 曲線を下にシフトさせる。

AD-AS モデルにおける均衡

われわれは AD-AS モデルを概観するとき，短期均衡（物価水準が一定のときの均衡）と長期均衡（物価水準が完全に調整されたときの均衡）との区別をする。短期均衡は，図 8.13(a)の点 E のように，AD 曲線と SRAS 曲線との交点によって表現される。この図では，3つの曲線の交点が存在しないことに留意してほしい。一方，長期均衡は，図 8.13(b)の点 F である，AD 曲線と LRAS 曲線との交点によって表される。点 F は AD 曲線と SRAS 曲線の交点でもあるので，経済は点 F で短期均衡でもある。経済が長期均衡にあるとき，産出量は完全雇用産出量水準 $\bar{Y}$ に等しくなる。長期均衡ではすべての市場が均衡しているから，長期均衡は一般均衡と同じである。

経済が一般均衡，あるいは長期均衡に達するときには，3つの曲線（AD 曲線，SRAS 曲線，および LRAS 曲線）はすべて，図 8.13(b)に示されたように共通の点で交わる。しかし，この条件は偶然の一致ではない。IS 曲線，LM 曲線，および FE 線と同様に，強い経済力が働き経済を3つの曲線の交差する共通の点に到達させる。実際，AD 曲線，SRAS 曲線，および LRAS 曲線を共通の点で交差させる力は，IS 曲線，LM 曲線，および FE 線を共通の点で交差させる力と同じである。われわれが以前に IS-LM モデルを用いて分析したように，マネーサプライの増加が経済に及ぼす影響を調べるために AD-AS の枠組みを用いる。

AD-AS モデルにおける貨幣の中立性

経済が最初は図 8.14 の点 E で均衡しているものとし，さらに均衡点では産出量水準は $\bar{Y}$ であり，物価水準は P_1 である。この均衡点においてマネーサプライが10%増加するものと仮定しよう。IS-LM モデルでは，マネーサプライの増加によって，LM 曲線が右下方へシフトし，どんな物価水準においても生産物の総需要量が増加する。したがって，マネーサプライの増加に

第 8 章　IS-LM／AD-AS モデル：マクロ経済分析の一般的な枠組み　457

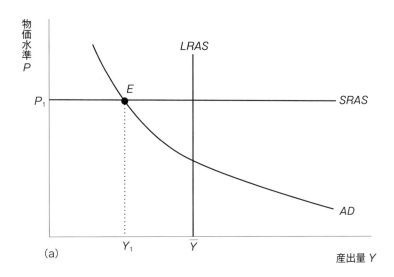

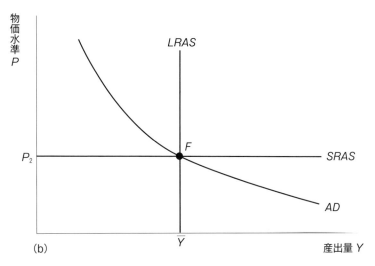

図 8.13　AD-AS モデルにおける均衡
(a) 短期均衡は，点 E での AD 曲線と SRAS 曲線との交点で表される。短期均衡では物価水準は固定され，企業はその価格で需要に対応する。
(b) 物価水準が P_1 から P_2 に完全に調整（下落）した後に生じる長期均衡は，AD 曲線と LRAS 曲線との交点 E によって示される。長期均衡ではすべての市場が均衡しているから，長期均衡は一般均衡と同じである。

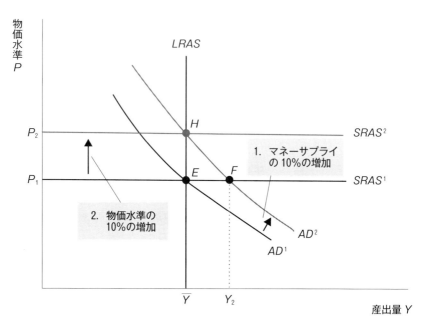

図 8.14　AD-AS 枠組みでの貨幣の中立性
点 E の一般均衡から出発すれば，名目マネーサプライの 10%の増加によって，AD 曲線は AD^1 から AD^2 へ右上方にシフトする。新しい AD 曲線上の点では，需要される生産物の各々の水準で物価水準が 10%より高くなっている。この 10%の物価上昇は実質マネーサプライを一定に保ち，したがって生産物の総需要量を一定にするために必要とされるからである。点 F の新しい短期均衡では，物価水準は変わらず，産出量は完全雇用産出量水準よりも多い。点 H の新しい長期均衡では，産出量は $\bar{Y}$ で変わらず，物価水準 P_2 は最初の物価水準 P_1 よりも 10%高い。したがって，マネーサプライの増加は物価を上昇させるが，産出量などの実質変数には影響を及ぼさないので，貨幣は長期では中立的である。

よって，AD 曲線もまた AD^1 から AD^2 へと右上方へシフトする。

　さらに，マネーサプライが 10%増加するとき，新しい AD 曲線上の点では，需要される生産物の各々の水準で物価水準が 10%より高くなっている。なぜかを考えるために，点 E と点 H を比較してみよう。なぜならば点 H は AD^2 曲線上に，また点 E は AD^1 曲線上にあるから，名目マネーサプライ M は点 H の方が点 E よりも 10%多いが，生産物の総需要量は点 H と点 E では同じ（$\bar{Y}$）である。LM 曲線の位置，したがって生産物の総需要量を決定する実質

マネーサプライ M/P が，点 H と点 E で同じになるときのみ，生産物の総需要量は点 H と点 E で同じになる．点 H では 10% だけ名目マネーサプライが増加するので，実質マネーサプライが 2 つの点で同じであるためには，点 H での物価水準が点 E よりも 10% 高くなければならない．それゆえ，P_2 は P_1 よりも 10% 高い．実際，どの生産水準でも，物価水準は AD^2 上の方が AD^1 上の方よりも 10% 高いのである．

短期では，物価水準は固定されており，名目マネーサプライの増加は総需要曲線を AD^1 から AD^2 へシフトさせる．それゆえ，マネーサプライの増加の結果，短期均衡は，点 E から点 F へ移動する．これは図 8.9(a) の IS-LM モデルにおける点 E から点 F への移動に対応している．したがって，短期では名目マネーサプライの増加は産出量を $\bar{Y}$ から Y_2 へと増加させ，好景気を引き起こす．

しかしながら，経済はいつまでも点 F にとどまれない．なぜならば，総産出量 Y_2 は産出量の利潤最大化水準 $\bar{Y}$ よりも高い水準にあるため，企業は結局自らの価格を引き上げるからである．この価格の上昇は短期総供給曲線を $SRAS^1$ から上方にシフトさせる．生産物の総需要量が生産物の利潤最大化水準 $\bar{Y}$ へ下落するまで，企業は価格を上昇させるであろう．新しい長期均衡は点 H によって示される．すなわち，AD 曲線，$LRAS$ 曲線，そして新しい短期総供給曲線 $SRAS^2$ がすべて交差する点である．新しい長期均衡では，物価水準は 10% 上昇している．これは名目マネーサプライが増加した総量と同じである．点 H の新しい長期均衡における産出量は点 E と同じ水準である．それゆえに，IS-LM モデルを利用したときに述べたように，長期では貨幣は中立的である，と結論づけることができる．

われわれの分析において重要な要点は，マネーサプライの増加の効果を短期と長期で区別したことであるが，経済は長期均衡に到達するのにどのくらい長くかかるのかという重大な問いにはまだ答えていない．本章と第 9 章で強調するように，古典派とケインジアンの立場に立つ経済学者では，この問いに対する答えがまったく異なる．古典派の経済学者は経済が速やかに長期均衡に達する，と主張する．さらに，より厳密に図解すれば，古典派は経済が長期均衡にほとんど瞬時に達するという考え方を採用するので，長期総供給（$LRAS$）曲線が極めて重要となり，唯一の総供給曲線である［短期の総供

給（SRAS）曲線は当面の問題には関係しない］と考える。しかしながら，ケインジアンは，経済が長期均衡に達するには何年もかかり，そしてその期間に産出量は完全雇用産出量水準から乖離するであろう，と主張する。この両者の考え方にもとづいて第 10 章で古典派のモデルを，さらに第 11 章でケインジアンのモデルを発展させる。

章の要約

1. *IS-LM* モデルは実質利子率を縦軸，産出量を横軸にとった図で，経済の 3 つの市場，すなわち労働市場，財市場，および資産市場を同時に表現するものである。*IS-LM* モデルはもともとケインジアンによって開発されたが，古典派とケインジアンの両方の経済分析を説明するのに用いることができる。
2. *IS-LM* モデルにおいて，労働市場の均衡は図では完全雇用線，あるいは *FE* 線で表される。この線は完全雇用産出量のところで垂直である。完全雇用産出量を増加させる要因は *FE* 線を右方にシフトさせ，完全雇用産出量を減少させる要因は *FE* 線を左方にシフトさせる。
3. *IS* 曲線は，あらゆる産出量のもとで，財市場を均衡させる実質利子率を示している。より高い産出量はより多くの望ましい貯蓄を生み出し，したがって財市場を均衡させる実質利子率を低下させるので，*IS* 曲線は右下がりである。一定の産出量のもとで，望ましい投資に対し望ましい国民貯蓄を相対的に少なくするようなあらゆる変化はすべて，財市場を均衡させる実質利子率を上昇させ，*IS* 曲線を右上方にシフトさせる。同じことであるが，一定の産出量のもとで，財に対する総需要を増加させる変化はすべて，財市場を均衡させる実質利子率を上昇させ，*IS* 曲線を右上方にシフトさせる。
4. *LM* 曲線は，あらゆる産出量のもとで貨幣の需要量とマネーサプライとを等しくさせ，したがって資産市場を均衡させる実質利子率を示している。産出量の増加は，貨幣需要を増加させる。これは資産市場を均衡させる実質利子率がより高くなる必要があることを意味するので，*LM* 曲線は右上がりである。一定の産出量のもとで，貨幣需要に対してマネーサプライを相対的に減少させるような変化はすべて資産市場を均衡させる実質利子率を上昇させ，*LM* 曲線を左上方にシフトさせる。
5. マクロ経済の一般均衡は，すべての市場が同時に均衡であるときに生じる。図で表現すれば，一般均衡点は *IS* 曲線，*FE* 線，そして *LM* 曲線が交差する点である。物価水準の調整によって経済は一般均衡に達する。とくに，物価水準 *P* の変化が実質貨幣供給 *M/P* を変化させ，これが *LM* 曲線を *FE* 線と *IS* 曲線とが交わる点を通るまでシフトさせる。
6. 一時的な不利な供給ショックは，実質賃金，雇用，産出量，消費，および投資の一

一般均衡水準を下落させ，実質利子率と物価水準の一般均衡水準を上昇させる。

7. もしマネーサプライの変化が物価水準の比例的な変化を引き起こすが，実質変数に影響を与えないならば，マネーサプライの変化は中立的である。IS-LM モデルでは，物価水準が調整され，そして経済が一般均衡に戻ったあとには，貨幣は中立的になる。

8. 総需要-総供給モデル（AD-AS）モデルは，IS-LM モデルを基礎にしており，AD-AS モデルは IS-LM モデルと同じことを表現している。しかしながら，この2つのモデルは異なるマクロ経済変数の行動に焦点をあてている。すなわち，IS-LM モデルは実質利子率と産出量水準との間の関係を研究するのに大変役に立つ。一方，AD-AS モデルは物価水準と産出量水準との間の関係に焦点を合わせている。

9. 総需要（AD）曲線は，生産物の総需要量，すなわち IS 曲線と LM 曲線の交点における生産物水準を物価水準と関係づけたものである。物価水準の上昇は，実質マネーサプライを減少させ，LM 曲線を左上方にシフトさせ，これによって生産物の総需要量が減少する。物価水準の上昇によって総需要量が減少するから，総需要曲線は右下がりになる。政府購入の増加やマネーサプライの増加のような，所与の物価水準で生産物の総需要量を増加させる要因は，AD 曲線を右上方へシフトさせる。

10. 総供給（AS）曲線は，生産物の総供給量と物価水準とを関係づけたものである。短期では，物価水準は固定されており，生産物が需要されるかぎり企業は生産物を供給する。したがって，短期総供給（SRAS）曲線は水平になる。一方，長期では，物価と賃金によって完全に調整され，そしてすべての市場が均衡している状態では，企業は生産物の利潤最大化水準まで生産する。したがって，長期では，総産出量 Y は完全雇用産出量水準 $\bar{Y}$ に等しくなる。長期では，企業は物価水準に関係なく $\bar{Y}$ まで供給するので，長期総供給（LRAS）曲線は $Y = \bar{Y}$ で，垂直になる。

11. 古典派のマクロ経済学者は，物価と賃金が需要または供給の変化に応じて迅速に調整されると主張する。この主張は，ショックや政策の変更のあと，経済が一般均衡，すなわち IS 曲線，LM 曲線，および FE 線が交わるところ，あるいは同じことであるが，AD 曲線と LRAS 曲線が交差するところに速やかに到達することを意味する。これと対照的に，ケインジアンのマクロ経済学者は，物価と賃金の調整が極めてゆっくりであり，経済が長期間一般均衡（長期均衡）から離れた状態にとどまり続けると主張する。しかし，ケインジアンは最終的には物価と賃金が完全に調整され，経済が一般均衡に達するという点では古典派に同意する。

12. 古典派もケインジアンもともに，経済が一般均衡に達した後，長期では貨幣は中立的である，ということに同意する。古典派は長期均衡が速やかに達成されると信じているから，本質的に関連性がない，貨幣が中立的でないという短期均衡を否定する。しかし，経済が一般均衡に達するには何年もかかると信じているケインジアンは，貨幣が中立的でない短期均衡をより重要視する。

キーダイアグラム 6

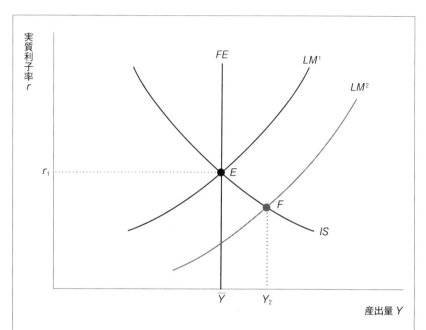

IS-LM モデル IS-LM モデルは，労働市場，財市場，および資産市場における一般均衡を示している。このモデルを利用して，経済的ショックの産出量，実質利子率，物価水準，およびその他のマクロ経済変数への影響を分析することができる。

図の要素

- 実質利子率 r を縦軸，産出量 Y を横軸にとっている。
- 完全雇用線 FE は完全雇用産出量のところで垂直である。完全雇用産出量 $\bar{Y}$ は，賃金と物価が完全に調整したときに企業が供給する産出量水準であるから，雇用は完全雇用水準 $\bar{N}$ である。完全雇用産出量 $\bar{Y}$ は $\bar{Y} = AF(K, \bar{N})$ 式によって決定される。
- IS 曲線は，あらゆる産出量水準のもとで，財市場を均衡させる実質利子率，いい換えれば，望ましい国民貯蓄 S^d と望ましい投資 I^d とが等しい実質利子率を示している。より高い産出量は望ましい貯蓄を増加させるが，財市場が均衡するように実質利子率が下がるから，IS 曲線は右下がりである。同じことであるが，IS 曲線は，財の総需要と総供給とが等しい（つまり $Y = C^d + I^d + G$）ときの実質利子率 r と産出量 Y の組み合わせを示す。
- LM 曲線は，所与の物価水準とあらゆる産出量水準のもとで，資産市場を均衡させ

る，いい換えれば，貨幣需要量 $L(Y, r+\pi^e)$ とマネーサプライ M/P とが等しい実質利子率を示す．産出量の増加は実質貨幣需要の増加を招き，したがって資産市場を均衡させる実質利子率を上昇させるので，LM 曲線は右上がりである．

曲線をシフトさせる要因
- 完全雇用産出量を増加させる要因はすべて FE 線を右にシフトさせる．要約表 10 を見よ．
- 一定の産出量のもとで，望ましい投資に対して望ましい国民貯蓄を相対的に引き下げるような変化はすべて，財市場を均衡させる実質利子率を上昇させ，そして IS 曲線を右上方にシフトさせる．同じことであるが，一定の所得水準のもとで，財の総需要を増加させる変化はすべて，財市場を均衡させる実質利子率を上昇させ，したがって IS 曲線を右上方にシフトさせる．要約表 11 を見よ．
- 一定の産出量のもとで，実質貨幣需要に対して実質マネーサプライを相対的に減少させるような変化はすべて，資産市場を均衡させる実質利子率を上昇させ，そして LM 曲線を左上方にシフトさせる．要約表 12 を見よ．

分析
- LM 曲線が LM^1 であると仮定するならば，経済はすべての 3 本の曲線上にある点 E で一般均衡である．すなわち，点 E において労働市場（FE 線），財市場（IS 曲線），および資産市場（LM 曲線）がすべて一般均衡である．点 E において，産出量は完全雇用産出量 $\bar{Y}$ に等しく，そして実質利子率 r_1 は財市場と資産市場とをともに均衡させる実質利子率である．
- LM 曲線が LM^2 であると仮定するならば，FE 線，IS 曲線，および LM 曲線のすべてが交わっているわけではない，したがって経済は一般均衡ではない．経済が一般均衡でないとき，経済の短期均衡は IS 曲線と LM 曲線の交点（点 F）で生じ，その点では財市場と資産市場は均衡しているが，労働市場は均衡していない，と仮定しよう．少なくとも一時的に企業が点 F で示された増加した総需要に見合うだけの産出量を生産すると仮定すれば，短期均衡における経済の産出量は Y_2 である．
- 短期均衡点 F において，産出量 Y_2 は産出量の企業の利潤最大化水準（完全雇用産出量）$\bar{Y}$ を超えている．点 F で総需要は企業が生産したい産出量を超えているので，企業は価格を引き上げる．物価水準 P の上昇によって，実質マネーサプライ M/P は減少し，LM 曲線を左上方へシフトさせ，LM 曲線はもとの位置 LM^1 まで戻る．このことによって経済は点 E に戻り，一般均衡が点 E で達成される．点 E で産出量はふたたび完全雇用産出量水準 $\bar{Y}$ に等しい．同様に，短期均衡が FE 線の左側で生じたならば，企業は価格を引き下げる．物価水準 P の下落によって，実質マネーサプライ M/P は増大し，LM 曲線を右下方へシフトさせ，一般均衡が点 E で達成される．

- 古典派の経済学者によれば，価格調整過程は経済を速やかに点 E の一般均衡に戻すので，経済が完全雇用から離れた点 F にいる時間はほとんどない。しかし，これとは逆のケインジアンの観点に立てば，物価と賃金の調整がゆっくりなされるので，経済はとても長い期間にわたって短期均衡点 F にとどまる。この点では完全雇用産出量 $\bar{Y}$ とは異なる産出量である。

キーダイアグラム 7

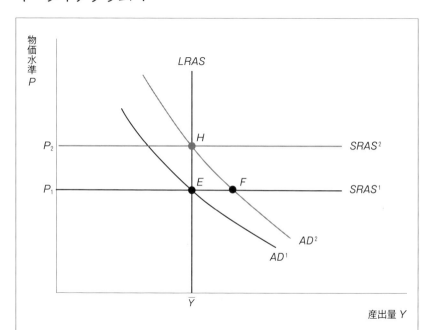

総需要・総供給モデル AD-AS モデルは物価水準と産出量の組み合わせを示している。短期均衡は，物価調整以前の均衡を示し，AD 曲線と SRAS 曲線との交点にある。物価によって完全に調整された後に生じる長期均衡は，AD 曲線と LRAS 曲線との交点によって示される。

図の要素
- 物価水準 P を縦軸，産出量 Y を横軸にとっている。
- 総需要（AD）曲線は，生産物の総需要量を物価水準と関係づけたものである。生産物の総需要量は IS 曲線と LM 曲線の交点によって決定される（図 8.10 を参照）。物価水準 P の上昇によって，実質マネーサプライを減少させ，LM 曲線を左上方にシフトさせ，これによって生産物の総需要量が減少する。物価水準の上昇によって総需要量が減少するから，総需要曲線は右下がりになる。

■ 総供給 (AS) 曲線は，短期と長期における生産物の総供給量と物価水準を関係づけたものである。短期的には，物価水準は固定されており，生産物が需要されるかぎり企業は生産物を供給する。したがって，短期総供給 ($SRAS$) 曲線は水平である。一方，長期では，企業は生産物の利潤最大化水準，すなわち完全雇用産出量水準 $\bar{Y}$ まで生産する。したがって，長期では，総産出量は物価水準 P に関係なく $\bar{Y}$ に等しくなるので，長期総供給 ($LRAS$) 曲線は $Y = \bar{Y}$ で垂直になる。

曲線をシフトさせる要因

■ 生産物の総需要量は IS 曲線と LM 曲線の交点によって決定される。一定の物価水準のもとでは，IS 曲線と LM 曲線の交点を右方にシフトさせるような要因はいずれも，財の総需要を増加させ，AD 曲線を右上方へシフトさせる。AD 曲線をシフトさせる要因については要約表13にリストアップされている。

■ 短期に企業が価格を上昇させる，たとえば生産費用を上昇させるようないかなる要因も短期総供給 ($SRAS$) 曲線を上方にシフトさせる。完全雇用産出量水準 $\bar{Y}$ を増加させるいかなる要因も長期総供給 ($LRAS$) 曲線を右方へシフトさせる。完全雇用産出量水準 $\bar{Y}$ を増加させる要因については要約表10にリストアップされている。

分析

■ 経済の短期均衡は，点 E のように，AD 曲線と $SRAS$ 曲線との交点によって表現される。一方，経済の長期均衡は，点 E である，AD 曲線と $LRAS$ 曲線との交点によって表現される。経済が長期均衡にあるとき，産出量は完全雇用産出量水準 $\bar{Y}$ に等しい。

■ 短期均衡は，経済に影響を及ぼすショックや政策の変化の結果として長期均衡から一時的に乖離する。たとえば，名目マネーサプライの増加によって，総需要曲線を AD^1 から AD^2 へと右上方へシフトさせる。点 F の新しい短期均衡では，産出量水準は完全雇用産出量水準 $\bar{Y}$ よりも高い。点 F では，企業は利潤最大化水準よりも多い産出量を生産するので，価格を引き上げ始める。点 H の新しい長期均衡では，産出量は $\bar{Y}$ で変わらず，物価水準 P_2 は最初の物価水準 P_1 よりも高い。新しい物価水準は P_2 であるから，短期総供給曲線は $P = P_2$ の水平線である $SRAS^2$ まで上方にシフトする。

キーワード

IS 曲線	貨幣の中立性	総需要曲線
LM 曲線	完全雇用線	短期総供給曲線
一般均衡	総供給曲線	長期総供給曲線

復習問題

1. *FE* 線の位置を決めるものは何か。*FE* 線を右方にシフトさせるであろう経済の変化の例を2つあげなさい。
2. *IS* 曲線はどのような関係をとらえているのか。図を使って *IS* 曲線を導き出し，その傾きがなぜそうなるのかを説明しなさい。*IS* 曲線を左下方にシフトさせる経済の変化の例を2つあげなさい。
3. *LM* 曲線はどのような関係をとらえているのか。図を使って *LM* 曲線を導き出し，その傾きがなぜそうなるのかを説明しなさい。*LM* 曲線を右下方にシフトさせる経済の変化の例を2つあげなさい。
4. 一定の産出量のもとで，もし実質マネーサプライが実質貨幣需要量を上回れば，資産市場を均衡させる実質利子率に何が起こるであろうか。実質利子率の調整を説明するにあたって非貨幣資産の価格とそれが支払う利子率の関係を使いなさい。
5. 一般均衡を定義し，*IS-LM* 図で一般均衡点を示しなさい。もし経済が一般均衡状態になければ，何が産出量と実質利子率を決定するのか。どのような経済的な力が働いて経済を一般均衡に引き戻すのか。
6. 貨幣の中立性を定義しなさい。物価が完全に調整された後，*IS-LM* モデルでは貨幣が中立的になることを示しなさい。短期的に貨幣が中立的であるかどうかについて古典派とケインジアンの見解は何か。長期ではどうか。
7. 総需要（*AD*）曲線を関係づけている2つの変数は何か。なぜ *AD* 曲線は右下がりか。*AD* 曲線を右上方へシフトさせる経済の変化の2つの例を挙げ，なぜシフトが起こるのかを説明しなさい。
8. 短期総供給（*SRAS*）曲線と長期総供給（*LRAS*）曲線を定義し，図示しなさい。なぜ，この曲線の1つは水平に，他の曲線は垂直になるのか。
9. 貨幣が短期において中立的であるかどうか，そして長期において貨幣が中立的であるかどうかを，*AD-AS* モデルを用いて分析しなさい。

演習問題

1. ある経済の完全雇用産出量は1,000である。望ましい消費と望ましい投資は，
    $$C^d = 200 + 0.8(Y-T) - 500r$$
    $$I^d = 200 - 500r$$
    である。政府購入は196で租税は
    $$T = 20 + 0.25Y$$
    である。
    　貨幣需要は，

$$\frac{M^d}{P} = 0.5Y - 250(r + \pi^e)$$

である。ここで，期待インフレ率は $\pi^e = 0.10$ であり，名目マネーサプライは $M = 9{,}890$ である。

  a. 実質利子率，物価水準，消費，および投資の一般均衡値はいくらか。
  b. 政府購入が $G = 216$ に増加すると仮定しよう。実質利子率，物価水準，消費，および投資の新しい一般均衡値はいくらか。

2. ある経済の生産関数は

$$Y = A(5N - 0.0025N^2)$$

であり，A は生産性である。この生産関数のもとで労働の限界生産力は，

$$MPN = 5A - 0.005AN$$

である。ここで $A = 2$ と過程しよう。労働供給曲線は，

$$NS = 55 + 10(1 - t)w$$

である。ここで NS は総労働供給量，w は実質賃金，そして t は賃金所得に課せられる税率で 0.5 である。

望ましい消費と望ましい投資は，

$$C^d = 300 + 0.8(Y - T) - 200r$$
$$I^d = 258.5 - 250r$$

租税と政府購入は，

$$T = 20 + 0.5Y$$
$$G = 50$$

貨幣需要は，

$$\frac{M^d}{P} = 0.5Y - 250(r + \pi^e)$$

である。また，期待インフレ率 π^e は 0.02 で，名目マネーサプライ M は 9,150 である。

  a. 一般均衡における実質賃金，雇用，そして産出量の水準はいくらか。
  b. あらゆる産出量水準 Y に対して，財市場を均衡させる実質利子率 r を決める式を導き出しなさい。この式は IS 曲線を表す（ヒント：財市場の均衡条件を書き，Y とその他の変数で r について解きなさい）。
    一般均衡における実質利子率，消費，および投資の値はいくらか。
  c. あらゆる産出量水準に対して，資産市場を均衡させる実質利子率を決める式を導き出しなさい。この式は LM 曲線を表す（ヒント：(b) の問題のように，適切な均衡条件を書き，Y とその他の変数で r について解きなさい）。一般均衡における物価水準の値はいくらか。
  d. 政府購入が $G = 72.5$ まで増加すると仮定しよう。一般均衡における実質賃金，雇用，産出量，実質利子率，消費，投資，および物価水準の値はいくらか。

3. *IS-LM* モデルを使って，原油価格が恒常的に上昇したとき（恒常的な供給ショック），このショックが現在の産出量，雇用，実質賃金，国民貯蓄，消費，投資，実質利子率，および物価水準などの一般均衡値に及ぼす影響を分析しよう。現在の資本と労働の生産性が低下する以外に，恒常的な供給ショックが期待将来 *MPK* と家計の期待将来所得を減少させると仮定しよう。もし実質利子率が上昇するならば，現在の産出量を低下させる影響をもつ一時的な供給ショックの場合ほどには実質利子率が上昇しないことを示しなさい。

第8章 *IS-LM／AD-AS* モデル：マクロ経済分析の一般的な枠組み　469

補論 8.A　*IS-LM／AD-AS* モデルを解くための計算演習

ここに *IS-LM* モデルを解くための一例として，数値計算の演習問題を用意した．本章の演習問題を解くためには代数が必要なので，あなたがたの解答作成に役立つと思う．

次の方程式で記述される経済を考えてみよう．

$C^d = 300 + 0.75(Y-T) - 300r$

$T = 100 + 0.2Y$

$I^d = 200 - 200r$

$L = 0.5Y - 500i$

$\bar{Y} = 2{,}500$；$G = 600$；$M = 133{,}200$；$\pi^e = 0.05$；$P_{sr} = 120$．

短期では，物価水準は P_{sr} で一定である．均衡 Y，P，r，C^d，I^d，および i の短期均衡値と長期均衡値を求める．以下のステップにしたがって，この問題を解いてみよう．

ステップ 1：財市場均衡条件を使って *IS* 曲線の方程式を求める．財市場均衡条件は，$Y = C^d + I^d + G$ である．まず上の C^d の式に T の式を代入する．得られた式と上の I^d の式を，G の値とともに，$Y = C^d + I^d + G$ に代入すると，次の式が得られる．

$Y = \{300 + 0.75[Y - (100 + 0.2Y)] - 300r\} + [200 - 200r] + 600$

この式を整理し，Y を r の式で表すと

$Y = [300 + 0.75Y - 75 - 0.15Y - 300r] + [200 - 200r] + 600$

となり，さらに

$0.4Y = [300 - 75 + 200 + 600] - (300 + 200)r$

となるから

$500r = 1{,}025 - 0.4Y$

となる．したがって

$r = 1{,}025/500 - (0.4/500)Y$，ゆえに

$r = 2.05 - 0.0008Y$

となる。この式が IS 曲線である。

ステップ2：資産市場均衡条件を使って LM 曲線の方程式を求める。

a. 最初に物価水準が特定されない値の LM 曲線の式を求める。資産市場は実質マネーサプライと実質貨幣需要が等しいとき均衡する。実質貨幣需要は，$L = 0.5Y - 500i = 0.5Y - 500(r+\pi^e) = 0.5Y - 500(r+0.05)$ であり，実質マネーサプライは，$M/P = 133{,}200/P$ である。資産市場均衡は，$133{,}200/P = 0.5Y - 500(r+0.05)$ になる。したがって $500r = 0.5Y - 25 - 133{,}200/P$ となり，$r = (0.5/500)Y - (25/500) - (133{,}200/500)/P$ となるから，$r = 0.001Y - 0.05 - 266.4/P$ が得られる。この式が物価水準の値が特定されないときの LM 曲線である。

b. 次に $P = P_{sr}$ のときの LM 曲線の方程式を求める。LM 曲線に $P = P_{sr} = 120$ を代入すると，$r = 0.001Y - 0.05 - 266.4/120$ が得られ，$r = 0.001Y - 0.05 - 2.22$ となる。したがって $r = 0.001Y - 2.27$ となる。この式が $P = P_{sr}$ のときの LM 曲線である。

ステップ3：短期均衡を求める。

a. IS 曲線と LM 曲線の交点を見つけ，Y と r の短期均衡値を求める。IS 曲線と LM 曲線の式に関しそれぞれの左辺が r となるように表してきたので，IS 曲線の右辺と LM 曲線の右辺を等号で結ぶと，$2.05 - 0.0008Y = 0.001Y - 2.27$ から，$4.32 = 0.0018Y$ となる。したがって $Y = 4.32/0.0018 = 2400$ となる。次に IS 曲線か LM 曲線のどちらかの式に Y の値を代入する。IS 曲線においては，$r = 2.05 - 0.0008Y = 2.05 - (0.0008 \times 2{,}400) = 2.05 - 1.92 = 0.13$ となる。LM 曲線では，$r = 0.001Y - 2.27 = (0.001 \times 2{,}400) - 2.27 = 2.4 - 2.27 = 0.13$ となる。

b. この均衡の Y と r の値を他の式に代入し，均衡の T, C^d, I^d，および i の値を求めると

$T = 100 + 0.2Y = 100 + (0.2 \times 2{,}400)$ なので，$T = 580$

$C^d = 300 + 0.75(Y-T) - 300r = 300 + 0.75(2{,}400 - 580) - (300 \times 0.13)$
$\quad = 300 + 1365 - 39 = 1{,}626$

$I^d = 200 - 200r = 200 - (200 \times 0.13) = 200 - 26 = 174$

$i = (r+\pi^e) = 0.13+0.05 = 0.18$

となる（$C^d+I^d+G = 1{,}626+174+600 = 2{,}400$ であり，Y に等しい）。

ステップ 4：長期均衡を求める。

a. 長期均衡では $Y = \bar{Y}$ であることを利用し，均衡の実質利子率を求めるために，この均衡の産出量水準を IS 式に代入する。$\bar{Y} = 2500$ と IS 式，$r = 2.05-0.0008Y$ を使うと，$r = 2.05-(0.0008\times 2{,}500) = 2.05-2.00 = 0.05$ が得られる。

b. Y と r の均衡値を他の式に代入し，均衡での T, C^d, I^d, および i の値を求める。

$T = 100+0.2Y = 100+(0.2\times 2500)$ なので，$T = 600$

$C^d = 300+0.75(Y-T)-300r = 300+0.75(2500-600)-(300\times 0.05)$
$= 300+1{,}425-15 = 1{,}710$

$I^d = 200-200r = 200-(200\times 0.05) = 200-10 = 190$

$i = r+\pi^e = 0.05+0.05 = 0.10$

となる（$C^d+I^d+G = 1{,}710+190+600 = 2{,}500$ であり，Y に等しい）。

c. まず均衡の Y と i の値を貨幣需要式に代入し，実質貨幣需要の値 L を求める。次に実質マネーサプライ M/P と実質貨幣需要 L を等しくする P の値を求める。貨幣需要曲線は，$L = 0.5Y-500i = (0.5\times 2500)-(500\times 0.10) = 1{,}250-50 = 1{,}200$ である。実質マネーサプライと実質貨幣需要が等しくなるように置くと，$133{,}200/P = 1{,}200$ となるので，$P = 133{,}200/1{,}200 = 111$ となる。

ステップ 5：IS 曲線と LM 曲線を用いて AD 曲線の方程式を求める。物価水準が特定されない値の LM 曲線の式を用いる。IS 曲線と LM 曲線の式に関しそれぞれの左辺が r となるように表してきたので，IS 曲線の右辺と LM 曲線の右辺を等号で結ぶと，$2.05-0.0008Y = 0.001Y-0.05-266.4/P$ であるから，$0.0018Y = 2.10+266.4/P$ となる。この式を 0.0018 で割ると，$Y = 2.10/0.0018+(266.4/0.0018)/P$ となり，$Y = 1{,}166.67+148{,}000/P$ が得られる。この式が AD 曲線である。

ステップ 6：AD 曲線，短期・長期総供給曲線を用いて，短期と長期均衡を求

める。短期では，SRAS 曲線は $P = P_{sr} = 120$ の水平線で表される。短期均衡は AD 曲線と SRAS 曲線との交点で示される。$P = 120$ を AD 曲線に代入すると，$Y = 1,166.67 + 148,000/120 = 1,166.67 + 1,233.33$ が得られる。したがって，$Y = 2,400$ となる。この値はステップ 3 で求めた結果と同じである。

長期では，産出量は完全雇用産出量水準に等しいので，LRAS 曲線は $Y = \bar{Y} = 2,500$ の垂直線で表される。長期均衡は AD 曲線と LRAS 曲線との交点で示される。$Y = \bar{Y} = 2,500$ を AD 曲線に代入すると，$2,500 = Y = 1166.67 + 148,000/P$ となり，$1,333.33 = 148,000/P$ が得られる。したがって，$P = 148,000/1,333.33 = 111$ となる。この値はステップ 4 で求めた結果と同じである。

補論 8.B　*IS-LM* モデルの数学的説明

　この補論では *IS-LM* モデルの数学的な説明を行う。3つの市場，すなわち労働市場，財市場，資産市場の各々について，まず需要と供給を表す方程式を示し，その後で市場均衡を見つける。各々の市場を別々に考察したあとで，完全な *IS-LM* モデルの一般均衡を解く。総需要（*AD*）曲線を導出するために *IS-LM* モデルを用い，そして短期と長期の均衡を導くために短期と長期の総供給（*AS*）曲線を導入する。

労働市場

　労働需要は労働の限界生産力にもとづいており，これは生産関数によって決定される。Y を産出量，N を労働投入，そして A を生産性としたとき，生産関数は $Y = AF(K, N)$ と表されることを第3章の（3.1 式）で述べた。資本ストック K を固定しておくと，産出量 Y の生産関数を労働投入 N と生産性 A だけの関数として書くことができる。ある便利な特定化された生産関数は，

$$Y = A(f_1 N - \frac{1}{2} f_2 N^2) \tag{8.B.1}$$

で，f_1 と f_2 は正の数である。

　労働の限界生産力 *MPN* は生産関数の傾きである。あらゆる雇用水準における（8.B.1）式の生産関数の傾きは $A(f_1 - f_2 N)$ であるので[1]，労働の限界生産力は，

$$MPN = A(f_1 - f_2 N) \tag{8.B.2}$$

---

[1] 微分を知っている学生は，(8.B.1)式を N で微分し，生産関数の傾きを導出することができる。

である。

企業は労働の限界生産力が実質賃金と等しくなる点で労働を雇用する。したがって，実質賃金 w と労働需要量 ND との関係は，

$$w = A(f_1 - f_2 ND) \tag{8.B.3}$$

となる。

労働の供給は現在の課税後実質賃金の増加関数である。もし t を賃金所得に対する税率（$0 < t < 1$ と仮定）とすれば，$(1-t)w$ は課税後実質賃金であり，労働供給曲線の単純な形は，

$$NS = n_0 + n_w(1-t)w \tag{8.B.4}$$

である。ここで，NS は供給される労働量，n_w は正の数である。富または労働人口などの，労働供給に影響を及ぼす課税後実質賃金以外の要因は (8.B.4)式の定数項 n_0 によって表現される。

労働市場の均衡

均衡では，労働需要量 ND と労働供給量 NS は等しい。これらの共通の値が雇用の完全雇用水準 $\bar{N}$ である。$\bar{N}$ を (8.B.3)式と (8.B.4)式の NS と ND に代入すれば，2つの変数 $\bar{N}$ と w に関する2本の線型方程式が得られる。これらの方程式を w と $\bar{N}$ について解けば，

$$w = A\left[\frac{f_1 - f_2 n_0}{1 + (1-t)A f_2 n_w}\right] \tag{8.B.5}$$

と

$$\bar{N} = \frac{n_0 + (1-t)A f_1 n_w}{1 + (1-t)A f_2 n_w} \tag{8.B.6}$$

が得られる[2]。

(8.B.6)式の完全雇用水準 $\bar{N}$ を使えば，$\bar{N}$ を生産関数 (8.B.1)式に代入す

---

[2] 定数項 f_1, f_2, および n_0 は $f_1 - f_2 n_0 > 0$ であると仮定する。この仮定は，労働の限界生産力と均衡実質賃金が正であることを保証するために必要である。

第8章 IS-LM／AD-AS モデル：マクロ経済分析の一般的な枠組み　475

ることによって，完全雇用産出水準 $\bar{Y}$ が得られる．

$$\bar{Y} = A\left[f_1\bar{N} - \frac{1}{2}f_2\bar{N}^2\right] \qquad FE\ 線 \qquad (8.\text{B}.7)$$

(8.B.7)式の完全雇用産出量の値 $\bar{Y}$ は FE 線と横軸との交点である．

これらの式を使って，生産性と労働供給の変化が労働市場に与える影響を分析することができる．まず生産性 A の上昇から考察しよう．(8.B.5)式は生産性 A の上昇によって均衡実質賃金を上昇させることを表している（A の増加は比率 $A/[1+(1-t)Af_2n_w]$ を大きくする）．(8.B.6)式からは直接明らかでないが，A の増加は $\bar{N}$ も増加させる[3]．なぜそうであるかを調べるために，まず A の増加は労働供給曲線 (8.B.4)式に影響しないことを確認しておこう．次に，A の増加は実質賃金を上昇させる．したがってこれらのことから，A の上昇は労働供給の均衡量を，それゆえ完全雇用水準 $\bar{N}$ を増加させる．A の増加は $\bar{N}$ を増加させるので，完全雇用産出量 $\bar{Y}$ も増加し（8.B.7式を見よ），FE 線は右方にシフトする．

さて，課税後実質賃金のあらゆる水準に対して労働供給量が増加するとしよう．これは数学的には (8.B.4)式の n_0 の増加で表される．(8.B.5)式から，n_0 の上昇が均衡実質賃金を下落させ，(8.B.6)式から雇用量 $\bar{N}$ を増加させることがわかる．労働供給の増加は $\bar{N}$ を増加させるので，完全雇用産出量水準 $\bar{Y}$ も増加させ，したがって FE 線を右方にシフトさせる．

財市場

財市場の均衡を見つけるために，望ましい消費と望ましい投資を表す式から始めよう．望ましい消費は，

$$C^d = c_0 + c_Y(Y-T) - c_r r \qquad (8.\text{B}.8)$$

---

[3] 微分を知っている学生は，(8.B.6)式において A に関する N の導関数を計算すれば，この導関数の符号は $f_1 - f_2n_0 > 0$ であるときにのみ正になることがわかるであろう．$f_1 - f_2n_0 > 0$ であると仮定しているので（前の脚注を見よ），A の増加は必ず $\bar{N}$ を増加させる．

であり，ここで $(Y-T)$ は可処分所得（所得 Y マイナス租税 T)，r は実質利子率，そして c_0，c_Y，および c_r は正の数である。(8.B.8)式の数 c_Y は，第4章で定義したように限界消費性向である。人々は可処分所得の増加の一部分だけを消費し残りを貯蓄するので，もっともらしい仮定は $0 < c_Y < 1$ である。(8.B.8)式によれば，可処分所得の増加は望ましい消費を増加させ，実質利子率の上昇は望ましい消費を減少させる（そして望ましい貯蓄を増加させる）。富や期待将来所得など望ましい消費に影響するその他の要因は，定数項 c_0 に含まれている[4]。

(8.B.8)式の租税は，

$$T = t_0 + tY \tag{8.B.9}$$

であり，ここで t は所得税率（賃金に課されるものと同じ税率）そして t_0 は一括税である。以前に説明したように $0 \leqq t < 1$ であるので，所得の増加は租税の総額 T を増加させるが，また可処分所得 $(Y-T)$ も増加させるので，消費を増加させる。

望ましい投資は，

$$I^d = i_0 - i_r r \tag{8.B.10}$$

であり，ここで i_0 と i_r は正の数である。(8.B.10)式は実質利子率が上昇するとき望ましい投資が減少することを示している。資本の期待将来限界生産力など望ましい投資に影響を与えるその他の要因は定数項 i_0 に含まれる。

財市場の均衡

閉鎖経済の財市場の均衡条件は (4.7)式で与えられる。それをもう一度こ

---

[4] (8.B.8)式において，租税 T の上昇は望ましい消費を減少させるので，一見したところ，この定式化は第4章で議論されたリカードの等価定理とは整合的でないように見える。しかし，リカードの等価定理の考え方の本質は，消費者が現在の増税は将来の減税を伴うと期待するというところにある。この期待される将来の減税は望ましい消費を増加させるであろうが，これは (8.B.8)式の c_0 の増加としてとらえられるであろう。リカードの等価定理に従えば，現在のあるいは計画された政府購入の変更を伴わない増税が行われたあと，c_0 の増加が $c_Y(Y-T)$ の減少をちょうど打ち消すことになり，望ましい消費は変化しないであろうことになる。

第 8 章　IS-LM／AD-AS モデル：マクロ経済分析の一般的な枠組み　477

こに書くと，

$$Y = C^d + I^d + G \tag{8.B.11}$$

となる。(8.B.11)式は財市場の均衡条件 $S^d = I^d$ と等価であり，これはここではまったく同じように使われる。

　望ましい消費の式［(8.B.9)式で与えられる租税 T を代入した (8.B.8) 式］と望ましい投資の式 (8.B.10)式を財市場の均衡条件式（8.B.11）に代入すれば，

$$Y = c_0 + c_Y(Y - t_0 - tY) - c_r r + i_0 - i_r r + G \tag{8.B.12}$$

が得られる。

　Y の項を左辺に移せば，

$$[1 - (1-t)c_Y]Y = c_0 + i_0 + G - c_Y t_0 - (c_r + i_r)r \tag{8.B.13}$$

となる。

　(8.B.13)式は財市場を均衡させる実質利子率に産出量を関係づける式である。この Y と r の関係によって IS 曲が定義できる。IS 曲線は縦軸を r，横軸を Y とする図に描かれるので，r を左辺，Y を右辺に移して書き換える。(8.B.13)式を r について解くと，

$$r = \alpha_{IS} - \beta_{IS} Y \quad \text{IS 曲線} \tag{8.B.14}$$

が得られる。(8.B.14)式の α_{IS} と β_{IS} は次のように定義される正の数である。

$$\alpha_{IS} = \frac{c_0 + i_0 + G - c_Y t_0}{c_r + i_r} \tag{8.B.15}$$

および

$$\beta_{IS} = \frac{1 - (1-t)c_Y}{c_r + i_r} \tag{8.B.16}$$

　(8.B.14)式から IS 曲線の図が描かれる。(8.B.14)式の Y の係数，あるいは $-\beta_{IS}$ は IS 曲線の傾きである。この傾きが負であるので，IS 曲線は右下がり

になる。(8.B.15)式で定義されている (8.B.14)式の定数項 α_{IS} の変化は、IS曲線をシフトさせる。α_{IS} を大きくするすべてのもの、たとえば (1) 消費者の楽観度の高まり、これは望ましい消費を増加させ、c_0 を大きくする、(2) 資本の期待将来限界生産力 MPK^f の上昇、これは望ましい投資を増加させ、i_0 を大きくする、(3) 政府購入の増加などは IS 曲線を右上方にシフトさせる。同様に α_{IS} を小さくするものはすべて IS 曲線を左下方にシフトさせる。

資産市場

一般に、実質貨幣需要は実質所得 Y と、実質利子率 r に期待インフレ率 π^e を加えた名目利子率 i とに依存している。貨幣需要関数は次のような形をしていると仮定する。

$$\frac{M^d}{P} = l_0 + l_Y Y - l_r(r + \pi^e) \tag{8.B.17}$$

ここで、M^d は名目貨幣需要、P は物価水準、そして l_0、l_Y、および l_r は正の数である。定数項 l_0 は産出量と利子率以外に貨幣需要に影響を与える要素、たとえば代替的な資産の流動性などを含んでいる。実質貨幣供給は、中央銀行によって決定される名目貨幣供給 M を物価水準 P で割ったものに等しい。

資産市場の均衡

第7章で示したように、もし2つのタイプの資産（貨幣と非貨幣資産）だけしかないとすれば、実質貨幣需要が実質貨幣供給 M/P に等しいとき資産市場は均衡する。(8.B.17)式の貨幣需要関数を使うと、資産市場の均衡条件は、

$$\frac{M}{P} = l_0 + l_Y Y - l_r(r + \pi^e) \tag{8.B.18}$$

と書かれる。名目貨幣供給 M、物価水準 P、そして期待インフレ率 π^e の固定された水準に対して、(8.B.18)式は産出量 Y と資産市場を均衡させる実質

利子率 r とを関係づける。したがって, (8.B.18)式は LM 曲線を定義する式である。(8.B.18)式を図で解釈しやすくするために, r だけが左辺にくるようにこの式を書き直せば,

$$r = \alpha_{LM} - \left(\frac{1}{l_r}\right)\left(\frac{M}{P}\right) + \beta_{LM} Y \qquad \text{LM 曲線} \qquad (8.B.19)$$

となり, ここで

$$\alpha_{LM} = \left(\frac{l_0}{l_r}\right) - \pi^e \qquad (8.B.20)$$

そして,

$$\beta_{LM} = \left(\frac{l_Y}{l_r}\right) \qquad (8.B.21)$$

である。(8.B.19)式のグラフが LM 曲線である。(8.B.19)式において, Y の係数, すなわち β_{LM} は LM 曲線の傾きである。この係数は正であるので, LM 曲線は右上がりである。(8.B.19)式の切片 $\alpha_{LM} - (1/l_r)(M/P)$ を変化させる変数は LM 曲線をシフトさせる。実質貨幣供給 M/P の増加はこの切片を小さくし, したがって LM 曲線を右下方にシフトさせる。期待インフレ率 π^e の上昇は α_{LM} を小さくし, LM 曲線を右下方にシフトさせる。(たとえば) 非貨幣資産の流動性の低下による実質貨幣需要の増加は l_0 を大きくし, したがって α_{LM} を大きくするので, LM 曲線を左上方にシフトさせる。

IS-LM モデルの一般均衡

各々の市場の需給関係および均衡条件から, 最も重要なマクロ経済変数の一般均衡の値を計算することができる。労働市場における, 実質賃金, 雇用, そして産出量の一般均衡水準はすでに解いた。実質賃金は (8.B.5)式によって与えられる。雇用は (8.B.6)式によって, 完全雇用水準 $\bar{N}$ に等しい。そして一般均衡では, 産出量は (8.B.7)式で与えられるように完全雇用水準 $\bar{Y}$ に等しい。

財市場に移ると，(8.B.14)式の Y に $\bar{Y}$ を代入することによって一般均衡の実質利子率が得られる。

$$r = \alpha_{IS} - \beta_{IS}\bar{Y} \tag{8.B.22}$$

完全雇用産出量 $\bar{Y}$ と（8.B.22 式によって決定される）実質利子率とが与えられるので，租税 T，消費 C，そして投資 I の一般均衡における値を求めるために，それぞれ (8.B.9)，(8.B.8)，および (8.B.10) 式を用いる。

均衡値を決定しなければならない最後の重要なマクロ経済変数は物価水準 P である。均衡物価水準を求めるために，(8.B.18)式の資産市場均衡条件を使って作業をする。(8.B.18)式の Y に完全雇用産出量水準 $\bar{Y}$ を代入し，r に (8.B.22)式で与えられる実質利子率の一般均衡値を代入する。(8.B.18)式を物価水準について解くと，

$$P = \frac{M}{l_0 + l_Y\bar{Y} - l_r(\alpha_{IS} - \beta_{IS}\bar{Y} + \pi^e)} \tag{8.B.23}$$

が得られる。均衡物価水準 P は名目マネーサプライ M に比例的であることは (8.B.23)式によって確認できる。

これらの式を使って，本文中にあるように不利な生産性ショックが一般均衡に及ぼす影響を分析することができる。生産性のパラメータ A の上昇が均衡での実質賃金，雇用の完全雇用水準，および完全雇用産出量水準を増加させることはすでに示したので，したがって，不利な生産性ショック（A の低下）が実質賃金，雇用，および産出量の一般均衡水準を低下させることは容易に理解できよう。(8.B.22)式は，不利な生産性ショックが $\bar{Y}$ を低下させるので，均衡実質利子率を上昇させなければならないことを示している。より低い産出量とより高い実質利子率は消費と投資の両方が減少することを意味している（8.B.8 と 8.B.10 式）。最後に，不利な供給ショックの結果としての $\bar{Y}$ の減少は (8.B.23)式の右辺の分母を小さくし，したがって物価水準 P は上昇しなければならない。これらすべての結果は，図を用いた分析によって見出された結果と同じものである。

AD-ASモデル

ちょうど今 IS-LM モデルの数学的説明を終えたので，ここからは本章で解説した AD-AS モデルの数学的説明をしよう．最初に，総需要（AD）曲線，短期総供給（SRAS）曲線，および長期総供給（LRAS）曲線の数学的説明をし，そしてこれらの曲線を用いて短期均衡と長期均衡について示す．

総需要曲線

任意の物価水準における生産物の総需要量は IS 曲線と LM 曲線との交点に対応する総産出量である．(8.B.14)式と (8.B.19)式の右辺が等しいとし，Y について解くと，次のように IS 曲線と LM 曲線の交点に対応する総産出量が得られる．

$$Y = \frac{\alpha_{IS} - \alpha_{LM} + (1/l_r)(M/P)}{\beta_{IS} + \beta_{LM}} \tag{8.B.24}$$

(8.B.24)式が総需要曲線である．一定の名目マネーサプライ M のもとで，(8.B.24)式は財の総需要量 Y が物価水準 P の減少関数であることを示しており，したがって，AD 曲線は右下がりとなる．(8.B.24)式の右辺の分子は，IS 曲線の切片から LM 曲線の切片を差し引いたものであることに注意してほしい．したがって，一定の物価水準のもとで，IS 曲線を右上にシフトさせるあらゆる変化（たとえば，政府購入の増加），あるいは LM 曲線を右下にシフトさせるあらゆる変化（たとえば，名目マネーサプライの変化）は生産物の総需要量を増加させ，そして AD 曲線を右上にシフトさせる．

総供給曲線

短期では，企業は一定の物価水準 P_{sr} のもとで需要される生産物を供給する．したがって，短期総供給（SRAS）曲線は水平線である．

$$P = P_{sr}, \qquad SRAS \tag{8.B.25}$$

一方，長期総供給（LRAS）曲線は完全雇用産出量 $\bar{Y}$ で垂直な線である。

$$Y = \bar{Y}, \qquad LRAS \tag{8.B.26}$$

短期均衡と長期均衡

経済の短期均衡は総需要（AD）曲線と短期総供給（AS）曲線との交点によって表現される。AD 曲線の式（8.B.24 式）に SRAS 曲線の式（8.B.25 式）を代入することによって短期均衡の産出量水準を次式のように得ることができる。

$$Y = \frac{\alpha_{IS} - \alpha_{LM} + (1/l_r)(M/P_{sr})}{\beta_{IS} + \beta_{LM}} \tag{8.B.27}$$

労働市場，財市場，および資産市場がすべて均衡しているときに達成される経済の長期均衡は総需要（AD）曲線と長期総供給（LRAS）曲線との交点によって表現される。したがって，(8.B.26)式の LRAS 曲線から $Y = \bar{Y}$ で長期均衡となる。AD 曲線の式（8.B.24 式）の右辺と LRAS 曲線の式（8.B.26 式）とを等しく設定し，P について解くことによって長期均衡の物価水準を次式のように得ることができる。

$$P = \frac{M}{l_r \left[\alpha_{LM} - \alpha_{IS} + (\beta_{IS} + \beta_{LM}) \bar{Y} \right]} \tag{8.B.28}$$

(8.B.28)式の長期均衡物価水準は，(8.B.23)式の IS-LM-FE の交点で示されるそれと同じである。このことは，(8.B.28)式に α_{LM} の定義式（8.B.20 式）と β_{LM} の定義式（8.B.21 式）をそれぞれ代入することによって，物価水準が両方の式で同じになることから検証することができる。

索 引

欧字

AD-AS モデル　481
AD 曲線　449
AS 曲線　454
CPI　78
GDP　44
　——デフレーター　77
GNP　50
IS-LM モデル　479
IS 曲線　417
LM 曲線　427
LRAS 曲線　455
M1　364
M2　367
MMMFs　363
MPK　107
MPN　110
MRPN　116
NFP　51
NI　57
NNP　60
SRAS 曲線　454
TFP　102
TIPS　404

あ行

暗号通貨　387
イールド・カーブ　184
一括減税　187
一般均衡　434, 479
一般物価水準　450
移転支払　55
意欲喪失労働者　144
インテンシブ・マージン　134
インフラストラクチャー　348
インフレーション　12
インフレ期待　404
インフレ率　14
売りオペレーション（売りオペ）　368
エクステンシブ・マージン　134
黄金律の資本・労働比率　327
オークンの法則　154

か行

買いオペレーション（買いオペ）　368
海外からの純所得　264
海外からの要素所得の純受取　51
外生変数　340, 440
開放経済　15
確定所得証券　373
過剰反応　249
課税後期待実質利子率　182
価値貯蔵手段　363
貨幣　360
　——以外の代替資産　385
　——供給量　367
　——集計量　364
　——需要　380
　——需要関数　384
　——需要-供給図　425
　——需要の所得弾力性　389
　——需要の利子弾力性　390
　——数量説　391
　——の中立性　448
借入制約　249
借入も貸付もない点　252
完全雇用産出量　137, 415
完全雇用線　415
期間構造の期待理論　372
期間プレミアム　372
企業経常移転支払　59
期待インフレ率　406
期待実質利子率　90
期待収益　370
規範的分析　28
供給ショック　112
均衡　30
　——条件　340
金融収支　265
　——表　265
金融政策　19, 440
クラウディング・アウト　217
景気後退　10

景気循環　10
経済モデル　24
経済理論　24
計算単位　361
経常収支　66, 67, 265
　──赤字　295
　──表　261
経常ドル GDP　74
計量モデル　440
ケインジアン・アプローチ　31
限界消費性向　175
限界生産力逓減　109
減価償却　60
　──費　202
研究・開発　350
現金通貨　360
現在価値　235
公営事業の経常余剰　59
公開市場操作　368
交換手段　361
恒常所得理論　245
構造的失業　149
公的準備資産　266
効用　126, 237
国際収支　261, 267
　──表　261
国内総生産　44
国富　62
国民純生産　60
国民所得　57
国民所得勘定　40
　──の基本恒等式　44
国民総生産　50
国民貯蓄　63, 64
誤差脱漏　270
個人退職口座　183
個人賃貸所得　58
固定投資　54
古典派アプローチ　30
雇用者所得　57
雇用の完全雇用水準　135, 415
雇用率　142

さ行

サービス　54
在庫　50
　──投資　54

財・サービスの純輸出　261
財市場　475
　──均衡条件　213
　──の均衡　212, 476
最終財・サービス　49
財政政策　18, 183, 291
財務省インフレ連動債　404
自営業主所得　57
資金流出　265
資金流入　265
資産効果　220
資産市場　359, 478
　──の均衡　478
　──の均衡条件　397
支出面アプローチ　42
市場価値　44
自然失業率　150
失業　10
　──期　145
　──継続期間　145
　──者　140
　──率　142
実効税率　202
実質貨幣残高需要　384
実質 GDP　73
実質賃金　117
実質変数　73
実質利子率　88
　──の貯蓄への所得効果　181
　──の貯蓄への代替効果　180
実証的分析　28
質の調整バイアス　81
支払技術　387
資本規制　278
資本財　49
資本の期待将来限界生産力　194
資本の限界生産力　107
資本の使用者費用　195
資本・労働比率　322
就業者　140
循環的失業　150
純投資　206
純片務的移転　264
純輸出　56
純利子　59
生涯資源の現在価値　236
生涯消費の現在価値　236

小国開放経済　276
消費　54
消費者物価指数　78
消費平準化動機　174
正味資産　69
所得効果　129, 245
所得-支出恒等式　54
所得面アプローチ　42
人的資本　345, 349
スタグフレーション　32
ストック変数　69
税
　　生産・輸入品に課される——　59
生産関数　101
生産性　100
生産面アプローチ　41
生産要素　101
成長会計　309
　　——式　308
税調整後の資本の使用者費用　201
政府受取　64
政府購入　55
政府財政赤字　64, 67, 296
政府財政黒字　64
政府支出　64
政府純所得　61
政府消費　63
政府貯蓄　63
政府投資　64
世界実質利子率　276
潜在産出量　137
全要素生産性　102
総供給曲線　454, 481
総需要曲線　449, 481
総労働供給　125
総労働需要　124
速度　447
ソロー・モデル　320
損益分岐インフレ率　405

た行

対外純資産　70
対外直接投資　271
耐久消費財　54
大国開放経済　283
代替効果　129
代替のバイアス　82

短期均衡　482
短期均衡点　443
短期金融市場投資信託　363
短期総供給曲線　454
地下経済　46
中間財・サービス　49
長期均衡　482
長期総供給曲線　455
貯蓄　62, 172
貯蓄残高　172
貯蓄・投資図　214
貯蓄利用恒等式　67
定常状態　324
デフレーション　14
統計上の不突合　60
投資　54, 67
　　粗——　206
投資減税　202
トービンのq　210
富　62, 385
トレードオフ　173

な行

内生的成長理論　344
内生変数　340, 440
内部留保　59
望ましい国民貯蓄　172
望ましい資本ストック　193
望ましい消費　171

は行

非耐久消費財　54
ビットコイン　387
非労働力　140
付加価値　41
双子の赤字　295
物価指数　77
不変ドルGDP　73
プライムエイジ　152
不利な供給ショック　112
フロー変数　69
分散投資　379
平均失業継続期間　146
平均労働生産性　6
閉鎖経済　15
片務的の移転　264
貿易赤字　17

貿易黒字　17
法人企業利潤　58
ポートフォリオ　369
ポートフォリオ配分決定　369

　ま行
マクロ経済学　3
マクロ経済研究　23
マクロ経済分析　23
マクロ経済予測　21, 440
摩擦的失業　149
マネーサプライ　367
満期　184
満期までの期間　371
慢性的失業　149
見えざる手　29
民間可処分所得　61
民間貯蓄　62, 63
無差別曲線　237
名目GDP　74
名目賃金　117
名目変数　71
名目利子率　88

　や行
有効である（借入制約）　250
有効でない（借入制約）　250
有利な供給ショック　112
余暇　125
予算制約　233
予算線　233
より高い実質賃金の所得効果　127
より高い実質賃金の代替効果　127

　ら行
ライフサイクル・モデル　246
リカードの等価定理　188
利子率　87
　実質——　88
　名目——　88
リスク　370, 385
　——・プレミアム　370
流通速度　391

流動性　371, 385
連鎖ウエイトGDP　79
連邦準備制度　19, 368
労働供給曲線　131
労働市場　473
　——の均衡　474
　——の古典派モデル　135
労働者1人当たり消費　336
労働需要曲線　121
労働の限界収入生産力　116
労働の限界生産力　110
労働力　142
労働力率　142
ローレンツ曲線　351

　人名
アーサー・オークン（Okun, Arthur）　154
アーサー・バーンズ（Burns, Arthur）　39
アービング・フィッシャー（Fisher, Irving）　391
アダム・スミス（Smith, Adam）　29
ウェスリー・ミッチェル（Mitchell, Wesley）　39
サイモン・クズネッツ（Kuznets, Simon）　39
ジェームズ・トービン（Tobin, James）　210
ジョン・ヒックス（Hicks, John）　413
ジョン・メイナード・ケインズ（Keynes, John Maynard）　31
スティーブン・ゴールドフェルド（Goldfeld, Stephen）　390
デービッド・リカード（Ricardo, David）　188
フランコ・モジリアーニ（Modigliani, Franco）　246
ポール・ローマー（Romer, Paul）　344
ミルトン・フリードマン（Friedman, Milton）　245
ロバート・ソロー（Solow, Robert）　320
ロバート・ルーカス（Lucas, Robert E., Jr.）　344

訳者紹介

とくなが すみのり
徳永　澄憲（専攻分野：マクロ経済学，空間経済学，応用計量経済学）
1982年筑波大学大学院社会科学研究科博士課程単位取得，1992年ペンシルベニア大学大学院博士課程修了（Ph.D.），麗澤大学経済学部教授を経て，現在，麗澤大学学長・筑波大学名誉教授。

主要著書

> Agglomeration Economies, New Industrial Clusters and Japanese Multinational Firms' Location in East Asia, Springer, 2024.
>
> Spatial Economic Modelling of Megathrust Earthquake in Japan: Impacts, Reconstruction, and Regional Revitalization, （eds.）, Springer, 2017.

たかはし しゅうえつ
髙橋　秀悦（専攻分野：マクロ経済学，地域経済理論）
1977年一橋大学大学院経済学研究科博士課程単位取得，東北学院大学経済学部教授を経て，現在，東北学院大学名誉教授。

主要著書

> Modern Macroeconomics with Historical Perspectives, （eds.）, Springer, 2023.
>
> 『幕末の金貨流出と横浜洋銀相場：グローバル経済との遭遇』，日本評論社，2018年。

いたば よしお
伊多波　良雄（専攻：公共経済学，財政学）
1982年同志社大学大学院経済学研究科博士課程単位取得，博士（経済学），同志社大学経済学部教授を経て，現在，同志社大学ライフリスク研究センター嘱託研究員・同志社大学名誉教授。

主要著書

> "Happiness and Social Capital in India," in Mino, K. and Yagi, T.（eds.）The Cultural Basis of Economic Growth in India, pp. 65-102, Springer, 2022.
>
> "Does City Size Affect Happiness?" in Tachibanaki, T.（ed.）Advances in Happiness Research, pp. 245-273, Springer, 2016.

たにぐち ようじ
谷口　洋志（専攻：経済政策，公共経済学，中国経済論）
1983年早稲田大学大学院経済学研究科博士課程単位取得，博士（経済学），中央大学経済学部教授を経て，現在，政策研究フォーラム理事長・中央大学名誉教授。

主要著書

> "Revitalization of the Economy of Northeast China,"（with Gao, H.）in Ishikawa, T. and Nakamura, D.（eds）Industrial Location and Vitalization of Regional Economy, pp. 117-135, Springer, 2023.
>
> 『中国政治経済の構造的転換Ⅲ』（編著），中央大学出版部，2023年。

訳者紹介

<ruby>大越<rt>おおこし</rt></ruby> <ruby>利之<rt>としゆき</rt></ruby>（専攻：マクロ経済学，金融論）
2012年上智大学大学院経済学研究科博士後期課程修了（博士・経済学），麗澤大学経済学部准教授を経て，現在，麗澤大学経済学部教授。
主要著書
　"Dual Agency, Commission Levels, and the Effect on Sale Price in Residential Real Estate Market: A Questionnaire Survey on Real Estate Brokers in Japan," (with Shirakawa, K.) in Asami, Y., Higano, Y., and Fukui, H. (eds) *Frontiers of Real Estate Science in Japan*, pp. 165-180, Springer, 2021.
　『マイナス金利下における金融・不動産市場の読み方』（共著），東洋経済新報社，2017年。

<ruby>細谷<rt>ほそや</rt></ruby> <ruby>圭<rt>けい</rt></ruby>（専攻：マクロ経済学，公共経済学）
2003年一橋大学大学院経済学研究科博士後期課程修了（博士・経済学），東北学院大学経済学部准教授を経て，現在，國學院大學経済学部教授。
主要著書
　Modern Macroeconomics with Historical Perspectives, (eds.), Springer, 2023.
　"Impact of Infectious Disease Pandemics on Individual Lifetime Consumption: An Endogenous Time Preference Approach," *Journal of Macroeconomics*, Vol. 76, 2023.

エーベル／バーナンキ／クラウショア　マクロ経済学　上
マクロ経済理論編

2024年9月30日　第1版第1刷発行

著　者——A. B. エーベル／B. S. バーナンキ／D. クラウショア
訳　者——徳永澄憲（とくなが・すみのり）／髙橋秀悦（たかはし・しゅうえつ）／
　　　　　伊多波良雄（いたば・よしお）／谷口洋志（たにぐち・ようじ）／
　　　　　大越利之（おおこし・としゆき）／細谷圭（ほそや・けい）
発行所——株式会社日本評論社
　　　　　〒170-8474　東京都豊島区南大塚3-12-4
　　　　　電話 03-3987-8621（販売）　03-3987-8595（編集）
　　　　　https://www.nippyo.co.jp/　振替 00100-3-16
印刷所——精文堂印刷株式会社
製本所——牧製本印刷株式会社
装　幀——図工ファイブ
検印省略 © Tokunaga, S., Takahashi, S., Itaba, Y., Taniguchi, Y., Okoshi, T., and Hosoya, K. 2024
落丁・乱丁本はお取替えいたします。
Printed in Japan
ISBN978-4-535-54092-7

|JCOPY|〈(社)出版者著作権管理機構　委託出版物〉

本書の無断複写は著作権法上での例外を除き禁じられています。複写される場合は、そのつど事前に、
(社)出版者著作権管理機構（電話03-5244-5088、FAX03-5244-5089、e-mail : info@jcopy.or.jp）の許諾
を得てください。また、本書を代行業者等の第三者に依頼してスキャニング等の行為によりデジタル化
することは、個人の家庭内の利用であっても、一切認められておりません。